VICTIMHOOD NATIONALISM

犠牲者意識ナショナリズム

国境を超える「記憶」の戦争

林志弦［著］ 澤田克己［訳］

東洋経済新報社

희생자의식 민족주의
(Victimhood Nationalism)
By Jie-Hyun Lim

かつてユダヤ人は、
財産や専門的職業、社会的地位、国際的ネットワークのために
嫉まれる対象だった……。
今日の彼らは、死体焼却炉のために嫉まれている。
――ヴィトルト・クーラ

日本の読者へ

私の書いたものが日本語に初めて翻訳され、日本の読者に出会ったのは『現代思想』2000年6月号でのことだった。「朝鮮半島の民族主義と権力の言説」という論考だ。その年の春、翻訳して掲載したいという編集部からの要望を受けた私は、少なからぬためらいを覚えた。日本の歴史修正主義者たちによる著作『国民の歴史』が飛ぶように売れ、その姉妹編といえる『新しい歴史教科書』が教科書検定を控えている時期だった。そうした時に、朝鮮半島の民族主義の権力的な言説に対する私の批判が国境を超えてトランスナショナルな知的空間に置かれたら、どのように読まれるだろうかと心配したのだ。「右傾化」する日本の政治的渦巻きに巻き込まれることで批判の論旨が見失われ、私の意図とは違う用いられ方をするのではないかという憂慮が大きかった。東アジアにおいて民族主義が持つ爆発的な力を考えると、知らず知らずのうちに知的緊張の糸が張りつめているのが感じられた。米国や欧州などでの出版では感じたことのない不思議な経験だった。

どのような文章であっても、いったん出版されてしまえば、どう読まれ、消費されるかは、すでに著者の手を離れた問題だ。「著者は死んだ」ようなものだ。だがこれは、ただ手をこまねいて歳月の批判に任せてよいような事案ではなかった。悩んだ末、日本の読者に向けた短い文章を論文の前に置くことにした。新たに付けた文章で私は、戦後日本の民族主義と朝鮮半島の民族主義には「敵対的な共犯関係」があると指摘した。二つの民族主義は政治現象としては激しく対立しているものの、実際には共犯関係を享受しているというのが私の見立てだった。

現象的には、東アジアの国際政治は民族主義のゼロサムゲームという法則に縛られているように見える。領土紛争や「記憶の戦争」における韓国と日本の民族主義は、自分たちが何かを得れば相手に損害を与え、相手が何かを得れば自分たちが損害を被るというゼロサムゲームの争いの様相を見せる。相手が得た分を自分が失うのだから敵対的とならざるをえない。政治的妥協の余地が多くないのも、そうした構図ゆえのことである。ところが民族主義的な国際政治の現象を律する知識権力の問題を考えてみるならば、両者の認識論的な共犯性は明らかだ。韓国と日本の民族主義はどちらも、自民族の生存を脅かす隣人の攻撃的民族主義という想像上の他者を必要としている。その点において、認識論的には「親密な敵」なのだ。植民地主義に立脚する日本の右翼の歴史否定論が韓国の反日民族主義を正当化し、韓国の民族主義による日本たたきが日本の右翼の民族主義を強化する。敵対的な二つの民族主義にとって譲歩や妥協が難しいわけではない。彼らは、そんなことをしたくないのである。

東アジアの国際政治を動かすゲームの法則は、相手をつぶしてこそ自分が生きるというゼロサムゲームではない。闘いながら互いを正当化し、強めていく敵対的な共犯関係である。韓国と日本の民族主義が結んでいる敵対的共犯関係を考えれば、それに対する批判もまたトランスナショナルな次元でなされなければならない。発生論的あるいは認識論的に民族主義のトランスナショナルな歴史性を考えるならば、当然のことである。断言できるのは、いかなる民族主義も他者の存在なしには成り立たないということだ。日本の読者向けに2000年に書いた小文で私は、朝鮮半島の民族主義の権力的な言説に対する批判は日本の民族主義に対するより根源的な批判であると強調した。両国の民族主義の敵対的共犯関係を認識論的な根源から揺さぶる作業だという確信があったからだ。

かつて左派は、植民地にした側とされた側という歴史的な非対称性を根拠に韓国の民族主義を無条件に擁護し、日本の民族主義を一方的に批判してきた。だがそうした慣行はむしろ、日本の民族主義を正当化するものとなった。日本の「良心的知識人」たちの善意を疑うつもりはない。しかし、東アジアというトランスナショナルな記憶空間における彼らのナショナルな批判は反作用として、朝鮮半島の民族主義を正当化するのだ。そうして強化された韓国の民族主義が敵対的共犯関係の回路を経て、結果的に日本の民族主義を強めるという点を指摘したいのである。日本の良心的知識人と韓国の民族主義的な左派知識人が国民国家という認識論的な枠組みの下で結んだ知的同盟は、既に歴史的な役割を終えた。

21世紀の東アジアの平和と歴史和解を目指すには、韓国と日本の民族主義が結んでいる敵対的共犯関係が解体されなければならない。トランスナショナルな次元における両国の民族主義に対する同時多発的な批判こそ効果的なのではないかという考えは、当時から変わらない。日本の批判的知識人たちと2001年に立ち上げた「批判と連帯のための東アジア歴史フォーラム」は、そうした考えから始まったものだ（林志弦「東アジア歴史フォーラム：先史時代から歴史時代への移行」宮嶋博史他編『植民地近代の視座：朝鮮と日本』岩波書店、2004年）。

両国で「ナショナル・ヒストリー」のパラダイムを同時に解体し、トランスナショナルな東アジアの歴史性を作ろうとしたフォーラムの努力は韓国社会でそれなりの反響を呼び、「国史」教育の再考を促す主要紙の社説も出た。しかし両国において民族主義がますます勢いを増していく様子を見れば、歴史フォーラムによる批判が宣言のレベルを超えることができたのだろうか、どれくらい深く私たちの社会に共感を生み出せただろうかという点において力不足を恥じるばかりである。

私が関心領域を「歴史」から「記憶」へと移した背景には、そうした反省があった。私たちの思考と実践を律する文化的な網であり、構造化された力である集合的記憶の問題について悩むようになったのだ。そうした記憶文化の生産・流通・消費に介入するのは、歴史家の著作や歴史教科書にとどまらない。映画や歴史小説、テレビドラマ、博物館・美術館、漫画、ネットゲーム、ブログなどのソーシャルメディア、ネット書店の読者レビューなど多岐にわたった。記憶というものは、感情に訴えかけて人の心を動かす情動的（affective）な力を持っている。それだけにいかなる理論や言説よりも実践的な効果が大きく、破壊力も大きい。東アジアを揺るがす「記憶の戦争」が次第に激しいものになっている現実を前にしては、「記憶体制（memory regime）としての東アジア」について考えざるをえなかった。21世紀の特徴である「記憶のグローバル化」と共に、民族主義の敵対的共犯関係は東アジア各国の記憶体制に根を下ろし、より強固に日常の思考と実践を支配している。

それゆえ敵対的共犯関係を解体する作業は、過去の出来事が事実かどうかを質す「歴史」にとどまるのではなく、過去に対する認識論的な政治である「記憶」の問題へと押し広げざるをえない。東アジアでいま求められるのは、政治体制を超えた「記憶体制」の交代である。国境を超えた集合的記憶としての「犠牲者意識ナショナリズム」を批判的に歴史化する本書もまた、東アジアの記憶体制の交代に寄与したいという意図から書いたものだ。

翻訳を通じて日本の読者に近づくことで、トランスナショナルな次元における東アジアの民族主義を同時に批判するという本書の意図するところに一歩近づくことができた。日本での出版は毎日新聞論説委員の澤田克己氏のおかげである。私をインタビューした彼は自ら翻訳を申し出て、記者らしいテンポのよい文章でより引き込まれる日本語版を作ってくれた。記憶研究の理論と方法論を扱い、多少とっつきにくかった原書の第1章を巻末に回し、第2章だった「系譜」から始めようというのも彼の提案によるものだ。原書で引用した日本関連の資料について原典をこまめに参照してくれたことで、韓国語や英語への翻訳版をベースにした部分もある原書より完成度が高まった。英語やドイツ語の資料に関しても日本語版で修正された部分がある。短期日にこの全てをこなそうとすれば、日常における多くのことを犠牲にしなければならなかったはずだ。日本語版のために彼が払った犠牲に深い感謝と敬意を表したい。

2022年6月

林 志弦

はじめに　記憶のグローバル・ヒストリーへ向けて

2007年1月18日朝、新聞を広げた私は首をひねった。購読する進歩系と保守系の新聞どちらも、『ヨーコ物語』（邦題『竹林はるか遠く：日本人少女ヨーコの戦争体験記』）を批判する記事が文化面トップを飾っていたのだ。どういうことのない本のように思えたが、驚くほど大きな記事だった。確かめてみると、他の新聞も前日午後にインターネットで同じような記事を出していた。批判の核心は、敗戦直後に朝鮮半島北部から引き上げた日本人避難者の苦難をつづったこの本が、韓国人を邪悪な加害者、日本人を罪のない犠牲者として描いたというものだった。歴史を歪曲しているというのだ。メディアも進歩と保守という政治的立場に分かれて鋭く対立する現在の韓国で、こうした左右合作は異例だった。

『ボストン・グローブ』紙によると、ボストンの韓国総領事館が『ヨーコ物語』に抗議するマサチューセッツ州教育当局宛の手紙を16日に送っている。時差を考えれば、総領事館の抗議と韓国メディアの記事掲載は同じタイミングといえた。偶然の一致というには釈然としないものが残る。韓国の主要メディアが一斉に『ヨーコ物語』批判を展開したことは、どう見てもおかしかった。謎を明かしたのは、大統領の推薦でボストン総領事に任用されていた記者出身の人物だった。2010年に出した自叙伝で、米国の公立学校教材に採択された『ヨーコ物語』の不当性を国内外に知らしめたことを総領事時代の最大の業績として誇ったのだ。

韓国メディアの激しい批判は、「韓国民族イコール被害者」「日本民族イコール加害者」という二分法が揺さぶられたことへの当惑を表すものだったのだろう。避難する日本人女性を脅し、強姦する加害者という韓国人のイメージが日本の植民地支配に免罪符を与え、歴史を歪曲するという憂慮が行間から読み取れた。その心情は理解できるものの、その二分法が常に正しいわけではない。韓国が日本の植民地主義の被害者だったというのは民族という構図でなら正しいが、個人のレベルでは朝鮮人が加害者に、日本人が被害者になる場合もある。個々人の具体的な行為ではなく、集団的所属によって加害者と被害者を分ける韓国メディアの報道は、「集合的有罪」と「集合的無罪」に対するハンナ・アーレントの批判を想起させた。

それ以上に興味深かったのは、論争の火が遠く離れた米国で広がったことだ。米国で6～8年生向け推薦図書リストにこの本が入り、ボストンとニューヨークに住む韓国系の保護者たちが2006年9月に異議を唱え始めたのが始まりだった。植民地主義の被害者である韓国人を加害者に、加害者である日本人を被害者として描くなど、歴史を歪曲する本だというのだ。東アジアの歴史を知らない米国の生徒たちに、韓国人は邪悪な加害者、日本人は善良な被害者というイメージを植え付けることになりかねないという彼らの抗議は、米国の事情を考えれば一理ある。『ヨーコ物語』は、日本人が満州や朝鮮半島北部に移住した帝国主義の歴史には触れずに、避難民の苦難だけを一方的に強調していた。なぜ、それほど多くの日本人がそこに住み、避難民に転落したのかという歴史的文脈が消されているのだ。

とはいえ、自らの記憶は「正確な歴史」で、ヨーコの記憶は「歴史の歪曲」だと決め付けるのは危険である。この本は、幼い少女の視線で加害と犠牲を対立させる単純な構図の中で自らの経験を再構成したものだ。その語り《ナラティブ》が脱歴史化の問題を抱えているのは明らかだが、嘘だと責め立てるのも行き過ぎだ。韓国系米国人の立場から問題提起するのなら、米国の西欧中心主義あるいは「愛国主義的世界史」教育への批判も同時に行われなければならなかった。ホロコーストなどナチの犯罪行為や欧州の歴史は熱心に学ぶのに、東アジアの歴史には無知でベトナム戦争の記憶すら脇に追いやる米国の歴史教育や記憶文化には確かに問題が多い。ところが、米国での論争は思いがけず太平洋を渡って東アジアにおける記憶の戦争に火を付けたのだ。

『ヨーコ物語』騒動を見ながら、私はドイツとポーランド、イスラエルの記憶の戦争を思い出し、「犠牲者意識ナショナリズム」という概念を思いついた。東アジアの記憶の戦争について分析した2007年4月29日付の英字紙『コリア・ヘラルド』への寄稿で、私はこの概念について初めて書いた。すると、騒動の震源地である米国の韓国系市民から抗議のメールが舞い込み始めた。アイビーリーグの博士号を持つという人物からの「あなたのようなでたらめな人間がどうやったら韓国の大学で歴史を教えられるのか」という激烈な抗議から、「かわいそうなヨーコをいじめた韓国系だと子供がいじめられた。親として黙っていられるか」という訴えまで内容はさまざまだった。戦後世代として植民地主義を自らは経験していないであろう彼らの過剰反応に接してみると、何か目をそらしたい真実が「犠牲者意識ナショナリズム」の中にあると思えてきた。犠牲者意識ナショナリズムは、犠牲となった前世代の経験と地位を次世代が世襲し、それによって現在の自分たちの民族主義に道徳的正当性と政治的アリバイを持たせる記憶政治の理念的形態だ[1]。

韓国系米国人のディアスポラ民族主義が太平洋を渡って本国の犠牲者意識ナショナリズムを覚醒させる過程を目にしたことは、民族主義を研究する者として特別な経験だった。米国という人種差別的な多文化空間で先鋭化した韓国系米国人の民族感情が逆輸入され、本国の民族主義を強化する遠距離ナショナリズムの現象は、国境を超える民族主義のトランスナショナルな性格を再確認させるものだった。論争に巻き込まれた私は、観察者として21世紀の民族主義を捉える概念として「犠牲者意識ナショナリズム」を探求することとした。この仮説に基づいて資料を探ると、ホロコーストと植民地主義ジェノサイドの加害者だった枢軸国であるドイツとイタリア、日本の記憶文化が犠牲者の地位を先に占めているという奇異な現象にぶつかりもした。グローバルな記憶空間で加害者たちが自らを犠牲者に仕立て上げると、ポーランドやイスラエル、韓国などの集合的記憶は世襲的犠牲者意識で武装し、加害者に奪われた犠牲者の地位を奪還しようとした。今日、地球規模で際限なく繰り広げられている記憶の戦争は同じ構図を抱えている。

私はそれ以降、「記憶のグローバル・ヒストリー」という観点から「犠牲者意識ナショナリズム」を精緻な概念にする作業を続けてきた。ポーランドからドイツ、イスラエルにつながる欧州の記憶空間を一方の軸に、米国と日本、韓国を結ぶ東アジアの記憶空間を他方の軸とする犠牲者意識ナショナリズムのグローバル・ヒストリーを構想し、資料を集め、研究ノートを作って14年という歳月が過ぎた。基本概念を示す論文を2010年にドイツと英国、ポーランド、日本などで集中的に発表したが、単行本の執筆は遅れ続け、まず韓国語版をようやく出すことになった。挑発的な問題提起だったからか、これまでに日米やドイツ、ポーランド、フランス、フィンランド、スロベニア、ウクライナ、カナダ、ペルーなどの大学や研究所30カ所ほどで「犠牲者意識ナショナリズム」について講演したり、セミナーを開いたりする機会があった。さまざまな聴衆との討論は私の考えをさらに発展させ、練ることにつながった。ユーゴスラビアやフィンランド、ポーランド、ウクライナなど、いわば近代の世界で周辺部とされてきた国々の聴衆が、まさに自分たちの話だと熱い共感を示してくれた記憶は今も鮮明だ。同時に、もっとも激しく反発したのもこの地域の聴衆だった。ベルリンのある聴衆は、関連する全ての当事者を不快にさせる私の「驚くべき才能」に驚いたと言って、私を驚かせた。

犠牲者意識ナショナリズムの概念とともに地球規模の記憶空間をさすらいながら、人文社会科学の説得力とは何かに気付くことになった。それは、研究者自らが生きてきた個人的、歴史的な経験に根ざした固有の問題意識、そしてその経験を抽象化できる理論的な力にあるのだ。この研究は、近代の世界で周辺部とされてきた東欧と東アジアの経験に分け入る独自の理論を提示する。「西洋」が理論を提示し、「東洋」は理論を実証する資料を提供するという不平等な学問的分業体制に安住することは望まない。「犠牲者意識ナショナリズム」がどれほど現実に即した概念であるかの判断は、歳月の批判をまたねばならない。歴史を理論に合わせるこじつけはできないから、見守っていくことになろう。

実証研究としての本書は、10年以上かけて各国のアーカイブから収集した英語・ポーランド語・ドイツ語・日本語・韓国語の資料を分析し、研究を重ねた成果である。ヘブライ語資料を読めないという限界は残念であるものの、公式の外交文書だけでなく、学界とメディアなどを舞台とした論争、証言資料、新聞・雑誌記事、映画・漫画・小説・ドラマなどの大衆文化、ＳＮＳなどのネットメディアに至るまで、グローバルな記憶空間の各所で犠牲者意識ナショナリズムの語りを生産し、流通させ、消費する様相を一次資料中心に見ていくことに努めた。資料を読み込むと、犠牲者意識ナショナリズムが国境の内に閉じこめられた記憶のかけらなどではなく、比喩や併置、相互参照などを通して国境を超えて影響を与え合う「絡み合う記憶」であることは明らかだった。断言してもいい。民族主義は、一国の歴史という観点では理解できないのである。

認識論的に本書が焦点を当てるのは、犠牲者意識ナショナリズムの「歴史」よりも、それを構成し、再現する「記憶の歴史」である。記憶は、文書資料を実証的に補助する手段というよりも、過去を再現し、歴史を構成していく認識論的政治の重要な装置だ。「記憶の現象学」的な観点から出発する本書は、「集合的記憶」と「文化的記憶」から出発して既存学問の枠を超える脱学制的な記憶研究や、集合的記憶のトランスナショナルな性格を強調する「絡み合う記憶」、地球規模の記憶構成体で作動する犠牲者意識ナショナリズムに対する「グローバル・ヒストリー」の方法論に拠っている。

本書は、東アジアの「記憶体制」に関する議論を起こそうとする実践的な問題提起だ。記憶体制とは、長期的かつ持続的に社会を規律する構造化された力としての集合的記憶と、その作動メカニズムを指す。東アジアの片隅に暮らす知識人の一人として、私は「政治体制」を超えた「記憶体制」の交代が切実だと考える。犠牲者意識ナショナリズムが支配する記憶体制をそのままにして政治体制の変革を追求する戦略は、歴史的破産を宣告されたと言っても過言ではない。記憶の戦争で争点となる特定の過去についての真実ゲームを超え、真理を構造化する力として東アジアを貫く記憶体制の問題について苦悩しなければならない。犠牲の非対称性に十分留意しつつ「犠牲者意識ナショナリズム」を私たちの未来のため犠牲にすることが、東アジアの記憶体制の望ましい未来を開く第一歩となる。

＊

本書の構成は次の通りである。

第1章〈系譜〉は、犠牲者意識ナショナリズムという概念の系譜を見る。ポーランドでは第2次大戦中、300万人ものユダヤ系市民がホロコーストの犠牲となるなど計600万人近い住民が命を落とした。人口比では、戦争での最大の犠牲者だった。1980年代になってから、隣人であったポーランド民族がユダヤ人虐殺を傍観していた問題が蒸し返された。その後、ある村でのユダヤ人虐殺の加害者はポーランド人だったと暴露され、さらに大きな衝撃をポーランド社会に与えた。ポーランド人たちは、犠牲者でありながら加害者でもあったという複合的な現実を突き付けられたのだ。この記憶論争を見ながら、私はジグムント・バウマンの「世襲的犠牲者意識」という概念に注目した。民族主義的な韓国の集団心理も似たようなものだと考えていた時に『ヨーコ物語』論争に巻き込まれたことが、犠牲者意識ナショナリズムの概念化につながった。

第2章〈昇華〉は、犠牲者意識ナショナリズムが出現する様相を考察する。非業の死を遂げた受け身の存在である被害者が、国家と民族のために進んで命を捧げた崇高な犠牲者に生まれ変わる。この昇華の瞬間、犠牲者意識ナショナリズムへの扉が開くのである。特に20世紀の国民国家による戦死者崇拝が犠牲者意識ナショナリズムを高揚させ、共同体への忠誠心と結束力を強めさせた。靖国神社に英霊を祀る戦前日本の国家神道は、その典型例だった。

第3章〈グローバル化〉は、2000年を地球規模の記憶構成体の「0年（Year Zero）」に設定する。この年は、それまでユダヤ人の災厄だったホロコーストの記憶を、人類の普遍的苦痛へと昇華させた1月のストックホルム宣言で幕を開けた。そして民間法廷「日本軍性奴隷制を裁く女性国際戦犯法廷」が12月に、「慰安婦」制度を「人道に対する罪」と認定して幕を閉じた。しかし、民族や国家の境界を超える犠牲者の連帯は、それ以前から始まっていた。奴隷貿易に関する記憶とホロコーストの記憶は、アパルトヘイト時代の南アフリカの政治犯収容施設ロベン島やアムステルダムのアンネ・フランク記念館（アンネの家）など予期せぬ場で出会い、民族の記憶からグローバルな記憶へと発展した。

第4章〈国民化〉は、1960年代の広島・アウシュヴィッツ平和行進から始まる。原爆とホロコーストという人類の普遍的悲劇に対する記憶の連帯を試みようとする日本の平和運動家たちの意図は、冷戦の論理に絡めとられた。彼らの善意は、広島の犠牲者意識を強める記憶の国民化につながった。一方でアウシュヴィッツを巡っては、所在国ポーランドによってユダヤ人犠牲者の記憶を排除する国民化が進められた。カトリックのポーランド民族主義者はアウシュヴィッツに十字架を建て、コスモポリタンな記憶の場となったアウシュヴィッツを国民的記憶として奪い返そうとした。さらに、ホロコーストという普遍的記憶を土着化させる日本と韓国での傾向に注目し、地球規模の記憶空間における記憶の国民化がいかに多様で複合的なものになっているかを見る。

第5章〈脱歴史化〉は、第2次大戦の加害者がどうやって自分たちを犠牲者に仕立て上げたかを考察する。戦争を起こした枢軸国で、ホロコーストと植民地主義ジェノサイドの加害者であるドイツ・日本・イタリアの記憶文化が自らを犠牲者に位置づける過程を追ってみると、歴史上の他の出来事との関係性に目を向けず脱歴史化した犠牲がその中心にあることがわかる。自分たちは犠牲者だという記憶は、敗戦の痛みに苦しむドイツと日本の市民にすんなりと根付いた。冷戦体制の下で記憶は政治的道具として利用され、共産主義陣営ではソ連軍による残虐行為の記憶、西側陣営では英米連合軍の無差別加害の記憶がそれぞれ抑圧された。冷戦終結後に、そうした犠牲の記憶がよみがえった。そして自民族の犠牲を強調すれば、他者への加害の事実を相殺できるという錯覚が広がった。平凡なドイツ人と日本人をナチズムと軍国主義の共犯ではなく、自国指導部の犠牲者と定義できた背景も分析する。

第6章〈過剰歴史化〉は、世襲的犠牲者意識で武装したポーランド、韓国、イスラエルにもいた個別の加害者が、どうやって自分たちを犠牲者に仕立て上げたかを考察する。犠牲者民族の一員なのだから何をしても赦されるという「集合的無罪」は、民族的犠牲の経験を過剰に歴史化する考え方だ。3カ国の戦後記憶文化は、歴史の犠牲者という地位の心地よさを見せてくれる。この章では、ユダヤの隣人を虐殺したポーランド人が自らを罪のない犠牲者にしてしまう記憶の倒置や、連合軍捕虜を虐待してB・C級戦犯となり、有罪判決を受けた朝鮮人軍属たち、植民地朝鮮での華僑虐殺を弁明しようとする韓国社会の記憶、ホロコーストの世襲的犠牲者意識を国家の原理にまで据えたイスラエルの犠牲者意識ナショナリズムを分析する。

第7章〈併置〉は、ある集団の文化的記憶が自分たちの記憶を他と並べようとする行為を考える。それは単なる好奇心ではなく、主導権を握ろうという政治的狙いを持つ場合が多い。この章では、アウシュヴィッツで殉教したポーランド人神父マキシミリアノ・コルベと長崎の被爆者の併置に焦点を合わせる。記憶の併置は、長崎のカトリック被爆者を殉教者にする記憶の神聖化につながった。長崎原爆の記憶とつながった日本のコルベ崇拝は、戦後日本の犠牲者意識ナショナリズムに宗教的機運が加わり、神聖化する過程を説明してくれる。

第8章〈否定〉は、ホロコーストや慰安婦などさまざまな否定論が地球規模の記憶構成体において合従連衡する様相を見る。記憶のグローバル化の副産物として、否定論が共鳴する「否定論者インターナショナル」現象には憂慮せざるをえない。ジェノサイドを正当化する否定論は、セカンド・レイプと同様の意味で「第二のホロコースト」と呼ばれるほど危険な言語的暴力だ。否定論は、ジェノサイドが再び起きる素地になりかねない。特に文書資料を重視する実証主義的な否定論は、科学の名前で記憶文化を攻撃するのでより危険である。

第9章〈赦し〉は、ポーランド司教団がドイツ司教団に和解を求める書簡を1965年に送ったことと東アジアにおける記憶の戦争について、歴史和解という文脈で再検討する。ナチス・ドイツの最大の犠牲者だったポーランドのカトリック教会がまず和解の手を差し伸べたことで歴史的な「事件」とされた手紙だ。和解の政治的論理と赦しのキリスト教的倫理を絶妙に結合させた手紙は、犠牲者が加害者に赦しを請うことで、ポーランドの犠牲者への謝罪を加害者に迫る高度な道徳政治的メッセージだった。

終章〈記憶の連帯へ向けて〉では、東アジアの歴史戦争や、ドイツと東欧のホロコースト論争、そしてイスラエルのパレスチナ占領に対する植民地主義論争などは、沈黙より望ましいものだという逆説的な仮定に立って記憶の連帯について考える。連帯とは、「重層的な声」の発する不協和音を抑え、無理やり一つにまとめることではない。異なる記憶が国境を超えてぶつかり合って出す衝突音こそ、他者の痛みに気付き、自己中心的な記憶文化から抜け出す契機になりうるものだ。記憶の連帯とは、特定の記憶が優越的な地位を占めて他を従属させることではなく、異なる記憶が出会い、絡み合ってきしみながらも、健康な緊張関係を保つことから始まる。自民族の犠牲を絶対化し、他者の痛みを劣後させる犠牲者意識ナショナリズムとは反対の方向だ。私たちの将来のために犠牲者意識ナショナリズムを犠牲にする時、記憶の連帯に向けた最初の関門が開かれるのだろう。

最後に、**補論〈記憶の歴史〉**で、本書の目標と方法論を提示する。この補論は、21世紀におけるグローバル化の特徴が記憶のグローバル化であるという自覚から出発する。この時代に、ホロコーストと植民地主義、スターリン主義の暴力についての多様な集合的記憶が国民国家の境界を超え、互いに絡み合いながら地球規模の記憶構成体を形成した。これこそが犠牲者意識ナショナリズムの舞台であるということを明らかにする。東アジアの平和と歴史和解を志向する記憶体制の変化はどのようにすれば可能なのかという、筆者の問題意識を理論的なレベルで整理した。韓国語原書では第1章としたが、専門の歴史家や記憶研究者ではない読者にとって読みやすいものではないため、日本語版では巻末の「補論」とした。

目　次　＊　犠牲者意識ナショナリズム

【原著凡例】

一、本書の大部分は書き下ろしだが、第7章は「異常な併置：マキシミリアノ・コルベと長崎被爆者の神聖化」『日本批評』21号、2019年（韓国語）と「奇妙な併置：マキシミリアノ・コルベと長崎被爆者の神聖化」『戦後日本文化再考』坪井秀人編著、三人社、2019年の論文を、第9章は「歴史和解と赦しの政治：東アジアの記憶空間からのポーランドとドイツの司教団書信再読」『歴史学報』246集、2020年（韓国語）の論文を再構成したものである。

【日本語版凡例】

一、本書の原題は「犠牲者意識民族主義」という漢字語で表記されているが、日本語での語感や用例などを考慮し、著者と相談した上で「犠牲者意識ナショナリズム」と訳した。本文中で使われる用語も同様に、韓国語では「犠牲者意識民族主義」である。

一、日本語版は基本的に韓国語原著の全訳であるが、一般の読者に理解が難しいと思われる点などについて著者と相談して書き換えた部分がある。

一、日本の一般読者には説明が必要だと考えられる点は、補足や訳注を付した。

一、中東欧の地名には、言語によって違う名前が付いていることが多い。本書では文脈に合わせて各言語の表記が使われているが、読者の理解を助けるため訳者の判断で適宜、他言語での名前や現在の領有国をカッコ書きで追加した。地名の補足には「訳注」表記を略した。たとえば第2次大戦後にドイツから割譲されたポーランド西部シロンスク地方の場合、「シロンスク（独語＝シュレジエン）」と表記した。

一、日本に関する言及などで、日本の読者に不要と思われる説明などは適宜割愛した。韓国語や英語に訳された日本の書籍が原著で引用されている箇所については、基本的に日本語原本を改めて参照した。カタカナ交じり文は、ひらがなに直した。一部は漢字表記をかなにした。

一、韓国の中央省庁は「行政自治部」「国防部」のように「部」で呼ぶが、日本語版では「省」と表記した。原著の「韓日」は「韓国と日本」や「日韓」、「北韓」は北朝鮮と訳した。

一、韓国ではglobalの訳語として「地球的」という漢字語を使う。日本語ではなじみがないと判断し、日本語版では基本的に「地球規模」と訳した。一部で「グローバル」とも訳した。

一、韓国では近年、「慰安婦」は差別的な言葉であるとして「　」でくることが一般化しており、原著もそうしている。だが頻出すると読みづらいので、日本語版では初出を除いて「　」を省略した。

一、日本語版の構成は、著者と話し合った末に韓国語版と若干異なるものとなった。たとえば原著では第1章に理論的説明が配されていたが、日本語版では専門家向けの補論として最後に置くこととした。

一、巻末注の韓国語文献は、日本語に翻訳した上で（韓国語）と付した。漢字表記がわからない著者名などはカタカナで表記した。参考文献リストは韓国語を記した。

第1章　系譜

犠牲者に対する記憶は、
比喩と併置、相互参照などを通じて、
国境だけでなく大陸の境界までを軽く超える。
日本の戦争犯罪と原爆被害に関する東アジアの記憶文化は
ホロコーストの記憶を参照し、
慰安婦の記憶は逆に、
戦時性犯罪と暴力的売春に関する欧州の眠っていた記憶を呼び覚ます。
犠牲者意識ナショナリズムが、
太平洋と大西洋をまたぐ記憶空間を連結したことで
アジア、アフリカ、欧州の記憶が緊密に絡み合う
地球規模の記憶構成体を形成したのだ。

ナチが作り出した極めて非人間的な世界において、理性は道徳の敵であり、合理性と人間性は衝突した。生き延びるための合理的かつ理性的な判断をすれば、ナチの犯罪に同意するよう強いられ、隣人の死を見て見ぬふりをすることとなった。写真は、1943年のワルシャワ・ゲットー蜂起が鎮圧された後、手を上げて出てくるユダヤ人生存者たち。
Wikimedia Commons

道徳的原罪と犠牲の影

1987年1月17日、ポーランドの文学評論家、ヤン・ブウォンスキは「哀れなポーランド人がゲットーをみつめる」というエッセーを発表した[1]。南部の古都クラクフで発行されていた自由主義カトリックの雑誌『週刊普遍』を通じてだ。カトリックに限らず、体制に批判的な知識人から信頼される雑誌だった。1953年にヨシフ・スターリンの訃報掲載を拒否して一時廃刊に追い込まれたこともあり、1970年代以降は「労働者擁護委員会」や自主管理労組「連帯」など反体制派知識人の拠点となっていた。第2次大戦中にホロコーストの犠牲となったユダヤ人に見せたポーランド人の態度を批判的に考察したエッセーは、発表と同時に大きな議論を巻き起こした。多くの知識人が賛否両論を編集部に寄せ、読者からの投書も数百通を超えた。編集者だったイェジ・トゥロビッツによると、これほど激しい議論になった記事は戦後初めてだった[2]。戦後半世紀の間に、個人名で発表された短い文章がポーランド社会にここまで大きな影響を与えたケースを見つけるのは難しい[3]。エッセーは、知識人サークルにとどまらない「事件」となった。

エッセーは、ユダヤ人に対するポーランド人の隠された罪の意識を暴いた。固く封印され、忘れていた記憶のパンドラの箱を開けたのだ。ユダヤ系の隣人がナチに連れて行かれ、虐殺される姿を無気力に、あるいはいい気味だと見ていたことへの罪悪感が長い忘却のくびきから解き放たれると、ポーランド社会は大きな衝撃に包まれた。虐殺を傍観したことへの道徳的省察を促したブウォンスキの批判は、犠牲者意識に安住してきた戦後ポーランド社会の集合的記憶を揺さぶった。戦後ポーランドの記憶文化は、ナチズムの犠牲を強調する党の公式記憶とスターリン主義の犠牲を強調する草の根記憶を両軸に構成されていた。政治的には正反対を向く二つの記憶が合流し、ナチズムとスターリン主義の間に挟まれたポーランド民族こそ第2次大戦での最大の犠牲者だという文化的記憶が作られた。誰も疑わなかった犠牲者意識に突然、亀裂がもたらされたのだ。ポーランド社会の集合的記憶は以前の状態に戻れなくなった。

論争はすぐに、道徳的存在論の次元に広がった。犠牲者と傍観者では歴史的な立ち位置が大きく異なる。犠牲者から傍観者への変化は、多くのポーランド人にとって道徳的な堕落だと感じられた。カトリックの日常意識に深く根ざした「原罪意識」も、論争を存在論の次元にまで発展させるのに一役買っただろう[4]。手出しできない状況でホロコーストを見守った傍観者に対して人道に対する罪の法的責任（culpability）を問うのは難しいとしても、良心の罪悪感（sin）まで免除されるわけではない。ブウォンスキが問題にしたのも「犯罪」ではなく「原罪」であり、道徳的次元での自己省察を促したに過ぎない。にもかかわらず、ポーランドの少なからぬカトリック知識人はカインになった気分だった。アベルを石で打ち殺した後、神に向かって「私は弟の番人でしょうか」と言いつくろって罪を隠そうとしたカインの影を自らに見ることは、愉快な経験ではないだろう[5]（訳注：カインは『旧約聖書』の「創世記」に出てくるアダムとイブの長子。神が弟アベルの供物だけを喜んだことをねたみ、アベルを殺したことで追放された）。

賛否で真っ二つに割れたポーランド知識社会の敏感な反応は、これに先立つ1985年に公開されたクロード・ランズマンのドキュメンタリー映画『ショア』（訳注：ヘブライ語で「ホロコースト」の意。「ホロコースト」という言葉が他民族の虐殺にも使われるようになったことで、イスラエルではユダヤ人虐殺には「ショア」を使うべきだという主張が強まっている）がもたらした衝撃の延長線上にあった。『ニューヨークタイムズ』が「近代で最も残酷な悪についての壮大な映画」と評し[6]、映画評論家ロジャー・イーバートが「これまでに制作された最も高貴な映画の一つ」であり「ドキュメンタリーというより証言行為」と激賞した[7]『ショア』は、世界的な話題作だった。9時間10分という前例のない長尺映画であるにもかかわらず、大物政治家や知識人の観客を集めた。フランスの現職大統領だったフランソワ・ミッテランがパリの試写会に姿を見せ、ソ連共産党書記長だったミハイル・ゴルバチョフ、チェコスロバキアを代表する批判的知識人だった劇作家で、後にチェコの大統領となるヴァーツラフ・ハヴェルらが試写を見て称賛した。一般観客による投票でも満点に近い評価を受けた。まだ冷戦が終わっていない時期に、米国・フランス・チェコスロバキア・ソ連の権力者と知識人がイデオロギーの壁を越え、同じ映画に好意的反応を見せたのは異例だった。

一方で、ポーランド人民共和国と支配政党である共産党＝ポーランド統一労働者党（ＰＺＰＲ）の公式反応は冷たく、否定的だった。当惑という表現のほうが正しいかもしれない。ポーランドの公式メディアは、「ポーランド＝反ユダヤ主義」という偏見を増幅させ、まるでポーランド人がホロコーストの共犯であるかのような誤ったイメージを伝えていると映画を非難した[8]。ポーランド国内での上映は禁じられた。映画は主に、ソビブルやトレブリンカにあった絶滅収容所の近くに住んでいた平凡な農民たちの証言で構成されていた（訳注：ナチは、ソビブル、トレブリンカ、ヘウムノ、ベウジェツ、アウシュヴィッツ、マイダネクという占領下のポーランド地域6カ所に絶滅収容所を建設した。ビルケナウはアウシュヴィッツの第2収容所）。彼らは無邪気に、だが嫌みっぽく反ユダヤ主義的な偏見を口にした[9]。女性たちは魅力的なユダヤ系女性への嫉妬を、男性たちは「不正直なユダヤ人がポーランド人を搾取した」という偏見を隠さなかった。ポーランド全体が欲深いユダヤ人の手に握られているといった、反ユダヤ主義がそのまま語られもした。[10]草の根の反ユダヤ主義者たちが好感を見せたのは、ユダヤ系女性の異国的な魅力を語る時だけだった。鋭敏な観客なら誰でも、この好感が性的欲望のさもしい表現だと読み取った。

ユダヤ人の証言者も、ポーランドの隣人への恨みを隠さなかった。トレブリンカで生き残ったアブラハム・ボンバは、大勢のユダヤ人を乗せた列車が死の収容所に入ってくるのを見たポーランド人の99%が楽しげに笑っていたと証言した。[11]実際、ランズマンのレンズが捉えた収容所周辺のポーランド人農民たちの表情や声は、反ユダヤ主義が依然として彼らの日常に深く根付いたままであることを印象づけるに十分だった。カメラは隣人同士の長年の偏見をあるがままに写していた。映画は結局、ポーランド人がホロコーストの共犯だったと告発するものだった。草の根の反ユダヤ主義は、ポーランドの農民に限ったものではない。ギリシャ・コルフ島から強制移送されたユダヤ人たちも、カメラの前でギリシャの隣人の反ユダヤ主義と無関心を証言した。[12]反ユダヤ主義をポーランドの歴史的特殊性に結びつけ、自らの反ユダヤ主義を隠そうとする欧州社会の一角にある試みは批判されて当然だ。しかし、いたる所で反ユダヤ主義が燃え盛っていたとしても、それでポーランドの反ユダヤ主義に免罪符が与えられるわけでもない。自分たちこそナチの最大の犠牲者だったという記憶をかき乱す草の根反ユダヤ主義は、多くのポーランド人にとって不都合な現実だった。

ホロコーストの共犯というイメージは、ポーランドの公式記憶と正面からぶつかった。[13]一党独裁体制を敷いた共産党は、民族主義の文法によって公式記憶を作り出した。プロレタリア国際主義は民族主義の上にまとった華やかな衣装でしかなかった。ミェチスワフ・モチャルを中心とするパルチザン出身の民族共産主義者の分派が1968年に大々的な「反シオニズム」キャンペーンを組織したこともある[14]。米帝国主義と結託したイスラエルの好戦的シオニズムを批判するというキャンペーンの実態は、反ユダヤ主義に近かった。ホロコーストの記憶がいまだ生々しい悲劇の現場で、プロレタリア国際主義を標榜する共産党が反ユダヤ主義キャンペーンを展開したことは、イデオロギーの虚構性を端的に表していた。プロレタリア国際主義と普遍主義の大義を強調する華やかな言葉の裏で、共産主義体制はしばしば原初的な民族主義に後退した。国家構成員の倫理的・政治的団結を強調する社会主義の理想は、民族を有機的な共同体と見る観念を強化した[15]。現実の社会主義は民族主義をあおることで体制の危機を乗り越えようとし、反ユダヤ主義は最も簡単に動員できるものだった。民族主義は、共産主義にとって最後の砦だった[16]。

共産主義の民族主義化は、犠牲者数に関する「数字の政治」にもよく表れている。ポーランド政府の「戦争賠償局（ＢＯＷ）」が1947年に集計したポーランドの犠牲者数は602万8000人だった。この数字は国家の公式記憶として定着したが、厳密な算定の結果ではない。政治的目的のために急いで作った数字だった。報告書の草案は480万人と推算していたが、公安相ヤクブ・ベルマンが600万人説に固執したのだという[17]。ユダヤ系の犠牲者数は300万人とされていたので、600万人ならポーランド民族も同数となる。だが480万人では、ユダヤ系300万人とポーランド民族180万人だ。これでは戦争の傷から抜け出せずにいたポーランド民族主義者たちの反発を買いやすかった。ユダヤ系の老練な共産主義者で、頑固な国際主義者だったベルマンでさえ、戦後ポーランド社会に強かった犠牲者意識ナショナリズムを無視できなかったようだ[18]。あるいは自らがユダヤ系であることを意識し、ユダヤ人の犠牲を多く見せることに負担を覚えたのかもしれない。

一方で１９５１年にポーランド財務省が対独賠償金請求のために作成した報告書は、１７０万６７００人のポーランド民族と３３７万８０００人のユダヤ系ポーランド人の計５０８万４７００人が死亡したと推算した。犠牲者数が94万人ほど減ったことになる。終戦直後には行方不明になっていて死者とカウントされたものの、その後に帰郷した人が多かったからだ[19]。財務省の報告書は、強制収容所や強制労働から生還した人々と送還されてきた捕虜、国境線の変動に伴う辺境地域の移住者を含めたものだ。これが最新資料なのだが、党は、ユダヤ系とポーランド民族３００万人ずつという１９４７年報告書の６００万人説を固守した。この説の政治的背景と正確性についての議論を公にできるようになったのは、１９８９年に共産体制が崩壊してからのことだ。ポーランド民族とユダヤ系の犠牲者の数が同じになってようやく安心できたポーランド共産党のプロレタリア国際主義は、イデオロギー的に矛盾した話だった。ベルリンの壁崩壊後は２００９年に「国民記憶院（ＩＰＮ）」と個人研究者が新たな数値を提示した。国民記憶院の推計によると、ナチ占領地域で約５４７万〜５６７万人、ソ連占領地域で約15万人など計５６０万〜５８０万人のポーランド人が死亡した。ナチ占領地域だけの統計では、約２７０万〜２９０万人のユダヤ系と２７７万人のポーランド民族が犠牲になったとされた[20]。タデウシュ・ピオトロスキは、ユダヤ系３００万人、ポーランド民族２００万人、ウクライナ系やベラルーシ系などが60万人で計５６０万人という犠牲者数を出した。チェスワフ・ウチャクの統計では、犠牲者数が５２０万〜５３０万人で、うちポーランド民族は１４０万人とさらに減少する。

ポーランドでの死者数に関する議論は、犠牲者意識ナショナリズムに内包された「数字の政治学」の特徴をよく表している。６００万人であれ５００万人であれ、非業の死を遂げた人々の痛みは変わらない。犠牲者や家族の内なる記憶にとって重要なのは、どのようにして死んだかであって、何人が共に犠牲となったかではない。だが、「数字の政治学」では統計のほうが重要だ。犠牲者意識ナショナリズムの物語《ナラティブ》では、誰がより多くの犠牲を払ったのかという競争が繰り広げられる。より多くの犠牲者を出した側が、より大きな道徳的正当性を確保すると信じているからだ。「私たち」のほうが多く死んだのだと威張っているような印象を受ける時すらある。「数字の政治学」は、どちらがより大きな犠牲を払ったのかという低俗な論争を科学的に正当化するという錯覚を与えやすい。統計の魔術である。統計によって権威付けされることで、この魔術はトリックではなく厳然たる現実となる。過去を理解するために統計は必要だが、「数字の政治学」には注意しなければならない。

しかし、第2次大戦での最大の犠牲者だという戦後ポーランドの公式記憶は、根拠なきものではない。第2次大戦での死者が人口の18～22％に達したポーランドの犠牲が甚大なものであったことに異論の余地はない。この比率は、人口の14％を失ったソ連の1・3～1・6倍に達し、1・2％のフランスとベルギー、2・4％のオランダなど西欧諸国とは比較にならない。首都ワルシャワでは人口120万人の6割に当たる72万人が犠牲となった。命を失った市民はユダヤ系の98％、非ユダヤ系の25％に上った。ワルシャワの犠牲者だけで、フランス全体の民間人死者10万人（7万8000人のユダヤ人を含む）の7倍を超えた。広島に投下された原爆による死者数の推定は、最も多いもので当時の人口の45％に当たる約16万人だ。悪名高いドレスデン空襲の死者数は、人口約64万人のうち約2万5000人だった。アジアと欧州での民間人被害の代表例として取り上げられる両都市との簡単な比較だけでも、ワルシャワの被害の大きさを十分に推し量ることができる。人口比では、ポーランド人が第2次大戦の最大の犠牲者だったと言っても過言ではない[21]。ポーランド人の犠牲は質的にも大きかった。教育水準の高い知識人とエリートグループであるほど大きな打撃を受けたのだ。1947年の戦争賠償局報告書によると、知識人と社会指導層になるほど犠牲者比率は高くなる。ナチのエリート抹殺政策によって、控訴裁判所弁護士の56・9％、医師の38・7％、5人の司教を含めてカトリック司祭の27％が殺された。教育者の場合、小学校教師5・1％、中等学校教師13・1％、大学教授28・5％が命を失った。結果として高等教育を受けた犠牲者が多く、大学の卒業証書を持つ人の約3分の1が犠牲になった[22]。

一方、国連経済社会委員会の統計によると、アジア太平洋戦争での徴兵・徴用・原爆などによる朝鮮人の死者数は7万人である。1946年にソウルで開かれた「戦災死亡同胞慰霊祭」の主催者による推算もほぼ同じだ[23]。真珠湾攻撃のあった1941年の植民地朝鮮の人口1574万人を基準に計算すると、0・44％となる。比率で見るなら、第2次大戦でのポーランド人犠牲者は植民地朝鮮の40〜50倍にもなる。アジアでは、1000万人を超える犠牲者を出した中国、飢餓と病気などで300万〜400万人が死んだインドネシア、100万〜200万人の餓死者を出したベトナムなどの死者数が多かった。だが人口比で考えれば、ポーランドとは比較にならない[24]。財産被害も莫大で、1939年のレートで換算したポーランドの被害額は492億ドルに達した。これは、フランス（211億ドル）、ユーゴスラビア（91億ドル）、オランダ（44億ドル）、チェコスロバキア（42億ドル）、ギリシャ（25億ドル）、ベルギー（23億ドル）、ノルウェー（13億ドル）の合計449億ドルを上回る[25]。ポーランドより被害額が多いのはソ連だけだった。

大戦での最大の被害者なのにホロコーストの共犯という疑いをかけられたのだ。多くのポーランド人がランズマンの映画『ショア』に鬱憤を超え、猛烈な怒りを表したことも理解できる。上映を禁じた当局の措置も驚くに値しない。戦後にようやく政権を獲得した共産党は、「ユダヤ人のアカ」を庇護する党だという大衆の疑念を払拭することに努めてきた[26]。映画『ショア』はそうした努力に水を差した。国際社会の圧力で上映禁止措置はすぐに解かれたが、ポーランド社会の受けた衝撃は静まらなかった。なにより19世紀以来の歴史文化の根底となってきた犠牲者意識が揺らいだのだ。「十字架にかけられた民族」というアダム・ミツキェーヴィチの詩的メタファー以来、犠牲者意識はポーランド人の歴史意識と文化的記憶を支配してきた[27]。映画『ショア』が共産党や国家権力だけでなく、ヴワディスワフ・バルトシェフスキらカトリックの反体制派知識人にまで大きな衝撃を与えたのはそうした理由からだ。彼らは、最大の犠牲者であるポーランド人を共犯だと疑うランズマンへの不快感を表明し、偏向した映画だと批判した。批判の矢は、映画に助成金を出したフランス政府にも向いた。ユダヤ系ポーランド人の作る「社会・文化ユダヤ人協会」は挑発的な映画だという抗議書簡をワルシャワのフランス大使館に送った[28]。

しかし、ヘウムノやソビブル、トレブリンカなどの絶滅収容所に近い田舎の市場でホロコーストについて語ったポーランド人農民たちの薄ら笑いは、いまだ根強い草の根反ユダヤ主義を見せつけた。カメラに捉えられた彼らの表情は、権力のイデオロギー的な道具である政治的反ユダヤ主義よりはるかに強い絶望感を抱かせた。最も多くの血を流してナチに抵抗したという道徳的名分と抵抗の記憶は、ポーランド人の草の根反ユダヤ主義を覆い隠す「目隠し」だった。ホロコーストの現場証人を中心に構成された『ショア』がその目隠しを剝がすと、少なくないポーランド知識人が半信半疑ながらも驚愕した。ナチと妥協せず最後まで戦ったというポーランド民族の神話は対ナチ協力を隠す「隠蔽記憶(screen memory)」であり、自分はその中に閉じこめられていたのだと知れば困惑するだろう。「私は弟の番人ですか」と神に抗弁したカインの脅えと似た意識がポーランド社会の集合的記憶に入り込み、彼らの記憶はだんだんと弁明調になった。

ポーランド共産党は戦後、歴史上初めての単一民族国家樹立を自らの実績として宣伝した。しかし、ユダヤ系人口の90％に当たる300万人がホロコーストの犠牲となり、強制移住政策によってウクライナ人やベラルーシ人、ドイツ人などが追放されたという事実は言及されなかった。党の公式政策とは別に、ポーランド人の多くは暗黙のうちに「ユダヤ人のいないポーランド」という新しい国家構成に賛成していた。ホロコーストを生き延びた少数のユダヤ人が自宅に戻った時、その家を占有していたポーランドの隣人が見せた反応は「なんだ、生きていたのか」というものだった[29]。自分が使っている家の元々の主であるユダヤの隣人の生還は、全然うれしくないというふうだった。大衆的な支持基盤が脆弱だった党は、工場や住宅、土地などユダヤ人の不動産を占拠したポーランド人との対立を望まなかった。ホロコーストの犠牲となったユダヤ人の財産を戦後も不法占有し続けることができたのは、党と国民の間に暗黙にだが、公然の共謀があったためだ[30]。党は1946年7月にキェルツェで多数のユダヤ人が虐殺された時、事件を非難したがらない労働者たちの反発に直面した。ユダヤ人を擁護していると言われるのを怖れた現地の党書記は、反ユダヤ主義的な扇動に興奮した群衆への説得を拒否して雲隠れした[31]。

自負心と恥ずかしさの間

「哀れなポーランド人がゲットーをみつめる」というブウォンスキのエッセーが発表された1987年1月は、言論と表現の自由化が進み、共産党の独占した公式記憶とその目隠し効果が崩れた時期だった。映画『ショア』の衝撃が生々しい中で発表されたエッセーのタイトルは、1980年にノーベル文学賞を受賞した亡命詩人チェスワフ・ミウォシュの詩「哀れなクリスチャンがゲットーをみつめる」（1943年）をもじったものだった。犠牲者意識の中に安住してきたポーランド人に自らの道徳性を省みるよう求めたこのエッセーは、ポーランド社会の逆鱗に触れた。ブウォンスキはポーランド文化を育んだ古都クラクフにある、同国最古という600年の伝統を持つヤギェウォ大学の副総長を務めた著名な文学評論家だ。その彼が、ポーランド出身のノーベル賞詩人ミウォシュの詩を引用して道徳的原罪を問題にしたのである。ユダヤ系フランス人のランズマンにはポーランド文化を知らない異邦人の誤解と偏見だと言うこともできたが、ブウォンスキの批判は全く違う次元の問題だった。(32)

ミウォシュは、乱暴な占領者であるナチが1943年にワルシャワのゲットーを閉鎖し、ユダヤ人居住者をアウシュヴィッツに強制追放した直後にこの詩を書いた。詩は最初の二つの連で「まっ赤な肝臓を蜂がびっしり固める／まっ黒な骨を蟻がびっしり固める（中略）ポッ！　黄色い壁から燐光が走り／人間の毛、動物の体毛を呑み込む（中略）炎のなか、屋根が落ち、壁が落ち、火は基礎に及ぶ／いまや踏みしだかれ、葉のない木が一本立つだけの／砂の台地」とグロテスクなイメージでホロコーストの悲惨な光景を描く。ところが三連目になると突然、小さな赤いライトを額にくくりつけ、地中に埋まった死骸のひとつひとつに触れながらトンネルを掘り進む「土龍《もぐら》の番人」が登場する。ポーランドでモグラは、地下と死の世界の守護者である。一人称で語られるこの詩は「こわい、土龍の番人がこわくてたまらない」と語る。蠟燭のそばに座って人類が残した偉大な書である聖書を読む総大司教のように、ぷっくりと膨れたまぶたの守護モグラがなぜ恐ろしいのだろうか？

グロテスクなのは詩的修辞ではなく、ある種の悟りだ。それは最後の連で表現される。「新約聖書のユダヤ人」である自分たちキリスト教徒ポーランド人はイエスの再来を待望し続けているが、その時には「ぼくもまた彼の目には死の幇助するひとりでしかないだろう」と言うのだ。キリスト教徒も犠牲者であることに変わりはないが、彼らは同時にユダヤ人の「死の幇助者」でもあった[33]。殺人者であるナチだけでなくポーランド人キリスト教徒もユダヤの隣人の死に道徳的な責任を負っている。ミウォシュは、そうしたメッセージを終末論的な詩の言語で伝えようとしたのだ。ブウォンスキはエッセーで、沈黙によって語られた詩人の言葉を自らの声として再現した。地下世界の「土龍の番人」がまるで、自分たちにこう問うているように聞こえるというのだ。「そうだ、お前も死の片棒を担いだろ？　お前も殺すのを手伝ったんじゃないのか？　そうでなかったとしても、ユダヤ人の死を黙って見てたんじゃないのか？」[34]。ポーランド人がホロコーストの過去について気楽に話せないのは、まさにこうした問いが怖いからだ。

ブウォンスキが引用するミウォシュの別の詩「カンポ・ディ・フィオーリ」は少し単純だが、さらに痛烈だ。ミウォシュは導入部で、異端だとして1600年2月にローマのフィオーリ広場で火刑に処されたルネサンス期のヒューマニスト（人文主義者）であるジョルダーノ・ブルーノと、彼の苦痛など知らん顔で陽気な日常を楽しむローマ市民の姿を描く。燃え盛る薪の上で柱に縛られて死んでいくブルーノをぼんやり眺めていたローマ市民たちは、火が収まったと思うまもなく酒場へ戻る。行商人がオリーブとレモンの籠を頭に載せて運び、敷石の上に花を散らしたフィオーリ広場の情景は、第三連で突然、クラシンスキ広場で回転木馬に乗ってのどかな日曜日を楽しむワルシャワ市民たちの姿と重なる。ゲットーから上がる炎でワルシャワの空が赤く染まったその日、何が起こっているのか知らずにいることなど不可能だった[35]。ゲットーの壁の向こうでは一斉射撃の音が轟いていた（訳注：ワルシャワのゲットーに入れられていたユダヤ人が1943年4月に武装蜂起し、ドイツ軍に鎮圧された)。その騒ぎの中でも知らん顔で回転木馬を楽しむワルシャワ市民たちは、火刑に処されたブルーノをぼんやり眺め、何事もなかったかのように日常へ戻っていくルネサンス期のローマ市民たちと同じ傍観者だった。隣人の無関心の中で無残に死んでいくローマのブルーノと、ゲットーの壁の向こう側にいるワルシャワのユダヤ人のイメージが重なる詩的コラージュはうら悲しいものである(36)(訳注:詩の日本語訳は西成彦訳「カンポ・ディ・フィオーリ」『チェスワフ・ミウォシュ詩集』関口時正・沼野充義編より引用した)。

ローマのカンポ・ディ・フィオーリには
オリーブいっぱいの籠、レモンいっぱいの籠
葡萄酒をぶちまけ
花の破片を散らした敷石
行商人がバラ色の
海の幸を積み上げる
黒い葡萄の房が
桃の柔毛《にこげ》に落ちかかる

そう、まさにこの広場で
ジョルダーノ・ブルーノは火あぶりにされた

死刑執行人が薪《たきぎ》に灯を点《とも》し
野次馬が周囲をとりまいた
ところが、火がおさまったと思うまもなく
酒場はふたたび人に溢れ
オリーブいっぱいの籠、レモンいっぱいの籠
行商人が頭に載せて運んできた

ぼくはワルシャワの回転木馬のかたわらで
そのカンポ・ディ・フィオーリを思った
春の晴れた夕べ
はずむような音楽が流れるかたわら
ゲットーの壁の向こうにとどろく一斉射撃は
はずむような旋律にかき消され
雲ひとつない空に向かって
男女のペアが舞いあがった

ときおり炎上する建物から風が吹きつけ
黒い凧がはこばれてきて
回転木馬にまたがりながら

そのひらひらをつかむものたちもいた
火事場に起こる竜巻が
少女らのスカートをまきあげ
美しいワルシャワの日曜日
陽気な群衆は笑っていた

（中略）

しかしぼくはそのとき
死に行くものたちの孤独を考えた
ジョルダーノは
火刑台にのぼった
あの日、人間のことばでは
ひとつも語ることばがみつからなかった彼のこと

（以下略）

この詩は、ワルシャワでのゲットー蜂起の真っ最中だった1943年の復活祭にあたる4月25日に書かれた。蜂起に加わったシムハ・ロッテムは5月1日、ボニフラテルスカ通りの下にある秘密の地下通路からポーランド人地区に出た[37]。ポーランドのレジスタンスと連絡を取ろうと「アーリア」地区に出ていたアンテク（本名はイツハク・ツケルマン）と接触するためだ。真っ暗な地下通路から惨めな姿ではい出した彼にとって、光あふれる早朝のワルシャワの通りは別世界だった。ロッテムの回想によると、カフェとレストラン、映画館が営業し、バスと電車が通る塀の向こう側のワルシャワの日常はあまりにも自然かつ正常だったので、自分はまるで別の星から来たように感じたという[38]。まさにその日の朝、父親の手を握ってオルワ通りを歩いていたエヴァ・ベルベリウシュは、ゲットーで立ち上る黒い砲煙を見て足を止め、娘の手を離して呆然と立ち続けた父の姿を思い出す。ゲットーの悲劇の前で無気力だった父親に関する私的記憶は、歴史書が教えるレジスタンスの英雄的ポーランド人闘士という公式記憶とは全く異なっていた[39]。

美学的観点から見るなら、ミウォシュ自身が告白したように「カンポ・ディ・フィオーリ」の視覚はやや単純である。異端裁判の火刑台に立つブルーノとゲットーで蜂起した人々、1600年2月のフィオーリ広場のローマ市民と1943年4月のワルシャワ市民を単純に併置した構造ゆえにだ。腕組みした傍観者の視線でユダヤ人の死を描いたことで、詩人は自らを「非道徳的だ」と責めもした。しかし、ブウォンスキの評価は違う。凄惨な復活祭にこの詩を書いたことで、ミウォシュは「ポーランドの詩の名誉」を救ったというのだ[40]。「どうしようもなかった。ポーランド人も大変な状況で、さらに何をできたと言うのか？　常に最高の隣人ではなかったけれど、それでもユダヤ人と一緒に生きてきたではないか。ユダヤ人との関係がギクシャクしたこともあるが、ポーランド人だけに責任があるのか？　ナチ最大の犠牲者であるポーランド人を指弾できるとでも言うのか？」などと弁明することなく、つらくても悲惨な過去を直視し、自らの道徳的責任を切実に自覚しなければならないという文学的メッセージのおかげだった[41]。

戦後に押さえ付けられ、忘れられていたホロコーストに関するポーランド人の罪の意識は、このようにして水面上に顔を出してきた。ブウォンスキのエッセーを巡る論争は、弁護と自責、悔恨と懺悔、自負心と恥ずかしさ、怒りと鬱屈などがないまぜになった、感情と論理の嵐のようなものだった。ポーランド人の反応は弁明と省察の二つに大きく分けられた。

弁明の論調は、「西側」マスコミの歪曲を問題にした。偏見にとらわれた西側の言論とメディアが、欲深い一部のポーランド人農民とプチブルの反ユダヤ主義的行為を過度に一般化してポーランドとポーランド人に否定的な世論を作ったというのだ。彼らは、積極的に介入してユダヤ人を助けることができたはずの米英や中立国の無関心には沈黙しているのに、ナチ占領下で身動きできなかったポーランドにだけ矛先を向けるのは不当だと抗弁した[42]。ホロコーストはポーランド人が恥じねばならないことではなく、ナチの極悪なテロに英雄的に立ち向かったポーランド人の勇気には欧州のどの国も石を投げられないというのだ。圧倒的な力を前にできるだけのことをしたのだから、それ以上を求められても無理だとも主張した。甚だしくは、ユダヤ人がナチの命令に唯々諾々と従っていたから、ポーランド人が助けたくても不可能だったという主張までされた。弁明論を代弁するヴワディスワフ・シワ＝ノヴィツキによると、ナチ占領下のポーランド民族の行動に対しては、ブウォンスキのように恥じるのではなく、誇らしく思わねばならないのだという[43]。

省察論者たちも、ユダヤ人を救うためポーランド人にできたことは多くないと認める。キリスト教の道徳律に従ってユダヤの隣人に良心的な配慮をしたとしても、犠牲を大きく減らすことはできなかったろうという判断は正しい。ナチの圧倒的暴力を前に、ポーランド人がホロコーストを制止できたとは考えにくい。しかし、それが弁明を正当化するわけではない。長じてジャーナリストになったベルベリウシュは、ユダヤ人の死を食い止められなくとも、あれほど寂しく死なせたことには隣人として大きな責任があると振り返った。彼女の自己省察は正鵠を射たものだ[44]。行動以前に、共感の問題なのだ。それは、ユダヤ人の運命に温かく共感できなかったことで結果的にホロコーストを煽ったのではないかという問いにも通じる[45]。たとえユダヤ人を助けられなかったとしても、反ユダヤ主義がなかったなら自国内でのナチの犯罪への態度は違ったはずだ[46]。

虐殺者でも犠牲者でもないポーランド人の大半は、一貫して沈黙を守る傍観者だった。「殺人者は殺し、虐殺者は虐殺し、犠牲者は死んでいくのに」、ポーランドだけでなく「世界中が沈黙した」[47]。しかし、アウシュヴィッツへの道は「憎悪によって建設され、無関心によって舗装された」。沈黙と無関心は積極的な共犯ではなかったが、結果的には同調する行為だった。大戦における最大の被害者だったポーランドも例外ではない。ポーランド人は傍観していたではないかと胸を張って指差したり、罪を問うたりできる人などいない。だからといって、ポーランド人が道徳的な自責の念から自由になれるわけでもない。ブウォンスキが法律的な「罪」ではなく、宗教的良心に基づく「罪悪感」を取り上げたのもこのためだ。「ナチ支配のように過酷な状況では誰でもそのように行動するしかなかった。だから私はやましくない」と強弁するのではなく、「絶体絶命の苦境に陥ったユダヤの隣人のために私は本当に最善を尽くしたのか」と自問しようというのだ。そうしたところで、ホロコーストの歴史を巻き戻すことはできない。だが、状況の圧倒的な力に責任を押し付けるのではなく、自らを批判的に省みることが未来の記憶をより望ましい方向に再構成する助けとなる。

イエジ・ヤストゥシェンボフスキの語った家族の話は、示唆に富む。この家族には祖母の代から付き合いのあったエリヤシュ・パジンスキというユダヤ人がいて、幼いイェジをはじめ家族全員が彼を「エリじいさん」と呼んで親しくしていた。ワルシャワのゲットーが収容能力の限界に達し、ユダヤ人全員が近いうち死の収容所へ送られると思われた１９４２年のある日のことだった。エリじいさんは急いでこの家族を訪ね、自分と妹たちをかくまってほしいと懇願した。緊急の家族会議を開いたポーランド人一家は、家族全員が処刑される危険を冒してエリじいさんをかくまうことに決めた。だが、一緒に来た3人の妹までは無理だった。彼女たちのポーランド語にはイディッシュ語（訳注：東欧のユダヤ人が話した言葉）のアクセントが目立ち、そのうえ一人は縮れ毛の黒髪を隠すため金髪のかつらをかぶっていた。妹たちまでかくまえば発覚することは明らかで、ナチに見つからず生き残れる確率は10％にも満たなかった。見つかれば、兄妹とかくまったポーランド人一家は一人残らず処刑される。彼らの決定は、ユダヤ人の友人とポーランド人一家の命を救うために避けられない「合理的」な選択だった(48)。

一家はその後、エリじいさんに二度と会えなかった。連絡の途絶えた兄妹はホロコーストの犠牲になったのだろう。一家に責任があるとは決して言えないが、彼らは戦後もこのことで心を痛め、蘇ってこないようにと記憶を胸の奥に閉じこめた。友人宅の前から死へ向かって引き返さねばならなかったエリじいさんと妹たち、生と死の境で心を痛めながら兄妹に別れを求めざるをえなかったポーランド人一家の癒やせぬ傷を、どうしたら消し去ることができるだろうか。一家の決定が家族全員の生存のために合理的で避けられないものだったのなら、人としてあまりにもむごい。逆に、人としての尊厳を守るために全員が殺される道を選ばねばならないというのなら、それは殉教を強いる、行き過ぎた道徳論である。合理的な現実論と殉教的な道徳論のどちらを取っても非人間的なことに変わりはなかった。このことを振り返りながらヤストゥシェンボフスキは「人間が最も多く犯す罪は、見なかったふりをして過ぎ去ることだ」という枢機卿ボレスワフ・コミネクの説教を引き合いに出しながら、自らの答えを遠回しに示した。ナチが作った極めて非人間的な世界では、理性は道徳の敵であり、合理性と人間性は衝突した。ナチは、人間を人間らしくする道徳性が非合理に見えるよう人間の法則をねじ曲げた。理性的判断はナチの犯罪への同意を強要し、隣人の死に目をつぶらせた。[49] バウマンがホロコーストという悪霊を追い出すのに「恥ずかしさの解放的役割」を強調したのも、同じ問題意識からのことだ。恥ずかしさを感じることは道徳的なのだという慰めである。問題の核心は、弁明論者が主張する英雄的闘争に対する民族的自負心と、多くの人を助けられなかったと省察論者が自らを責める恥ずかしさのどちらかを選択することではない。バウマンの表現を借りるなら、それは「自負心に酔うことで道徳的堕落を自ら招いた恥ずかしさ」と「恥ずかしさを感じることで道徳的な浄化を得ようとする自負心」のどちらを選択するかの問題であった。[50]

イェドヴァブネ虐殺とカインの末裔

2000年5月19日にヤン・グロスの著書『隣人たち』が出版され、ポーランドの歴史論争は全く新しい局面に入った。[51] ポーランド東部辺境にある人口3000人の村、イェドヴァブネで1941年7月10日に1600人強のユダヤ人が無残に虐殺された事件を扱った本だ。[52] ポーランドの隣人たちが虐殺の主役であり、共犯だった。第2次大戦中のポーランド人とユダヤ人の関係が道徳や良心、恥ずかしさといった次元ではなく、殺人や略奪という刑事犯罪または人道に対する罪の問題であったことは衝撃的だった。ユダヤ系の父親を持つポーランド出身の歴史家であるグロスは、1968年の学生デモに関与して米国へ亡命していた。

600万人のユダヤ人が虐殺されたホロコーストの歴史の中では大きく注目される規模の事件ではないが、問題は虐殺者の正体だった。虐殺の主役はナチではなく、長年にわたって隣人として暮らしていたポーランド人だったのだ。イェドヴァブネの悲劇は歴史の長い沈黙を破り、熱い争点に浮上した。1949年5月と1953年11月にウォムジャ地区裁判所で開かれた裁判記録と生存者の証言などに基づいて、グロスが発掘した歴史は衝撃的だった。グロスによって描き出された、ユダヤ人の老若男女が長年の隣人たちに虐殺された光景は残酷なこと極まりなかった。本の中で生々しく再現されたその日の惨状、顔のないナチではなく、共に暮らしてきた隣人による虐殺の野蛮な光景はとても人間の所業とは思えないほど凄惨だ。生き残れたのはナチ憲兵隊の分署で働いていた数人のユダヤ人だけだったという歴史のアイロニーの前で、読者は声を失う。この事件のドキュメンタリー映画を制作した監督、アグニェシカ・アルノルトは『私の長男カインはどこにいるのか？』というタイトルをつけた。ポーランド人を、弟アベルを石で打ち殺したカインにたとえたのだった[53]。

出版された年の11月24日、ポーランド科学アカデミー歴史研究所が主催した討論会には100人を超す歴史家とジャーナリストが詰めかけた。グロスの発表が終わると怒号と罵声、息を殺した泣き声が入り乱れ、討論をきちんと進められなかったという[54]。出席していたジャーナリストのアンナ・ビコントは、5時間も続いた討論が一種の集団精神治療の時間だったと記している[55]。激した感情を鎮めてみると、問題はより深刻だ。小さな村の平凡なポーランド人がホロコーストに能動的に参加した加害者であるなら、自明と考えられてきた現代史叙述の構図や前提が揺らぐのだ。それまでポーランドでは現代史について、自分たちもユダヤ人と同じようにナチズムと第2次大戦の犠牲者だったという前提で語られていた。ホロコーストに関する歴史記述では、加害者・被害者・傍観者という三角構図の中でポーランド人を傍観者と位置づけていた。このどちらも書き換えねばならなくなったのだ。『隣人たち』が暴いたあまりにも明白な犯罪行為の前では、ブウォンスキがポーランド人の傍観者に投げかけた恥じらいに関する道徳的な問いが贅沢なものに思えた。ホロコーストを傍観した道徳的「原罪」から、隣人を殺した司法的「犯罪」へと議論が変わったのだ。イェドヴァブネのユダヤ人虐殺の醜悪な真実が明るみに出たことで、ポーランド人の歴史的地位はナチの犠牲者から共犯／加害者へと切り替わった。ある平凡な老人の回顧のように、ずっと守ってきた犠牲者という歴史的地位を放棄しなければならないのは、道徳的に耐え難いことだった[56]。

　イェドヴァブネの虐殺は、加害者と犠牲者という二分法では複合的な歴史の現実を説明できないことを示している。犠牲者のように見える行為者が加害者になる状況も排除できない。１９８７年のブウォンスキのエッセーと１９８５年のランズマンの『ショア』が文字と映像のアンサンブルをなすとすれば、２０００年のグロスの『隣人たち』と対をなす映画はパヴェウ・パヴリコフスキ監督の『イーダ』（２０１３年）だろう。ナチ占領下で両親を殺した隣人のポーランド人農民によって修道院に送られ、修道女として教育されたイーダが、自らの故郷であり、父母が葬られた地を叔母と一緒に訪ねるロードムービーだ。抑制された演出と穏やかな白黒映像でポーランドの隣人たちの犯罪を描いた。ポーランド映画アカデミー最優秀映画賞や欧州フィルムアカデミー最優秀映画賞、米アカデミー賞の最優秀外国語映画賞など数十の賞を受けたが、ポーランド民族主義者からは批判された。「ポーランド＝反ユダヤ主義」という固定観念を再生産し、ポーランド民族の否定的な面をさらけ出すための映画というような批判は、さまざまな面で『隣人たち』に向けられた批判を連想させる[57]。

20世紀末までポーランドの学界での歴史叙述や市民社会の歴史認識、公式記憶や草の根記憶のほとんどは「ポーランド民族=犠牲者」という道徳的な自己満足に陥り、ナチ占領期とホロコーストの複合的な歴史を把握できずにいた。民族全体が犠牲者だったという立ち位置による正当性が、自らの過去を批判的に省察する道を塞いだ。1946年のキェルツェ・ポグロム（ユダヤ人虐殺）、1968年の当局主導の反ユダヤ主義、ベルリンの壁崩壊後に一部で定着した「ユダヤ人のいない反ユダヤ主義」のような不都合な現実に対するポーランド社会の無関心は、世襲的犠牲者という根深い歴史意識の結果だった。『隣人たち』を巡る歴史論争がポーランドの市民社会を一つにまとめる真の「道徳革命」を起こしたというヨアンナ・クルチェフスカの評価は、この論争の重みをよく捉えている[58]。自らを省みようとしない道徳的正当性ほど危険なものはない。歳月を経て論争が落ち着いた2017年にアルノルトがポーランドのラジオ局『TOK-FM』とのインタビューで回顧したように、ポーランド社会の主流は「『彼ら』の罪であって、私たちには罪がない」というように対応した。戦争は、人間が悪の誘惑を退けるほど強くないことを見せてくれる。極限に達した道徳的堕落と恐怖が、イェドヴァブネの虐殺を生んだのだ[59]。

1990年代のポーランドでは、ナチの無慈悲な占領とスターリンのソ連が強要した共産主義という二重の犠牲を強いられた自分たちの苦痛を国際社会が十分に認めていないという考えが支配的だった[60]。共産党による一党独裁への反動からスターリン主義の歴史清算が主たる関心事となり、ホロコーストに対する罪の意識や歴史的責任が問われる余地はあまりなかった。スターリン主義の犠牲者という記憶が支配する限り、ユダヤ人を相手に犯した犯罪の記憶は思い出されなかった[61]。そのためイェドヴァブネの虐殺にも、ナチ特殊部隊の強圧とテロによって強いられたとか、地元のポーランド人ではなく外地から動員された犯罪者集団の仕業だったという主張が出た。[62] 虐殺者は平凡なポーランド人ではなく、ナチに唆《そそのか》された不良もしくはカネのためならいつでも人間の尊厳を捨てる職業的な犯罪者集団だったというのだ。ユダヤ人を閉じこめて火を付けた納屋での遺体発掘でドイツ軍の銃弾などが発見された時にはナチ犯行説も出たが、別の時期に使われた弾丸だったと確認されて終わった。こうした主張の底流には、平凡なポーランド人にそんなことをできるはずがないという前提がある。大戦の最大の犠牲者であるポーランド人がホロコーストの加害者だったかもしれないという主張に対する抑えきれない怒りが感じられる。

弁明論に立つ過激な民族主義者はむしろ、ポーランド人はユダヤ人の犠牲者だったと主張する。反共民族主義者は、独ソ不可侵条約によってソ連軍に占領された1939年から独ソ戦でナチが侵攻した1941年までを「ソビエト・ユダヤ占領期」と規定し、ユダヤ人がカトリックのポーランド人を迫害したと強調する。彼らの主張では、「ユダヤ人のアカ」が反共主義的で反ロシア的なポーランドの愛国者をソ連の秘密警察に密告し、中央アジアやシベリア送りにした。だから犠牲者はユダヤ人ではなく、ポーランド人だった。裏切り者のユダヤ人の一部が受けた迫害は、歴史の因果応報だったというのだ。[63] 彼らの主張によると、『隣人たち』を書いたグロスやイェドヴァブネ虐殺60周年記念式でポーランド人を代表して公式に謝罪した大統領アレクサンデル・クワシニエフスキは、ポーランド民族を憎悪し、抑圧したスターリンの秘密警察と変わらなかった。クワシニエフスキが共産党の流れをくむ政党「民主左翼連合（SLD）」の出身だという点も彼らの疑念をさらにあおった。カトリック極右派の運営する「ラジオ・マリア」ともつながるこの分派は、ユダヤ人虐殺の責任をナチにすべて押し付け、ポーランド人の反ユダヤ主義は「ユダヤ人のアカ」が自ら招いた結果で不可避だったと強弁する。[64]

1987年のブウォンスキと2000年のイェドヴァブネ――。二つの論争は、戦後ポーランド社会の集合的記憶を理解する犠牲者意識というキーワードが水面上に顔を出す契機となった。ポーランド出身の社会学者バウマンは1968年にイスラエルへ亡命し、そこでの経験を通じて「世襲的犠牲者意識（hereditary victimhood）」という精巧な概念を作った。[65] 亡命したのは、熱烈な社会主義者だったにもかかわらず、共産党民族主義パルチザン派による反シオニズム・キャンペーンの標的になったからだ。そしてイスラエルでは、攻撃的なシオニストが犠牲者意識を自己正当化のための政治的武器として使う場面を目撃する。丸腰でインティファーダに参加したパレスチナ人の若者を鎮圧するイスラエルの兵士たちに、自らを正当化する世襲的犠牲者意識を見出したのだ。ポーランドの戦後世代は第2次大戦の犠牲者、イスラエルの同世代はホロコーストの犠牲者だと、それぞれ自分たちを規定する虚偽の意識と社会的記憶を持っていると見抜いたのだ。[66]

戦後のポーランドとイスラエルで苦闘した自身の経験に着想を得たバウマンの世襲的犠牲者意識という概念は、戦後の韓国社会の記憶文化を説明するにも有用だ。2003年4月にあった「批判と連帯のための東アジア歴史フォーラム」第4回ワークショップで、私はそのことについて「世襲的犠牲者意識とポストコロニアル歴史学」という演題で発表した。[67] 植民地支配を受けたという世襲的犠牲者意識から脱し、私たちも加害者になりうるという省察を新たな出発点にしようというのが主要な論旨だった。韓国が日本の植民地主義の「世襲的犠牲者」という自意識にとらわれている限り、潜在的な植民地主義に対する内からの批判はなかなか期待できない。世襲的犠牲者という社会的記憶の内には、もしかしたら再び植民地支配されるのではないかという意識が隠れている。それは帝国と植民地という支配構造を根源から否定する考えではない。植民地主義自体を問題視するのではなく、帝国になれず、植民地に転落したことを残念がる思考方式である。[68]明らかな反植民地主義的メッセージであるにもかかわらず、世襲的犠牲者意識は植民地主義から脱しようとする思索を妨げるのだ。

当時は問題提起という水準に終わり、本格的な研究には進めなかった。「大衆独裁」（訳注：著者が提唱する『下からの独裁』理論。林志弦「ネオ・ポピュリズムの時代に大衆独裁を呼び起こす」『思想』2022年2月号を参照）の研究に没頭していたからだ。だが、大衆独裁に関する研究と論争は犠牲者意識に対する私の理解を広めることになった。大衆独裁という概念に対しては、独裁権力の犠牲者である民衆を共犯と見る反動的パラダイムだという単純な論理での反論がなされた。大衆独裁を反動の概念だと疑う政治的思考方式との論争を通じて、私は犠牲者の歴史的位置を考えることができた。当時の韓国ではまだ、民主化運動の記憶が鮮明だった。民衆は独裁の犠牲者であり、抵抗し、戦ってきたという革命神話は、民衆が権力と協力もしたという薄汚い現実より魅力的なのだ。犠牲者意識は「民族」だけでなく、「階級」の記憶まで支配する記憶のリヴァイアサンだった。ポーランドの歴史家たちが、共産党一党独裁を歴史的に総括するセミナーに「犠牲者か、共犯者か？」という挑発的なタイトルを冠したのも容易ならざることだった。[69]ポーランド人は犠牲者でありつつ、共犯でもあるという二重性を帯びることになった。ポーランド人はナチズムとスターリン主義の犠牲者だという民族の記憶が、ポーランド人は支配者であるナチを下から支えた共犯でもあるという階級の記憶へと移動したのだ。大衆独裁プロジェクトと共に、犠牲者意識に対する私の問題意識も階級の領域に移動した。[70]

遠距離ナショナリズム

犠牲者意識は思いがけず民族の記憶へと戻った。韓国の主要紙が2007年1月18日付朝刊で『ヨーコ物語』（邦題『竹林はるか遠く』）を一斉に批判したのだ。[71] 日系米国人ヨーコ・カワシマ・ワトキンズの自伝的な本を巡る騒ぎははじめにでも簡単に触れたが、ここで改めて考えたい。日本の敗戦時に11歳だったヨーコと家族は、生命の危険と飢え、性暴力の恐怖などを経験しながら、朝鮮半島北部の羅南《ラナム》から日本に引き揚げた。その途上での過酷な経験を子供たちも理解できるよう、易しい言葉で生き生きと描いている。幸せだった「自我」が引き揚げとその後の生活で多くの試練を経験したことで成長し、痛みを克服した結果として適切な補償を受けるという物語は、その英雄的単純さのおかげで米国の子供たちにも強く訴えかける力を持ちうる。

1986年に米国で刊行され、『ヨーコ物語』というタイトルで2005年4月に韓国語版が出たが、その時には問題視などされなかった。「1945年に日帝が敗北した時、半島北端の羅南から……日本までの険しい避難の途についた日本人一家の話を幼い子供の視線で描いた自伝的小説」（『聯合ニュース』2005年5月13日）、「国籍をしばし忘れれば、戦争というものが家族の生活にどのようにして苦難をもたらすかを淡々と描写した成長の物語」（2005年5月6日付『朝鮮日報』書評）という記事からは、すぐに忘れられる平凡な本として扱われたことがわかる。[72] にもかかわらず2年後に突然、ほぼ全ての韓国メディアから注目を浴びた。この時の記事は、「間抜けな韓国、日本ですら拒否した『ヨーコ物語』出版」「戦犯の娘が書いたでたらめ朝鮮回想記」「米国もだまされた日本版アンネの日記」「『ヨーコ物語』歪曲だらけ」という刺激的な見出しだった。
火種は米国で起こった。2006年9月、ボストンとニューヨークの韓国系米国人が6～8年生向け推薦図書リストに入っていたこの本を問題視したのだ。ニューヨークのある韓国系女子生徒は『ヨーコ物語』のために登校を拒否し、ボストンの韓国人保護者たちは地区の教育委員会に教材としての使用中止を要請した。彼らは、植民地主義と戦争の被害者である韓国人を加害者、加害者である日本人を被害者として描いたと問題視した。この本には、歴史や道徳の観点からの日本の植民地主義の不当性や、南京虐殺のような日本軍による犯罪・残虐行為は書かれていない。簡単に「朝鮮人たちは大日本帝国に統治されていたために、日本人を嫌い、戦争を快く思っていなかった」と触れただけで、植民地主義の歴史的背景が抜け落ちている。個人的な痛みを率直に述べながらも、日本の植民地支配という東アジアの歴史的文脈を省略したことは『ヨーコ物語』の最大の弱点である。[73]「韓国と中国のナショナリズムの被害者である日本という自己イメージ作り」に熱心な「新しい歴史教科書をつくる会」の活動に見られるように、歴史の脱脈絡化は危険だ。中国の攻撃的ナショナリズムの犠牲になっているという論理で、1930年代の日本の中国侵略が正当化された過去を考えればなおさらである。[74]
少女の視線で加害と犠牲を対立させる単純な構図で自らの経験を語るだけで、歴史的な流れを捉えていないという批判はいくらでも可能だ。しかし、ヨーコの家族のような引き揚げを経験した日本人の痛みと困難を否定し、この本が嘘だらけだと断定することはできない。記述が単純だというのと、嘘かどうかは別の話だ。1945年8月の終戦時点で外地にいた日本人は約660万人で、軍人軍属と民間人が半々だった。朝鮮には民間人72万1000人と陸海軍33万6000人、満州国には民間人155万人と陸軍66万4000人がいた。[75]このうち629万人が1976年までに日本本土へ引き揚げた。[76] 終戦直前にソ連軍の侵攻を受けた満州では国境付近に入植していた開拓団もあり、多くの人が犠牲となった。合計で約22万5000人だった開拓団関係者では、死亡・行方不明が計8万2000人、ソ連抑留が3万4000人に上った。逃避行の途中で親と離れ離れになって中国人に拾われたり、行き延びるために中国人と結婚したりして「中国残留日本人」となった人も多かった。[77]

戦後も朝鮮半島に残った日本人は、朝鮮人や米軍、ソ連軍などに全財産を没収され、朝鮮人の復讐や飢餓、寒さなどに苦しんだ。この期間の死者だけでも、老人や女性、子供を中心に約1万8000人になる。満州国と朝鮮に居留していた日本人が失った財産は、海外居留者全体の財産被害の95％にのぼった。[78] 米ソの占領軍や現地治安当局は、戦後の混乱期に満州と朝鮮に残った日本の民間人の安全に特別な関心を払わなかった。敗戦の混乱に苦しんでいた日本国内でも、彼らの早期帰還は望まれていなかった。海外にいた敗戦国・日本の民間人は、内外において最も危険にさらされた集団だった。『ヨーコ物語』には朝鮮半島から引き揚げた人々のつらい経験が描かれている。敗戦の恐怖、植民地支配者から戦犯扱いへの突然の転落、ソ連軍の進駐と性暴力、敗戦後に態度を急変させた一部の朝鮮人による復讐と暴力、極度の栄養失調と伝染病などは、彼らが直面した厳然たる現実だった。

先日公開された朝鮮半島からの引き揚げ者、成原明の手記は驚くほどヨーコの経験に似ている。父親が『北鮮日日新聞』で働いていた成原は家族で羅南に住んでいたが、敗戦が間近になった時、両親と姉、妹と一緒に最低限の食料だけを持って避難を始めた。そしてソ連軍戦闘機の機銃掃射や気色ばんだ朝鮮人による復讐、難民収容所でのソ連軍兵士による性的暴行、発疹チフスなどの伝染病と栄養失調に苦しみながら、最後には38度線を越えて列車で釜山《プサン》港にたどりついた。[79]『ヨーコ物語』は嘘だからではなく、あまりにも典型的な引き揚げ者の話だから気にかかるのだ。著者個人の経験ではなく、多くの引き揚げ者たちの集合的経験を反映していると言っても過言ではない。著者が回顧録ではなく「自伝的小説」だとしているのも、それゆえだろう。しかし韓国系米国人の批判は、歴史の流れを無視したという次元を超え、『ヨーコ物語』を嘘だと断定する傾向が強かった。植民地支配を受けた韓国民族は犠牲者で、日本民族が加害者なのだから、逆のイメージを作り出したこの本は嘘だというのだった。彼らの論理は、具体的な歴史的事件の中で個人の行為と結果を考えるのではなく、属する民族によって分ける民族主義的な考え方の典型だ。日本人の「集合的有罪」に対する固定観念が強すぎて、「日本人の犠牲者」という言葉自体が矛盾のように感じられたのだろう。

韓国系米国人の怒りは韓国本土に伝わり、さらに増幅された。どちらかといえば好意的だった2年前の書評と全く違う論調が、市民社会の記憶を支配し始めた。韓国社会の読み解き方はヨーコの痛みを否定しようとするものだった。ヨーコの父親は生体実験で悪名高い関東軍731部隊の将校だったというデマが流され、『ヨーコ物語』は歴史を歪曲した嘘だと決め付ける。羅南は寒すぎて竹が育たない、B29の爆撃はなかった、ヨーコ一家が避難した時にはまだ北朝鮮地域に「共産軍」組織はなかったという「事実」が、ヨーコの記憶が嘘である根拠として語られた。心の底には「日本イコール加害者民族」「韓国イコール犠牲者民族」という二分法が揺らぐことへの当惑があった。道徳的な拠り所としてきた犠牲者意識ナショナリズムが、本に描かれた「韓国人加害者」のイメージによって損なわれることへの怒りと不快感を感じ取れる。その怒りは歴史的な真実と嘘に対するものというより、犠牲者民族という自らの集団的アイデンティティが揺らぐことへの存在論的な不安の表現だ[80]。幼い少女の個人的経験をつなぎ合わせただけの本だと記憶の信頼性を疑い、中傷もいとわない。そうまでしてヨーコは加害者の側だと強調するのも、同じ不安の延長線上にある。

『ヨーコ物語』に対する韓国人の存在論的な不安感の代表例が、民族主義的なNGO「サイバー外交使節団VANK」が発行した漫画本だ。この本によると、ヨーコは「加害者である日本の娘なのに、犠牲者であるかのようにアンネ・フランクに扮装して」自らを美化し、慰安婦制度でわかるように強姦と殺人をしていたのは日本人なのに韓国人を加害者として描いて歴史を歪曲することで韓国人を2回も殺したのだという。[81]小中学生らを対象としたこの教養漫画は、着物姿でつり上がった目のヨーコを描いて「日本人イコール悪いやつ」というステレオタイプの偏見を露骨にあおった。さらに巻末には「時事教養の学習教材」として宿題を出している。最初の宿題は竹林と米軍の爆撃、人民軍の順に『ヨーコ物語』の嘘を明らかにすることだ。『アンネの日記』と『ヨーコ物語』の似ている点と違う点を見つけるようにという追加の課題もある。2つ目の宿題は「日帝の蛮行を告発せよ！」である。元慰安婦の話の紹介や「人類の歴史上、最もむごく残忍で非人間的な犯罪集団と呼ばれる731部隊の蛮行」を振り返り、偽の戦争体験記に対抗するなどの内容になっている。日本軍の蛮行を浮き彫りにして、日本人避難民の苦痛と犠牲をなかったものにしようという意図がよく表れている。3つ目の宿題は「米国の『ヨーコ物語』授業を止めろ！」だ。米国の教育省と中学校に授業の中断、『ヨーコ物語』の版元には絶版にすること、著者には公式な謝罪をそれぞれ求める手紙を送ることなどで構成されている。4つ目の宿題は「『ヨーコ物語』に関する新しい情報を探せ」、最後の宿題は「『ヨーコ物語』の真実を明かす」である。ご丁寧に抗議の手紙などは見本付きで、原稿用紙まで綴じ込まれて読者を誘導している。[82]

韓国の犠牲者意識ナショナリズムの過剰反応は、意図せぬ結果を生んだ。『ヨーコ物語』が日本の右派出版社から翻訳出版されたのだ。『竹林はるか遠く：日本人少女ヨーコの戦争体験記』という書名の日本語版は2013年に出版された。韓国語版の8年遅れだったが、アマゾンジャパンでの戦争体験記のジャンルで売り上げ2位になった[83]。アマゾンサイトで日本語版に書き込まれた読者コメントは300を超し、引き揚げ体験記の古典とも言える藤原ていの『流れる星は生きている』の倍以上になった。5点満点の評点も4・5と非常に高く、「まさに『事実は小説よりも奇なり』」「みんなに読んでほしい」「必読の名著」「なぜ日本で授業でも取り上げないのか不思議」「戦後の事実に関するもやもやが解消される本」といったレビューが並んだ。そこでは在米韓国人がこの良書を排斥する焚書運動を起こしたことは残念でならないし、反韓・反中本だと感じる人は何か裏がある人だというようなレビューも目についた[84]。さらに興味深いのは、この本のページでアマゾンが勧めてくる本のリストだ。そこには、反中や嫌韓を売り物にする本が並んでいる。総力戦体制末期の教科書である『(復刻版)高等科国史』『(復刻版)初等科国語』などもあった。「国民としての誇りと尚武の精神を養った」時代の教育理念に対する郷愁を呼び起こす本だ。韓国の犠牲者意識ナショナリズムが日本の右派世論を刺激し、さして存在感のなかった本への日本社会の関心をかき立ててしまった。東アジアの記憶空間における韓国と日本の民族主義が敵対的に共存する関係は、こうして静かに内実を明かした。

はじめにでも触れたが、私は『ヨーコ物語』で韓国社会が騒がしかった2007年4月に、北東アジアの民族主義的な記憶の戦争に関する簡単なコラムを英字紙『コリア・ヘラルド』に書いた。国境を超えるトランスナショナルな記憶空間で、誇らしい歴史の英雄ではなく、不幸な犠牲者の地位を占めるために争う戦後の記憶文化を説明する概念として犠牲者意識ナショナリズムを初めてそこで提示した[85]。すると歴史を歪曲するコラムだと批判するメールを在米韓国人たちから受け取るようになった。不快でもあったが、私は喜びもした。怒りを抑えられない彼らの批判は、犠牲者意識ナショナリズムに特定の現実を説明する力があることを示していると考えたからだ。自分についての嘘を言われるより、不都合な真実を突き付けられるほうが怖いのだ。だから人々は、嘘を言われるより強く反発する。米国で始まった騒動が韓国に伝わり、眠っていた韓国人の犠牲者意識を呼び覚ます触媒となったことは、さらに興味深いことだった。

太平洋をまたぐ21世紀の記憶空間でうごめくアジア系米国人の「遠距離ナショナリズム（long-distance nationalism）」は、大西洋をまたぐ記憶空間で19世紀に存在したスペイン系ラテンアメリカ人の「クレオール民族主義（Creole nationalism）」とは明らかに違う。クレオール民族主義は、英国やイベリア半島のエリートから疎外され、従属的な立場に置かれた移民たちが独立国家を作ろうとした運動だ。それは、米国の独立革命から19世紀の中南米での民族革命までの原動力だった[86]。これに対して犠牲者意識ナショナリズムは、本国のナショナリズムとは衝突しない。米国に持ち込まれた記憶が本国に戻り、本国の民族主義に火をつけた。移民たちの遠距離ナショナリズムはたいてい、本国の民族主義よりも原理主義的で激しいものになる。本国の民族主義は歴史的条件と状況の変化に適応するため常に変化するが、移民たちのそれは国を出た時のまま剝製になって変わっていないからだ。民族の記憶とともに米国へ移住した韓国系米国人の遠距離ナショナリズムも、例外ではなかった。

米国という人種差別の激しい多文化空間で先鋭化した韓国系米国人の遠距離ナショナリズムが本国に逆輸入され、韓国の民族主義的な記憶文化を強化した。そのことは、民族主義が国境の枠を超えるトランスナショナルな現象であることを再確認させてくれた。国境を超えた加害者と被害者の存在を前提とする犠牲者意識ナショナリズムは特に、民族主義のトランスナショナルな性格をよく表している。それだけに犠牲者意識ナショナリズム研究で、一国史を超えたトランスナショナルな歴史という観点が求められることは当然だ。本書ではさらにグローバル・ヒストリーを志向する。両者はお互いに重なりもするので、機械的に境界を決めることは難しい。犠牲者意識ナショナリズムを韓国と日本、日本と米国、ポーランドとドイツ、ロシアとポーランド、ロシアとドイツ、ドイツとイスラエル、ポーランドとイスラエルというそれぞれの二国間関係で把握しようとするなら、国境という枠組みを超えるトランスナショナルな観点で十分だ。しかし、犠牲者に対する記憶は、比喩と併置、相互参照などを通じて国家の境界はもちろん、大陸の境界までを軽く超える。アジア太平洋戦争での日本の戦争犯罪と原爆被害の記憶文化がホロコーストの記憶を参照し、慰安婦の記憶は逆に、戦時性犯罪と暴力的売春についての欧州の眠っていた記憶を呼び覚ます。犠牲者意識ナショナリズムが太平洋と大西洋をまたぐそれぞれの記憶空間を連結したことで、アジアとアフリカ、欧州の記憶が緊密に絡み合う地球規模の記憶構成体を形成したのだ。

本書が、韓国と日本、ドイツ、ポーランド、イスラエルの犠牲者意識ナショナリズムに対するグローバル・ヒストリーの観点を維持しようとするのも、そのためだ。もちろん分析に当たってはトランスナショナル・ヒストリーの枠組みも重要だ。ポーランドの犠牲者意識ナショナリズムを理解するためには、ナチス・ドイツの残酷な占領政策やスターリンのテロの記憶が基本である。イスラエルの集合的記憶を深層で支配する犠牲者意識はホロコースト抜きに理解できない。韓国の犠牲者意識ナショナリズムは日本に植民地支配された記憶を養分にしており、「唯一の被爆国」日本のそれは第2次大戦の記憶を「太平洋戦争」という日米対立の構図に落とし込むことで自らの正当性を確保しようとする。しかし地球規模の記憶構成体の複雑な様相は、加害と被害が直接に絡むトランスナショナルな次元を超えたグローバル・ヒストリーという観点を要求する[87]。本書で扱うのは、ポーランド、ドイツ、イスラエル、日本、韓国に限られる。だが犠牲者意識ナショナリズムは、地球規模の記憶空間において互いの経験を取り込みながら自らの正当化を図っている。歴史の誤用と濫用すら辞さない、大陸を超えた競合と競争を分析する本書は、犠牲者意識ナショナリズムのグローバル・ヒストリー、より正確にはそれが引き起こす「記憶の戦争」に関するグローバル・ヒストリーである。

第2章　昇華

日々の闘争という観点から見るなら、
生きるのは死ぬことより大変だ。
卑怯な日常の代わりに英雄的な死を強弁するのは、
生の苦しさに向き合う勇気を持てない人なのかもしれない。
英雄的な行為の卑怯さと、生き抜くという日常の勇気という対比もできる。
だからこそ犠牲者意識ナショナリズム
――英雄主義的ナショナリズムに代わる新たな民族の物語――は、
はるかに複雑な様相を見せる。
英雄的に華々しく散った者ではなく、
非業の死を遂げた者や卑しく生き残った者こそ高貴な存在、
他を超越するシンボルへと昇華させねばならないからだ。
その困難な課題をどのように理解し、
解決していくかによって犠牲者意識ナショナリズムの姿は千差万別となる。

戦死者崇拝は国家という宗教に殉教者を提供し、死んだ者たちの眠る地は国家的崇敬の神殿となった。「神のために死す（pro domino mori）」というカトリックの殉教精神が「祖国のために死す（pro patria mori）」という殉国の政治的道徳律に変わり、戦死者崇拝は近代国民国家の政治宗教としての様相を帯び始めた。写真は、ワルシャワ・ピウスツキ広場にある無名戦士の墓。© iStock/ARK NEYMAN

死の民主化と死者の記憶

被害者と犠牲者の違いとは何か。受け身の被害者と能動的な犠牲者、客体化された被害者と主体的な犠牲者、無念を残す被害者と崇高な犠牲者という分け方は妥当だろうか。犠牲者意識ナショナリズムは、どちらに拠って立つのか。結論から言えば、どちらか一方ではない。それは、被害者が犠牲者へと転じる昇華の過程で出現するのだ。非業の死を遂げた受け身の被害者が、私たちの記憶の中で国家と民族のために喜んで命を投げ出した崇高な犠牲者に変わる瞬間、犠牲者意識ナショナリズムへの門が開かれる。被害者は自発的に決断した犠牲者へと美化され、意味のない死が大義のための死へと神聖化され、偶然の事故が運命的な悲劇だったと神秘化され、現実だった被害者が記憶の中の犠牲者となる時、犠牲者意識ナショナリズムは運命論的な超越性を帯びる。祖国と民族、革命、解放、近代化などを夢見る世俗のイデオロギーが、昇華によって運命へと格上げされるのだ。

第2次大戦直後に韓国で活動した青鹿派の詩人、趙芝《チョジ》薫《フン》が作詞した「顕忠歌」（訳注：国家のために犠牲となった功労者を追悼する韓国の歌。毎年6月6日の「顕忠日」の式典で歌われる）は、他を超越する昇華の修辞を赤裸々に見せてくれる。「民族と国に命を捧げ／その真心、永遠に祖国を守る／祖国の山河よ、勇士を眠らせたまえ／忠魂は永遠に民族の胸に／あなたたちは不滅の民族魂の象徴／時が流れるほどに、忠誠は新たに」[1]。ソウル芸術高校の創立者で、ＫＢＳ管弦楽団の前身である京城放送管弦楽団を作った音楽家、林元植《イムウォンシク》が曲を付けたこの歌は、１９５７年に制定された。ただ、この歌の全盛期は、祖国近代化の旗の下で労働者を産業戦士と呼んだ１９７０年代の朴正熙《パクチョンヒ》による維新独裁と呼ばれる時期だった。レコードの最後に必ず収録する「愛国歌謡」に指定されたのだ。憲法制定を記念する「制憲節の歌」は、命を懸けて永遠に祖国を守った殉国者のおかげで韓国が「億万年の場所」となる国を作れたと再確認してくれる。[2] 悲壮な旋律に崇高な犠牲を称える歌詞という一連の愛国歌謡は、韓国の国歌である「愛国歌」と合わせ、官民のさまざまな行事で斉唱された。一緒に歌うことで人々が情緒的な一体感を覚える時、想像の共同体がこだまし、作られるのだ。[3]

2008年の李明博《イミョンバク》政権発足後、「あなたのための行進曲」（訳注：光州事件の犠牲者を追悼する歌。労働争議などの闘争歌としても使われ、保守派には拒否感が強い）を斉唱するかどうかが与野党間の論争となった。これも、一緒に歌う者の間に想像の共同体が作られる「昇華」の文脈で理解できる。5・18民主化運動（訳注：光州事件）の公式記念行事の出席者全員で斉唱するよう主張した民主派勢力の狙いは、歌声を通じて共同体の一体感を作ることだった。これに対して合唱団の合唱にとどめようとした保守派は、歌声を通じて事件を記憶し、全身で連帯意識を感じることを嫌った。愛国歌謡と応援歌、革命と抗争の歌が作り出す想像の声の共同体ほど、見知らぬ者を連帯させるものも珍しい。[4] 数千、数万の群衆が渾然一体となり、声を合わせて歌う効果は、演劇や舞台公演、ストリート・パフォーマンスなどより、よほど強く見る者に訴えかける。民族であれ、革命であれ、想像された共同体の永続性についての記憶は、このような効果を通じて社会の底辺に深く根を下ろす。[5]

全国で同時多発的に盛り上がる国民国家の儀礼は、全国民が犠牲者としての歴史を共有しているという感覚を作り出す。痛みの記憶によって共同体の結集力が最大限に高められる時、政治宗教としての民族主義は単なる観念ではなくなり、現実の力を持つ。エルネスト・ルナンが指摘したように「共に分かち合った苦痛は、喜びより強く民族を団結させる。民族的な記憶のためには哀悼が勝利に勝る」[6]。犠牲者意識ナショナリズムは「民族、祖国、人種、歴史、革命、自由などの世俗的実在や価値に神聖な地位を与えて崇拝する」という政治宗教の定義にぴったりである[7]。集団的犠牲の記憶は、民族や革命、自由といった他の世俗的な価値より政治宗教に適した素材だ。犠牲の昇華を通じて、無意味な死を共同体永続のための意味ある死に変えるからだ。伝統宗教の世界で救いの手段としての呪術を排除する脱呪術化が進んだため、神話には空白が生まれた。無意味な死を不滅と永生へと導く犠牲の神話は、その空白を埋める政治宗教による再呪術化に最適だった。

死者の霊を慰め、追悼する儀式は近代国民国家だけの特徴ではなく、前近代社会でも広く見られた。死者を悼む儀礼は、いつの時代でも不可欠である。しかし怨霊を鎮める前近代社会の伝統儀礼と、戦死者を祭り上げる近代国家の国民儀礼は質的に大きく違う。特に東アジアの前近代社会で戦死者を祭ったのは、非業の死を遂げた霊魂が自然災害や伝染病を引き起こすと信じられていたからだった。儀礼の目的も、霊魂を慰めて災厄を祓うことにあった。前近代的な慰霊には、現世に思いを残してさまよう戦死者の霊魂を慰めねばたたられると怖れる心理があった。霊魂は、早く寝かしつけねばならない否定的な存在だった[8]。戦死を偉大な行為と見なし、子孫に追悼させる近代国家の戦死者崇拝とは距離がある。

トゥキュディデスの伝えるペリクレスの葬送演説は、東アジアの伝統とは明らかに違う。祖国アテネの栄光のため「生きて屈服するより死で抵抗した」戦死者を称える彼の演説は、近代国家の戦死者崇拝に近い[9]。かといって、その違いを東洋と西洋というように定型化するのは陳腐である。アテネの重武装歩兵は市民としての権利と軍務に就く義務を引き換えにした点で、中世の傭兵より近代の市民義勇兵に近かった。だからこそペリクレスの葬送演説は、前近代の宗教的呪術から抜け出した近代において、再び民族主義の亡霊を持ち出すためのテキストとして丁度よかった。古代の共和主義に戦死者崇拝のルーツを見出そうとした近代民族主義には好都合な演説だった。だからこそ彼の葬送演説は、近代欧州の国民国家によって「国民」を作るために活用されたのだ。

近代の主体とは、自律的な個人というより、国民国家の要請によって作り上げられたものだ。自律的な近代主体というのは、自由主義の幻想でしかない。命令に服従し、祖国に忠誠を誓い、軍人の美徳をあがめる国民に仕立て上げられた大衆の存在は、その幻想を正面から否定する。近代的主体の誕生は、雑多で無秩序な大衆を特定の政治的目標の下によく統制され、秩序立った国民に変貌させる過程と対をなしている[10]。戦死者を祖国と民族のための神聖な犠牲者に昇華させることの意義は「大衆の国民化」という近代的主体の画一化過程に見ることができる[11]。近代的主体の形成はフランス革命へとさかのぼる。1750年代のフランスで登場した新古典主義は、古代ローマの「市民的共和政」(civic republic)を理想的な共同体だと考えた。新古典主義者たちは、理想的な共同体の3つの要素を挙げた。共同意志に基づく共同体、対等な権利と義務を持つ市民、共同体に対する市民の献身だ[12]。

17世紀英国のホイッグ党も、古代共和国の市民と自分たちを同一視した。彼らにとって古代の共和政は「対等な市民の結社によって構成された愛国的共同体」だった[13]。エジプトやフェニキアといったアフリカと東地中海のセム族文化が古代ギリシャとローマに与えた影響を考えれば、18〜19世紀の欧州の新古典主義者や民族主義者は「西洋」の伝統を復活させたのではなく、「西洋」という神話を創造したと見たほうが正しいだろう。古代ギリシャ・ローマの地中海古典文明を西洋の伝統だということにした啓蒙思想の解釈は、アフリカとセム族の痕跡を消すことによる、古代モデルからアーリア・モデルへの転換と軌を一にするものだ[14](訳注:「古代モデル」は、古代ギリシャ文明がエジプトをはじめとする中近東文明の影響を受けて成立したとする説。「アーリア・モデル」は、中近東文明の影響を排除し、白人であるアーリア人が主体的に古代ギリシャ文明を成立させたとする説。古代ギリシャの歴史的起源は1980年代末から欧米で大きな論争となった）。「西洋」の追慕の伝統と「東洋」の解怨の伝統は近代国民国家の枠組みの中で一緒になり、国民儀礼となった。

東アジアにおいて戦争と変乱で非業の死を遂げた人の霊魂が大義に殉じた戦死者へと昇華されるのは、近代国家による国民儀礼の導入以降だった。愛国論の上に構築されたフランス革命期の古典的民族主義や1930年代ファシズムの英雄論は早くから、青年の死を神聖視する葬送の儀式と死の象徴主義を発展させた。イデオロギー的な正当化が、論理的な説得のレベルを超えて感情を動かすことによって宗教的な信念の地位を得たのだ。葬送の儀式は出自や地位ではなく、祖国への奉仕を基準とした。貴賎や財産を基準にしない死の民主化であり、国民化だった[15]。革命と民族は殉教によって神聖化され、神聖化された世俗イデオロギーは殉教と犠牲を堂々と要求する。「殉教」の概念は、来世での復活を保証する終末論的な信仰と結びつき、「犠牲こそ勝利につながる」という確信を生んだ。無気力な犠牲者ではなく、既存の権力構造を覆す解放戦士としての強い犠牲者が登場するのだ[16]。古典的民族主義の英雄と犠牲者意識ナショナリズムの犠牲者は対立概念のように見えるが、殉教というイメージを通して民族の記憶の中で重なっていく。英雄の物語《ナラティブ》と犠牲者意識が重なった時、苦難と逆境は民族的自負心の源泉となる。戦死者は民族の記憶に長く残り、永続性を持つのである。

犠牲者意識ナショナリズムは、殉教者や戦死者にとどまらず全ての犠牲者を民族の名の下に昇華させる。それが、英雄中心の古典的民族主義との違いだ。さらなる死の民主化である。殉教というエリート主義が犠牲者の人権という概念に置き換わる時、犠牲者意識ナショナリズムはより大きな力を持つ[17]。近代国家による葬送儀礼が全ての戦死者の死を民主化したとするならば、犠牲者意識ナショナリズムは戦死者と民間人犠牲者を分かつ死のヒエラルキーを揺るがした。人権で考えれば、生という基本的人権を踏みにじられたことは両者で変わらない。死の民主化という観点からは、ホロコーストは悲劇にすらならないというスラヴォイ・ジジェクの主張は説得力を失う。ジジェクは、死によって自らの尊厳を守る悲劇の主人公と違い、ホロコーストの犠牲者は己の尊厳すら否定されたと解釈する。それは、主人公の死を昇華する悲劇の伝統的プロットに基づくものだ[18]。ナチ特務機関の銃口や強制収容所のガス室によって「おとなしい羊」のように虐殺されたユダヤ人の死は、悲劇の主人公の英雄的な死とはかけ離れている。だが、犠牲者意識ナショナリズムは卑怯な死すら昇華させる。その点において、英雄民族主義より上手なのだ。英雄の勇気より犠牲者の人権を重視することは、誰も否定できない、政治的に正しいことだ。

死者の追慕を本質とする文化的記憶の文法が殉教から人権に移動すれば、「卑怯な」犠牲者も実存的な道徳性を認められ、彼らの死も国民化される。英雄と犠牲者の位置付けが接近したことで、ホロコーストのような極限状況では生き残ったこと自体が内なる強さの表現であり、抵抗だと認められ始めた[19]。当時でもワルシャワのゲットーのラビ、イサアク・ニッセンバウムは、生きること自体に人知を超えた宗教的な意味を見出していた。特別な抵抗など不可能な状況では、生きていること自体が抵抗の証だというのだった。押し付けられた屈辱的な状況が悪化すれば、より強い自尊心を心の内に持って対抗する。そうした日常の抵抗で戦う犠牲者は、歴史主体としての勇敢な英雄となる。ただ日常の抵抗に焦点を合わせた悲劇は段々と俗なものとなり、犠牲者を主人公としたメロドラマが人気になった[20]。歴史の犠牲者となることに抗い、日常の抵抗を試みた犠牲者たちは見る者を引き込む力を持つ歴史的アクターだ。観客は喜んで彼らに感情移入し、自らを犠牲者と同一視するようになった。しかし、その代償は大きい。過去の犠牲者すなわち現在の勝者との一体感を得る代わり、彼らは、いま痛みを強いられている他者への共感能力を抑え込むのである。[21]

民族の記憶の片隅に追いやられていた犠牲者の痛みと苦難を中心へ引き上げた犠牲者意識ナショナリズムの出現で、英雄のものだった権威を犠牲者も共有するようになった。地球規模の記憶空間が作られて弱者の人権への感受性が鋭くなったことで、暴力の犠牲者は、まさしく犠牲になったことで道徳的英雄となった。被害者が犠牲者に昇華する様相は、殉教の概念を軸にした英雄の民族主義とは大きく異なる。戦死者と民間人犠牲者のどちらが上位なのかという序列をなくし、戦死者の間で進んだ「死の民主化」を民間人にも適用することで、犠牲者意識ナショナリズムに共感する世俗宗教の領域はさらに広がった。死の民主化が、政治宗教の民主化・大衆化・国民化をもたらしたのだ。その結果、地球規模の記憶空間では犠牲の大きさを各集団が日常的に競うようになった。犠牲が大きく、ひどいほど、その民族には道徳的な正当性と「存在論的な優先権（ontological primacy）」が与えられると考えるのだ。[22]欧州南東部と南部アフリカ、ラテンアメリカなどの移行期社会で、犠牲者の痛みを強調する新たな記憶パラダイムが英米式の自由民主主義と新自由主義を正当化していると批判されるのも全く理がないとは言えない。[23]これとは違い私の批判の核心は、犠牲者中心の文化的記憶が民族主義の再構築をしているという点にある。犠牲者意識ナショナリズムに道徳的根拠を提供し、グローバル化の進んだ21世紀への最適化を促しているのだ。[24]

崇高な犠牲者と殉教の国民化

被害者が犠牲者へと昇華する様相は言語によって異なる。ドイツ語の「Opfer」やポーランド語の「ofiara」には被害者と犠牲者という両方の意味がある。文脈によって、かわいそうな被害者になったり、崇高な犠牲者になったりする。ドイツ語では「Opfer」と死を意味する「Tod」をつなげた合成語「Opfertod」になると犠牲としての死という意味になる。ポーランド語の「ofiara」は、全体を焼くという意味の「całopalna」という形容詞を付けると犠牲の意味を帯びる。丸焼きの動物を生け贄にする『旧約聖書』のホロコーストを指す時に使われる言葉だ（訳注：「ホロコースト」はもともと、祭事の際に丸焼きにされて神に供えられる家畜などの生け贄を意味する）。ただ、一般の会話で使われる時には被害者を意味することが多い。どちらの言葉でも、大義のために命を捨てた場合には殉教者という単語を使う。そうしないと、受け身の被害者ではないという意味を明確に伝えられない。ドイツ語では「Märtyrer」、ポーランド語では「męczennik」だ。信念のために喜んで命を投げ出す勇者を意味する古代ギリシャ語の「mártyr」を語源とするドイツ語の「Märtyrer」は殉教者という意味がはっきりしている。苦難と苦痛を受ける者という意味のポーランド語の「męczennik」もまた明確に殉教者を指す言葉だ[25]。

英語は、「被害者（victim）」と「犠牲者（sacrifice）」を区分する。意味が重なる時もあるが、基本的に「victim」は受け身の被害者に近く、「sacrifice」は大義を掲げた能動的な犠牲者を意味することが多い。そうなると英語で「victimhood nationalism」と書くのに、韓国語で「犠牲者意識民族主義」

では意味が違うのではないかという疑問が出るかもしれない（訳注：韓国語では「犠牲者意識民族主義」と全て漢字語で表記するが、日本語での用例と語感を著者と検討した結果、日本語では「ナショナリズム」というカタカナ表記にした。現在の韓国語はハングル表記が原則となっているものの、語彙としては日本語より漢字語を多用する）。韓国語では「被害者意識」ではないかという反論も予想される。だが犠牲者意識ナショナリズムは、戦後の記憶文化の中で善良な被害者が崇高な犠牲者に昇華する時に出現するものだ。まずは、戦争と植民地主義、ジェノサイドの「被害者」が存在し、彼らを祖国や民族、解放、革命、平和、人権、民主主義といった大義のための犠牲者に昇華させることで、初めて歴史の舞台に登場するのである。非業の死を運命的な犠牲だと受け入れる昇華の儀礼は、死と不滅に対する民族主義的な想像力とコードを共有する。無意味な苦難と非業の死が民族の大義に殉じた犠牲に変わる時、民族主義の永続的な生命を吹き込まれた不滅の死へと昇華するのだ[26]。

韓国語や日本語など東アジアの漢字文化圏で使われる「犠牲」は、祭祀の時に供え物として捧げる生き物を指す言葉だ。体の色がまだらでない供え物である羊や牛を意味する「犠」と、祭祀の時に生きたまま捧げる牛を意味する「牲」の合成語だ。英語の「sacrifice」の語源であるラテン語「sācer」と意味がほぼ一致するのは興味深い。漢字文化圏では害を被るという受け身の「被害」と、大義のために自らの命などを捨てる能動的行為である「犠牲」は明確に区別される。犠牲という単語に非業の死という意味が全くないわけではないが、他者の救出や、道徳的に正しい大義名分のために自らの命や財産、名誉などを喜んで捧げる主体的な決断と行為という意味のほうが圧倒的に大きい。そこでは「犠牲者意識民族主義《ナショナリズム》」という漢字語で、ほぼそのまま意味が通る。あえて「意識」を付けることにこだわるのは、被害者を犠牲者へと昇華させる記憶の転移過程を盛り込むためだ。犠牲者の崇高な美学を被害者にかぶせる修辞法の政治学を説明する際に、犠牲者「意識」はより効果的だと考える。さらに、実際の犠牲者ではない「ポスト・メモリー」世代が持つ「世襲的犠牲者意識」を説明するためでもある。[27]

被害者と犠牲者は、ドイツ語やポーランド語のように一つの単語でくくられもするし、英語や漢字文化圏のように明確に分けられもする。同じ単語を使っても文脈で意味は違いうるし、違う単語なのに実際の意味は同じという場合も多い。一方で、殉教者の意味はどの言語圏でもおおむね一致する。宗教的迫害と異端裁判の歴史が投影された殉教は、英語やドイツ語、スラブ語などの欧州言語圏と漢字文化圏のどちらにおいても、信仰や政治的信念のためいかなる苦難も辞さず、死すらいとわない行為を意味する。特にキリスト教の宗教的想像力において無意味な苦痛はなく、究極的には全ての苦痛が殉教につながる。[28] 殉教は死によって来世での復活を保証される終末論的な信仰と結びつき、「犠牲こそ勝利につながる」という確信を生んだ。セーレン・キルケゴールの言葉を借りるなら、「独裁者は死んだ瞬間に支配が終わるけれど、殉教者は死んだ瞬間に支配が始まる」。[29] 独裁者は力で服従を強要するが、殉教者は死によって権能を確保するのだ。

自らを犠牲にして権力を確保するキリスト教の殉教者が世俗政治の領域に入ってくると、エミール・デュルケームの「利他的自殺」とぶつかる。利他的自殺とは、社会の支配的信念とヘゲモニー（覇権）的価値体系を一身に引き受けた人が、世論の圧倒的支持を受けて自殺を決断し、集団の利益のために自らを犠牲にする行為だと定義される。彼らは感傷的な自暴自棄の結果としてではなく、熱情あふれる信念の行為として自殺を選択する。集団の自尊心を高め、共同体のため犠牲になるという強い意思を明確に示すのだ。[30] イスラム教ジハード戦士の「自殺テロ」やパレスチナ戦士の「自殺攻撃」を「利他的自殺」パラダイムで説明しようとする試みに説得力を感じるのも、この点においてである。[31]宗教的動機とパレスチナ民族主義の政治的大義を除けば、彼らの自殺攻撃は理解しがたい。私的な利害のために自殺攻撃を試みるケースは、ほとんどない。パレスチナ当局の公式の立場は、勇敢な殉教者と卑怯な自殺は明確に区別されねばならず、自殺攻撃は殉教だというものだ。[32]

殉教者による支配が始まると、犠牲者意識ナショナリズムもうごめき始める。しかし、殉教者支配が犠牲者意識ナショナリズムに発展するためには、少数の選ばれた殉教者ではなく、多数の集団的な殉教者が必要だ。殉教の大衆化もしくは国民化が要求されるということだ。全国民が殉教者となった時、それは抽象的なイデオロギーではなくなり、日常に深く根を下ろす。「彼ら」ではなく、「私たち」の殉教となるのだ。名もなき英雄が少数エリートに取って代わる死の民主化は、無名戦士の崇拝という形で表れる。一般人の日常に深く根ざす伝統宗教の形式が必要なのも、そのためだ。第1次大戦への出征前に教会で祝福を受けたドイツのある義勇兵は「我々は神聖な存在になった!」と書いた。[33]それは死を覚悟したかのような言葉だった。大義と美しさのために男らしく自らを犠牲にした義勇兵の神話は、ギリシャ独立戦争(1821~30年)にまでさかのぼる。「嵐が吹き荒れるような情熱と悲劇的な運命」の主人公になった詩人バイロンのロマンチックなイメージは、戦死者を美化し神話を作り出した。勇敢に死んだ者は生者と共にあり、よみがえるという神話が作られると、むごい戦争経験は死を超越したハッピーエンドになった。[34]

欧州では第1次大戦を契機に、十字架にかけられたキリストの受難と復活にたとえるのが戦死者哀悼の典型となった。前線から出されたドイツ軍の絵葉書には、死んだ兵士をキリストがいたわっている絵が印刷されていた。戦死者を通じて国家がキリストの受難とつながり、塹壕の兵士は誰よりもキリストの犠牲精神を具現する集団だと称賛された。戦死者と殉教者を重ねることは、死への恐怖を克服し、死んでも愛国的使命を遂行した民族の英雄として永遠の生を得るのだと信じさせた[35]。イタリア北東部のフォリアーノ・レディプーリアにある軍人墓地では、戦死者がキリストに抱かれた「戦死者の神格化」という絵がメインホールを飾っている[36]。近代国民国家がどのようにして、殉教と復活というキリスト教信仰で慣れ親しんだ構図の中に戦死者を位置づけたかの好例だ。キリスト教の象徴と儀式を借りて兵士の生と死を神聖化する経験は、キリスト教徒が「祖国という宗教」に帰依する契機となった[37]。第1次大戦の記憶は、犠牲者意識ナショナリズムへと進む重要な足がかりだった。

市民宗教と戦死者崇拝

国家と民族を崇拝する市民宗教としての民族主義は、第1次大戦で突然出てきたわけではない。その起源は、亡国の危機にあったポーランド民族に「熱い気持ちこそポーランド人にとって唯一の逃げ場だ」として「市民宗教」の樹立を勧めた18世紀の啓蒙思想家、ジャン＝ジャック・ルソーにまでさかのぼる[38]（訳注：ポーランドは、ロシアとプロイセン、オーストリアによる三次にわたる分割によって18世紀末に滅亡した。ルソーは第1次分割の直前、啓蒙主義的な改革を試みていたポーランドへの政策提言などを『ポーランド統治論』として発表した）。そしてフランス革命でのジャコバン派の独裁は、各種の政治儀礼や祭り、神話、象徴政治などを通じてルソーの「一般意志」を市民宗教に仕立て上げた[39]。その中で作られたのが戦死者崇拝の神話である。神話を支えたのは、革命の大義と国家への献身のため革命に身を投じて犠牲となった義勇兵だった。彼らは、犯罪者や浮浪者、極貧階層などで構成された旧体制の傭兵とは違った。ブルジョワ階級出身の彼らは、誰かの息子であり、兄弟であり、隣人で、地域社会や国家のれっきとした市民だった。義勇兵たちは自ら経験した戦争を神話として広め、戦死は国家と大義のための犠牲に昇格した。1792年のパリ中央墓地再設計案は、祖国のために戦った戦死者の遺灰を偉人たちのそれと一緒に中央広場のピラミッドの中に葬ろうというものだった(40)。祖国に殉じた民族の英雄を祭る国家神殿「パンテオン」を作ったのも、ジャコバン派の革命家たちだった。ブルボン王朝の教会を民族の聖地に作り替えたパンテオンは、伝統宗教を取り込んだ政治宗教の発祥地だった。

戦死者崇拝は国家という宗教に殉教者を提供し、戦死者の眠る地は国を挙げて崇拝する神殿となった。戦死者をどのように葬り、追慕するのか。戦争の記念物にどのような象徴性を持たせるのか。戦死者墓地の建設と管理の問題は、第1次大戦を経てより体系的に論議されるようになり、儀礼も磨き上げられていった。戦死者を中心に据えた第1次大戦の記憶文化によって、キリスト教の殉教という伝統は殉国へと様変わりした。「神のために死ぬ」という殉教精神が「祖国のために死ぬ」という殉国の政治的道徳律に変わることで、戦死者崇拝は近代国民国家の政治宗教となった(41)。国に忠誠を誓って命を落とした一兵卒が殉教者の仲間入りをする時、愛国的殉教者による支配が始まり、祖国と民族を神聖化し崇拝する政治宗教はさらに高揚する。敗れたドイツ軍の追悼辞には、戦死者たちが民族に新たな活気を吹き込み、民族を再建するだろうと書かれていた(42)。ベネディクト・アンダーソンが的確に指摘したように「無名戦士の墓地や碑石ほど近代文化としての民族主義をよく表すものはない(43)」。

偶然に左右され、限りもある生に不安を覚える人間は、不滅で絶対的な存在につながりたがる。呪術的な救済より科学が重視されるようになって伝統宗教が衰退した近代社会で、個人の死と永続する民族の神話は人々のそうした欲求に応えうる世俗宗教として台頭した(44)。伝統宗教の脱呪術化は、すなわち政治宗教の再呪術化でもあった。マルクス主義や自由主義などの進歩的な近代イデオロギーは死や不滅への関心を持たず、えてして生の偶然性と不滅性などという問いには答えられない。それに比べて民族主義には、民族の永続的な生という観念がある。死者とまだ生まれていない子孫を結びつけ、死者を民族の生の中に復活させると主張する。民族主義の宗教的な想像力は、どの世俗的イデオロギーよりも豊富で強いものだ。遠い過去から無限の未来へと続く集団的な生についての民族の物語は、伝統宗教の衰退で生じた心の穴を埋めた(45)。

被害者が犠牲者へと昇華される時に犠牲者意識ナショナリズムが表れるのも、宗教的な想像力と関連している。「民族とは遠い過去から続く運命共同体だ」と信じる民族主義は、祖国のために死んだ者を祭ることで永続性を再確認する。戦死者崇拝が国民国家に共通する規範となったのも、民族の持つ祭祀の共同体と呼べる性格のためだ。帝国と植民地、独裁と民主主義、社会主義と資本主義といった違いは関係ない。共同体の絆は、祖国と民族に命を捧げた戦死者が多いほど強くなる。「国史」と「国文学」は、祭祀の共同体としての国家が死者を祭る経文である。ジュール・ミシュレばりに言うならば、国史学者とは本人も知らない死の意味を死者に与えるオイディプスだ。歴史家による意味付けさえあれば、犠牲者は死の意味など知らなくてよい(46)。知らないほうがいいことすらある。自分で文句を言えない死者は、歴史家の恣意的な解釈によって再び犠牲とされる。「国史」の経文によって戦死者は英霊として復活し、民族の永続性を支える殉教者になる。戦死者崇拝は民主主義の持つ呪術的な力の源泉であり、死を通じた「救いの政治」を志向する(47)。

戦死者を「英霊」と呼び、彼らの献身と犠牲を「顕彰」する瞬間、死は民族の永遠の生に溶け込み、不滅の地位を得る。映画や小説では第1次大戦以降、自分の死は無駄ではないと確かめたい死者の魂が故郷に戻るストーリーが珍しくなくなった。もちろん現実は、意味のない死だったことを痛感させられることが多い。アベル・ガンスの映画『私は告発する』(訳注：邦題は『戦争と平和』)が描いたのは、代わり映えのしない故郷の日常を見せられた戦死者の魂だった。自分の仕事場を横取りした隣人や変節した妻は、彼の崇高な犠牲が無駄だったことの動かぬ証拠だった。[48] 戦死者の遺体を故郷の共同墓地に葬りたいという家族の願いは煩雑な手続きという官僚制の壁に邪魔されもしたが、遺体を探して遺族に引き渡すビジネスはかなり儲かった。誰が、どうやって戦死者を悼むかを巡って、教会と国家が衝突することもあった。[49] 戦死者崇拝は国家による公式の追慕行事で盛り上げられたが、生き残った者たちの日常に戦死者がどれほどの影響を与えたかは疑問だ。日曜日のミサが終われば酒をくらった中世の農民のように、近代国家の国民も行事を終えれば日常に戻るのだった。

死者を記憶し、追慕することは、基本的に道徳的かつ宗教的な行為だ。古代から宗教というものはたいてい、非業の死を遂げた人間や神に対する伝説と共に生まれてきた。宗教的な哀悼で重要なのは、死者ではなく哀悼する側の思いである。哀悼の主体は生きている側なのだ。死者が聖なる犠牲者へと昇華され、最後には救世主とされるのも、彼らのためではない。鎮魂の歌を歌うのは生者である。多くの場合、鎮魂は生きている者のための行為だ。戦争のような場で生き残った人たちは、生き残るために敵を殺した加害者であることが多い。彼らは哀悼という行為を通じて自らを犠牲者と一体化させ、痛みを強いられた側となって自らの罪を消す。死者は生き残った者に呼び出され、生き残った者は哀悼することで罪悪感から逃れようとする。[50] 生者が死者を哀悼するのではなく、死者が生者を慰めるのだ。

生き残るための闘争において、すべての他者が敵だという残忍な事実を戦争ほど正面から突き付けてくるものはない。だから戦争の犠牲者は宗教で超越的な地位を与えられ、生き残った人々は死者を祭り上げて自らの罪を洗い流そうとする。キリスト教という宗教と結びついた時、戦死者崇拝は哀悼を超えた昇華の域に達しやすい。特に、世俗的な近代国家が進歩のビジョンを欠いたまま宗教の呪術性を利用しようとし、その過程で「道徳的資本」の力が強まるのなら、近代国家の公式記憶はだんだんと宗教のシンボルに依存していく。[51]第1次大戦後、まずイタリアとドイツで戦死者崇拝と政治宗教が発展したのは、その好例である。「犠牲者意識」には特に、矛盾を感じさせないまま神聖なものと世俗を結びつける柔軟性を見せる傾向があった。[52]戦争の集合的記憶は、国家が作って広める歴史政策の道徳的領域を最終的に決めるものだ。伝統的に公式記憶の主人公は戦争の恐怖ではなく栄光であり、犠牲者ではなく英雄だった。しかし、第1次大戦後に神聖な経験となった戦争の記憶は、前例のない宗教的雰囲気を国家に与えた。キリストの遺体を膝の上に抱いて悲嘆に暮れる聖母マリアの姿を描いたピエタのモチーフを使った戦死者の記憶は、殉教と復活という伝統的な信仰を国家という市民宗教に投影した。

戦死者をどのように追慕するか、どのような象徴を記念碑などに使うか。戦没者墓地の建設と管理の問題は開戦時から広く論議され、整理されていった。記念碑などはこの後、特定の個人ではなく国家のために死んだ全ての国民の犠牲を強調するようになった。戦死者崇拝のポイントは、死の民主化であり国民化だった。哀悼の政治が第1次大戦後に発展したことで、政治宗教としての戦死者崇拝は日常に深く根付いた。それは、儀礼やイデオロギーを超越した。戦争を美化し、神話化する「上からの」アプローチだけではない。砲弾や弾薬筒、鉄かぶと、鉄十字勲章などが日用品や装飾品のモチーフに使われ、戦争を身近に感じさせる「平凡化（trivialization）」という「下からの」アプローチも大きく寄与した[53]。自国や紛争地域の地図を描いた栓抜きやエプロンが民族主義を日常の中に浸透させる「日常雑貨ナショナリズム」とでも呼べる現象に似ている。故郷と家族を思いながらも義務を果たす強靭な男性兵士のイメージが絵葉書やポスター、戦争映画などで作られ、死体や苦しむ負傷者の姿はどこにも描かれなかった。絵葉書に描かれた敵と味方は対照的だ。自国の兵士は戦場でも美しい自然に親しむ平穏な姿で描かれる一方、敵兵は男色行為におぼれ、野蛮な略奪と殺人を思うままにする典型的な悪魔である。

戦死者崇拝の儀式と、国家と民族に神性を持たせて崇拝する政治宗教は、1930年代のファシズム時代を支配した独特の政治文化だった。ムッソリーニのイタリアは社会全体に民族主義的な儀礼を導入し、世俗宗教のモデルを確立した。戦争で流した血によって社会を浄化し、闘争と犠牲を通じて民族を再生する政治宗教としての民族主義だ。対象となったのは学校と軍、国家機関、党組織に限らず、指導者の国葬と無名戦士に対する黙禱、社会体育とレジャークラブにまでいたる広範なものだった。ナチス・ドイツとボリシェヴィキ独裁のソ連も国家のため喜んで犠牲になる「国民」を作る政治宗教に力を入れたが[54]、イタリアのほうが上だった。「祖国という宗教」を掲げた19世紀のイタリア統一運動の伝統を受け継いだファシズムは、政治を神聖化すると宣言したようなものだった[55]。イタリアのファシズムは権力掌握に飽き足らず、全国民をファシズムに改宗させ、個人の内面まで支配しようとした。まさに宗教のようなものである[56]。ファシストは自分たちこそが、民族の神性を冒瀆した社会主義を懲らしめる民族の十字軍であり、愛国的な市民宗教の預言者であると考えた[57]。

政治宗教と戦死者崇拝は、殉教というキリスト教の伝統のある欧州に限った現象ではなかった。靖国神社の戦死者崇拝は、「政治宗教─市民宗教─世俗宗教」という関係性を第1次大戦後の欧州諸国と共有する。「国家のために命を捧げた人を靖国神社に祭神として祀る」日本の国家神道は、欧州における殉教の伝統に匹敵する戦死者崇拝の模範を見せてくれた。[58]「戦死者は天皇と国家のために喜んで死んだ筈だというタテマエが、あらゆる戦死の唯一の意味として押し付けられ」た。[59]国家と民族という世俗的なものを宗教的崇拝の対象とする政治の神聖化は、政治宗教の核心である。一神教のキリスト教文化では考えられないくらい、日本の宗教的伝統は戦死者の神格化に寛容だった。「国家のための死」を特権化した20世紀国民国家の祭祀は東アジアの記憶文化でも重要な位置を占める。靖国神社の「英霊」顕彰と祭祀の論理が、ソウルの戦争記念館や国立ソウル顕忠院（国立墓地）、中国の人民抗日戦争記念館などでも見られるのは驚くに値しない。[60]あえて単純化して言うならば、日露戦争に始まり、総力戦体制で最高潮に達した日本帝国の政治宗教は今でも、脱植民地化した東アジアにおいて民族主義的な儀礼の模範答案であり続けている。祖国のために死んだ英霊を慰める靖国神社は東京の真ん中にだけあるわけではない。ソウルの顕忠院にも「靖国橋」という橋が堂々と架けられている。中国でもかつて四川の一部軍閥が「靖国軍」を名乗ったし、昆明には「靖国小学校」がある。語源は、「国を平安にする」という意味で「靖国」を使った『春秋左氏伝』にある。

欧州の政治宗教の宗主国であるイタリアのファシストにとっても、日本は政治宗教のモデルだった。ファシズムの代表的理論家だったエンリコ・コラディーニによれば、祖国に神性を与えて日本人を団結させた国家神道のおかげで日本は日露戦争に勝てた。コラディーニは、日本の神が他でもない日本という国であることに深い感銘を受けた。[61]河上肇の言葉を借りるなら、「日本人はみな（中略）国家を神（絶対者）としているので、国家の命令によって自らの命を犠牲にすることは当然と心得ている。

だからこそ国家のために命を捨てた人が靖国で神とされる」[62]。国民の忠誠心を巡ってキリスト教と競わなければならなかった欧州諸国より、神道の伝統を利用して政治宗教化を進められた日本は有利だといえた[63]。戦死者を神格化するわけにはいかないキリスト教やイスラム教といった一神教文化に比べると、日本の政治宗教は戦死者崇拝にあつらえ向きだった。祖先崇拝の伝統を持つ東アジアの社会では、国家的儀礼を経た戦死者は「民族と国家の氏神」に無理なく昇華できた[64]。

日本の政治宗教は、明治維新後に近代国家の制度が整備されるのに歩を合わせて発展した。戊辰戦争での官軍の戦死者を祀るため1869年に招魂社が創建され、10年後に靖国神社と改称された。1874年1月27日に明治天皇が初めて訪れ、8月には士族の反乱「佐賀の乱」鎮圧で命を落とした政府軍兵士192人の英霊が合祀された。前年には徴兵令が発せられており、靖国神社は徐々に明治日本の「死の政治（necropolitics）」の中心地となっていった。国家による戦死者崇拝の儀礼を強く求めた軍部の立場も強く働いた[65]。靖国神社では日露戦争の頃から、戦死者を高貴な魂として「英霊」と呼んで祖国に対する献身を称えるようになった。戦死者を記憶し哀悼するという意味の「追悼」や死者の魂を慰める「慰霊」ではなく、隠れた功績を知らしめて称える「顕彰」という言葉もこの時期から使われ始めた[66]。

靖国神社を政治宗教の本殿だとすれば、世俗的な祭祀をリードしたのは歴史家たちだった。実証史学の父と呼ばれる黒板勝美は欧州を研究旅行で回った後、靖国神社を政治宗教の場とすることに取り組んだ。欧州で見た諸民族の記念碑や愛国の祝祭に感銘を受けた黒板は、靖国神社の周囲に古代ギリシャのオリンポス競技場を建て、国民的な祝祭を執り行う聖なる空間とすることを提案した[67]。実証主義の歴史家だったが、ウィリアム・テルの話が事実かどうかは重要視しなかった。スイスの民族神話が祖国と民族に対する大衆の愛と献身を鼓舞する限り、黒板には神話を歴史にする用意があった(68)。大衆が神話を現実として受け入れるなら、それは現実となる。想像され、あるいは知覚された現実が、現実よりも大きな力を発揮する背景には政治宗教がある。

「聖地」である靖国神社で繰り広げられる死の政治において、戦死者は哀悼と悲しみの対象ではなく、誇りと喜びの源となる。死者の動員には、生者のそれよりはるかに手の込んだ儀礼が必要だった。アジア太平洋戦争時に日本軍が定めた戦死者の葬儀はそれを示している。満州事変で1934年に戦死した陸軍上等兵、黒川梅吉の葬儀に関する詳細な資料はそれを物語る。戦闘で負傷した黒川は運び込まれた近くの施設で死亡し、その場で荼毘に付された。遺骨は分骨されて一部が現地の墓地に葬られ、残りが部隊の駐屯地近くにあった東本願寺にいったん安置された後、大隊による公式の慰霊祭が開かれた。遺骨はその後、神奈川県久良岐郡金沢町（現在の横浜市金沢区）の故郷へと還送された。大連から船便で神戸へ、神戸からは列車で運ばれ、途中の主要駅では国防婦人会や愛国婦人会、在郷軍人会などが出迎えた。遺族が遺骨を受け取った鎌倉駅には、助役や町会議員ら町の関係者や青年団、在郷軍人会など多くの人が集まった。地元の集落は夏祭りを中止し、小学校のグラウンドで盛大に行われた町葬の会葬者は数千人を超えたという。黒川の戦死を報じた地元の新聞は、「天子様に捧げた倅《せがれ》の命　父君富蔵さんの熱涙」という見出しを付けた(69)。

故郷での葬儀で終わりではなかった。靖国神社に合祀する招魂祭が翌年行われた時、陸軍は戦死者の父母や兄弟を招待した。参拝が認められたのは一祭神につき3人で、補助金も支給された。国鉄の無料切符や半額割引切符が用意され、宿舎には軍人会館があてがわれた。一般人には公開されていない宮中の施設や新宿御苑の拝観という便宜がはかられ、帝室博物館や遊就館、上野動物園や浅草の遊園地の入場券も配られた。戦死者を家族の誇りと感じさせようとする細心の配慮だった[70]。戦死者崇拝は、最高の栄誉を戦死者と遺族に与えた。それは、招魂祭に参列した老人に一人息子を失ったことへの嘆きではなく、「戦場に死ぬことが幸福であると感じさせ」る装置だった[71]。

戦死者崇拝の最も劇的な例は、神風特攻隊の犠牲者に対する儀礼だろう。「特攻の目的は戦果を挙げることではなく死ぬことだ」というある特攻隊指揮官の言葉のように、特攻という自殺攻撃の犠牲者たちは祖国への愛に充ち、汚染されていない最も純粋な形態の死を想像させる[72]。特攻隊は「平和の礎となり、戦後日本の民主的な成長と発展」を可能にする高貴な戦死から一歩進んで、死の美学を映し出す格好の素材を提供した。多くは未婚で跡継ぎを残せないだけでなく、遺体の痕跡すら残せない若い特攻隊員の死は特別だ。彼らの純粋な死は、「死者とまだ生まれてきていない世代の魂の結びつき」を母胎とする民族の語り《ナラティブ》へと昇華させやすい。鹿児島県の知覧特攻基地近くの食堂「富屋」の女将だった鳥濱トメと若い特攻隊員たちの逸話は、戦死者崇拝の集団心理を犠牲者意識ナショナリズムの心を動かす記憶として根付かせた。トメを母親のように慕った特攻隊員が出撃前日に「ホタルになって戻ってくる」と言い残し、翌日、実際にホタルが飛んできたという切ない話は典型的だ。天皇のため桜のように散るという特攻隊員たちの遺書は、美学の軍事化を意味した[73]。ヘゲモニー的な仕組みとしての市民宗教は、敗戦後も生き残った。丸山眞男や大塚久雄が力説した「戦後」啓蒙と主体性の動員は、市民宗教の戦後民主主義バージョンだった[74]。

帝国日本の戦死者崇拝と政治宗教の儀礼は、戦後も東アジア各国に残った。米軍に占領されて戦前を全否定せざるをえなかった日本と違い、国家建設が切実な問題だった新生独立国である大韓民国はその典型だった。韓国では、さまざまな国家儀礼で「護国英霊」や「護国の軍神」「祖国の守護神」

などの呼称が使われてきた。戦死者の神格化はむしろ、植民地朝鮮より解放後の大韓民国で強まった。植民地主義への羨望と憎悪の入り交じった複雑な気持ちを抱いてきた韓国では、祖国と民族、戦死者を崇拝する政治宗教の儀礼へのためらいなどなかった。「護国神になって民族の宿願成就を守護」する戦死者は、「尊い死」と「高貴な犠牲」を通じて「永遠の生命」を手にした。(75) 1956年には国家に忠義を尽くして犠牲となった人を顕彰する顕忠日を休日に指定し、戦死者の儀礼を毎年の重要行事にした。追慕の塔やアーチを各地に設置し、全国で一斉に黙祷を捧げ、弔旗を掲揚する。追慕曲の合唱や追慕のための編隊飛行、勲章の授与など、国全体で均質化された儀礼を通じて戦死者の記憶共同体を作ろうとする不断の努力がなされた。

靖国神社の招魂祭と同じように、ソウルの国立墓地で開かれる戦没将兵の合同追慕式に参列する遺族は特別な配慮と礼遇を受けた。遺族代表は大統領をはじめとする三権の長の近くに座り、公式行事でスピーチをした。交通の便や宿舎は無料で、遺族専用の案内所も作られた。さらに観劇などの多様なプログラムや高級官僚との座談会などの場も設けられた。天皇から下賜される祭粢料《さいしりょう》（訳注：一般の香典に当たる）の代わりに、政府の厳しい財政を補う策として全国民から「自発的な」寄付金を集めて遺族に渡し、政府からの贈り物も準備された。国家神道ではなく仏教やキリスト教の儀礼となったし、いくつか追加されたこともあったが、新生独立国・大韓民国の戦死者儀礼は基本的に帝国日本の政治宗教から出たものだ。(76) 植民地時代との違いは、誰を顕彰するかだった。

植民地朝鮮では、アジア太平洋戦争で戦死した朝鮮出身の軍人軍属らが顕彰されていた。だが大韓民国の戦死者儀礼は、彼らに関心を払わなかった。カン・インチョルの表現を借りれば、彼らは「見捨てられた戦死者」であり、彼らの死は「忘れられた死」だった。(77) アジア太平洋戦争での朝鮮人戦死者のための「戦災死亡同胞慰霊祭」が１９４６年1月18日にソウルの京畿中学校で開かれたが、これは「国民厚生隊」という民間団体が主催したものだった。帰国途中に船が難破して死亡した徴用工たちのための慰霊祭も、社会的な関心を持たれなかった。徴兵・徴用の生還者らが作った「太平洋同志会」と日本帝国海軍の元軍人らの「朝鮮民族海洋青年団」がアジア太平洋戦争で戦死した朝鮮人の軍人軍属と徴用工、報国隊員、挺身隊員のための合同慰霊祭を準備したが、国家と社会の無関心と非協力の中で難航した。彼らに対する呼び方も、「不帰の客」「怨みを抱いた孤独な魂」「太平洋の怨魂」「倭のために犠牲を強いられた同胞」などだった。前近代的な慰霊と鎮魂の対象であり、顕彰や崇拝の対象ではなかった。[78]

彼らが不遇から脱して崇高な犠牲者の地位へ移ったのは、犠牲者意識ナショナリズムが大韓民国の文化的記憶を支配するようになった21世紀になってからだ。朝鮮人の徴兵、徴用、挺身隊、慰安婦など全てを日本帝国の「強制動員」犠牲者という位置付けに再構成したことで可能になった。政府拠出で２０１４年に発足した「日帝強制動員被害者支援財団」による事業は、彼らが植民地暴力の犠牲者として韓国社会の公式記憶の中で復権したことを示唆する。財団は、未帰還戦没者の遺骨収集や戦地での追悼巡礼と慰霊祭、遺族への福祉支援などを進めている。[79] 彼らが復権した理由は、主に二つあった。記憶のグローバル化と政治の民主化である。ホロコーストが欧州の市民宗教として浮上したように、記憶のグローバル化は国境を超えて犠牲者の道徳的・実存的な正当性を浮かび上がらせた。そして政治的な民主化は人権意識を高め、脇に追いやられていた犠牲者を思い出させた。彼らの復権が犠牲者意識を政治的な道具にすることを促し、犠牲者意識ナショナリズムの芽を出させた。

植民地支配から解放された直後の朝鮮半島ではまだ、犠牲者意識ナショナリズムは水面下で胎動している段階だった。その時期には、それまでのアジア太平洋戦争の戦死者に代わり「反共の英霊」が顕彰と崇拝の対象となった。新義州学生事件（訳注：ソ連軍が進駐した朝鮮半島北部の新義州で1945年11月に起きた反共学生デモ）の犠牲者らを皮切りに、左右両勢力の暴力的な衝突での右翼側の犠牲者たちが戦死者儀礼の中心になったのだ。警察官や軍人軍属、鉄道員や義勇消防隊、反共民間団体の会員らが対象だった。「反共戦死者」たちの顕彰は、1949年の開城《ケソン》戦闘で命を落としたいわゆる「肉弾10勇士」の葬儀で最高潮に達した。「命令された決死隊」だった日本帝国の爆弾3勇士とは違い、大韓民国の肉弾10勇士は「大義のために志願して命を捨てた」という神話が全国に広められた(80)（訳注：爆弾3勇士は、1932年の上海事変の際に点火した爆弾ごと敵陣に突入した日本軍の兵士3人を指す。肉弾10勇士は、北緯38度線近くの北朝鮮軍陣地を破壊するため1949年に自爆攻撃をかけた韓国軍の兵士10人。朝鮮戦争開戦の前年だったが、南北の小規模な軍事衝突は頻発していた）。「祖国の軍神」であり、「永遠不滅の正義の烽火《のろし》」とされた反共戦死者の崇拝儀礼は、朝鮮戦争中の「国軍戦没将兵合同追悼式」などを経て発展を重ねた。反共の英霊は「愛国志士」「殉国烈士」などと呼称が格上げされ、殉教者として祭り上げられた。現在の韓国では「烈士」という言葉から真っ先に独立運動家が連想されるようになっているが、この時期にはむしろ、独立武装闘争で犠牲になった殉国烈士たちは国家と社会の無関心の中で忘れられていった。

一方で、少数のエリートではなく全国民を殉教者に染め上げる死の民主化という政治宗教の理想は、現実を前にしばしば挫折した。靖国神社の招魂祭を生中継したＮＨＫのあるアナウンサーは、「人殺し」「息子を返せ」と叫ぶ遺族の声が放送に入らないよう苦労した時のことを鮮やかに覚えている。悪名高い憲兵たちも、子供や夫を失った遺族の怒りと悲しみに満ちた抗議にはお手上げだったという(81)。

兵士たちも同じことだった。特攻に動員された海軍航空隊の操縦士は戦後に書いた回想記で「この戦法（特攻）が全軍に伝わると、わが軍の士気は目に見えて衰えてきた。神ならぬ身である。生きる道あってこそ兵の士気は上がる」「勝算のない上層部のやぶれかぶれの最後のあがきとしか思えなかった」と記した。特攻隊の士気が高かったというのは大嘘だということだ[82]。普通の日本人にとって、日本帝国が動員に用いた論理は案外と説得力に欠け、心を動かすようなものでもなかった。

脱走兵の記念碑と対抗記憶

英霊の反対側に位置するのが脱走兵である。ナチ体制下のドイツ軍の脱走兵が5万人に上り、3万3000人が処刑されたという数字には言葉を失う[83]。戦争末期には多くの脱走兵が略式の軍法会議で処刑され、見せしめとして街路樹に吊るされていたというギュンター・グラスの回顧は、市民宗教を裏切った者への迫害の激しさを物語る。街路樹に吊るされた脱走兵の姿は、十字架に架けられて火刑に処された中世の異端を連想させる。ドイツ軍の脱走兵を捕まえて原隊復帰させたり、処刑したりしたのは「前線狩人部隊」と呼ばれた野戦憲兵隊だった。3年以上の戦闘経験を持ち、2級鉄十字勲章を受けた忠誠心の強いベテランぞろいで、普通の憲兵ではなかった。総統の命を受けた彼らは、脱走兵だけでなく、敵前逃亡した兵士や防空壕などに隠れた15歳から70歳までの男たちを捕まえ、軍法会議にかけて処刑した。戦争末期には脱走兵に対するヒステリーが極に達し、ベルリンではわずかな疑念でも即決処刑されることがあった。連合軍がベルリンに入った時には、そうした遺体がごろごろしていた。終戦直前の3カ月間にベルリンだけで1000人以上がこうして命を失った。ドイツ議会が、脱走兵に対する判決を公式に覆したのは２００２年になってからだ。

それでもソ連に比べれば、ナチもかわいいものだった。戦争中に脱走や反逆、卑怯な行為などで軍法会議にかけられ、死刑を宣告されたソ連軍兵士は15万８０００人に達した。極め付きはスターリンの命令第２２７号だ。囚人と脱走兵からなる「懲罰部隊」を編成し、敵陣を攻撃する時には先鋒を務めさせ、後退時には最後尾に置いて盾代わりにした。機甲部隊なら敵の砲撃を受けた時の生存率が極めて低いＴ34戦車の操縦士、空軍では敵機の標的となりやすい爆撃機の機銃射手に配置されもした。懲罰部隊に入れられた50万人のうち約17万人が戦死した。34％という高い死亡率が、ソ連軍脱走兵の運命を物語っている。徴兵された大戦当時の兵士に比べれば、今日のパレスチナの自爆テロ要員のほうが理念的な純粋度は高いだろう。だが彼らにしても、内面を聞き出したインタビューを見れば、殉教への熱情よりも自殺攻撃への疑念にとらわれている者が多い。中には強い恐怖と死を強いられることへの反感から、任務を放棄する者もいた[84]。

平凡な市民を市民宗教に改宗させ、革命や祖国に献身する「ソビエト的人間」や「ファシスト的人間」、さらには靖国神社の「軍神」に作り替えるプロジェクトは神話的な性格の強いものだった。戦後のソ連とドイツ、日本の社会は脱走兵の存在を社会的記憶から排除することで、祖国を守った平凡な殉教者の神話を維持できた。「戦友を裏切り、祖国に背を向けた」脱走兵は長い間、忘れられた存在だった。だが、オーストリアの脱走兵、リヒャルト・ヴァダニーの回顧は、祖国のために息子が命を落とすのではなく、敵の捕虜になってでも生きて帰ってほしいという親心を示している。ヴァダニーの母は出征の前日、降伏する時に使えと息子に白いハンカチを持たせたのだ[85]。戦死者と遺族に最高の栄誉を与えることで、息子や夫が「戦場で倒れて死ぬのが最も幸せなことだと感じるよう」に仕向けるというのは権力側の夢想に過ぎなかった。全国民が国に殉じることを覚悟する死の民主化と殉教の国民化という政治宗教の理論には、死への恐怖ゆえに限界があった。祖国のための無謀な死より、戦争に反対して生き残ることが愛国であるという考えが前線の兵士たちの間で広がるなら、祖国崇拝の政治宗教は無力だろう。

戦死者崇拝の儀礼によって盛り上げられた犠牲者意識ナショナリズムの文化的記憶に対抗する記憶文化の代表は、おそらく脱走兵のための記念碑だろう。２０１４年10月24日、ナチ軍法会議の犠牲になったオーストリアの脱走兵のための記念碑がウィーンのバルハウス広場で除幕された。スコットランドの詩人イアン・ハミルトン・フィンレイの「みんな一人（all alone）」という2語だけのわかったようで、わからない詩を素材にした碑だ。大きな「X」字の造形の表面に多数の「all」、中央に「alone」が刻まれた。地面から三段に積み重ねられたXは無名の脱走兵を象徴し、彼らの存在が記憶の中心にあるという抗議のメッセージが盛り込まれた(86)。この広場が、１９３８年にオーストリア併合を発表するアドルフ・ヒトラーを、25万人を超すウィーン市民が熱狂的に出迎えたヘルデンプラッツ（英雄広場）の近くにあることも目を引く。ヘルデンプラッツには無名戦士の記念碑と共に、ハプスブルク帝国の戦死者とナチ犠牲者の追慕碑がある。この近くに脱走兵の記念碑が作られたことは、無言の抗議であるように思える。ナチを熱烈に支持したにもかかわらず、「ヒトラーの最初の犠牲者」だと自らを位置づけるオーストリアの文化的記憶への抗弁と言ったほうが、より適切だろう。興味深いのは、ヒトラーの軍隊で服務した自国兵士に対するオーストリア人の認識だ。戦死者の追慕碑に「義務を果たしている中での犠牲」と刻んだように、義務を果たした、さらには英雄的だったとまで見なしてきたのだ。その反面、ヒトラーの軍隊から脱走した軍人は「戦友を捨てた裏切り者」と見なされてきた。BBCのインタビューに応じた在郷軍人会の頑固な会員たちは、「戦友を裏切った」脱走兵をナチと戦った「レジスタンスの戦士」と一緒にしてはいけないと不快感を隠さなかった。

1995年にグラスと大江健三郎が交わした往復書簡で触れられた脱走兵の話も興味深い。『朝日新聞』が終戦50年で企画したものだ。グラスは戦争末期、街路樹に吊るされたドイツ軍脱走兵たちの遺体を目撃した。その残酷な記憶を消すことのできなかったグラスは大江に宛てた書簡で、「彼らこそ戦争の真の英雄だったのではないでしょうか? 彼らは犯罪行為を拒否する勇気を持っていました」と書いた。大江の記憶にあった日本軍脱走兵の状況はもっとひどかった。戦争中に少年だった大江は、予科練から逃げ出した若者が自宅近くで首をくくり、親の目の前で憲兵が死体を踏みつけたという噂を聞いた。親にかくまってもらえず、若者は自死を選んだのだという。大江は「絶対天皇制を頂点におく社会の倫理が、棒のように上から下に突きささっていること」を感じたと記した[87]。一方、靖国神社に祭られた息子の「英霊」の前で喜びの涙を流す母親もいる。脱走した息子の遺体の前で感じる恥ずかしさと英霊になった息子の前で流す喜びの涙は、コインの裏表だ。帝国を裏切った息子に対する恥ずかしさが息子を失った悲しみを隠したり、帝国のために命を捧げた子供への自負心が子供を失った悲しみを覆ったりする時、帝国主義の欲望は下からの動力を得て制御しえない暴力、すなわち戦争へと突き進む。

グラスと大江の往復書簡には、国家の記憶に閉じこめられた戦死者たちを家族のもとに返すという強いメッセージが込められている。国家のために戦死を遂げた愛国者ではなく、愛する母と妻、子供たちを残して悲劇のうちに世を去った一人ひとりを記憶しなければならないと強調したのだ。それは、戦死者崇拝を強める記憶文化への問題提起だ。平和を目指す記憶だというのであれば、無名戦士の塔のような戦死者の追慕碑より脱走兵のための記念碑のほうが大切だ。そうした考え方は、最近になって出てきたのではない。第2次大戦中の1943年には、イタリア・ベネチアで反ファシスト活動をしたパルチザンが「祖国のために死んだ者たちに捧げた笑止千万な記念碑を壊し、その地に脱走兵たちのための記念碑を建てよう」と提案していた。戦死者もみな、死の瞬間には戦争を呪い、脱走兵たちをうらやみながら死んでいったからという理由だった。彼らの言によれば、「抵抗は脱走から生まれる」[88]。これに先立って戦死者崇拝を批判したのは、ドイツの平和運動家で、ジャーナリスト、作家でもあったクルト・トゥホルスキーだった。第1次大戦の戦死者の追慕碑がいたる所に建てられるのに怒り、脱走兵のための記念碑を建てようと1925年に提案し、碑文を考案した。「自らと同じ人間を撃って殺すことを拒否した男がここにいた。彼に敬意を」

脱走兵の記念碑が実現したのは、戦後ずっと経ってからだった。脱走兵の正義は、ソ連の捕虜収容所から帰還したドイツ軍捕虜の苦難に埋もれてしまい、戦後ドイツの文化記憶の中で脇に追いやられた。第2次大戦で軍からの脱走と敵への投降を経験し、戦後に作家となったハインリッヒ・ベルとアルフレート・アンデルシュの脱走に関する自伝的小説は、評論家たちから敵対的な書評と怒りの混じった批判で迎えられた。ドイツの一般読者にも、特段の感動を与えることはできなかった。ドイツ軍からの脱走が法的にも、社会的にもヒトラーに対する抵抗だったと認められることはなかった。ナチ軍法会議の犠牲者とも認めてもらえず、法による賠償の対象から外された。清廉で、まともな、栄えあるドイツ正規軍というイメージは、軍法会議の有罪判決への異議申し立ても難しくした。武装親衛隊所属の軍人と家族は戦闘中の負傷にも賠償を受けたが、脱走兵と家族は除外された。東ドイツでも脱走兵は経済的補償を受けられなかったが、共産主義思想が脱走の動機だったと立証された時だけはナチの犠牲者と認められた。脱走兵の記憶が正常化されたのは、他の「忘れられた犠牲者」の記憶と賠償、復権が問題になってからだ。少数民族であるシンティとロマに加え、同性愛者と強制労働させられた人、不妊手術や安楽死プログラムの犠牲者などである。(89) 1983年にカールスルーエに建てられた「無名の脱走兵」像を皮切りに、1986年ブレーメン、1987年カッセル、1989年ウルム、1995年エアフルト、1999年ポツダム、2007年シュトゥットガルトなどドイツ各地で25を超える脱走兵の記念碑が建てられた。英国でも2001年にスタッフォードシャーのアルルーワスに、第1次大戦の際に脱走と卑怯者という理由で処刑された英国と英連邦の兵士ら306人の記念碑が建てられた。「夜明けの処刑」という記憶活動家《メモリーアクティヴィスト》の組織が、兵士たちの赦免を求めて数年間努力した結果だった。(90)「無名戦士」の代わりに「無名の脱走兵」を称える文化的記憶は、政治宗教としての犠牲者意識ナショナリズムの覇権的記憶に対抗する反記憶（counter memory）である。

グラスと大江が脱走兵の記念碑について往復書簡で真剣な議論を交わしていた時も、国家建設を推し進めていた旧植民地国での戦死者崇拝の政治宗教は相変わらずだった。韓国と北朝鮮の国家権力が、帝国日本の政治宗教を自分たちの目的に合わせて引き継いだのは驚くことではない。韓国で現在も公的行事で出席者に求められる「国旗に対する誓い」は、植民地朝鮮で毎週月曜日の愛国朝礼や結婚式などの際に暗唱したという「皇国臣民の誓詞」を事実上、踏襲したものだ。主語が皇国臣民から大韓民国国民に、忠誠の対象が天皇と帝国から大韓民国に替わっただけだ。指導者崇拝を通じた民族的な祭祀という形式も、北朝鮮にそのまま引き継がれた。「民族の太陽」であり、不滅の魂でもある民族の指導者、金日成に対する個人崇拝と北朝鮮の家族国家的な理想もまた、植民地時代の天皇崇拝を抜きには考えにくい。欧州の中世神学や儒教の王権を連想させる北朝鮮の個人崇拝は、政治宗教的な伝統の延長線上にある。[91]あえて単純化するなら、日露戦争で始まり、総力戦体制下で絶頂に達した日本帝国の政治宗教はいまだ、ポスト植民地の東アジアの政治文化を支配している。

政治宗教はファシズムとナチの敗北でも消えておらず、現在の歴史だというジョージ・モッセの結論は東アジアや朝鮮半島の現実を見ても当たっている。[92]日本の首相の靖国神社参拝を巡る東アジアの外交的衝突、国旗国歌法で日の丸と君が代を公式行事に組み込んだ日本の「右傾化」には反発するのに、自国では民族主義的な行事を続ける韓国や中国などの周辺国――。こうした二律背反は、帝国と植民地という歴史的経験の違いで正当化できるものではない。脱植民地主義の視点から考えるなら、戦死者を頂点に死者を序列化する追悼の政治は、帝国と植民地、独裁と民主主義、社会主義と資本主義を問わず、20世紀の国家ほぼ全ての共通規範である。民主化された韓国で「国旗に対する誓い」がしぶとく生き残っているように、政治宗教はいまも現役だ。民主主義を標榜する国家権力であるほど、下からの同意を確保するための仕組みとしての政治宗教をより切実に必要としている。２００７年の大韓民国国旗法改正は、そのことを再確認させるものだった。

同年1月に改正された国旗法では「国旗に対する誓い」が条文から消えたものの、行政自治省の施行令として生き残ったのだ。行政自治省が改正法施行前の5月16日に実施した世論調査の結果は興味深い。「誓い」存続に賛成が75％で、廃止すべきだという14・6％を圧倒していた。「私は誇らしい太極旗を前に、祖国と民族の限りない栄光のため身と心を捧げて忠誠を尽くすと堅く誓います」という文言についても、そのまま維持しようという意見が44％で、時代の流れに合わせて修正すべきだという42・8％より少し多かった。結局、「祖国と民族」を「自由で正義のある大韓民国」に置き換え、「身と心を捧げて」という部分を削除した「国民と共に作った修正案」が施行令に盛り込まれた。哲学者と憲法学者、文化人、大学院生ら9人の「専門家」で構成された検討委員会は、新しい誓いの文が「国民統合と愛国心を育てることに寄与するよう願う」と表明した。[93] 過去の独裁政権が上から強制した国家主義的な訓育だから廃止せよという批判は、人々の身体と心に刻まれた「国民儀礼」の力の前にもろくも崩れた。

殉教への幻想は、戦争を経験した人より、経験していない人々の間に根を下ろしている。死を目撃し、死の恐怖が骨身に染みた前線の兵士たちの間では抵抗感がとても強い。ある意味、戦場で生き残ること自体が殉教を拒否する行為だった。地球規模の記憶構成体の認識コードが身分の貴賤を無意味にする殉教という死の民主化から生へと重心を移していくと、犠牲者意識ナショナリズムは揺れ始めた。殉教のための熱い気持ちと死の覚悟を犠牲者に期待するのではなく、ゲットーの悲惨な日常を耐えた生存にまで超越的な意味を与えるようになったのだ。犠牲者の複雑な内面を再構成すると、表面的には支配者への屈従に見える屈辱的な生存が、内面では自尊心を守るための日常の抵抗という闘争となった。[94] ツヴェタン・トドロフが鋭くも指摘するように、戦争の極限状況やゲットー、強制収容所などで生き残るためには、その時々で勇敢な決断と賢明な判断が要求される。英雄的な死や殉教のような華々しい犠牲ではないが、悲惨な日常を耐える生そのものが抵抗であり、犠牲である。[95]

日々の闘争という観点から見るなら、生きるのは死ぬことより大変だ。卑怯な日常の代わりに英雄的な死を強弁するのは、生の苦しさに向き合う勇気を持てない人なのかもしれない。英雄的な行為の卑怯さと、生き抜くという日常の勇気という対比もできる。だからこそ犠牲者意識ナショナリズム——英雄主義的ナショナリズムに代わる新たな民族の物語——は、はるかに複雑な様相を見せる。英雄的に華々しく散った者ではなく、非業の死を遂げた者や卑しく生き残った者こそ高貴な存在、他を超越するシンボルへと昇華させねばならないからだ。その困難な課題をどのように理解し、解決していくかによって犠牲者意識ナショナリズムの姿は千差万別となる。英雄主義と仲良く共存するかと思えば、正反対のポジションを取ることもある。加害者と犠牲者、勝者と敗者の歴史的立場がひっくり返ることもある。いつの間にか加害者がどこかに消えてしまい、互いに自分たちが真の犠牲者だと主張し合うこともあるだろう。

第3章　グローバル化

植民地主義ジェノサイドの延長線上にホロコーストを並べると、
英米式の自由民主主義に内包された植民地主義ジェノサイドと
米先住民虐殺の原罪が浮き上がってくる。
ジーブ・スタンヘルの主張を借りるなら、
ファシズムは欧州文明からの逸脱ではなく、本質的な一部である。
その論をさらに進めるなら、
ジェノサイドと民族浄化は「原始的な部族葛藤」などではなく、
欧州近代文明が内に抱えるリスクだ。
西欧中心主義から解放されれば、
20世紀のジェノサイドを批判的に記憶することによって
「民主主義の民主化」へ向けた21世紀の展望を考えることができるようになる。

ホロコースト犠牲者への丁重な謝罪と賠償とは違い、ナミビアのヘレロとナマという二つの民族を虐殺した帝国ドイツの植民地主義ジェノサイドに対するドイツ政府の公式謝罪と賠償は遅々として進まなかった。写真は、植民地時代にドイツが収集した遺骨の初の返還を受けるため2011年にベルリンを訪れ、市内のホロコースト記念碑に腰かけて休むナミビアのジェノサイド犠牲者の遺族ら。

© Reinhart Kössler

ポスト冷戦と記憶のグローバル化

イアン・ブルマが1945年をグローバルな現代世界の「0年」としたことにならえば、2000年はグローバルな記憶文化の「0年」である[1]。他者の痛みに対する共感と国境を超える自己省察の記憶が、地球規模の記憶空間を振り回した年だった。自国や社会の集合的記憶を批判し、他民族ひいては敵対する民族の痛みにも共感する新たな記憶文化の登場は、記憶の「脱領土化」と言えた。3回目のミレニアムを迎えた興奮が冷めやらぬ2000年1月26〜28日、ストックホルムで「ホロコースト国際フォーラム」が開かれた。23カ国の首脳、14人の副大統領や副首相など46カ国の政治指導者が集まる規模にも劣らず、人々の耳目を集めたのは「ホロコーストの教育、記憶、研究」という議題だった。それまでにも小規模な首脳会議の議題となったことはあるものの、これほどの規模で討議したとなれば重みが違う。会議は、記憶のグローバル化が国際社会で無視できない現実になっていることを示した。最終日に採択された「ストックホルム宣言」は、ホロコーストが「普遍的な意味」を持ち、永遠に記憶されねばならないと明示した。8項目からなる宣言の概略は、次のようなものだ。

ホロコースト（ショア）は文明の根源を揺るがした。ホロコーストは、類例のない特徴ゆえ常に普遍的な意味を持つ。

我々は、ナチが計画し、実行したホロコーストのむごさを永遠に集合的記憶にとどめる。

国際社会は、ジェノサイドや民族浄化、人種主義、反ユダヤ主義、外国人嫌悪によって傷ついた人々と共に、そのような悪と戦わねばならないという重い責任を分かち合う。また否定論者に対抗し、ホロコーストのむごい真実を認めなければならない。

我々は、ホロコーストについての教育と記憶、研究を奨励する努力を強化すると約束する。(2)

残りの項目は、犠牲者の痛みに共感する記憶の重要性を改めて強調し、教育機関や市民社会といった公共領域でのホロコーストの教育と研究を奨励し、公共の歴史として犠牲者を記憶し、記念するための適切な形式を模索するという内容だった。犠牲者の痛みに共感し、生存者を尊重しつつ、彼らを記憶することは「相互理解と正義のための人類共通の熱望」を再確認することでもあった。(3)「人間および市民の権利宣言」がフランス革命に普遍的意味を与えたように、ストックホルム宣言はホロコーストを記憶することが国境を超える「トランスナショナルな市民的美徳」であることを明確にした。(4)

新たなミレニアムで最初の大規模な首脳会議がホロコーストを議題としたことは、地球規模の記憶構成体というものが政治にとっても無視しがたい現実となったことを示す。スウェーデンの首都でこの会議が開かれるまでには、数回の交渉があった。まずはイングランド銀行に眠っていた「金塊の山」を巡って1997年12月にロンドンで開かれた「ナチの金に関する会議」だ。ナチは占領地の中央銀行から金塊を略奪し、ユダヤ人からも奪った。その中で戦後もなぜか本来の所有者に返還されず、イングランド銀行の地下金庫に保管された金塊があった。無記名だから所有者を探すのも難しいのだが、ユダヤ人の場合はホロコーストの犠牲となった所有者も多かっただろう。ナチの略奪資産の処理に対する国際的な関心が高まったことで金塊も注目を集め、会議開催時の価値で約4600万ポンドに達する「主のいない」金塊をどうすべきかで意見が錯綜した。欧州とイスラエル、米国の政府代表がロンドンに集まった会議では、なるべく早く金塊を売却して基金を作り、ホロコーストを記憶するための多様なプロジェクトを支援することが決まった(5)。

翌1998年には米国務省とホロコースト記念館の主催で「返還と賠償」に関する国際会議がワシントンで開かれた。40カ国以上の代表団と「世界ユダヤ人会議」などが参加した大規模な会議だった。会議では、ドイツ、イスラエル、スウェーデン、英国、米国の代表による「ホロコーストの教育と記憶、研究に関する国際協力特別委員会」が設けられた。委員会は閉幕日に、ホロコーストの教育と記憶、研究への熱心な取り組みを「学校の保護者と教師、市民社会および政治、宗教界の指導者」に奨励するよう参加各国に求める声明を出した。声明はさらに、アーカイブにあるホロコースト関連の全文書を開示し、閲覧できるようにすることの重要性を強調した(6)。2000年のストックホルム宣言にも盛り込まれた文書開示に関する項目は、東欧諸国を念頭に置いていた。共産主義時代の秘密主義のなごりで、第2次大戦とホロコーストの関連文書を研究者に開示しない閉鎖的な態度を取っていたからだ。冷戦終結後、西欧の財政支援と集団安全保障への加入を強く望んだ東欧諸国にとって、宣言の支持はNATOに入るための前提条件だというのが暗黙の了解だった(7)。

ストックホルム宣言の歴史的意義は、ホロコーストの記憶に関する普遍的な人権原則が集団的安全保障という国際政治を動かす原理にまでなったことだ。新しいミレニアムの初めに46カ国の首脳と代表が集まり、ホロコーストが象徴する他者の痛みについての教育と記憶、研究を国際政治の議題にしたことは、「記憶のグローバル化」という21世紀の流れを予言するものだった。ホロコーストを記憶することは、イスラエルや、各国に散ったユダヤ人のディアスポラ共同体にとどまらない、地球規模の記憶構成体の市民宗教となったのだ(8)。ダン・ディナーとアロン・コンフィノらの積極的な解釈に従えば、ホロコーストの記憶は現代欧州の土台を象徴する過去となった。西欧文明のヒューマニズム（人文主義）を示すためにはフランス革命を持ち出すものだったが、それが、ホロコーストによって置き換えられたのだ。[9] 欧州のアイデンティティを象徴するものとして、ホロコーストがフランス革命に取って代わったとも言える。それは、ソ連軍捕虜や社会主義者、同性愛者、ロマとシンティ、アフリカ系ドイツ人、エホバの証人、先天的な障害者などユダヤ人以外の「忘れられていたホロコースト犠牲者」についての研究が飛躍的に進み、記憶の底辺が広くなったことで可能になった。ホロコーストは今や、ユダヤ人の災厄から欧州のアイデンティティを超え、人類の普遍的な痛みを思い起こさせるグローバルな記憶へと拡張されたのだ。

ストックホルム宣言から4カ月も経たない5月19日、ヤン・グロスの『隣人たち』がポーランドで出版された。イェドヴァブネという小さな村でのユダヤ人虐殺事件の加害者は、ポーランドの隣人だったという暴露だ。『隣人たち』はポーランド社会の集合的記憶を揺るがした。田舎に住む平凡なポーランド人がホロコーストの加害者だったという暴露によって、ポーランド人が19世紀から守ってきた「十字架に架けられた民族」という自己イメージは大きく傷ついた。共産主義の没落を特集した米芸術科学アカデミー発行の季刊誌『ダイダロス』の1992年春号で、共産主義の過去と向き合う東欧こそ自分たちなりの「歴史家論争」が必要になると力説したレシェク・コワコフスキの予言が的中したのだ。[10] コワコフスキは、共産主義の犠牲者だという記憶でホロコーストの共犯者だった過去を消し去り、責任逃れをしようとする東欧の文化的記憶を批判していた。実際の「歴史家論争」がこれほど先鋭になるとまで予見したかはわからないが、戦後ポーランド知識社会の「皇帝」と呼ばれたコワコフスキならではの洞察だった。

『隣人たち』を巡る論争でポーランドが揺れていた8月2日、ドイツ連邦議会は第2次大戦中にナチが外国人を動員した強制労働への補償に関する法律を成立させた。強制労働に対する政治的・道徳的な責任をドイツ政府と企業が分担するという法律によって、多くの人が補償を受けられるようになった。すなわちポーランドやウクライナ、ロシア、ベラルーシ、リトアニア、ラトビア、エストニア、モルドバ、チェコなど東欧諸国から強制的に動員された労働者に加え、ドイツ国内の強制収容所の収監者とユダヤ人、ソ連やフランス、セルビア、イタリアの戦争捕虜たちである。補償を実施する「記憶・責任・未来財団」を設置する法律は8月12日に施行された。これによってドイツの歴史和解と補償政策から除外されてきた約843万5000人の強制労働させられた外国人と約458万5000人の戦争捕虜ら計約1300万人が、ドイツ人の記憶の中へ改めて公式に含まれることとなった[11]。補償額や受給手続きに関するさまざまな不満は残った。だが、ドイツ銀行やアリアンツ、ダイムラー・ベンツ、バイエル、BMW、フォルクスワーゲンといったドイツ屈指の大企業が強制労働への責任を認め、財団設立の発起人として名を連ね、補償のための基金を作ったことだけでも、この法律の意義は認められる。

ドイツ政府と企業はそれまで、1953年の「ロンドン債務協定」で戦後補償問題は解決済みとしていた。それを考えれば、財団発足は大きな進展だった。ドイツ政府が立場を変えたのは、平和条約の締結まではそれ以上の賠償論議を猶予するという債務協定の条項が統一によって意味を失ったからだ。東西ドイツと米英仏ソがドイツ統一を承認した「2プラス4条約」は、平和条約と見なせるものだった。そしてドイツ側の動きの裏には、強制労働させられた経験を持つユダヤ系米国人が米国で起こした集団訴訟があった。反倫理的犯罪に関わったとして米国ビジネスから締め出されることを怖れたドイツ企業は前向きな姿勢を見せざるをえなかった。関連資料が後に公開されれば明らかになるだろうが、大戦中に強制労働させた企業より米国との貿易に死活がかかっている企業ほど出資額が多かっただろうという推測は理解できるものだ[12]。強制労働者をナチに協力した裏切り者ではなく、戦争の犠牲者だと見るようになった東欧諸国の変化もまた、ドイツ政府と企業から謝罪と補償を引き出す重要な契機となった。東欧の記憶文化が冷戦体制のイデオロギーの縛りから抜け出すことで、そうした認識の変化は可能になった。

ドイツ政府と企業が強制労働者に共同で補償するというニュースは、地球規模の記憶空間でも大きな反響を呼んだ。特に、日本の植民地だった時期に延べ782万7355人が強制動員されたと推定する韓国のメディアは敏感に反応した[13]。「独〝ナチ賠償〟懺悔、世界が激賞」「独財界、ナチ労役被害の補償根拠できたと歓迎」「ナチ強制労働の国際補償協定署名」「独、ナチ労働者150万人に賠償、一人に最高800万ウォン」などと報じた。東欧のメディアは不満な点を指摘していたが、韓国メディアは歓迎一色だった[14]。財団が7年あまりかけて事業を終えたことを、2007年6月12日付の『京郷新聞』は「〝ナチの過去〟補償が終了、〝日本と対照的〟」という見出しで報じた。167万人に計58億4000万ドルの補償金が支給されていた。韓国メディアの関心は、ドイツを前例として朝鮮人への補償を日本政府と企業に迫ることにあった。『京郷新聞』がわざわざ、イスラエルの日刊紙『エルサレムポスト』を引用して報じたのも興味深いことだった[15]。

フリードリヒ・エーベルト財団韓国事務所の発行する冊子に、韓国のドイツ史研究者二人が執筆した報告書も注目される。報告書は締めくくり部分で、強制労働をさせられた中国人が米カリフォルニア州で日本企業を相手取って起こした訴訟に言及した。ドイツの事例への関心がどこから始まったかをよく示す記述だ[16]。遠くドイツから聞こえてきた強制労働への補償というニュースは、韓国の記憶文化で見向きもされてこなかった朝鮮人の徴兵や徴用工、挺身隊、慰安婦などを思い出させた。こうした人々の位置付けを、日本帝国への協力者から「強制動員」の被害者へと変える契機となったのだ。韓国では1945年の解放直後に強制動員被害者を「心ならずも倭のために命を捧げた同胞」と規定し、その問題は1965年の「請求権協定」で一括妥結したと見なされてきた。21世紀に入って犠牲者意識ナショナリズムが台頭してきたことで、そうした状況は変わった。日本帝国が「強制動員」した犠牲者という構図ができ、個人補償の問題が両国間の懸案として持ち出されるようになった。さらに大きな構図で見るなら、地球規模の記憶構成体の形成が状況を大きく変えた。犠牲者たちの人権への普遍的な関心が強まったのである。

慰安婦と人道に対する罪

地球規模の記憶構成体の「0年」の最後を飾ったのは、2000年12月に東京で開かれた「日本軍性奴隷制を裁く女性国際戦犯法廷」だった。1960年代にベトナム反戦運動の一環としてバートランド・ラッセルが主導した民間法廷がモデルだ。法的拘束力はないが、道徳的な声としての政治的な意味は大きかった。世界中から集まった慰安婦に関する記憶活動家《メモリーアクティヴィスト》たちは、昭和天皇ら日本帝国の政治・軍事指導者10人を起訴した。翌年12月に概要を口頭で言い渡された判決は、法廷で宣誓した計35人の元慰安婦による証言を信頼に値する証拠として採択した。生存者の証言は深い傷を抱えており、その明白な痛みこそ証言の真実性を物語るというのが法廷の判断だった。法廷は、日本政府や旧日本軍兵士の認めた事実関係や、その他の専門家証言、性奴隷制に関する国連の特別報告書、極東国際軍事裁判（訳注：東京裁判）の判決文に示された状況証拠などが証言を裏付けると認めた。そして、1937年の南京虐殺の際に日本兵による強姦が多発したことなどが慰安所制度の拡充に大きな影響を与えたと判断した。[17] 判決は、慰安婦制度の下で行われた強姦と性奴隷制を人道に対する罪に当たると断じた。

日本政府の責任と適切な反省、謝罪、賠償の必要性を指摘した後、判決は次のように結論付けた。

この判決を通じて、本法廷は、日本の軍性奴隷制の被害者となった全ての女性たちを称えたい。判事団は、打ち砕かれた人生を建て直し、私たちの前で証言したサバイバーたちの強靭な精神と威厳を高く評価したい。こうした犯罪は、第2次大戦中の解決されていない最大の不正義の一つであり続ける。博物館もなく、無名の慰安婦には墓もなく、将来の世代への教育もない。審判の日もなかった。正義を求めて戦うために名乗り出た女性たちの多くは、称えられることのない英雄として亡くなった。歴史のページに名前が刻まれてきたのは、罪を犯した男性たちであり、被害を受けた女性たちではなかった。しかし、この判決は、証言台で自らの体験を語り、それによって少なくとも4日間にわたり、不法を断頭台に送り、真実を玉座に据えたサバイバーたちの名前を、銘記するものである。[18]

国としての責任を認め、賠償するよう日本政府に強制する法的拘束力を持つ判決ではないが、地球規模の記憶構成体における重みはいくら強調しても足りない。アジア太平洋戦争での日本軍による性犯罪をどのように記憶するかという問題が、既に地球規模の記憶の問題となったと宣言したものだった。元慰安婦の金学順《キムハクスン》が1991年に実名で証言してから東京で法廷が開かれるまでの10年の間に、世界はルワンダと旧ユーゴスラビアでの内戦を経験した。1994年のルワンダにおけるジェノサイドは、強姦が単なる戦争犯罪ではなくジェノサイドの武器であることを見せつけた。12歳以上のほぼ全てのツチ族女性が強姦被害にあったという暴力の規模や、エイズを患った多くのフツ族男性を動員して強姦させた残忍さにおいて、ルワンダの性犯罪はまさにジェノサイドの域に達していた。その惨状は、強姦の結果として生まれてきた少なくない新生児が母親によって殺害されたという報告によく表れている。1992年から1995年にかけての旧ユーゴ内戦では、セルビア人民兵らがボスニアのイスラム教徒女性を集団で強姦した。「民族浄化」とも呼ばれた集団強姦の結果としてボスニアで生まれた「戦争の子供たち」のほとんどが母親によって捨てられたり、殺されたりしたという。これもまた、人種主義的な性犯罪の結果がジェノサイドと大きく変わらないことを示した。1937年の南京虐殺時の強姦でも数千人の子供が生まれたが、ここでも新生児の殺害が多かったという[19]。

ルワンダと旧ユーゴで集団強姦がジェノサイドの武器にされたことがリアルタイムのテレビ中継で伝えられ、国際世論は大きなショックを受けた。全世界の視聴者が目の当たりにした両国での性暴力は、道徳的なタブーを踏みにじる反人道的な暴力だった。それは、戦時に女性たちが味わわされてきた痛みに対する同情世論を世界中でかきたてた。もはや戦時の民間人被害を指す「コラテラル・ダメージ（付随的被害）」という用語では片づけられなかった。あまりにも意図が明白で、残忍な暴力だ。反人道的な性暴力への怒りは、それが譲れない人権問題だという認識につながり、ルワンダと旧ユーゴそれぞれに設置された特別法廷が戦時の強姦を人道に対する罪だと認定した。東京の女性国際戦犯法廷に参加した法律家の顔ぶれからは、両国での性暴力が慰安婦問題に与えた影響を見て取れる。1990年代の戦時性暴力に対する地球規模の市民社会の怒りが、慰安婦問題を人道に対する罪だとする認識につながったと推察されるのだ。特に注目されるのは、旧ユーゴ国際戦犯法廷（ICTY）の裁判長を務めたガブリエル・カーク・マクドナルドと、ルワンダと旧ユーゴの両国際戦犯法廷でジェンダー犯罪に関する検察側の法律顧問を務めたパトリシア・ビサー＝セラーズだ。[20] 彼らの参加は、女性に対する反人道的な犯罪という観点で慰安婦制度とルワンダ、旧ユーゴの性暴力が結びつけられたことを示唆している。

ソ連と東欧の共産主義が崩壊し、自由主義の西欧文明が世界史的な勝利を収めたという楽観論が語られていた時、ルワンダと旧ユーゴで虐殺と組織的な性暴力が起きた。それは、私たちの生きている世界が「歴史の終わり」ではなく、「歴史の繰り返し」であることを実感させた。特に旧ユーゴの集団強姦は、時間をさかのぼって慰安婦の記憶を世界に思い出させた。逆に、ルワンダと旧ユーゴの国際戦犯法廷では紛争時の組織的な強姦についての法的定義を決めるに当たって慰安婦問題を参考にした。国際労働機関（ILO）もまた、慰安婦問題について1930年制定の強制労働条約に違反すると認定した。[21] 1993年にウィーンで開かれた世界人権会議では女性の人権は普遍的人権の一部だと強調され、同年12月の国連総会では「女性に対する暴力の撤廃に関する宣言」が採択された。さらに1998年の国際刑事裁判所（ICC）に関するローマ規定は「強姦、性的な奴隷、強制売春」を「戦争犯罪」かつ「人道に対する犯罪」と規定した。慰安婦問題は今や、女性の人権の問題である。「あまりにも一般的で、慣れて鈍感になっていた」戦時の性暴力が、反人道的な犯罪だと認められるようになったのだ。地球規模の記憶空間において、女性の人権のために連帯するシンボルとして慰安婦の果たした役割は大きかった。グラックの表現を借りるなら、「ホロコーストがジェノサイドのグローバル基準となったように、慰安婦も戦時性暴力に関する新しい国際法の試金石となった。戦争と同じくらい古くからの暴力である強姦は今や、国際法上の反人道的な犯罪となった[22]」。

性暴力は、被害者が属する共同体の男性にも「女性を守れなかった」という屈辱感を与える。その点において、支配者の権力を誇示する最も原始的かつ効率的な道具だった。20世紀に入り、集団強姦などの性暴力はジェノサイドの主要な手段の一つとなった。女性が異なる血統の子を生むことを嫌う家父長的文化が支配的な社会では特に効果的だった。父系によって種族的な血統が承継され、女性の体は民族の子孫を残すためのものという思考方式は、戦時性暴力を超え、特定の人種や血統集団の女性の不妊を目標とする性的ジェノサイドを生んだ[23]。性暴力に対する断罪は、ジェノサイドに対する断罪となる。加害者の断罪が遅れれば、性暴力被害者たちは家父長的な社会の民族主義者たちからの非難にさらされ続け、肉体的・精神的に深刻な痛みに苦しみ続けることになる。しかしニュルンベルク裁判や東京裁判ではホロコーストや南京虐殺、連合軍捕虜への虐待などが優先され、性犯罪には目が向けられなかった。

反人道的な犯罪としての戦時性暴力が、グローバルな市民社会における深刻な倫理的課題となったのは21世紀に入ってからだ[24]。地球規模の記憶構成体が形成されたことで、それまで他人ごとだった性暴力被害を身近な問題だと感じるようになった。旧ユーゴ国際戦犯法廷が集団強姦を「性奴隷制」だと断罪したのに続き、ICCは人身売買や拉致による強制結婚による強姦被害を取り上げた。ICCでは「ジェルマン・カタンガ事件」と「マチュウ・キュイ・ングジョロ事件」で、性奴隷制の下位カテゴリーとしての強制結婚罪での起訴が行われたが、人道に対する罪とは明示されなかった。強制結婚を人道に対する罪だと初めて認定したのは、１９９０年代の内戦を受けて設置された「シエラレオネ特別裁判所（ＳＣＳＬ）」の２０１２年の判決だ。内戦に介入した隣国リベリアの元大統領チャールズ・テーラーの裁判だった。国連平和維持軍が関与する「強制売春」についても、女性の人身売買という犯罪を誘発する人道に対する罪として起訴を求める声が高まった。これは、ジェノサイドや戦争犯罪を扱う国際法廷で起訴される性暴力が強姦ばかりだという限界を乗り越えようという試みだ。[25]男性同性愛者に対する性暴力も人道に対する罪と見なさねばならないという声も、国際法研究者を中心に強まっている。人道に対する罪に分類される性暴力の範囲は段々と広がっており、この流れに後戻りはないだろう。[26]

慰安婦問題がグローバルなイシューとなる過程は、国境を超えるトランスナショナルな記憶の運動という観点からも興味深い。１９９１年の金学順による証言以降、韓国と日本の市民団体は国連の人権機関に重大な人権侵害だと慰安婦問題を提起してきた。そうした連帯に加え、北米大陸に住む韓国系の移民女性たちも慰安婦問題の国際化に大きく寄与した。人種と女性という二重の差別を移民先で受けた経験が、故郷から遠く離れた戦場へ行かされた慰安婦の痛みに共感する力を強めたおかげだった。[27]日系米国人のＮＧＯ「公民権と賠償のための日系米国人（ＮＣＲＲ）」の活動も注目される。第２次大戦中に強制収容された日系人の名誉回復と賠償を求めて結成されたＮＣＲＲは、あらゆる種類の人種的偏見と迫害への反対を絶対的な原則にしている。カリフォルニア州グレンデール市への米国初の少女像設置を支持しただけでなく、日本政府の謝罪と賠償、名誉回復を要求した。[28]ＮＣＲＲは、慰安婦問題の外交的解決を韓国と日本が確認した２０１５年12月28日の合意を強く批判する声明を出し、翌年１月５日にはグレンデールの少女像前で開かれた追悼のロウソク集会にも参加した。ＮＣＲ

Rの行動は、米連邦議会でのロビーや地方政府への圧力を通じて慰安婦の記念碑や少女像の撤去を働き掛ける日本政府や、慰安婦は嘘だと主張し、ホワイトハウスの請願サイトに投稿する一部の日系米国人の遠距離ナショナリズムとは対照的だった[29]。NCRRは、9・11テロ後に米国で反イスラム感情が高まった時にはイスラム系団体と協力し、アラブ系への差別に反対する運動を展開した[30]。

地球規模の記憶構成体において、慰安婦論争は韓国と日本の民族的対立ではなく、歴史修正主義的な日本の否定論と国際人権規範の対立として再構成される[31]。米国におけるアルメニア・ジェノサイドに関する記憶活動家と、慰安婦の記憶活動家の連帯は象徴的だ。2013年8月に除幕式が行われた少女像設置を支持したグレンデールの市会議員アラ・ナジャリアンは、生存する元慰安婦の癒やしになってほしいと語った。別の市議ザレ・シナンヤンも、日本政府の強力なロビーや保守的な日系米国人団体の反対を押し切って少女像の設置を支持した。シナンヤンは同年4月の選挙で初当選したばかりだった。40歳の新人議員が、特別な利害関係があるわけでもない、政治的に敏感な問題で突っ込んだ立場を取るのは珍しい。除幕式でのスピーチはその謎を解いてくれるものだった。彼の祖父は、アルメニア・ジェノサイドの生き残りだったのだ。ロサンゼルスの日系紙『羅府新報』によると、シナンヤンは犠牲者の痛みと恐怖をよくわかっていると切り出した。「葛藤を解消し、傷を癒やす最善の方法は……それ（加害の事実）を認めることだ。アルメニア人と私の祖父は恐ろしい、恐ろしい犯罪に巻き込まれた。……今日まで何の謝罪もなく、（加害者が）事実を認めてもいないために傷は深まるばかりだ[32]」。幼い頃から身近だったジェノサイドの記憶が慰安婦への情緒的な共感を呼び覚ましたのだろう。グレンデールは米国最大のアルメニア系コミュニティの町だということが、「なぜグレンデールなのか」という疑問にある程度答えてくれる。米国の東海岸でホロコーストと出会った慰安婦の記憶が大陸を横断し、西海岸ではアルメニア・ジェノサイドの記憶と出会うことで、地球規模の記憶の連帯を成したのだ。

少女像の目の前にあるグレンデール市立図書館で、2017年にオープンしたギャラリー、リフレクト・スペース（Reflect Space）での企画展示も目を引くものだ。開幕展「記憶の風景」は、アルメニア・ジェノサイドについての公式記憶と生存者証言がどのような関係にあるかを問う企画展示だ。アルメニア系が絶対的に強い町なので、このテーマは理解できるものだった。ただ、2番目の企画展のテーマが慰安婦の沈黙と対話に関する芸術的省察だというのは目を引いた。韓国系と思われるモニカ・ヘヨン・チョンと、アルメニア・ジェノサイドの生存者の写真に取り組み続けてきたアルメニア系米国人アラ・オシャガン夫妻が担当キュレーターとして名前を並べたのも象徴的だ。この市立ギャラリーは、悲劇的な歴史を芸術で再現し、記憶する問題を一貫して追求した。続けて開かれた企画展は、奴隷貿易から今も米国に残る奴隷制の遺産までを描いた「奴隷制の余生」、現代の写真と珍しい資料を取り混ぜてホロコーストを巡る多様な言説を検討する「私は誰なのか：ホロコーストの言説「非線形の歴史たち：世代を超えるトラウマの記憶」などだ。共通するキーワードは「個人的なトラウマについて沈黙せざるをえないのに口に出したい、という深い人間的な衝動の間にある緊張」である。それは、全てのジェノサイドの犠牲者と生存者から見出せるというのが展示企画者たちの説明だ[33]。このギャラリーは、米国の奴隷制とアルメニア・ジェノサイド、ホロコースト、慰安婦という、それぞれ違う犠牲の記憶が芸術的な再現を通じて連帯し、コミュニケーションを取る地球規模の記憶構成体の特徴を見せてくれる。

韓国、日本、中国、フィリピン、台湾、インドネシアなどの女性団体・市民団体と、米国のアジア系女性団体が太平洋をはさんで慰安婦問題について記憶の連帯をできるのも、女性の人権という国境を超えたトランスナショナルな議題があってこそのものだ。慰安婦問題の持つトランスナショナルな性格は、日本のフェミニスト研究者たちが慰安婦の記憶を国内の #MeToo 運動の動力にしようとする試みにも表れている。牟田和恵が制作した短編映画は「性暴力NO!」というキャッチフレーズの下で、国際的な慰安婦の記憶運動と日本の #MeToo 運動が連帯する可能性を探っている。牟田はこの映画で、長年の沈黙を破って実名で証言した金学順ら元慰安婦を自らの尊厳のために声を上げた #MeToo 運動の先駆者と位置づけた。慰安婦問題は、トランスナショナルなフェミニズム連帯の象徴となったのだ[34]。一方で慰安婦否定論は、日本帝国のファシスト家父長主義、戦後の家父長的性差別主義、ポスト冷戦期の新民族主義の結節点として加害者イデオロギーの連帯を象徴してもいる[35]。日本国内の記憶政治の領域において、慰安婦否定論は #MeToo に対する男性主義的な嫌悪とつながっている。牟田は、#MeToo 運動があったにもかかわらず男性の性的加害が黙認され、処罰されずに繰り返されていると日本の現状を痛烈に批判する。そうした日本の状況では、慰安婦問題は終わった話ではなく現在進行形なのだという[36]。慰安婦の記憶は今や、「元慰安婦の女性にとっての恥から男性の犯罪」へと変わった[37]。イスラム国（IS）とボコ・ハラムの性奴隷制や女性の人身売買、強制結婚などを女性に対する人権侵害の問題として扱う時、慰安婦の記憶はしばしば呼び出される重要な基準点となるに至った[38]。

オーストリア・マウトハウゼンの収容所記念館で2005年に開かれた「ナチ強制収容所と強制性労働」展は、この問題を記憶の表舞台で本格的に論議する契機となった。ナチ最大の女性用収容所だったラーフェンスブリュックで2007年9月に開かれた「戦時強制性売買」に関するサマースクールは、慰安婦、ナチ収容所の強制性売買、旧ユーゴでの集団強姦を一緒に扱うことで、アジア太平洋戦争とナチの強制収容所、旧ユーゴ内戦の性暴力が同じ記憶空間に配置された。東アジアで慰安婦問題が浮上したのとは無関係だが、同時期にドイツではクリスタ・パウルがナチの強制性売買についての研究を先導した。パウルは、アウシュヴィッツにあった売春施設の生存者「マリア・W」との1990年のインタビューに基づいて、1992年にフェミニズム雑誌『EMMA』に寄稿した。さらに1994年には、本格的な研究書を出版した。[39] 韓国の一部メディアは、慰安婦問題をアジェンダにした韓国の記憶運動がナチの性売買に対するドイツ学界の関心と研究を触発したと報じたが、そうした因果関係を確認することはできない。[40] しかし、どちらが先だったかなどという論争をする必要はない。重要なのは、日本軍の慰安婦とナチの強制性売買が地球規模の記憶空間で出会い、女性の人権問題として注目されるようになっていることだ。

慰安婦問題が地球規模の記憶構成体のアジェンダとなり、戦時性暴力と強要された売春に対するグローバルな市民社会の関心を増幅させたことを否定できる人はいないだろう。[41] 慰安婦の記憶は、女性の人権問題に関する普遍的な基準として機能するようになった。地球規模の記憶空間で慰安婦の被害者への共感と記憶の連帯を見せた他の記憶は、実際の歴史の中では無関係だった。アルメニア・ジェノサイドや米国の奴隷制、ホロコースト、ナチの強制性売買すべてそうだ。無関係だった歴史の記憶が第2次大戦後に米国で出会ったのである。トランスナショナルな記憶活動家たちによる、連帯をめざす、だがそれぞれは孤独な闘いの積み重ねによって、地球規模の記憶構成体は徐々に形作られていった。

黒い大西洋とホロコースト

地球規模の記憶構成体「0年」としての2000年の意味は、いくら強調しても足りない。3回目の1000年を迎える元年として、不十分だった過去を振り返ったという意味があるのかもしれない。だがそれは、この年に突然、天から降ってきたわけではない。民族と国家、大陸の境界を超える犠牲者たちの連帯は、思いのほか長い歴史を持っている。米国の白人至上主義と反ユダヤ主義、奴隷制とホロコーストが地球規模の記憶空間で出会ったのは、随分と昔のことだ。ハーバード大で博士号を取得した最初の黒人で、階級と人種という矛盾が重なった米国社会の実像を鋭く見抜いた急進的な社会学者、ウィリアム・デュボイスの「ニグロとワルシャワ・ゲットー」という短いエッセーが良い証拠である。急進的なユダヤ系雑誌『ジューイッシュ・ライフ』の依頼を受けた講演の原稿だ。同誌は1952年4月16日、ワルシャワのゲットー蜂起9周年で音楽会を開き、「米国のニグロにとってゲットー闘争が持つ今日的意味」について15分ほどの講演を依頼した。編集長ルイス・ハラプの手紙は、米国の黒人とユダヤ人の連帯闘争という観点から蜂起の歴史的意義を指摘してほしいという意図を明確に伝えている(42)。

デュボイスはエッセーで、ドイツの大学院で学んでいた1890年代初めのエピソードを紹介した。一つは、夏休みにスイスとハンガリー、オーストリア、チェコスロバキア、ポーランドなどを旅行し、ポーランド領ガリツィアの小さな村に着いた時のことだ。宿を探そうと馬車に乗ると、彼のことをじっくり見定めた御者が「ユダヤ人の宿でいいか」と聞いてきた。けげんに思いながらも構わないと答えると、村外れの小さなユダヤ人ホテルに連れていかれた。生まれて初めて黒人を見た御者は戸惑った末、ユダヤ人と一緒に扱うことにしたのだ。ドイツの小さな村のパーティーで気まずい雰囲気を感じた時には、米国と同じように黒人が嫌がられているのかと思った。その時、隣にいたドイツ人の友人が「お前じゃなくて、僕だ。僕がユダヤ人かもしれないと思っているようだ」と耳打ちしてきた。中欧でのユダヤ人の地位が黒人より危ういと気付いたことは、彼にとって驚きだった。デュボイスは中東欧での二つのエピソードを紹介し、人種主義を皮膚の色の問題にしてしまう「社会学の旧弊」から抜け出せたと話した。(43) デュボイスは1949年にモスクワで開かれた世界社会学者大会からの帰途にワルシャワへ立ち寄り、廃虚となったゲットーを訪れた。そこで彼は「アトランタ人種暴動の悲鳴と銃声」を聞き、行進するクー・クラックス・クラン(KKK)の幻影を見た。デュボイスの表現を借りれば、ワルシャワのゲットーで彼は「ユダヤ人問題を明確に理解することでニグロ問題をより完全に理解できた(44)」。

大西洋をはさんだ記憶空間におけるユダヤ人とアフリカ系米国人の出会いは、デュボイスが初めてではなかった。大西洋の奴隷貿易で米大陸に売られてきた黒人奴隷と子孫たちは、モーセに率いられてファラオ治下のエジプトから脱出したユダヤ人というレンズを通して自分たちを見つめることで、アフリカ系のディアスポラ共同体としての自尊心を守った。(45) これに応じるかのようにユダヤ系移民も黒人奴隷の痛みに共感する姿勢を見せた。東欧から大挙して米国へ移民したユダヤ人は米南部を行商で回る際に黒人客の家に泊めてもらい、両者の関係はより緊密になった。1868年には奴隷制を批判した米小説『アンクル・トムの小屋』がビリニュスでイディッシュ語に翻訳され、『奴隷制または農奴制』として出版された。作家のアイジック＝メイール・ディックが、奴隷制に反対するロシアの反体制インテリゲンチアの影響を受けて翻案したという[46]。『アンクル・トムの小屋』が1927年に映画化され、ニューヨークで初めて上映された時には、急進的なイディッシュ語紙『前進』が積極的に観賞するよう勧めた[47]。ユダヤ共産主義あるいはシオニズム左派のグループが米国で発行したイディッシュ語の新聞と雑誌は、黒人の問題に深い共感を寄せ、ちゅうちょなく連帯しようとした。『アンクル・トムの小屋』は、主人公の黒人奴隷トムに読ませたり、トムを説得したりするために書かれたものではないというトニー・モリソンの指摘は手厳しいものだが[48]、ロシアと米国の啓蒙主義的なユダヤ人に広く読まれたことはいくばくかの慰めになる。

ガリツィア出身のユダヤ系ポーランド人弁護士、ラファエル・レムキンの発案によって、1948年の国連総会で「ジェノサイド条約」が採択された。真っ先に反応した集団が急進的なアフリカ系米国人だったことも注目に値する。彼らは1951年、国連に「ジェノサイドを告発する」という請願書を提出し、ナチのホロコーストと米国の人種主義的迫害の共通点を指摘した。黒人奴隷のジェノサイドで米政府を告発したのだ。最大のポイントは、条約の精神に基づいて米国の奴隷制をジェノサイドとして認めてほしいというものだった。彼らはレムキンにも支持を求めたが、拒否された。レムキンが示した条約草案は既に、国際政治の力の論理に押されて満身創痍になっていた。米英仏といった植民地主義の原罪を抱える列強の圧力によって、土着の文化を抹殺することという文化的ジェノサイドに関する条項は消えた。人民の敵を虐殺したソ連の反対で、政治的ジェノサイドに関する条項も飛んでしまった。その二つを除くとホロコーストしか残らない。それでも米国による条約批准を強く願ったレムキンにとって、奴隷制がジェノサイドだと主張することは難しかったのだろう。米国の機嫌を損ねれば、上院への批准案の上程すらできなくなりそうな状況だったからだ[49]。

オーストラリア先住民の人権運動家たちは1930年代から、ナチの抑圧に苦しむユダヤ人に連帯の手を差し伸べていた。先住民族ヨルタ・ヨルタの指導者、ウィリアム・クーパーは1938年12月6日、メルボルンのドイツ領事館前で「水晶の夜」に抗議する先住民運動家のデモを開いた。水晶の夜は、パリのドイツ大使館の書記官がユダヤ人に銃撃された事件を口実に起こされた。1938年11月9日、ドイツ全土でユダヤ人の商店と礼拝堂がナチ突撃隊員による不法な破壊と略奪の対象となった。クーパーはデモ後に「ナチス・ドイツ政府のユダヤ人に対するおぞましい迫害」に抗議する書簡を領事館に渡そうとしたが、受け取りを拒まれて持ち帰らざるをえなかった。この書簡は74年後に伝達された。2012年12月6日にメルボルンで、孫のアルフレッド・ターナーがクーパー役になってデモを再現し、ユダヤ人たちと先住民運動家たちの拍手を受けながらドイツ領事に書簡を渡したのだ[50]。

第2次大戦後にホロコースト生存者を移民として受け入れる際にも、オーストラリアは白豪主義を取った。同じユダヤ人でも、肌の白いアシュケナージにはビザを出し、中東系で浅黒い肌を持つセファルディは排除したのだ（訳注：アシュケナージは東欧などに定住したユダヤ人、セファルディは南欧や北アフリカなどに定住したユダヤ人）。それに比べれば、クーパーの抗議書簡は驚くほど先駆的だった。それでもヤド・ヴァシェム（エルサレムのホロコースト記念館）がクーパーの名前を冠した「ホロコーストへの抵抗に関する研究」のためのポストを新設することで功績を称えたのは、2010年12月になってからだった。

アンネ・フランクの日記が、南アフリカの政治犯らに人気だったというのも興味深い。アパルトヘイトという人種隔離政策が行われていた時代（1948～94年）、投獄されたアフリカ民族会議（ANC）のメンバーたちの話だ。政治犯の監獄として悪名高かったロベン島の資料室には、収監者たちのノートが展示されている。最も有名なのはアハメド・カトラダのノートである。ここでの18年間の服役中、密かに搬入された本や新聞などから書き写した文章が主な内容だ。見つかれば厳しく処罰されると覚悟した長期囚のノートの中で、アンネは最も多く引用された4人に入っていた。残りはギリシャの悲劇詩人ソポクレスと孔子、ジャンヌ・ダルクだ。時代錯誤の人種差別政策と闘った彼らにとって、ナチの極端な人種主義に基づく絶滅政策であるホロコーストの犠牲者だったアンネの記憶は貴重な政治的・文化的な資産であったに違いない。アパルトヘイトとの闘いに人生を投じた闘士として世界的に尊敬される人権運動家で、後に大統領となったネルソン・マンデラも、アンネの日記が自らの精神を鍛え、勝利に対する確信を持たせてくれたと回顧した。南アの運動家たちは１９４０年代初めには既に、自国の人種差別主義とナチの反ユダヤ主義を結びつけて運動の動力とし、国際的支持を得ようとしていた。民主化後の１９９０年代にも、正義と和解、アパルトヘイトとその犠牲者に対する記憶と彼らの復権などを巡る討論をする時には、ホロコーストとの比較がいつも引き合いに出された[51]。

「反アパルトヘイト運動こそ、ナチ敗北後の世界で最も重要な道徳的戦いだ」と規定した欧州の人権運動家たちにとっても、『アンネの日記』はホロコーストの記憶とアパルトヘイト体制の非人道性をつなぐ重要な仕掛けだった。アムステルダムのアンネ・フランク記念館（アンネの家）で「南アのナチズム」をテーマにした企画展が１９７１年から3年連続で開かれたのが好例だ。南アとオランダの運動団体が１９７１年夏に共同で企画した最初の展示は、ユダヤ人からあらゆる権利を剝奪したナチのニュルンベルク法と南アのアパルトヘイトに基づく司法的な措置、ユダヤ人ゲットーと南アの黒人居住区バントゥスタンの直接的なつながりを見せようとした。企画者の言葉を借りるなら、わざわざナチの言葉を引用しなくとも展示を見れば誰でもナチズムとアパルトヘイトをつなげられた。ナチの手を逃れてアンネの一家が隠れ住んでいた家という特別な場所であるおかげか、この展示は多くの人を集めた。展示は一家が隠れて過ごした2階から出発して1階に下りていくようになっていたが、展示室を出る時には必ず「ナチズム＝アパルトヘイト」と書かれたプラカードをくぐるようになっていた。翌年夏の2回目の展示では、当時の南ア首相、バルタザール・フォルスターがナチの紋章であるハーケンクロイツ（鉤十字）を持つ実物大の紙人形が立っていた。アパルトヘイトに同調する政治家の人種主義的な発言を記したポスターもかけられた。この展示もまた、多くの人を集めることに成功した。

1973年の企画展は、訪問者が感想を記したノートが残っている。欧州各国や米国、中南米、日本、オーストラリア、イスラエル、南アなどから来た数千人の反応はそれぞれだ。多くの人がナチズムとアパルトヘイトの対比に説得力があると感じ、人種主義と闘う必要があると書いた。しかしイスラエル人の大部分は両者の対比に乗り気でなく、南アの人たちは激しく抗議した。南アのメディアも注目した。南アでの論調は、偏見と狂気に満ちた南アたたきだという非難が主流だったが、アパルトヘイトを続ける限り、展示に表れた南アのイメージは変えられないという勇気ある主張も出た。企画側でも意見は割れていた。アパルトヘイトはナチズムより古い植民地主義の遺産でもあるのに、「ナチズム＝アパルトヘイト」という等式にすると植民地主義への免罪になってしまうという批判が代表的だった。アンネの遺産を反アパルトヘイト闘争に利用することに賛成し、闘争を支持したアンネの父、オットー・フランクもこの等式には反対する考えをほのめかした。だが南アの反アパルトヘイト運動家たちは、アパルトヘイトをナチズムにたとえ続けた。マンデラは「ヒトラーのような」国民党政府、「未来のゲシュタポ」のような表現を好んで使い、南アの白人人種主義をナチの「支配民族」概念にたとえた。「ベルゼンとブーヘンヴァルト強制収容所の幽霊が南アを徘徊している」という警句も口にした。結局、1973年の展示を最後に、アンネの家と南ア、オランダ両国の運動団体は決別してしまった[52]。

1920年代にアフリカの植民地からドイツ本国に移住した「黒いドイツ人」とドイツ生まれの二世たちも、学校や職場での差別や隣人からの嫌がらせ、強制不妊手術などで苦しんだ。ドイツが戦争で勝っていたら、彼らもユダヤ人やロマと同じようにホロコーストの犠牲になっていただろう。アフリカ系米国人のジャズ演奏家、バーニス・マクファデンの小説『ハーランの本』（2016年）はアフリカ系米国人作家、ハーランとリチャードをホロコーストの犠牲者として描いている[53]。祖父ハーラン・マクファデンの実話に基づいた感動的なストーリーではあるが、ブーヘンヴァルト収容所の描写や所長であるコッホ夫妻の作為的な設定、アフリカ系ドイツ人をはじめとする欧州の黒人ではなく、パリにいたアフリカ系米国人をホロコーストの主な犠牲者として描くなど、歴史的事実に関して多くの問題点が指摘された[54]。これに対し、どちらもアフリカ系英国人監督であるジョン・シーリーの『最も偉大な脱出』とアマ・アサンテの『16歳、戦火の恋』は、欧州にいた黒人を主人公として登場させた。前者はフランス植民地軍に服務するセネガル出身の黒人捕虜、後者は「フランス軍の黒人兵士とドイツ人女性との間に生まれたラインラントの黒人」であるレイナである。欧州のアフリカ系ディアスポラを引き入れることで、ホロコーストの地理的景観をアフリカの植民地にまで広げることに成功した[55]。植民地宗主国にアフリカ出身者が移り住むことになった最初の舞台である「人間動物園」や、ラインラントの黒人が強いられた不妊手術などを描いてホロコーストの黒人犠牲者について語れるようになったことで、あえてアフリカ系米国人を欧州の歴史の舞台に連れてくる必要はなくなった[56]。

ホロコーストの犠牲となったアフリカ系欧州人についての記憶は、米国の奴隷制犠牲者の記憶を多方向的なものへと誘導する契機になる。大西洋を渡った奴隷とその子孫であるアフリカ系米国人の経験を相対化するのだ。しかし、アフリカの脱植民地主義の記憶とホロコーストの記憶の間での、どちらがより大きな犠牲を払ったかを巡る葛藤と緊張はたやすく解消されない。この葛藤は、誰の、どのような記憶が、その国の記憶文化における「物語の標準《ナラティブ・テンプレート》」なのかという記憶の覇権争いでもある。

2020年にドイツの記憶空間を熱くしたアシュ・ムベンベ論争は、その葛藤を集約して見せてくれた。アフリカの代表的な脱植民地主義の理論家ムベンベは、2020年8月に予定された文化イベント「ルール・トリエンナーレ」の開幕スピーチを依頼された。これに対して同年3月、ドイツ政府で反ユダヤ主義対策を担当するフェリックス・クラインと自由民主党所属の地元政治家ロレンツ・ドイチュがムベンベの招待を取り消すよう組織委員会に要求した。ムベンベが、イスラエルという国家と南アのアパルトヘイトを同一視することによって、ホロコーストを絶対的なものではないと論じる相対化を図ったという理由からだった。イスラエルに疑問を投げかけるムベンベの立場はイスラエル国家という存在を擁護してきたドイツの長年の政策に反するとして、クラインらは州政府からのイベントへの助成撤回も示唆した。ムベンベは、クラインは人種主義者だと真っ向から反発した。一部のユダヤ系ドイツ人とイスラエルの記憶活動家たちはムベンベに加勢し、クラインの解任を求めた[57]。問題とされたのはムベンベの著書のドイツ語訳『敵対感の政治』(2017年)の一節だが、それはホロコーストとアパルトヘイトを「同一視」ではなく、「比較」したものだった。それぞれ異なる歴史的背景を持つ点を明確にした上で、両者を並べて置いただけだ。「同一視」や「相対化」といった表現はなかった。[58]

クラインらが「同一視」と「比較」を混同するほど愚かなわけではないだろう。「相対化」という批判から見て取れるのは、他のいかなる痛みや悲劇であってもホロコーストとの比較は受け入れがたいという心理だ。地球規模の記憶空間にホロコーストが残した「ネバー・アゲイン」というメッセージは、大きく分けて二つの解釈を生んだ。世界人権宣言（1948年）に代表される流れは、「人類の良心を踏みにじった野蛮行為」である他のジェノサイドや独裁、植民地主義、アパルトヘイトなどに反対する普遍的な言説としてこの言葉を強調してきた。もう一つは、ユダヤ人に対する犯罪だという狭い解釈に立つものだ。ホロコーストの再発を防ぐためにイスラエル国家を再建してユダヤ人に安息の地を用意し、他の民族と同等の主権国家を作ることを強調するイスラエルの独立宣言に代表される。[59]自らの「集合的有罪」を切実に自覚するドイツの文化的記憶において、ホロコーストと他の犯罪の比較はナチの犯罪を矮小化させたり、ドイツ人の歴史的な責任感を薄めたりするという憂慮が大きかった。[60]背景には、1986～87年に起きた歴史家の論争がある。エルンスト・ノルテらは当時、ホロコーストはスターリンから学んだ「アジア的行為」だと規定してナチに免罪符を与えた。ソ連のボリシェヴィズムは欧州のキリスト教文明を破壊しようとしたアジア的なものであり、それへの反作用がナチズムだという解釈だった。「欧州の市民戦争」という枠組みの中でスターリン主義に対抗したと強調し、責任をソ連に押し付けてナチズムの記憶を無毒化したのだ。[61]民族主義に立脚したノルテらのナチ擁護論への警戒心は、ドイツの記憶文化に亡霊のように残っている。それが、ホロコーストを他と比較すること自体への懸念を生んだのである。

1968年革命以降のドイツの記憶文化を主導する批判的知識人グループが見せた「相対化」への

過敏な反応は、ある意味で真面目なものだ。しかし、他の歴史的悲劇との比較すら否定するのはホロコーストを絶対的なものとすることにつながる。「絶対悪」となったホロコーストは硬直した道徳的不文律となり、現在をも縛る脱歴史化が起きやすい。ムベンベへの激しい批判は、アパルトヘイトや奴隷制、植民地主義ジェノサイドという非欧州の記憶によるホロコーストの地位への挑戦を許さないという意思表示だった。しかしナミビアを植民地支配したドイツも、植民地主義の遺産である今日の構造的な人種主義や経済的格差と無縁ではない。パレスチナ問題もホロコーストの余波であり、ドイツ社会は、現在のイスラエルとパレスチナの問題についても責任ある記憶を構築する必要がある。ホロコーストの記憶が他の記憶と競争するのではなく、互いにコミュニケーションを取る「多方向的記憶」あるいは「批判的相対化」を通じた比較に進むこと。それが実現すれば、地球規模の記憶構成体におけるホロコーストの歴史的な特別性を認めつつ、覇権的な振る舞いを防ぐ重要なステップになるだろう。[62]ホロコーストについては徹底して批判的であったものの、植民地主義の過去は忘れてきたというのが戦後ドイツの記憶文化のもう一つの側面だったという事実は指摘せざるをえない。

たとえば第1次大戦前に植民地支配していたナミビアが、ドイツ人に責任のあるジェノサイドの行われた地、歴史を克服すべき因縁の地だと認識されてこなかったことだ。1904〜08年にナマとヘレロという二つの民族の反乱を鎮圧した時のジェノサイドについて、ドイツの植民地主義者の間では現実的な解決策だったという主張が公然とされてきた。ドイツの記憶文化における植民地主義の忘却には、多くのことを考えさせられる。第1次大戦の敗北で植民地を失ったことで「植民地を持たない植民地主義」「初の脱植民地主義国」と自らを位置づけたドイツ社会だったが、現実にはワイマール共和国の時代にも植民地主義的な野望が公然と語られていた。東欧のスラブ諸国へのナチの侵略も植民地主義的プロジェクトの延長にあると考えれば、ドイツの記憶文化で植民地主義が忘れられてきたのは深刻な問題だ[63]。ドイツ社会の過去を克服する記憶の闘いでホロコーストが圧倒的な地位を占めたことが、植民地主義的な暴力と虐殺の記憶から目を背けさせてきた。ホロコーストを他に比較しようのないものだとする唯一性のテーゼにとらわれ、アパルトヘイトや植民地主義ジェノサイドとの比較を否定するにとどまらず、イスラエルのシオニズム的な政策への批判にまで反ユダヤ主義というレッテルを貼る。それは、植民地主義ドイツへの罪の意識を否定した第1次大戦後の右翼民族主義と同じだ。ナチの東方政策とホロコーストを植民地主義からつながっているものとして批判的に相対化しなければならない。そうしてこそ、ドイツの記憶文化の中でホロコーストと植民地主義の暴力が競争する構図を抜け出し、より鋭い省察の機会を得ることができるだろう。

68年革命と記憶の連帯

大西洋の奴隷貿易とアフリカ系米国人、欧州の植民地主義とアフリカ系欧州人、ホロコーストとナチの東欧植民地主義――。これらの記憶が偶然かつ水平的に絡み合う姿は、脱国民化された地球規模の記憶構成体の特徴をよく表す。こうした記憶の連帯の歴史的背景は、1960年代の米国での人権運動だ。ベトナム反戦運動という世界中で繰り広げられた平和運動と結びつくことで、米国の人権運動は地球規模の記憶構成体の形成に寄与した。ベトナムでの米軍の残虐行為に向けられた視線は厳しかった。米国の運動に参加した多くのユダヤ系学生は人種主義的な虐殺にホロコーストを思い浮かべた。ニュルンベルク裁判で米軍側検事を務めたテルフォード・テイラーは『ニュルンベルクとベトナム：米国の悲劇』という著書で同調した。ニュルンベルク裁判の基準で見れば、米軍の行動は大戦中のナチと大差ないというのだった[64]。ラッセルは1966年にニュルンベルク裁判をモデルとした「市民法廷」を開いて虐殺を糾弾した。ジャン・ポール・サルトルは、アルジェリア民族解放軍に対するフランス植民地主義の暴力を思い浮かべた[65]。ギリシャの若い左派の修正主義的な歴史家たちは、英米帝国主義の抑圧に目を向けるようになった。英米両国は共産主義の圧制からギリシャを救った救世主ではなく、民衆の幅広い支持を受けていた土着の急進主義運動の息の根を止めた帝国主義者だというのだ。米国は、1967年のギリシャ軍部によるクーデターを暗に支持することで、彼らの疑念を裏付けた[66]。

東アジアでのベトナム反戦運動は、「15年戦争」あるいはアジア太平洋戦争と呼ばれる時代の日本軍の残虐行為に関する記憶を呼び覚ます契機でもあった。米国のユダヤ系社会が冷戦下ではホロコーストの記憶を封印したように、東アジアの記憶空間も冷戦に強く縛られていた。この時も自由を守る反共という錦の御旗は変わらなかったが、日本軍の戦争犯罪の記憶を封じ続けることはできなかった。口火を切ったのは日本国内の動きだった。『朝日新聞』の戦争特派員としてベトナムで米軍の残虐行為を目撃した本多勝一は突然、「戦場での日本軍はどうだったのか」という考えにとらわれた。中国前線の日本軍がベトナムの米軍より行儀よかったと信じる理由はなかった。日本軍の中国攻撃の経路を追う取材旅行を計画したのも、そのような考えの延長線上にあった[67]。1971年の夏に約40日間かけた取材で、彼は日本軍の残虐行為の証拠を集め、証言を記録した。日中国交正常化を前に、日中戦争で日本が犯した戦争犯罪に対する反省があってこそ真の友情を築くことができるというメッセージを込めた彼の旅行記は『朝日新聞』に連載され、大きな反響を呼んだ。右派は特に南京虐殺について、コミンテルン史観に凝り固まった左派が日本をおとしめようとする宣伝の一環ででっち上げたものだと主張した。一般読者からの投書も当惑を隠せないものが多かったが、記事への反応は肯定的なものが圧倒的に多かった[68]。南京虐殺に関する本多の記事が、眠っていた日本の良心的記憶を呼び覚ましたのだろう。

日中戦争と南京虐殺に対する日本社会の自己批判的な記憶は、「べ平連（ベトナムに平和を！市民連合）」に象徴される1960年代のベトナム反戦運動が残した成果だった。べ平連の出発点は「ベトナム戦争に関して日本人は被害者であると同時に加害者でもある」という省察だった[69]。日本が米軍の出撃拠点となったことで特に在日米軍基地周辺の住民は苦痛を強いられているが、戦争特需の恩恵にあずかっている点において日本人も共犯だという批判的な自己認識だ。ベトナム反戦運動を通じてホロコーストと植民地主義ジェノサイド、米国の奴隷制、アジア太平洋戦争での日本帝国の侵略と残虐行為に関する記憶が、地球規模の記憶空間で出会い、連帯を始めた。それはまさにグローバルな市民運動だった。現実政治という観点からはパリ「5月革命」に代表される68年革命は失敗した革命かもしれないが、記憶文化の観点では失敗と断定するのは難しい。国家権力のヘゲモニー（覇権）が働く自己中心的な記憶文化のコードに抗い、国境を超えて他者の痛みに共感する長征が1968年を起点に始まったのだ。過去に対する人々の記憶を国民国家の枠組みから解放し、他者の痛みへの共感を導くことに貢献した点で、68年革命には文化史的な意義がある。それは、失敗した政治革命という否定的な意味をはるかに超える。

68年革命はけっして突発的なものではなかった。記憶革命としては1961年に始まっている。エルサレムでアイヒマン裁判が開かれた年だ。パリではこの年の10月17日、反植民地主義デモをした独立戦争中の植民地アルジェリアからの移民が虐殺された。数十人の参加者を死なせ、遺体をセーヌ川に遺棄した虐殺の責任者である警視総監モーリス・パポンは、ナチへの協力者だった。ヴィシー政権の警察幹部として、ボルドー地域のユダヤ人を死の収容所に送ったのだ[70]（訳注：マクロン仏大統領は事件から60年となる２０２１年10月の追悼式に、大統領として初めて参加した。「許せない犯罪だ」という声明を出したが、謝罪の発言はなかった）。フランスの作家マルグリット・デュラスは事件後、新左派系週刊誌『オプセルヴァトゥール』で「二つのゲットー」という文章を発表した。このエッセーでデュラスは、ワルシャワのゲットー蜂起の生存者とアルジェリア人労働者を並べ、ホロコーストと植民地主義に対する記憶の連帯を呼びかけた。仏誌『現代』は１９６１年5月号にアウシュヴィッツ収容所からの生還者プリーモ・レーヴィとアルジェリア独立運動の理論家フランツ・ファノンの文章を抜粋して掲載し、11月号ではアイヒマン裁判とデモ隊虐殺を並べて扱った。シャルロット・デルボが植民地主義の暴力とアウシュヴィッツでの経験を手紙形式で正面から語った証言文学である『美しい手紙』を上梓したのも１９６１年だった。デルボの著作は、ナチとは喜んで闘うけれどアルジェリア民族解放戦線の鎮圧作戦は断固拒否するというカトリック信者の軍人の手紙や国連ジェノサイド条約から始まる。この作品の問題意識は「アルジェリアの強制収容所にはガス室と火葬施設がないのだと、胸をなで下ろしていていいのか」というシニカルな問いかけに要約される。この問いは、当時のフランスの記憶文化においてホロコーストと植民地主義的な暴力がどのように批判的な併置をされ、互いの記憶を覚醒させたのかを見せてくれる[71]。

アメリカ先住民に対する植民地主義ジェノサイドの記憶とホロコーストの記憶との出会いも興味深い。米国の先住民活動家ウォード・チャーチルはコロラド州の大学新聞の社説で、米大陸を発見したコロンブスとナチによる虐殺を指揮したハインリヒ・ヒムラーを比較して騒ぎを起こした。コロンブスが先住民を絶滅させようと考えていたかは疑問だが、ホロコーストを引き合いに出すことで先住民虐殺に関心を持たせようという彼の挑発は一定の成功を収めた。彼は、ホロコーストでのロマの犠牲者と植民地主義ジェノサイドでのアメリカ先住民の犠牲者を並べるという戦略を取った。(72) 西部「開拓」で白人入植者が先住民を絶滅させるために犯した体系的かつ意図的な虐殺を、米国の主流市民社会や学術機関はなかなかジェノサイドと認めようとしない。ホロコーストという呪文が必要なのは、そのためだ。デジタルアーカイブ「カリフォルニア北西部ジェノサイド・プロジェクト」によると、サンフランシスコからオレゴン州境までのカリフォルニア州北西部だけでも7回の虐殺事件があった。犠牲者は、ウィントゥとウィヨット、トロワ、ウィルクート、ポモ、ユロック族などだ。サウスダコタ州の居留地で200人以上のスー族が米陸軍第7騎兵隊によって殺害された1890年の「ウンデッド・ニーの虐殺」ほど知られた事件ではないものの、米西部での先住民虐殺の広がりをうかがわせる。老若男女を問わない虐殺ぶりは似ているが、加害者はさまざまだ。ウンデッド・ニー事件のように軍が主役の時もあるが、白人入植者の自警団が主人公のことも多い。(73)

自警団によるジェノサイドは、意外な事実を教えてくれる。しっかり根付いた民主主義体制下での虐殺のほうが、権威主義的な植民地体制下よりも多く、程度もひどいということだ。社会学者マイケル・マンの調査結果は、入植者コミュニティの意思決定構造が民主的であるほど虐殺の強度も高まることを示した。それは、植民地主義ジェノサイドとホロコーストを巡る地球規模の記憶政治について多くを示唆する。民主主義とジェノサイドの逆説的な結合は、西欧中心主義から記憶を切り離す脱領土化が必要なことを示している。(74) 脱領土化されたジェノサイドの記憶は、正常な近代の道を歩んだ西欧ではジェノサイドやホロコーストなど発生しえないという西欧中心主義の長年にわたる主張が嘘であることを明らかにしてくれる[75]。西欧民主主義はホロコーストの対極にあるのではなく、ホロコーストの可能性を内包した体制なのだ。近代文明はホロコーストを内包しているというバウマンの指摘は、米国の民主主義にも当てはまる[76]。ホロコーストを「前近代的」で「半封建的」なドイツ史の特殊性に押し込めようという試みには、近代的な西欧は無関係だという主張を裏付けるためのアリバイ作りという臭いが感じられる。植民地主義ジェノサイドの延長線上にホロコーストを並べると、英米式の自由民主主義に内包された植民地主義ジェノサイドと米先住民虐殺の原罪が浮き上がってくる。ジーブ・スタンヘルの主張を借りるなら、ファシズムは欧州文明からの逸脱ではなく、本質的な一部である[77]。その論をさらに進めるなら、ジェノサイドと民族浄化は「原始的な部族葛藤」などではなく、欧州近代文明が内に抱えるリスクだ[78]。西欧中心主義から解放されれば、20世紀のジェノサイドを批判的に記憶することによって「民主主義の民主化」へ向けた21世紀の展望を考えることができるようになる。

ドイツのイスラム系移民とホロコースト犠牲者による記憶の連帯も注目される。マイケル・ロスバーグとヤゼミン・イルディーズによる興味深い研究によると、トルコからの大規模な移民が１９６１年に始まって以降、移民たちはドイツの過去、特にホロコーストの記憶とどう向き合うべきかに悩んできた。ドイツ社会は彼らに「あなたたちが来る前に起きたことだから関わるな」と警告しながら、「イスラム移民は反ユダヤ主義なのでホロコーストに無関心だ」ととがめもしたからだ。移民たちは、この矛盾に怒りを覚えた。彼らにとってドイツへの移住は、ドイツの記憶の中への移住でもあった。彼らは国家主導の記念儀礼を見守る単なる見物人にとどまらず、自分たちの記憶を作り、広める積極的なアクターとして声を上げ始めた。そして彼らの声が、ドイツの記憶景観を変え始めた。トルコ系ドイツ人作家ザーファー・セノシャクは、小説『危険な類似性』（1998年）の主人公であり、物語の語り手でもあるトルコ系イスラム教徒のドイツ人の個人的記憶の中でホロコーストとアルメニア・ジェノサイドを遭遇させ、記憶の民族的な境界を揺るがしてしまった。キャバレーのコメディアンであるセルダル・ソムンジュは、ホロコースト生存者の手記をトルコ系移民の手記で脚色してネタにしたことでアルメニア・ジェノサイドに対する記憶を呼び起こした[79]。ドイツに亡命したトルコの歴史学者タネル・アクチャムは、アルメニア・ジェノサイドについての初めての本格的な研究書を出版した。

特に興味深いのは、ベルリン市ノイケルン区の記憶活動家たちによる「ノイケルン町内の母」プロジェクトだった。貧しい移民家庭の社会福祉と教育、子守り労働などの問題から始まったプロジェクトは、政治と歴史の問題を扱うまでに発展した。参加者たちはドイツのボランティアたちと一緒にナチの歴史を深く学び、ついにはアウシュヴィッツを団体で訪れることになった。トルコ、エリトリア、イラク、スリランカ、パレスチナなどからの移民女性たちの旅は、ドキュメンタリー映像に収められた。彼女たちの大部分は母国で既に、政治的暴力や困窮、人種主義的迫害、ジェノサイドなどを経験していた。この訪問は彼女たちにとって、幼い頃に体験したり、大人たちから聞いたりした故郷のジェノサイドの記憶を思い起こす契機だった。強制収容所が位置した町オシフィエンチムの路上で出くわしたポーランドのスキンヘッドが浴びせてきた人種主義的な暴言も、隠すことなく映像に収められた。アウシュヴィッツでの人種主義的な暴言は、ユダヤ人とイスラム少数民族のトラウマが連帯する舞台装置のようにも感じられる。より重要なのは、イスラム教徒のトルコ系移民が入り込むことで、戦後ドイツの記憶共同体が単一血統主義の傾向から抜け出したことだ。トランスナショナルな記憶共同体へとドイツを再構成する契機となったのだ。彼らは、自分たちの到来前の過去に関する記憶文化の形成に介入することによって、外部に閉ざされていたドイツの単一の物語と記憶に亀裂を生じさせた(80)。

自分たちが関わっていない過去について、今、ここで作られる集合的記憶——。移民はそれに関与できるのか、するならば如何なる方式でなされねばならないのか。それは、21世紀の地球規模の記憶構成体が直面する新しいタイプの問題だ。ノイケルンの移民たちが新しい視点からホロコーストについての記憶文化に関わったことは良い前例となった。現在のドイツ社会の集合的記憶をゲルマン民族の経験から切り離す「脱領土化」を進めるにあたって、移民の参加は貴重な資産になりうるのだ。民族共同体はしばしば、領土化された民族主義の記憶にがんじがらめとなってしまう。そこから抜け出すためには過去を共有しない異質な記憶主体の参加が必要だ。たとえばベトナム戦争を巡る韓国社会の記憶は、ベトナム系移民、さらにはベトナムから侵攻されたカンボジア系移民たちが記憶の構成プロセスに参加するようになれば、急速に脱領土化するだろう。それは、右派の記憶と左派の記憶、公式記憶と草の根記憶といったものを超えた変化になる。

しかし次章で見るように、地球規模の記憶構成体が作られるプロセスは、記憶のグローバル化と自国中心に考える国民化の境界が意外とあいまいで、重なる部分が大きいことを示している。記憶のグローバル化は国民化を凌駕する動きではあるものの、むしろ記憶の国民化を再び促し、強化するという意図せざる結果を生むこともあるのだ。

第4章　国民化

民族の枠組みから抜け出す脱領土化によって、
ホロコーストが多様な犠牲者をつなぎうる世界的な基準になって久しい。
だがそれは、ホロコーストの持つ普遍的な影響力を
自らの記憶に取り込もうとする再領土化との綱引きでもある。
そうした緊張と亀裂は東アジアだけで見られる現象ではない。
「もともとのホロコースト」と
「グローバル化したホロコースト」の間でも
緊張と亀裂は避けがたい。
ホロコーストの記憶は他との比較を拒み、自らを特権化してきたのに、
そこにコスモポリタンな倫理性を与えるということ自体が、
そもそも緊張を内包しているのだ。

1963年1月27日にアウシュヴィッツで開かれた解放記念式典には、広島からアウシュヴィッツまでの3万3000キロを8カ月かけて歩いた日本の平和運動家4人の姿があった。だが人類の平和という彼らの願いは、冷戦という政治的コードによって屈折させられていた。写真は、広島の原爆ドーム。 ⓒ iStock/font83

広島とアウシュヴィッツ

1963年1月29日付のクラクフの新聞『ポーランド日報』は興味深い記事を載せた。「自由の初日」と題した1面と2面の記事で、アウシュヴィッツ解放18周年記念式への日本の反核平和活動家4人の出席を伝えた。広島から、アジアと欧州の23カ国を経由する3万3000キロを8カ月かけて歩いた「広島・オシフィエンチム平和行進団」だった。オシフィエンチムは、アウシュヴィッツ・ビルケナウ収容所のあったポーランド・シロンスク（独語＝シュレジエン）地方の小都市だ（訳注：日本側は「広島・アウシュヴィッツ平和行進」と呼んだ）。記事は、二つの都市を罪のない数十万人が殺された残忍な歴史の象徴だとした。27日の記念式で初めて出会った二つの記憶は、全人類に戦争の悲劇という警鐘を鳴らすものだった。記念式の参加者は「ノーモア・ヒロシマ！」と「ノーモア・アウシュヴィッツ！」を連呼した。日本から持参した被爆時に溶けた瓦と、アウシュヴィッツ記念館側が準備したホロコースト犠牲者の遺灰を収めた壺という、それぞれの死の象徴を交換した後、ポーランド統一労働者党（共産党）のクラクフ市党書記長スタニスワフ・ピエンタが歓迎の挨拶をした。続いて行進団の団長である日本山妙法寺の僧、佐藤行通《ぎょうつう》が挨拶に立った。アジア・太平洋戦争への出征経験を持つ佐藤は、東欧の非核化がいかに大切かわかったと語った。一行はクラクフのヴァヴェル城王宮を観覧したり、1964年に開校600年を迎えるヤギェウォ大学で総長と懇談したりもした。レーニン製鉄所の労働者や、学生代表との会合も持たれた(1)。

ワルシャワ現代美術館に残る36枚の白黒写真には、日本からの一行とポーランドの関係者、アフリカ系と見られる第三世界の平和運動家などさまざまな参加者の姿が収められている。第2次大戦中のポーランド軍の軍服や縦縞の入ったアウシュヴィッツの囚人服を着た欧州人と共に、「南無妙法蓮華経」と書かれた団扇太鼓《うちわだいこ》を掲げて雪道の行進を先導する僧服姿の佐藤を収めた写真は、特異な記憶の風景を提供する。(2) しかし、平和を願う彼らの思いは冷戦という政治的プリズムの影響を受けざるをえなかった。ポーランド紙『ウッチ日報』は、行進団の記事のすぐ上に米英ソの非核化協議がニューヨークで再開されたと小さな囲み記事で報じた。(3) 式典で東欧非核化の重要性を強調した佐藤のスピーチを思えば、偶然の一致とばかりは言えない。平和行進団が旅路にあった1962年10月にはキューバ危機が起きていた。ソ連核ミサイルのキューバ配備から始まった危機で、世界は核戦争の一歩手前にまで進んだ。核戦争はなんとか避けられたものの、破滅の危険性を実感した人類にとって行進団の反核・平和というメッセージはより切実なものとなった。強いて軽重を付けるなら、核戦争の脅威に脅えた1960年代初頭にはアウシュヴィッツより広島のほうが切実な記憶だった。

平和行進の背景には日本の国内事情があった。60年安保で挫折を味わった日本の平和運動が新たな道を模索する中で企画されたのだ。広島の経験と被爆者の証言を通じて全世界の反核平和運動と結びつくことで、再起を図ろうと考えられた。行進団の日程は行く先々で悲劇の現場を訪れるというもので、その地の被害者たちとの連帯を探る狙いが明確だった。唯一の被爆国民である日本人こそ世界平和を追求する特別な義務を負うというのが、彼らが出発時に発した第一声だった。目的は4つあった。まずは、広島とアウシュヴィッツの惨状を世界に知らせること。次に、各国の犠牲者たちの苦しみの現実を記録すること。3番目は、訪問先で平和集会を開いて広島や他の悲劇の犠牲者たちのつらい経験を伝えること。最後が、プラハと東京に設置された平和を祈念する宗教者の委員会の協力を追求することだった。[4] 悲劇の現場を旅程に組み込んで犠牲者たちと連帯しようという考えも新鮮だったが、アウシュヴィッツを目的地にしたことも驚きである。当時の状況は、現在とは全く違ったからだ。今でこそホロコーストは自らを正当化しようとする人々の間で引っ張りだこで、アウシュヴィッツは「ダークツーリズム」（訳注：死・暴力・虐待などの悲劇にまつわる地を訪れる観光）の代表的な行き先となった。だが1962年の時点では、米国の大学でもホロコーストに関連する講義はブランダイス大学にしかなかった。行進団には先見の明があったと言える。

広島からアウシュヴィッツまでの平和行進というアイデアは1961年7月に京都で開かれた世界宗教者平和会議で出たものだった。広島・アウシュヴィッツ委員会の議長だった桑原英昭によると、言い出したのはポーランド人のカトリック「神父」ヤン・フランコフスキだった。[5] 桑原の記憶とは少し違い、フランコフスキは神父ではなかった。ポーランド側の資料によると、カトリック勢力の代表として国会に議席を持つ政治家で、かつては親体制派のカトリック組織「PAX」に属した宗教運動家だった。[6] 共産政権の庇護の下で、過激な反ユダヤ主義のカトリック右翼が作ったPAXは風変わりな組織だった。政治性向やイデオロギーの面で相容れないはずの共産党と政治的妥協を図り、あまり問題となることなく成長した。カトリック民族主義がソ連ではなく西ドイツを標的としている限り、冷戦時代の共産党の国際戦略に矛盾しなかったのだ。

フランコフスキは、共産党との交渉を通じてカトリックの価値を守ろうとした「最少主義」の流れを代弁する人物だった。聖職者というより、共産党との協力をいとわなかったカトリック政治家だ。スターリン批判に連動してポーランドで起きた1956年の改革以降、正統派カトリックにこだわるPAX主流派の「最大主義者」ボレスワフ・ピャセツキらと衝突して党を割った。彼の現実主義は当時の共産党第一書記だったエドヴァルト・オハプからも支援され、1957年に「キリスト教社会協会（CSS）」を結成した。国会では、1947年から1972年まで25年間にわたり、翼賛的な「統一戦線」の中でカトリック勢力に割り振られた議席を維持した[7]。フランコフスキの経歴を見れば、日本側の記憶にあるような、個人の見解やカトリック教会の立場から平和行進を提案したとは考えにくい。どのような形であれ、党と調整していたというのが常識的な推論だろう。彼の提案した平和行進は、ソ連・東欧の共産党政権が追求した反帝国主義・反核平和キャンペーンの一環だった可能性が高い[8]。東欧の非核化に言及した記念式での佐藤の発言はポーランド側にとって満足できるメッセージであり、冷戦構造の中に組み込まれた平和行進の一面を見せている。

ただ、平和行進を社会主義陣営に利用されただけだと言うのなら、それもまた一面しか見ていないことになる。反共的な封じ込め戦略である日米安保条約下の日本も、冷戦の縛りからは逃れられなかった。西側陣営に属した日本政府は、行進団への旅券発給に難色を示した。敵対国であるソ連軍によるポーランド軍将校虐殺の現場であるカチンの森ではなく、友邦の西ドイツによるジェノサイドの現場を訪問するのは公平でないという理由だった[9]。反共軍事同盟であるNATOの主要国で、自由民主主義の友好国である西ドイツの犯罪より、「悪の根源」である共産主義ソ連の犯罪現場を訪れるべきだという冷戦の論理がはっきり出ている[10]。平和を願う行進団の善意は、広島を出発してからアウシュヴィッツに到着するまで東西両陣営の冷戦の論理にとらわれていた。それは、行進の参加者が個人の力でなんとかできる問題ではなかった。冷戦体制は平和行進に裏から作用した。重要なのは平和そのものではなく、平和に対する記憶の宣伝だった。誰にとっての平和かによって、その内容は大きく違った。冷戦体制は、核とホロコーストという普遍的悲劇に関する記憶の連帯を許さなかった。イデオロギーで対立する両陣営がそれぞれの記憶を束縛し、政治的な道具にしてしまったのだ。

出発前年の1961年6月、東ドイツ・ドレスデンの市長ハンス・ボンは姉妹都市になろうと提案する手紙を広島市長に送った。「洋の東西を越えて台頭する軍事主義に対抗し、平和を守る戦い」を一緒にしようという趣旨だった。東ドイツの共産政権にとってドレスデンは、英米帝国主義の野蛮の象徴として記憶されていた。英米は、無差別爆撃で2万5000人余りの「罪のない」市民を殺し、オペラハウスと聖母教会などを破壊したのだ。広島から反応がなかったためドレスデン市長は1963年に再び手紙を送ったが、広島市長は沈黙を守った。(11) 英米が悪役となるドレスデン爆撃のイメージは、ともすれば「鬼畜米英」という軍国主義日本のスローガンを連想させるものだった。東ドイツの共産政権と歩調を合わせることで勘ぐられても困っただろう。英米空軍の空襲によるドイツ人犠牲者に対する日本の被爆者の共感と感受性は、冷戦体制の政治的な利害関係によって伸び縮みした。

被爆者の記憶文化に冷戦が与えた影響は、冷戦終結から30年余り経った今も長崎の平和公園に残っている。爆心地に近い公園には、世界各地から寄贈されたモニュメントが建っている。「願いのゾーン」という区画に並ぶモニュメントからは、興味深いことが一つ読み取れる。いわゆる西側陣営からのモニュメントはすべて長崎市の姉妹都市から市長と市民の名前で贈られたものだが、共産陣営からのモニュメントはすべて国家主体だった。西側陣営のものは、ポルトガル・ポルト市(1978年)、オランダ・ミデルブルフ市(1983年)、イタリア・ピストイア市(1987年)、ブラジル・サントス市(1988年)、トルコ・アンカラ市(1991年)、米セントポール市(1992年)などだ。一方で共産陣営は、チェコスロバキア(1980年)、ブルガリア(1980年)、東ドイツ(1981年)、ソ連(1985年)、中国(1985年)、ポーランド(1986年)、キューバ(1988

年）とどれも国家が寄贈者として明示された。米帝国主義の犯罪と記憶されうる原爆の記念公園にモニュメントを贈るのは、反共陣営の友好国政府にはためらわれることだったかもしれないが、共産主義陣営には躊躇する理由などなかった。どちらのモニュメントも平和と友情、愛を刻んでいるが、長崎の被爆を記憶する主体と方式には冷戦の壁がはっきりと存在した。

平和行進団の純粋な気持ちは、出発地点から冷戦体制の冷たい政治的計算に歪められた。だが、だからといって平和行進の限界を冷戦のせいばかりにはできない。参加者が歴史をどう認識しているかというのも、無視しえない問題だった。世界初の原爆犠牲者の記憶を胸に出発した参加者たちは、立ち寄ったシンガポールで想定外の問題にぶつかった。彼らが1962年5月に到着した頃、海岸沿いの建設現場で日本軍に虐殺された中国系住民数百人の遺骨が見つかったのだ。アジアの隣人に対する日本軍の残虐行為を忘れていた参加者たちに、この事件は衝撃的だった。町を覆った反日感情に驚いた団長の佐藤は犠牲者のために法要を営み、さらに参加者全員で遺骨の発掘作業を手伝った。彼らは日本軍の蛮行を謝罪しつつ、広島の犠牲を訴えねばならないという難しい課題に苦労した。自分たちを第2次大戦での最大の犠牲者だと考えていた広島の被爆者が、シンガポールで自分たちによって犠牲とされた人々に出会ったのだ[12]。広島とアウシュヴィッツの犠牲者による連帯へ向けた平和行進というメッセージは世界各地で称賛されたものの、早くもシンガポールからきしみ始めた。彼らが「日本は原爆被害者」とだけ考え、日本軍の残虐行為とアジアの犠牲者たちのことを忘れていたことが浮き彫りになった。

日本の帝国主義が作り出したアジアの犠牲者を見出したことは、アウシュヴィッツの経験に劣らず重要だった。日本人の犠牲と痛みの歴史ばかり強調し、加害の歴史を消す結果を生むのなら、平和行進の意味は随分と色あせてしまう。日中戦争での日本軍の殺し尽くす、焼き尽くす、奪い尽くすという三光作戦や南京虐殺、アジア各国から動員しての強制労働や慰安婦などの記憶へと考えが続かないのであれば、アウシュヴィッツへの行進は半分だけの平和でしかなかった。中国では最大1500万人、少なくとも1000万人の中国人が命を失い、約6000万人が避難を強いられ、500億ドルの財産被害が発生した。東南アジアではインドネシアの被害が最も大きかった。強制労働させられた100万人のうち30万人が死亡し、戦争末期には飢餓と伝染病のためにジャワ島だけで約300万人が死んだ。フランス・ヴィシー政権の行政機構を通じて間接統治したインドシナでは、日本軍のためのコメ供出と連合軍の海上封鎖が人々を苦しめた。1945年には、トンキンとアンナンで100万人以上が餓死した。日本の軍人・軍属となったり徴用されたりした朝鮮人の死者も国連などの推計で約7万人に上り、近年の研究では最大で約20万人に達したともされる。フィリピンでは、3万人が戦死し、民間人死者も9万人以上に上った。ほとんどが1945年のマニラ包囲での犠牲だった。[13]こうした犠牲者に目を向けないまま、広島と長崎の被爆者を始めとする日本の民間人犠牲者だけに思いをはせることはできない。

日本人を猿と害虫にたとえ、「下等な人間」と扱う米国の人種差別主義的な「白い太平洋」に抗して戦ったからといって、アジアの隣人に対する日本の覇権主義は正当化されない。[14]日本軍の傲慢と独善、人種主義的な差別ゆえに、多くのアジア人が日本帝国に背を向けた。アジアに対する日本のオリエンタリズムは明治維新の時代の雰囲気にまでさかのぼる。日清戦争を描いて人気を博した日本の木版画では、日本の軍人は背が高く色白の白人のようで、変な格好をした弁髪の中国人と対照的な描き方となっている。[15]日清戦争と日露戦争を経て、アジアに対する日本のオリエンタリズムは「東洋学」

「東洋史」「植民地政策学」といった学制的な知識・権力のレベルに発展する。日本の国史学者たちは、文明の中心を意味する「中国」を「支那」と呼び変えて伝統的な中華秩序から抜け出そうとした。日清戦争以降、日本人の歴史的想像の中で支那の歴史、すなわち中国史は朝鮮史と一緒に「東洋史」とくくられて周辺部の歴史に転落した。「脱亜入欧」というスローガンに見られるように、日本のオリエンタリズムは中国と朝鮮を劣った東洋として周辺化し、日本を優れた西洋と位置づける覇権的な言説だった[16]。それは、日本帝国とアジア・太平洋戦争に対する日本の文化的記憶を構成する物語《ナラティブ》の枠組みであり、構造だった。アジアの隣人への優越感は、西洋の帝国主義へのコンプレックスの裏返しでもある。日本は、西洋帝国主義によって周辺に押しやられ、劣後した「二流の《サバルタン》帝国主義」に過ぎないという自己認識が底流にあった[17]。平和行進の主導者たちも、こうした日本社会の記憶文化から十分に抜け出せていないと考えざるをえない。

被爆の記憶は日本社会の犠牲者意識をより強くし、記憶の国民化を促した。被爆者が日本国民に限定された瞬間、明治以降に「国民」とされた朝鮮人や台湾人、沖縄出身者に加え、中国人や連合軍捕虜、在留外国人など、「もともとの国民ではない犠牲者」たちは日本社会の記憶から消され、犠牲者の国民化が完成した[18]。1970年に広島で建てられた韓国人被爆者の慰霊塔が、1999年にやっと平和公園の中に移転したのも排他的な犠牲者意識の好例である[19]。広島の記憶が日本帝国主義の侵略という過去と無縁でいようとする限り、シンガポールで怒れる遺族を前にした平和行進団が経験させられた当惑は日本の反核平和運動の場で繰り返されることになる。地球の裏側にある広島とアウシュヴィッツの犠牲者を結ぶという発想は間違いなく、国民国家の枠を超えて脱領土化された地球規模の記憶構成体へと向かう貴重な資産である。しかし、犠牲者の記憶の裏に隠れた加害の歴史にきちんと向き合い続けない限り、広島とアウシュヴィッツの連携は犠牲者民族という記憶を国内で定着させる再領土化を正当化する道具となりやすい。実際に日本の民族主義右派や保守主義者にとって広島とアウシュヴィッツは第2次大戦の絶対悪を象徴するものであり、日本人とユダヤ人は白人人種主義の最大の犠牲者だった[20]。双子の絶対悪としての両者の連携は、今日の「新しい歴史教科書をつくる会」にまでつながり、日本の民族主義右派の文化的記憶を構成する重要な軸として残っている[21]。

戦後日本の記憶文化における両者の連想は、時として広島の痛みがアウシュヴィッツより大きなものだという所にまで飛躍する。広島の平和運動家でリベラルに近い詩人、栗原貞子はそうした考えを隠さない。アウシュヴィッツと広島・長崎をこの世で最も大きな二つのホロコーストだと描写した栗原は、広島のほうがむごかったと書いた。アウシュヴィッツは終わったが、生存者たちが被爆の後遺症で今も苦しめられている広島には終わりがないというのが理由だった[22]。栗原にとって原爆症に苦しむ被爆者たちの痛みは、アウシュヴィッツの犠牲者のそれよりずっと大きかった。「誰が、どの民族が、どの人種が、どの犠牲者がより痛みを強いられたか」という質問は、犠牲者意識の競争を引き起こす。それは、地球規模の記憶構成体の中で記憶の再領土化が試みられる際に出てくる典型的な言説の一つだった。国民国家と結びつける領土化を露骨にされた単細胞な記憶より、脱領土化やグローバル化を装いながら実際には再領土化された記憶のほうが扱いにくいものである。

第7章で詳述するが、長崎の文化的記憶においてアウシュヴィッツの聖人である神父コルベと長崎の聖者である永井隆の併置は、「唯一の被爆国」という日本の犠牲者意識を裏付け、トランスナショナルな記憶の国民化を図る仕組みだった。コルベを経由した長崎の犠牲者記憶の文化は、ポーランドの記憶文化に根を張る反ユダヤ主義の問題を完全に消し去ることによってトランスナショナルな記憶を国民化するプロセスを見せてくれる。ベトナム戦争中に米軍が引き起こしたソンミ村虐殺事件で、２００８年3月16日に開かれた40周年記念式も興味深い。外国からの代表団としては、広島と長崎から来た日本の代表団が最大規模だった。彼らは、被爆の被害をベトナム戦争の枯葉剤被害と並べ、民間人の無差別殺害という観点で広島・長崎とソンミ村を比較した。ソンミ村事件はさらに、ホロコーストや南京虐殺、済州《チェジュ》島４・３事件（訳注：米軍政下にあった１９４８年、朝鮮半島南部での単独選挙に反対する運動への暴力的な鎮圧で数万人の島民が殺害された。１９８７年の民主化後に真相究明への動きが始まり、２００６年の慰霊式で盧武鉉が大統領として初めて謝罪した）、朝鮮戦争中に米軍が民間人を虐殺した老斤里《ノグンリ》事件とも並べられた。[23] 国家の枠を超えた併置は一見すると脱領土化を目指すものだが、実際にはしばしば記憶の再領土化に帰結する。それは、同じようなものだと並べる単純な同一化が引き起こす政治的効果のためではないだろうか。日本の犠牲に関する記憶を国家の枠組みを超えたトランスナショナルな記憶の連想ネットワークにつなぐことで、犠牲者意識を中心に置いた戦後日本の文化的記憶はさらに強固なものとなった。

アウシュヴィッツの「記憶の戦争」

だが、政治の世界で見られた様相はだいぶ違うものだった。ソ連赤軍によって１９４５年1月27日に解放されて以来、アウシュヴィッツは、人類の痛みを象徴する脱領土化された記憶の空間であって然るべきだった。すなわち国家と民族、イデオロギー、宗教の違いを超える痛みとなった。にもかかわらず、冷戦時代にはソ連をはじめとする東欧のほぼ全ての共産主義国家で、ホロコーストの記憶は徹底的に周辺化された。第2次大戦を全世界の労働者階級の反ファシズム闘争であり、ソ連人民の「偉大な愛国戦争」だと見る公式の物語に合わなかったからだ。ポーランドの共産政権でも、ソ連に従ってホロコーストの記憶は周辺化された[24]。新生イスラエルのシオニズム文学でも、ホロコーストの生存者であるユダヤ人避難民は主体性を奪われた受け身の存在とされた[25]。ホロコーストは、公には語られないテーマだった。イスラエルにおける公的な記憶の場で語られたのは、ワルシャワ・ゲットー蜂起での英雄的な戦死者の記憶に限られた。新生国家であるイスラエルでの記憶は「ホロコーストとゲットー蜂起」「ホロコーストと英雄主義」「殉教者と英雄」などの枠にはめられ、犠牲の記憶はなるべく抑えられた。英雄主義の基調は歴史を語る際も同じで、マサダの戦士たちは古代ヘブライ民族を解放した戦士に昇華された。ホロコーストの犠牲者は、こうした古代と現代の解放戦士たちを英雄として美化する背景として言及されるだけだった[26]。米国のユダヤ人社会も、ホロコーストを避けることでは変わらなかった。冷戦体制の政治的圧迫の下で、自由陣営の旗手である米国では「ユダヤ人のアカ」という偏見に抗うことが急務だった。ボリシェヴィズムへの防波堤としての西ドイツの存在価値を信じるワシントンの政策立案者たちを無視できなかった米国のユダヤ人社会の公式記憶において、主たる敵はナチの反ユダヤ主義とホロコーストではなく、ソ連の反ユダヤ主義だった[27]。

しかし、アウシュヴィッツはそれほど簡単に消してしまえる記憶の場ではなかった。悲劇の圧倒的な規模ゆえに普遍的な象徴性を持ったアウシュヴィッツは、さまざまな犠牲者の記憶による政治的競争の場となり、各自が自らの記憶に取り込もうとする再領土化の対象だった。共産党は、独占資本主義の最終段階で起きた惨劇の舞台だと規定し、ポーランドとその他の民族の抵抗と殉教に思いをはせる国際的な記念館と位置づけた[28]。アウシュヴィッツを記憶する強い国際主義は、共産党内でのパルチザン派の粗野な民族主義を覆い隠すものとして作用した。始まりは、1967年に刊行された全12巻のポーランド版『大百科事典』に対する攻撃だった。ナチ収容所をユダヤ人専用の「絶滅収容所」とその他向けの「強制収容所」に分けて説明したことが、モチャルの率いる民族共産主義勢力によって問題視された。ユダヤ人の苦痛を強調し、ポーランド人の殉教を低く評価しようとする不純な意図があるのではないかと疑われたのだ。ユダヤ系共産主義者だった編集者がスウェーデンに亡命したことで問題は一段落したが、それは党が主導した翌年の大々的な反シオニズム・キャンペーンの前哨戦でしかなかった。[29] ユダヤ系ポーランド人にとって1968年は、ホロコーストの経験を思い出させる年となった。彼らは再び、ポーランドの隣人から疎外され、捨てられたのだ。[30]

国家ごとの配置を徹底したアウシュヴィッツ記念館の構造は、共産党主流派である民族共産主義者が打ち出した国際主義の二面性をよく表していた。党は収容所の建物を国別に分けて展示した。ユダヤ人犠牲者は、ユダヤ人としてではなく出身国に従ってギリシャ人やオランダ人、イタリア人などと分類された。アウシュヴィッツの記憶は、こうした国家館を中心に編成された。1960年にチェコスロバキア館がまず作られ、1961年にはハンガリー館とソ連館、東ドイツ館がオープンした。1960年代にはその後、ユーゴスラビア館やベルギー館、デンマーク館などができた。1970〜80年代にも、ブルガリアやオーストリア、フランス、オランダ、イタリア館などが次々と開設された。国家を中心とした展示戦略は全ての犠牲者を国籍で分類するものであり、ユダヤ人は脇役に過ぎなかった。[31] 1967年の解放記念式で当時の首相ユゼフ・ツィランケヴィチは、追慕演説でユダヤ人に一言も触れなかった。[32] ポーランドの社会主義組織メンバーとしてアウシュヴィッツに収監されたことのあるツィランケヴィチが、犠牲者の人的構成を知らなかったなどとは想像しがたいことだ。

ユダヤ館も１９６８年に開設されたが、国家中心の展示戦略の中で与えられた役割は小さかった。ユダヤ教の過越《すぎこし》の祭の最後の土曜日に開館式を開いたことも、ポーランド当局の姿勢を象徴している。ユダヤ教の安息日であるため、伝統に忠実なユダヤ人は出席できなかったのだ。[33] さらに国際的な記念行事ではポーランド語のアルファベット順に犠牲者を列挙したので、ユダヤ人を意味する「Żydzi」は最後だった。１９８９年の共産主義政権崩壊まで、アウシュヴィッツの公式パンフレットは６００万人の「ポーランド市民」が命を失ったと強調していた。ユダヤ人は、ポーランド人の犠牲者数を膨らませる時にだけポーランド人として扱われた。イヴォナ・イルヴィン゠ザレッカの表現を借りれば、ユダヤ人は死ぬことで初めてポーランド国民としての資格を得ることができた。[34] 犠牲者意識ナショナリズムの特徴の一つが「数字の政治学」だ。ポーランド国民の犠牲者数を増やしたい時、ユダヤ系ポーランド人の犠牲者数は貴重だった。ポーランドの民族主義的な共産政権の下では、アウシュヴィッツという記憶の場におけるポーランド人とユダヤ人の犠牲者意識の競争は驚くようなことではなかった。ヤド・ヴァシェムが主体となってユダヤ人犠牲者の展示を作り、ショア館としてオープンしたのは２０１３年６月13日のことだった。

共産党の公式記憶によれば、ナチが全滅させようとしたのはポーランド人であり、ユダヤ人は単に移住させようとしただけだった。党は１９４３年のワルシャワ・ゲットー蜂起を「ポーランドの地下パルチザンが率いた特殊な形態の闘争」だと脚色し、アウシュヴィッツをポーランド民族の殉教の聖地に仕立て上げた。後に映画『ショア』の上映を禁じたことも、同じ文脈で理解できる記憶政治だった。共産主義の運動史でもユダヤ系は端に追いやられた。19世紀末に22歳で「ポーランド王国社会民主党（ＳＤＫＰ）」の綱領を作って党を引っ張ったローザ・ルクセンブルクとレオ・ヨギヘスなどユダヤ系指導部は隅に追いやられ、ツェザリナ・ヴォイナロフスカのように「純粋な」ポーランド人指導部が運動史の中心を占めた[35]。社会の記憶文化は、そう簡単には変わらない。共産政権の崩壊で民主化が進んでいた1992年の世論調査では、ポーランド人の47%が依然としてアウシュヴィッツをポーランド人の殉教の地と記憶していた。1990年代の民族主義的な歴史教科書は、ナチが生物学的に絶滅させようとしたのはポーランド民族であり、ユダヤ人については欧州から追放しようとしたに過ぎないと主張した。このヒエラルキーの中では、ユダヤ人の犠牲者はポーランド人の殉教者の下に置かれた[36]。

アウシュヴィッツを人類の普遍的な悲劇の地と見なす記憶の脱領土化と、ポーランド民族の苦難の地だと奪い返す再領土化。両者間の緊張を象徴するのが、十字架騒動だろう。キリスト教徒による迫害と虐殺に苦しめられてきたユダヤ人にとって、十字架は愛と救いではなく、迫害と死の象徴だった。中世にキリスト教徒の隣人たちが十字架を押し立ててユダヤ人を虐殺した記憶は消えていなかった。アウシュヴィッツに十字架を立てるなら、それはカトリック教徒からの挑発のように感じられた。十字架を巡る対立は、ポーランド出身の教皇ヨハネ・パウロ2世による1979年のアウシュヴィッツ訪問を契機に表面化した。教皇はビルケナウの遺体焼却炉2号と4号の間でミサを執り行った。これを記念して、1984年にツィクロンBのガス缶を保管した倉庫の建物にカトリックのカルメル女子修道院が入った。教皇が訪問したり、ミサを執り行ったりした地に記念碑を建てるポーランドの慣習からは特別なことではなかった[37]。問題は場所だ。ユダヤ人虐殺に使われた毒ガスの保管施設で、収容所を見下ろす倉庫だった建物である。そこへの修道院の入居は、ユダヤ人のホロコーストよりポーランド人カトリック教徒の殉教と犠牲を重く見る認識を示すと受け取られた。

ポーランドのカトリック教会はカルメル修道院こそ愛と平和、和解の神聖な象徴だと紹介したが、ユダヤ教のラビたちによる解釈は違った。女性ラビの任命や同性婚を認めるなど自由主義的な解釈を主導してきた米ニューヨークの正統派シナゴーグ（ユダヤ教会堂）のラビ、アヴラハム・ヴァイスですら憤った。彼は、ホロコーストをユダヤではなく、キリスト教のものにしようというヴァティカンの大きな企みの一部に修道院があると批判し、撤去を強く求めた。[38] 民族派の共産主義者がアウシュヴィッツから消したユダヤ人の記憶が徐々に蘇っていくかと思いきや、カトリックの普遍的な愛と救いの名の下に再び消されるのではないかという憂慮が大きかったのだろう。世界中のユダヤ系団体の反発がやまなかったことで、教皇庁の代表と欧州のユダヤ人指導者が１９８７年にジュネーブで協議し、１９８９年2月までに修道院を移転させることで合意して事態収拾を図った。[39] この対立は、アウシュヴィッツが様々な犠牲の記憶が積み重なった場であることに起因するものだった。この地は、１００万人超のユダヤ人が犠牲となった世界最大のユダヤ人の共同墓地であると同時に、ポーランドの神父コルベや改宗したユダヤ系ドイツ人修道女エディット・シュタインらカトリック聖人の殉教地でもある。さらに、ソ連軍捕虜や社会主義者、ロマ、同性愛者、ポーランドのレジスタンスなども犠牲となった。もちろん他者の痛みに共感し、それを通じて自らの痛みの記憶を改めて見つめるという記憶のグローバル化と脱領土化という文脈で考えるなら、多くの記憶が重なり合う地で必ずしも敵対的な衝突が起きるわけではない。だが、残念ながら記憶の場としてのアウシュヴィッツを支配したのは、衝突し、競争する記憶の「ゼロサムゲーム」だった。

戦後ポーランドの共産政権はユダヤ人の記憶をアウシュヴィッツから粛清したが、ポスト冷戦時代の記憶は「アウシュヴィッツのユダヤ化による脱ポーランド化」という方向に流れた。[40]「ポーランド化＝脱ユダヤ化」と「ユダヤ化＝脱ポーランド化」の振り子運動の中にあるアウシュヴィッツは、ここを奪い返して再領土化しようとする民族的記憶の終わりなき争いの場になってしまった。修道院を移転させる合意の行方も怪しくなっていた。オシフィエンチム教区を管轄するクラクフの大司教で、枢機卿でもあったフランチシェク・マハルスキは、政府が非協力的で移転先を見つけられずにいると弁明していた。修道院の修道女たちはもちろん、ポーランドのカトリック教会内でも移転への不満が噴き出した。1989年7月、ヴァイスらユダヤ人の記憶活動家《メモリーアクティヴィスト》7人が縞模様の囚人服姿で修道院の塀によじ登り、即時撤去を求めるデモをした。[41] すると修道院で働くポーランド人が彼らに汚物を浴びせて塀から引きずり下ろし、手荒く外に引きずり出した。通報を受けて駆けつけた警察官と修道女たちの目前で起きたことだった。2週間ほど後にはさらに、「修道院は出て行け」などと叫ぶ西欧のユダヤ人学生団体のメンバー100人余りが修道院前で抗議の座り込みをした。これを見ていた周辺住民はユダヤ人学生に「パレスチナへ帰れ」と怒鳴ったり、「修道女は、ユダヤ人を含めて亡くなった全ての人のために祈っている」となだめたりした。[42]

ポーランドのカトリック教会トップだった枢機卿ユゼフ・グレンプは、修道女に怪我がなく、修道院にも問題なかったことに安堵したと語った。そして、各国のメディアを握っているユダヤ人はポーランドへの嫌悪感をあおらないでほしいと呼びかけた。[43] グレンプは、メディアを牛耳るユダヤ人という先入観をそれとなく紛れ込ませた。マカルスキは、修道女たちの人権とキリスト教徒の尊厳を尊重しなかったとユダヤ人活動家の行動を非難した。[44] グレンプは同年9月に訪米を予定していたが、こうした発言が問題となってキャンセルせざるをえなくなった。訪米できたのは、ユダヤ主義とユダヤ人に対する先入観を強めかねない問題発言だったと2年後に認めてからだった。[45] 修道院は結局、ヨハネ・パウロ2世の決断で1993年に移転した。だがユダヤ人は、依然として大きな教皇の十字架がその地に残されたことを問題にした(46)。教皇のミサを記念する高さ7メートルの十字架で、修道院の移転を決めたジュネーブ合意の後に建てられたものだった。ユダヤ人の死と苦痛が積み重なっているアウシュヴィッツ・ビルケナウにカトリックの十字架が残ることは認めがたいというのがユダヤ人側の主張だった。

1998年2月にはポーランド外務省のユダヤ人ディアスポラ問題担当大使だったクシシュトフ・シリヴィンスキがフランスの新聞『十字架』とのインタビューで、教皇の十字架も撤去されねばならないと主張して波紋を巻き起こした。独立労組「連帯」の伝説的な指導者で、共産体制崩壊後に大統領を務めたレフ・ヴァウェンサ（ワレサ）を筆頭に130人の下院議員と16人の上院議員らポーランドの右派政治家と、グレンプを先頭にしたカトリック教会が、ユダヤ人に対抗して教皇の十字架を守らなければならないと声を上げた。同年4月にアウシュヴィッツでのユダヤ人の毎年の行進が行われた時には、十字架を囲む塀に「十字架を守れ」「アウシュヴィッツのイエスを守れ」「ここで1940〜1945年にドイツ人がポーランド人を殺した」などのプラカードが貼られた。新しい十字架も建てられ、戦後にユダヤ人がポーランド人を虐殺したと主張する「ユダヤ人のポーランド・ホロコースト、1945〜1956」などというプラカードまで登場したことが、事態の深刻さを物語った(47)。1945年以降のホロコーストというのは、ロシアのボリシェヴィキとユダヤ系共産主義者がスターリン主義を押し付けたという、反ユダヤ主義的で、反共主義的な歴史認識を反映したものだった。「ユダヤ人のアカ」という偏見に満ちた言葉があふれていた。

プラカードを出したのは「教皇の十字架を守る会」のような団体に所属するポーランド民族主義者

たちだった。彼らは教皇の十字架を守るだけでは飽き足らず、アウシュヴィッツとビルケナウの敷地内に大小の十字架を追加で建てていった。「連帯」の活動家で、1990年代初めに右翼民族主義政党「独立ポーランド連盟（KPN）」所属の国会議員だったカジミェシュ・シフィトンらが現地に入り、十字架を守る警備員を自称するようになった。シフィトンらは、ポーランド人犠牲者に捧げる十字架が永遠に残ると文書で確約されるまでここを離れないと公言した[48]。彼は1998年7月末、教皇の十字架が建つ修道院の庭にもっと十字架を建てようと愛国市民に訴えもした。そこで死亡したと文書で確認された152人のポーランド人犠牲者のために、152本の十字架を建てようという呼びかけだった。彼の訴えは熱い反応を巻き起こし、8月21日には135本の十字架が建ち、2カ月後の9月末には236本にまで増えていた。

十字架を撤去するどころか、どんどん増やした彼らの行動に全世界のユダヤ人が強く抗議した。カトリック系のポーランド民族主義者たちはさらに過激化し、アウシュヴィッツに1000の十字架を建てようというキャンペーンを始めた。十字架の足下にブービートラップを仕掛け、引き抜こうとすれば爆発させるという脅迫も見られた。キャンペーンに参加したポーランド市民はまるで「私たちの国の、私たちの地に、私たちが十字架を建てるのに、なぜ問題にするのか」と言っているようだった。十字架の持つ宗教的な意味に民族主義的な象徴性が加わったことで、アウシュヴィッツの十字架は爆発力を持つ争点となった。背景には、共産政権が公共の場所からの十字架撤去を命じてきた記憶があった。反カトリックの外来イデオロギーである共産主義を強要した民族の敵というロシア人のイメージと、十字架の撤去を求めて修道院に乱入しかけたユダヤ人のイメージが重なり、アウシュヴィッツの十字架はポーランド人の感情を揺さぶる記憶に転じたのだ。1998年夏に十字架騒動の舞台となった修道院の庭は愛国的カトリック信者の巡礼の地となり、ミサと祈り、政治的デモと民族主義的な扇動が出会い、伝統宗教と政治宗教が複雑にからみ合う記憶の場となった。結局は翌１９９９年５月にポーランド軍が３２２本の十字架を回収した。だが、教皇の十字架は手付かずだった。[49] コルベが他人の身代わりとなって自らを犠牲にし、カルメル会の修道女シュタインが殉教した監獄である11号館の２階窓の前に立つと、今も塀越しに教皇の十字架が目に入る。位置関係を考えれば、視野の外に追いやることなど難しいだろう。

教皇の十字架は、大部分のユダヤ人が虐殺された場であるビルケナウ記念館と11号館を含むアウシュヴィッツI記念館の間に位置している。後に列聖されたコルベとシュタインという二人の殉教者を追慕する場所と言っても間違いではない。だから、中世以来のユダヤ人抑圧の象徴である十字架を世界最大のユダヤ人共同墓地から撤去せよというヴァイスらユダヤ教徒の主張が全面的に正しいとは言えない。ユダヤ人の犠牲が圧倒的に大きかったからと、カトリックやエホバの証人、ロマなど他宗教の犠牲者を悼むことを許さないというのなら、それは記憶の暴力でしかない。だがユダヤ人犠牲者の観点からは、カトリックの聖人であるコルベとシュタインへの崇拝は我慢ならない。他者の生命を救うために自らを差し出したコルベの「愛の奇跡」は価値を認められてしかるべきだが、コルベは同時に、戦前のポーランドで最も過激な反ユダヤ主義の論壇となった『小さな新聞』の創立者だった。彼の宗教的エッセーにも、反ユダヤ主義の片鱗がうかがえた。それをどのように記憶するかは、簡単ではない問題だ。[50] 現在はポーランド領のヴロツワフ（独語＝ブレスラウ）でユダヤ人として生まれ、カトリックへの改宗後に殉教した修道女シュタインは、ポーランドとドイツの歴史的和解やユダヤ教とカトリックの宗教的対話の象徴となってもおかしくない人物だ。しかし邪悪なナチと善きカトリックを対照させてホロコーストの記憶を語る時、カトリックへ改宗した「ユダヤ人」修道女という立ち位置は微妙だ。多くのユダヤ人に改宗を強要してきたカトリックによる抑圧の歴史を想起させてしまうからだ[51]。

2020年1月27日の解放75周年記念式にニューヨークから参加したヴァイスら4人のラビが、ビルケナウに建てられたカトリック教会の撤去を要求した。これは、ポーランド人とユダヤ人の間でアウシュヴィッツを巡る記憶の戦争が依然として続いていることを示している[52]。ユネスコの世界文化遺産に登録されて久しいアウシュヴィッツだが、依然としてユダヤ人とポーランド人が自らの文化遺産だと争っているのだ。「ホロコーストのコスモポリタン化」と言われるように、アウシュヴィッツの記憶は既にポーランドという国にとどまらないものだ。だがその裏側では、地球規模の記憶にしようという脱領土化を志向する道徳的な力と、特定民族の専有物に引き戻そうとする再領土化を狙う現実的な力による熾烈な駆け引きが続いている。記憶のグローバル化が進むにつれ、地球規模の記憶構成体における脱領土化と再領土化のあつれきは深まる傾向にある。昔は隔絶されたそれぞれの記憶空間で平穏に過ごしていたのに、記憶空間が地球規模に広がったことで相手を認識し、激しく競争するようになった。かつては国内の政治勢力間での覇権争いにとどまっていた記憶の戦争も、今ではグローバル化したのである。

東アジアの記憶とホロコーストの国民化

『アンネの日記』が1947年にオランダで初めて出版された時、部数は1500部だけだった。ドイツ語とフランス語への翻訳もされたが、販売部数はそれほど多くなかった。米国では、ハリウッドのシナリオ作家が手がけた脚本によるブロードウェー・ミュージカルのほうが本より関心を集めた。このミュージカルには後日、ユダヤ人としての人生の足跡より思春期の少女の一般的な感情を前面に出したという非難もされた。ホロコーストの脱ユダヤ化につながるというのだった[53]。1950年に西ドイツで出たドイツ語版の初版は4500部で、最初から熱い反応を集めたとは言えなかった。それでも徐々に版を重ねて1955年にドイツ語版の累積部数は70万部に達し、20世紀末までに250万部となった。特に、1955年に出たペーパーバック版は表紙に「今でも信じている。たとえ嫌なことばかりでも、人間の本性はやっぱり善なのだということを」という一節を日記から引用して目を引いた[54]。犠牲者が加害者を赦すような言葉には、アンネから赦してもらったような感情をドイツ人読者に抱かせる錯視効果があった。それがドイツでの売り上げを押し上げた側面もある。この言葉は同時に、アンネに関する記憶がグローバル化する過程において彼女を殺した歴史の残忍さを薄め、ホロコーストを周辺化するという副作用をもたらした。アンネが強制収容所から生きて帰ってきたなら、自分の日記がどうしようもなく誤用されている現実に驚いただろう[55]。

『アンネの日記』が最もよく売れた国が日本だというのは少し意外だ。1952年に初めて日本語版が出て以降、20世紀末までに400万部が売れた。少なくとも4種類の漫画版の販売部数と3種類のアニメ版を見た観客数まで足せば、日記に触れた日本人の数はもっと多くなる。日本人のアンネへの特別な愛は、本と漫画、アニメに限らない。オランダにあるアンネの家への訪問者は、日本人がイスラエル人よりずっと多い。東アジアで初めてのホロコースト記念館も、日本で1995年にオープンした。被爆地・広島から80キロほど離れた福山市の周囲を畑に囲まれた地に建つホロコースト記念館は、牧師の大塚信が建てた。これまでに10万人以上の子供たちが見学に訪れたという。[56] アンネのバラ園を通って記念館に入り、2階の展示フロアへと階段を上がると、ヘブライ語と英語、日本語で「わすれないで」と書かれた白い壁が訪問者を迎える。[57] 展示室にはホロコーストの歴史全体が簡潔に展示され、アウシュヴィッツやビルケナウ収容所の模型やゲットーの壁の再現、エルサレムストーンの壁に加え、アムステルダムでアンネが隠れていた部屋の再現がある。記念館の前に植えられたアンネの隠れ家から見えたマロニエの種から育てられた木や、見学に訪れた子供たちが持ってきたという沢山の折り鶴も印象的だ。[58] 館長の大塚は記念館のホームページでのメッセージに、「アンネをはじめ150万人の子どもたちに、ただ同情するだけではなく、平和をつくるために、何かをする人になってください」というアンネの父の言葉を記した。ホロコースト生還者で1986年のノーベル平和賞受賞者のエリ・ヴィーゼルも、子どもたちへのメッセージを寄せている。「なぜ教養のある人たちが、ユダヤ人を皆殺しにしようとしたのか？　どうして平気な顔をして、何千何万もの子どもたちを殺すことができたのか？」という疑問への答えをここで見つけてほしいというのだ。[59]

印象に残る記念館だが、なぜここまでするのだろうかという思いは拭いがたい。アムステルダムから9000キロ離れた日本の小さな町の田畑に囲まれた場所もそうだが、創立者である大塚が外国メディアに話した内容にも行き過ぎの感があった。大塚は2015年3月にドイツの公共放送DWとのインタビューで、歴史的証拠はないとしながらもユダヤ人と日本人は祖先を同じくし、ユダヤ教と神道に共通点が多いという驚くべき主張を披瀝した。日本語とヘブライ語の発音にも共通点があるのだという。[60] 日本人とユダヤ人の同質性をそれほど強調する背景には、ホロコーストという国境を超えた記憶のコードによって戦後日本人の喪失感を癒やすと共に、地球規模の記憶構成体の中で犠牲者・日本の位置を固めたいという欲望が感じられる。第2次大戦の犠牲者を象徴するアンネと一緒になることで、唯一の被爆国としての犠牲者意識を世界から認めてもらいたいのだ。この欲望は広島と長崎に自分たちのアンネを見つけるのだが、自らを省みる視線は持ち合わせていない。植民地だった朝鮮と台湾、日中戦争とアジア・太平洋戦争で日本軍が尊厳を踏みにじり、死傷させたアジアの隣人にアンネを見出すことはないのだ。大塚によれば、記念館はホロコーストに集中するため、他の戦争犯罪には関心を払っていない[61]。この発言は、日本に移植されたホロコーストの記憶が隠蔽記憶になりかねないという疑念を抱かせる。被爆の記憶と結びつけられることで、加害者としての日本から目をそらさせうるからだ。

もちろん戦後日本の記憶文化で、ホロコーストが常に日本の加害に免罪符を与えてきたわけではない。この流れで、1956年に日本で翻訳出版されたヴィクトール・フランクルの『夜と霧』がどのように受け入れられたかに注目したい。ドイツ語の原書はあまり売れず2版で絶版となっていたが、日本語版のヒットで世界的ベストセラーにつながったという。版元のみすず書房の社長、守田省吾によると、日本語版の発売時には「1000万人を虐殺した大殺人工場の実態」というようなセンセーショナルな広告も打たれた。かなり誇張された表現ではあるが、大衆へのアピールにはなったのかもしれない。当時の編集者は日本語版冒頭で、自己反省の観点からアウシュヴィッツとホロコーストの実情を日本に知らせたいと考え、悲劇の再発を「我々の日常の政治的決意の表現によって」防がねばならないという決意を示した[62]。1956年の日本語版冒頭にある「出版者の序」は、日本軍による南京虐殺とナチ強制収容所の集団虐殺という二つの事件が人間性の本質に対する深刻な反省を強いるものだと書いている[63]。日本人が自らの罪を理解するためにはホロコーストについての知識が絶対に欠かせないというのが、当時の編集者の考えだったと読める。それは、ホロコーストと広島の記憶をつなぐこととは全く異なる。南京虐殺とホロコーストの併置が加害者としての日本の過去を思い起こさせる手法だとすれば、広島とアウシュヴィッツの単純な併置にはユダヤ人のホロコースト犠牲者と日本の被爆者を同列に置く効果があった。

ホロコーストに合わせて南京虐殺を持ち出した1956年の日本人編集者の自己批判的な記憶は、「犠牲者」としての日本を弁護する道具としてホロコーストの記憶を消費し、流通させた1960〜70年代とは大きく異なる。それは、朝鮮戦争以降の日本が東アジアの反共陣営に中心的国家として組み込まれ、再軍備に拍車をかけながら教科書検定が変わっていったことと関係しているように見える。冷戦体制が強まる中で、リベラル左派の「赤い教科書」という偏向批判が強まった[64]。1955〜56年に教科書検定制度が強化され、中学・高校用の社会科教科書8点が不合格になった。この時に検定審議会委員が付けたある意見は「太平洋戦争については、日本の悪口はあまり書かないで、それが事実であってもロマンチックに表現せよ」だった。1950年代後半から1960年代の検定では、「太平洋戦争により、アジア諸民族に独立の機会を与えたとする意見すらある」という検定意見も付いた。1956年に導入された常勤・専任の教科書調査官には、皇国史観の持ち主で自らを「国粋主義者」と公言する歴史学者もいた。教科書の検定と採択のシステムは事実上、第2次大戦中の国定教科書に似たものとなった。そして、東京書籍の中学校教科書「新しい社会」は1955年版で中国大陸への日本の「侵略」と書いていたのが、1962年版では「進出」に変わった[65]。

侵略と虐殺を否定する日本の右翼民族主義は、犠牲者意識とコインの裏表だった。林房雄の論理では、アジア民族が西洋の植民地主義から脱することに貢献した「大東亜戦争」は、黒船来航に先立って外国船の来航が増えた1840年代半ばからの西洋との一世紀にわたる長い戦争の一部である。[66]彼の「東亜百年戦争」論は、ジャンヌ・ダルクの「英仏百年戦争」からモチーフを取ったものだ。「白い太平洋」を建設しようとする米国の野望と「アジア防衛」にかける日本の熱情は、太平洋を巡ってぶつからざるをえなかったという。太平洋は日米にとってのドーバー海峡であり、日米戦争は日本の悲壮な運命だった。[67]日本の民族主義と国民国家論に対する最も厳しい批判者の一人である西川長夫が鋭く指摘したように、明治初期の日本は抵抗民族主義から出発した。[68]日本の抵抗民族主義は、日清戦争と日露戦争、朝鮮侵略を経てすぐ植民地主義へと変わったものの、「西洋植民地主義の犠牲者」という意識は日本の記憶文化を構成する主要な軸だった。明治維新をインドでのセポイの乱や中国の太平天国運動と並べ、西洋の帝国主義に対抗したアジアにおける反帝民族闘争だったとする解釈も、同じ文脈で理解できる。1905年に日本が日露戦争で勝利したことは、西洋帝国主義と戦う周辺部の抵抗民族主義者たちを勢いづけた。モハンダス・ガンジーが南アフリカの片隅で日本の勝利を祝った時、ラビンドラナース・タゴールは学生たちを率いて勝利の行進をした。オスマン帝国の兵士ムスタファ・ケマル、英国の私立学校ハロウに通っていた少年、ジャワハルラール・ネルー、中国の孫文、エジプトのムスタファ・カーミルらにとって、日本の勝利は西洋帝国の崩壊を告げる号砲だった。デュボイスは、日露戦争を契機に世界各地で噴き出した「有色人種の誇り」について語った。[69]

抵抗民族主義という観点からは、林の百年戦争論は目新しいものではなかった。関東軍の作戦主任参謀として1931年の満州事変を計画・実行した石原莞爾は、1927年から日米戦争を必然だと考えていた。日米戦争不可避論は、米国での日本人排斥のための法整備が進んでいたことへの反動という側面も大きい。米国では、1920年にカリフォルニア州で第2次排日土地法が成立し、192

4年には連邦議会でも排日移民法が成立していた。日本の各地で反米抗議集会が開かれ、対米開戦を主張する声が大きくなった。石丸藤太の『日米戦争　日本は負けない』（1924年）を始め、『日米一戦論』（1925年）などの本が次々と出版され、反米感情をあおった。石原は満州事変の時には既に、満蒙問題は米国を撃破する覚悟なしでは解決できないと力説し、日米戦争は避けがたい世界史の必然だと主張した。石原のような日本の民族主義者にとって「日米戦争はたんなる太平洋における政治的覇権をめぐる抗争ではなく、人類史上数千年にわたって進歩してきた東西両文明が、日本とアメリカをそれぞれのチャンピオンとして最後の雌雄を決するための戦い」だと受け止められた。朝鮮の独立運動家、呂運亨《ヨウニョン》とも親しかった日本のアジア主義者で、右翼国粋主義運動の指導者だった大川周明が、アングロ・サクソンの覇権に対抗して新しい世界秩序を作ろうとする日本にとって米国との衝突は避けられない歴史の運命だと力説したのも軌を一にするものだ。(70)

興味深いのは、アフリカ系米国人で、マルクス主義の人種問題を本格的に提起したデュボイスだ。彼もまた、日本の満州占領によってアジアでの白人支配は終わりを告げ、日本がアジアと有色人種の指導者になると展望した。1936年に満州国を訪問して現地を回り、南満州鉄道株式会社の総裁、松岡洋右とも歓談したデュボイスは、白人に支配されたアフリカや西インドと満州国は全く違うと結論付けた。彼は「五族共和」を唱えた満州国について、人種的平等を具現化した理想的な植民地であり、資本主義の矛盾と弊害から自由な体制を備えた多人種の共同体だと認識した。満州国を去るに当たって彼は、有色人種である日本帝国の植民地主義には、白人欧州の植民地主義のような搾取と従属がないと確信した。(71) そうした判断は、デュボイスだけのものではなかった。セネガルなどアフリカの民族主義指導者たちは「より黒い民族の国際連盟」を結成して日本との連帯を進めた。ジョン・エドワード・ブルースらアフリカ系米国人作家たちは、来たる日米戦争で日本が勝利する小説を発表した。フィリピンとハワイの降伏した米軍要塞に日章旗が翻る場面を描いた小説は、米国の情報当局を緊張させた(72)。

日本人が『アンネの日記』を読んで被爆の犠牲者意識を呼び覚ますとすれば、韓国人は日本の植民地主義の犠牲となった韓国人を連想する。あるネット書店の小学生読書感想文コンクールの提出作品には、日本の植民地支配を引き合いに出すものが圧倒的に多かった。「日本に侵略されて」アンネのように「いやいや監獄に入れられ」たり、「植民地支配された時代に朝鮮人として生きていたら」アンネと似たようなものだったろうと想像したり、ナチの強制収容所に連れていかれたユダヤ人の経験したことは当時の朝鮮人たちの経験と似ていたと考えたり、満州で生体実験をした関東軍731部隊からの連想で「朝鮮人をマルタと呼んで残忍な人体実験」をする日本人をナチと比べたり、というものだった(73)。2020年9月にアップされた小学4年生の感想文は例外的に、新型コロナのため家から出られないもどかしさを吐露しながら、ずっと隠れていなければならなかったアンネはどれほどもどかしく、つらかったろうかと気づかっていた(74)。むしろ大人の読書ブログのほうが、日本の植民地支配を連想しなければならないという強迫観念から脱け出している。多感な思春期の少女の内なる心象地理や愛、悲しみ、喜びといった日常の大切な感情、人種主義と戦争一般に対する省察、アンネの整った文章などを強調する感想が少なくないのだ(75)。小学生たちが教育された枠組みにとらわれる一方、大人になるほど押し付けから脱し、自分の考えと感覚に忠実になっていくようだ。

1960年代の記憶文化に関する日韓のさらに大きな違いは、日本の集団記憶がホロコーストをよく引き合いに出した一方、韓国は新生国家イスラエルを国造りのモデルとしたことだ。日本人がユダヤ人の犠牲に大きな関心を寄せたのに比べ、韓国人はイスラエルの英雄的な民族主義により引き付けられた。慰安婦や徴用工などに拠って立つ韓国の集合的記憶が頻繁に犠牲者意識ナショナリズムへと回帰する21世紀の様相とは、全く違う姿だ。植民地時代の朝鮮人は国を失って流浪するユダヤ人の苦境と痛みに関心を寄せ、当時の新聞にはユダヤ人に関する読み物があふれた。ロシア極東ビロビジャンのユダヤ人自治州計画や、パレスチナでのイスラム教徒とユダヤ人移住民の対立から始まり、朝鮮が自らのアイデンティティを見つけ出すためにはイスラエル民族の歴史的教訓を『聖書』から読み取らねばならないという主張、世界史に名前を残したユダヤ系偉人の話など様々だった。[76] 似たような境遇にあるという同情があったように思われる。1947年のイスラエル、1948年の韓国それぞれの建国以降、韓国メディアの関心は流浪するユダヤ民族から新生国家イスラエルの国家建設と国民統合のプロセスへの称賛に変わる。1945年8月15日から1999年末までに限っても、イスラエルとユダヤ人に関する記事は約6万件に達する。中東の侵入者に立ち向かうイスラエルや1956年に運河の管理などを巡って発生した武力紛争であるスエズ動乱、周辺国との大小の戦闘、1967年の第3次中東戦争など記事は絶えなかった。ユダヤ人のイメージは悲しい流浪の民から、不屈の意思と愛国心で周辺国の妨害をものともせずに強く、豊かな国を造った英雄的な民族主義者へと変わった。韓国社会のイスラエルに関する言説における英雄民族主義は特に、第3次中東戦争での伝説的な勝利で明確になった。[77]

1960年代の韓国で特に目を引くのは、旧約聖書で神がイスラエルに与えたという約束の地から取った「カナン」という言葉の多用である。節度のないデモと決別して国土建設の先頭に立つという「新しい波学生緑十字隊」のカナン宣言、「乳と蜜の流れる」カナン福祉、新共同体運動の指導者、金《キム》容基《ヨンギ》が建設したカナン農場とカナン農軍学校などに関する記事だ。1961年のクーデターで権力を握った朴正煕は、国家再建最高会議議長となっていた1962年2月にカナン農場で金一家と昼食を共にして「カナンの理想郷」を激励した。洋服とチマチョゴリを作業服に着替えて1万坪を開墾し、外国産をしのぐ「建国茶」や「建国ほうき」を作るカナン農場を訪れ、プロテスタントの長老である金の導きを受けて祈る「異教徒」朴のぎこちない姿は妙に目を引く。朴にとって、キブツを範としたカナン農場と農軍学校は愛国的な農業革命の道を示すものだった。(78) 1962年7月にはキブツをモデルとした「農村開拓大隊」が作られた。イスラエル政府はこれに応えるかのように、1963年12月、キブツに関するハングルの冊子刊行への支援として朴政権下の官製団体である「再建国民運動」に1100ドルを寄付した。(79) 1970年代初めのセマウル運動（訳注：「新しい村」の意。自助努力を中心に農村近代化を図ろうとした官製の社会運動）初期には、カナン農軍学校が農村指導者を育成する役割を担った。(80)「イスラエルの富の揺り籠」であるキブツは、「漢江の奇跡」へ向けた韓国近代化の農村モデルであり続けた。今日でも韓国の極右民族主義者にとって「強い小国」イスラエルは、脆弱な安全保障環境を克服し、国家建設のための世界的な競争で成功した最も重要なモデルと考えられている。

韓国の新聞でホロコーストという言葉が初めて使われたのは1979年だった。米NBCテレビのドラマ『ホロコースト』が韓国でも放送されたからだ。ただ、この言葉が紙面によく出てくるのは1990年以降のことだ。韓国の主要5紙の記事を創刊から1999年末までデータ化して提供するネイバー・ニュースライブラリーを見ると、1945年の植民地支配からの解放から1999年までの間に「ホロコースト」という言葉が使われたのは175回だったが、うち149回が1990年代だった。この時期には「イスラエル」ではなく「ユダヤ人」がよく紙面に出てくるという特徴も見られた。韓国社会におけるイスラエルのイメージは、１９９０年代に英雄的な闘士からかわいそうな犠牲者へと変化した。１９９２年に改訂された第６次教育課程の指針でホロコーストを世界史の教科書に記述するよう盛り込まれたことも、大きな役割を果たしただろう。ホロコーストを教科書に入れることは、記憶のグローバル化を反映したものだった。地球規模の記憶構成体での普遍的な人権への関心を強めるという意味で、ホロコースト犠牲者への共感は望ましい。だが、副作用もあった。生命をはじめとする基本的人権が踏みにじられた犠牲者の立場が持つ道徳的な力ゆえに、誰がより大きな犠牲を被ったかという競争が激化したのだ。国際社会に認めてもらおうとする民族主義的な闘争が、英雄主義から犠牲者意識ナショナリズムへと形を変えた。記憶のグローバル化時代に国際社会から共感を得るためには、自分たちの民族こそが犠牲者だと哀訴するほうが効率的だ。それに気付いた多くの国で、犠牲者意識ナショナリズムは文化的記憶を規律する支配的な物語となった。

１９９０年代以降の記憶文化が民族主義的な英雄崇拝から犠牲者を神聖視する方向に変わる現象を一言で表すなら、「ホロコーストのコスモポリタン化」である。自分たちの民族こそ本物の犠牲者だと強調する記憶は、ホロコーストを物差しにした。韓国の記憶文化で考えるなら、強い小国イスラエルをモデルとした英雄主義的ナショナリズムから、ホロコーストを引き合いに出す犠牲者意識ナショナリズムへの移動である。敗戦後に朝鮮半島北部から引き揚げた日本人の苦難を描いた『ヨーコ物語』（邦題『竹林はるか遠く』）について、米アマゾンの読者レビューに書き込まれた批判にホロコーストがよく出てくるのも、この点で興味深い。韓国系米国人だと思われるある読者はこう書いた。

第2次大戦での日本の攻撃と残虐さに関する真実をねじ曲げている。もしアンネ・フランクがドイツ人で今日まで生きていて、ホロコーストについては何も言わずに、ユダヤ人レジスタンスとユダヤ系米軍人たちによる無分別な強姦についてだけ書いたとしよう。これが歴史の歪曲でなければ、何なのか。

似たような書評は他にもある。

この本は、ビルケナウ・アウシュヴィッツ強制収容所から逃げ出すSSの家族の脱出記のようなものだ。主人公であるナチ将校の娘が、収容所から解放された残忍で危険なユダヤ人とポーランド人から逃げているのだ。こんな物語は、純真な子供たちに道徳的に無責任であり、虫ずが走る資料を押し付けるものだ。

この他にも「嘘」とか「驚くべき嘘」「歴史の歪曲」「ひどい虚構」「アジアの隣人を悪者にすることで自らを犠牲者に見せようとする日本の邪悪な陰謀」などのレビューが続く(81)。興味深いのは、東アジアの歴史をあまり知らない米国の読者を理解させようとする文脈で、ホロコーストが比喩的に使われるということだ。

韓国の文化的記憶におけるイスラエルの位置付けの変化は、慰安婦に関する記憶を軸とした犠牲者意識ナショナリズムの出現とも関係しているようだ。たとえば、ニューヨークのクイーンズボロ・コミュニティ・カレッジのカプファバーグ・ホロコーストセンターで2011年12月13日に開かれた元慰安婦とホロコースト生存者の出会いを挙げられる。在米韓国人有権者センターという市民団体とユダヤ系移民主体のホロコーストセンターが共催した集会は、見知らぬ地に移住した別々の集合的記憶が国境を超えてどのように出会い、絡み合うのかをよく見せてくれる[82]。植民地朝鮮の元慰安婦と欧州でのホロコーストで生き残ったユダヤ人の記憶がニューヨークというトランスナショナルな記憶の場で出会ったのは、それぞれの記憶が太平洋と大西洋を渡ったからだ。慰安婦とホロコーストは米国の歴史と無関係だが、移民を通じて米国の記憶となった。しかし、記憶のグローバル化を象徴するこの事例でも特定民族に紐付けようとする国民化の影が見え隠れする。この2団体は、慰安婦への日本軍の蛮行に焦点を当てた「アジア社会正義インターンシップ」という米国の大学生対象のプログラムを共同で進めた。慰安婦問題の記憶活動家が米国で記者会見を開く時に、ユダヤ文化センターを会場にすることが多いのも偶然ではないだろう。1990年代以降の韓国の記憶文化がホロコーストの記憶を取り込んできた軌跡は、あまりにも明確だ。

今日の韓国の記憶文化におけるホロコーストの土着化の背景にあるのは、地球規模の記憶構成体の出現にとどまらない。1987年の政治的民主化が一つの大きな契機となった。民主化は、冷戦期の韓国の国家権力による政治的ジェノサイドの真相解明と、抑え込まれてきた記憶の復権を求める雰囲気を作った。この時、政治的ジェノサイドの犠牲者に感情移入させる記憶を引き出す手立てとしてホロコーストがしばしば使われた[83]。1990年代韓国における左派民族主義的な詩人の一人、イ・サンハは叙事詩「漢拏山《ハルラサン》」（訳注：済州島の中央にそびえる山）を「民族解放と祖国統一のために戦い、華々しく散った全ての革命戦士に」捧げた。冷戦終結後にポーランドのアウシュヴィッツを訪問した詩人は、済州島4・3事件での政治的虐殺を「ガス室のない韓国版アウシュヴィッツ・ホロコースト」と表現した。[84] 鄭賛《チョンチャン》の小説『悲しみの歌』では、ポーランドのショパン音楽院を取材した新聞記者の主人公がアウシュヴィッツを訪れる。取材を通じ、18歳の少女がナチ収容所の壁に刻んだ切ない祈りの言葉に曲を付けたポーランドの作曲家ヘンリク・グレツキの「交響曲第3番：悲歌のシンフォニー」にのめり込んだからだった。[85] 5・18（訳注：光州事件）を素材にした小説の多くは国家暴力への倫理的な怒りを見せるが、鄭の小説は異なる。悲しみという感情に読者をいざない、悲しみの河をどうやって渡っていくのかという問題に移る。鄭の小説は、ホロコーストの犠牲者意識と光州《クァンジュ》を並べることによって光州の怒りを悲しみへ転じさせるのだ。[86]

表現の技法ではあるものの、済州島と光州、アウシュヴィッツを直接結ぶこうした比喩は、読者の感情に訴えかけるために歴史を単純化したと言われても仕方ないだろう。これは、現在の韓国社会の主流となっている記憶文化が、ホロコーストを物語の基準にしていることの興味深い証拠である。下からの自発的な動員態勢を作り、「民族的」あるいは「韓国的」な民族主義なのだと強弁した朴正煕政権の記憶文化は、イスラエルの英雄主義的ナショナリズムに自己正当化の口実を求めた。それに対し、朴と後継の全斗煥《チョンドゥファン》による国民を共犯に仕立て上げる大衆独裁に抵抗してきた民主化運動の担い手たちは、イスラエルの犠牲者意識ナショナリズムに依拠して右翼の国家暴力を批判したのだ。冷戦期の朝鮮半島南部で起きた右翼ジェノサイドは本来、ホロコーストではなく、東欧のスターリン主義者たちによる左翼ジェノサイドや北朝鮮の政治犯弾圧と一緒に並べたほうが比較として説得力を持つと私は考える。しかし、韓国の右翼ジェノサイド批判を主導する左派の知識人たちはたいてい、北朝鮮の政治犯罪には沈黙する「ゼロサムゲーム」的な論理に陥っている。まるで北朝鮮の国家権力による暴力を思い起こすと、韓国の冷戦的ジェノサイドへの批判が鈍ると考えているかのようだ。

かつて韓国の民主化運動を担った勢力と政治的に対立する、北朝鮮の民主化を求める運動の側もホロコーストを使うのは変わらない。北朝鮮ホロコースト記念館設立推進委員会が開いた写真展は、ナチのホロコーストと北朝鮮の人権弾圧、アウシュヴィッツと北朝鮮の政治犯収容所を並べて、北朝鮮の人権問題に関心を持たせようとする。展示コピーには「北朝鮮の政治犯収容所の状況は、私が幼い時にナチ収容所で見聞きしたものよりおぞましく、もっとひどい」というホロコースト生存者で、国際司法裁判所（ICJ）の判事を務めたトーマス・バーゲンソールの言葉を使って、人々の関心を引こうとした。さらに、「最大の悲劇は悪人の暴力ではなく、善人の沈黙だ」というマーティン・ルーサー・キングの警句もためらいなく引用した[87]。韓国における修辞法としてのホロコーストは、北朝鮮に好意的な左派民族主義者と脱北者を含む反共民族主義者が共有するほぼ唯一の普遍的資産だろう。政治的ジェノサイドに対する冷戦的な党派主義が、ホロコーストを左右で共有できる「客観的な」基準にした。犠牲者意識ナショナリズムを正当化するために自分たちの悲劇的な過去とホロコーストを同列に併置することの問題点は、ここからも明確だ。

それは、ホロコーストの土着化が持つ最大の問題だ。ただ、そうだとしても、ホロコーストに対する非西欧の記憶が「不正確で」「あいまいで」「誤解を導く」と一般化しがちな西欧中心主義的な評価が正当化されるわけではない[88]。欧州やイスラエル、米国でなければホロコーストをきちんと評価できないというような決め付けは、当事者の記憶だけに真実性を認める当事者主義を暗黙の前提とする。当事者主義は外部の批判的介入を封じ、記憶を特権化しようとする誘惑に屈しやすい。民族の枠組みから抜け出す脱領土化によって、ホロコーストが多様な犠牲者をつなぎうる世界的な基準になって久しい。だがそれは、ホロコーストの持つ普遍的な影響力を自らの記憶に取り込もうとする再領土化との綱引きでもある。そうした緊張と亀裂は東アジアだけで見られる現象ではない。「もともとのホロコースト」と「グローバル化したホロコースト」の間でも緊張と亀裂は避けがたい。ホロコーストの記憶は他との比較を拒み、自らを特権化してきたのに、そこにコスモポリタンな倫理性を与えるということ自体が、そもそも緊張を内包しているのだ[89]。ホロコーストのグローバル化と国民化という矛盾は、地球規模の記憶構成体における脱領土化と再領土化の緊張を常態化させる。次章で見るように、記憶のグローバル化と国民化、脱領土化と再領土化は、歴史の流れと記憶との関係性とも交錯した、より複雑な様相で展開されるのである。

第5章　脱歴史化

個人の記憶は、
家族や自らの直接的な経験から始まるものの、
国家と社会の文化に根を下ろした集合的記憶に組み込まれると
公的な歴史の言説と結びつくことが多い。
過去と現在、未来に関する人々の考えと実践を導く文化的記憶は、
その社会で支配的な歴史意識および言説と不可分の関係にある。
少数のナチと軍国主義者が
善良な民衆を総動員体制に引き込んだという「特有の道」テーゼは、
抽象的な社会体制と構造に責任を転嫁する。
しかし処刑場に追い込み、銃を撃ち、スイッチを押して生命を奪った加害者は、
現場で動いた小さな行為者たちだった。

「はい！　総統、私たちはあなたに従います！」と書かれたナチの政治ポスター（ドレスデン戦争博物館所蔵）。写真に写る多くのドイツ民間人が、連合軍の戦略爆撃やソ連赤軍の無差別攻撃の犠牲となっただろう。ヒトラーに送った熱烈な支持を忘れたまま、彼らの犠牲だけを強調する記憶の脱歴史化は問題である。

Ⓒ 林志弦

敗戦の憂鬱と犠牲者意識

米国のユダヤ系教養誌『コメンタリー』は1950年10月、戦後ドイツを歩いたハンナ・アーレントのルポを掲載した。焼け野原であえぐ敗戦国からの報告は「家を失い、社会が根こそぎ崩れ、政治的権利を失った」ドイツ人の苦難を生々しく伝えている[1]。おかしなことにドイツ人は、惨状など目に入っていないようだった。町のあちらこちらに積み上がった残骸の横を黙々と通りすぎ、死者を悼むこともせず、惨めな避難民からは目をそむける。ドイツ人は、他者の痛みに共感する力を持ち合わせていないように見えたという。過去を直視し、省みるというつらい作業に向き合おうとせず、過去を否定しようとする頑固さが深く根を張っていることに、彼女は驚いた。ドイツ人は自分たちがどれほどの痛みを強いられているか騒ぎ立てるばかりで、ユダヤ人犠牲者への配慮など見られなかった。アーレントが自らをユダヤ系であると伝えた時すら、「家族は無事だったか」と心配されることなどなかったと彼女は苦々しげに書いた。ドイツ人の苦難を強調すれば、ユダヤ人が被ったホロコーストの痛みは相殺されるとでも考えているのではないか。彼女は、そう付け加えた[2]。

自分の被害を強調すれば、他人に与えた加害の程度が減じられる。そう信じる犠牲者意識ナショナリズムの集団心理が、既に見られたということだ。敗戦国として被っている苦痛の全てを占領当局のせいだとする心理的な責任回避と弁明も、アーレントには理解しがたかった。当時のドイツでは、英仏米の占領当局が不必要な苦痛をドイツ人に与えているという解釈が広まっていた。英国は将来的なドイツとの競争を恐れ、フランスは根深い民族主義ゆえに、米国は欧州人の集団心理を理解できないからだという。新聞は、占領当局がドイツ人の不幸をいい気味だと思って見ているのだと書き立てた。ほとんどのドイツ人が世間に見捨てられたと感じ、戦勝国を怨んだ。占領当局の悪意と無知に苦しめられていると感じ、ナチズムとホロコースト、戦争に対する自分たちの責任は忘れ去った。ブーヘンヴァルト強制収容所の写真を背に「あなたは罪人だ」と指差すポスターが人々の良心を呼び覚ますことは決してなかった。ドイツ人を苦しませて快感を覚える占領当局の反独宣伝と見なされただけだった。[3] ドイツ南部で会った知的な女性にいたっては、ロシア軍がダンツィヒ（現在のポーランド領グダニスク）を攻撃してきたから第2次大戦が起きたのだと語ってアーレントを驚かせた。[4] 終戦から5年経って戦争の実像がかなり明らかになっていたにもかかわらず、ほとんどのドイツ人がこの女性のようだった。ナチが大戦を引き起こしたなどとは考えていなかったのだ。

ドイツ人は、人類の罪を償うための高貴な犠牲者なのだという自己イメージを作りたがった。そのために、第2次大戦の具体的な事実ではなく「人類はなぜ戦争をするのか」といった抽象的なことを問い、善悪を知る木の実を食べてエデンの園を追われたアダムとイブの苦痛を自分たちの敗戦の痛みと同一視した。自分たちの痛みが人類のための代贖（訳注：キリストが十字架で血を流して万民の罪をあがなったこと）だというのなら、耐えるに値するというのだった。[5] アーレントが見た1950年のドイツは、過去を謝罪し、省みる記憶の模範国家としての今日のドイツとはあまりにも違った。当時の世論調査からも、それは見て取れる。1946年11月に米軍占領地域で行われた世論調査では、ドイツ人回答者の37％が「ユダヤ人とポーランド人など非アーリア人の絶滅はドイツ人の安全のために必要」だったという考えを示した。3人に1人は「ユダヤ人は、アーリア人種と同等の権利を持つことはできない」と答えた。1952年の調査結果も大きく変わらない。約37％が、ユダヤ人はいないほうがドイツにとって利益になると答えた。戦後も相当の間、ドイツ人の大多数は「ナチズムは良い考えだった。運用を間違えただけだ」という考えから抜け出せなかった(6)。西ドイツ連邦議会の議事録は、ドイツ人がまずはヒトラーの犠牲者となり、その次に連合国の犠牲者だったという記憶を固く持っていることを示している。彼らの記憶の中にドイツ人犠牲者はあふれていたが、ドイツ人によって犠牲にされた人はいなかった(7)。戦後の10年間、西ドイツの学生たちは第2次大戦とホロコーストの話より、ホメロスの『トロイア戦争』をギリシャ語で読むことに多くの時間を割いた。歴史の授業は、ワイマール時代で突然終わっていた(8)。

戦後ドイツがナチと決別したというのは神話だった。ナチ高官は闇市で手に入れた証明書で身分を偽って占領当局の追及から逃れ、普通の人々は上から強要された脱ナチ化に揶揄とサボタージュで対抗した。17歳の少年兵だったギュンター・グラスと同じ米軍の捕虜収容所に入れられたドイツ兵たちは、糊のきいたシャツを着た米国人講師がブーヘンヴァルトやベルゼンの強制収容所でのむごい写真を見せる度に「ドイツ人がこんなことをしただって？　まさか！」と応じ、米国の宣伝としか受け取らなかった。講師が人種主義の惨状について講義すると、ドイツ軍捕虜たちは米国での「ニグロ」の扱いを質問して講師を立ち往生させた(9)。米軍占領地域だったヘッセン州のキリスト教民主同盟（CDU）の青年集会では、脱ナチ化はドイツの赤化につながると公言する講師までいた。「連合国の軍服を着た（ドイツからの）移民」すなわち、ドイツから亡命した後に占領軍の一員として戻ってきたユダヤ人が後ろから糸を引いているという話も出た(10)。東ドイツでは反対だった。戦後の東ドイツに戻ったユダヤ系共産主義者は、存在そのものが反ファシズム闘争の象徴であり、東ドイツの政治的正統性を支えた。しかし東ドイツでも、犠牲者の間にはヒエラルキーが存在した。ユダヤ人の犠牲は、共産主義者の犠牲の陰に隠されもしたのだ。ユダヤ人の犠牲は、西ドイツに吸収統一されてやっと強調されるようになった。ただそれも、ダニエラ・ダーンやクリスタ・ヴォルフらが反ファシズムの故郷として東ドイツへの政治的郷愁を描く時に遅まきながら呼び出される程度だった[11]。

資本主義の西ドイツと社会主義の東ドイツどちらも、イスラエルへの謝罪と賠償には消極的だった。自分たちは犠牲者なのに、何が謝罪や賠償なのかという風だった。「ホロコーストへの国家的賠償を、なぜ当時はなかったイスラエルにするのか」という実定法的な反論はともかく、西ドイツの首相コンラート・アデナウアーの賠償計画には左右両翼の政治勢力が反対した。与党CDUは、ユダヤ人の特別待遇がむしろ反ユダヤ主義を助長しかねないという憂慮を示した。ドイツ共産党（KPD）も賠償への反対は同じだった。イスラエルの資本家と金融業者を潤すだけだという理由だった。外交当局者からは、対アラブ外交に悪影響を与えるという憂慮が出た。世論も大差なかった。1951年の世論調査では回答者の2割以上がいかなる補償案にも反対で、補償を支持する回答は辛うじて10％を超えただけだった[12]。1953年に西ドイツ連邦議会が賠償案を可決した時に賛成したのは議員360人中239人だった。社会民主党（SPD）の議員は全員が賛成したものの、キリスト教社会同盟（CSU）とCDUという保守政党には棄権票を投じて不満を示した議員が多かった。興味深いのは共産党の議員13人全員が反対票を投じたことだ。保守政党より共産党の反対のほうが強かったのである[13]。

東ドイツは、別の理由でナチの過去に向き合うことに消極的だった。東ドイツの新たなアイデンティティを象徴するのは反ファシズムで戦ってきた指導者たちの経歴であり、それゆえナチの犯罪とは無関係だという理屈だった。政権を握った共産主義政党「社会主義統一党（SED）」は、ナチズムを独占資本主義の金融資本家の犯罪で、西ドイツの過去であるに過ぎないと見なした。ナチと西ドイツの資本家は民族の裏切り者であり、反ファシズム闘争を率いた共産主義者だけがドイツ民族を真に代弁できるとも主張された。ファシズムとの戦いで倒れた共産主義の闘士は社会主義の未来のために命を投げ出した英雄的な犠牲者だった。東ドイツ体制の歴史的な正統性を否定する者は、客観的にも、主観的にもファシストだった。[14] 東ドイツの記憶の中には、反ファシズムの英雄という犠牲者だけでなく、身に覚えの無いことのために命を落とした犠牲者もいた。英米は社会主義建設を妨害しようと東ドイツの都市を空襲し、罪のない市民が犠牲になったというのだ。資本主義的な犯罪であるホロコーストも問題だが、ドレスデンへの無差別爆撃こそ西欧帝国主義の破壊的衝動をよく示すとする冷戦の政治的論理が東ドイツの記憶を主導した。[15] 党書記長のヴァルター・ウルブリヒトは、西ドイツを植民地にした「米帝国主義」に対するドイツ人の反植民地闘争まで呼びかけた。[16] 彼にとってドイツの民族主義は、抵抗民族主義だった。

新生東ドイツの政権首脳部の考えた最大の危機は、マーシャルプランとNATO結成によってドイツが独立を失い、米国をはじめとする西欧帝国主義の植民地に転落することだった。「民族戦線」による反帝国主義闘争が最優先課題であり、過去にナチ党員だったかなどと詮索するのは戦線作りを妨げるものでしかなかった。過去のナチ犯罪より現在の反帝国主義闘争のほうが重要だったのだ。[17] ナチの過去をしきりと持ち出すのは、時代の変化と新しい同盟体制に適応できない古い共産主義者、つまりは永遠のコスモポリタンでいるしかないユダヤ系の共産主義者たちでしかなかった。東ドイツ共産党の公式な立場では資本主義・帝国主義を打破することによって、ナチズムの過去は自然に克服されるとされた。こうしてナチの戦争犯罪とホロコーストに同調したり、加担したりした数百万人のドイツ人が免罪された。東ドイツの平凡な人民は、ナチの共犯ではなく、米帝国主義の犠牲者となった。[18]

大量虐殺とホロコーストを資本主義の構造に還元する東ドイツの歴史唯物論には問題があった。東欧の森で穴の前にひざまずいたユダヤ人の後頭部に銃を向け、アウシュヴィッツでガス室のスイッチを押したのは人間だ。人を殺すのは構造ではなく、人である。東ドイツでナチの共犯者たちが資本主義の構造に罪をなすりつけている間に、反ファシズム闘争をした共産主義者たちにはユダヤ人を解放したという積極的なイメージまで与えられた[19]。東ドイツの指導部は解放者となり、人民は英米帝国主義の犠牲者となった。東西統一以降には、さらにスターリン主義の犠牲も加わった。東ドイツの人々は、ナチズムと米帝国主義、スターリン主義という三重の犠牲者になったのだ[20]。東ドイツには被害者しかおらず、加害者はいなかった。

戦後日本の記憶文化も、東ドイツの反帝国主義の文法と似ていた。1931年の満州事変から1945年の敗戦に至る15年間を歴史の逸脱と規定し、天皇を含む全ての日本人が軍部エリートの犠牲になったという感覚が日本の文化的記憶の柱となった。それは「全国民犠牲者論」とでも言うべきものだった[21]。敗戦によって進駐軍の統治下に置かれた日本人は、自らがポスト植民地主義の状況におかれたと考えた[22]。北は内モンゴルと満州、南はニューギニア、東はアリューシャン列島、西はビルマに至るまで太平洋とインド洋にまたがる広大な領土を支配した帝国の記憶がポスト植民地主義の文法で再構成され、戦後日本の犠牲者意識ナショナリズムを正当化する記憶文化が定着した。「新しい歴史教科書をつくる会」のような極端な分派は、日本が英米など西欧帝国主義の犠牲者であるだけでなく、中国と韓国の民族主義の被害者だというイメージを作り上げもした。「白い太平洋」を目論んだ米帝国主義に対抗してアジアを解放し、守ろうとした歴史的な使命感を持って米国との戦争に臨んだ日本が、韓国や中国の攻撃的な民族主義が主導する「日本たたき」の犠牲になっているというのだ[23]。

自民党を支持する保守派の間では、日本の近現代史を共産主義という「赤い脅威」と西欧帝国主義という「白い脅威」に対抗した自己防衛の戦争の歴史だとするイメージが根を下ろした。(24) 靖国神社を訪れたイアン・ブルマと話した若い神職は、「大東亜戦争」は侵略戦争ではなく、日本民族の生存とアジア民族の解放のかかった問題で、アジアの民族は今も日本に感謝していると語った。(25) 靖国神社の資料館である遊就館の展示では、米大統領フランクリン・ルーズベルトが大恐慌で打撃を受けた自国経済を立て直そうと資源小国である日本を圧迫して戦争に引き込んだという陰謀論的な解釈が物語《ナラティブ》の中心となった。日本遺族会が運営する昭和館の展示は、西洋帝国による「経済封鎖」から焼夷弾による空襲と原爆に至る犠牲の経験の再現に焦点を当てる。(26) ポスト帝国ではなく、ポスト植民地として自らを表象した戦後日本の記憶文化は犠牲者意識を軸に構成された。

犠牲者の神話は、右派のイデオローグや自民党支持者だけのものではない。護憲派や平和運動家の間にも深く根を下ろしている。戦争と軍隊を否定し、平和を愛好する国民という憲法のイメージと、戦争の罪なき犠牲者だったという神話から始まった平和運動の反戦の物語に隠され、隣国に加えた加害は記憶から消えるか、後景に追いやられた。(27) 犠牲者意識に基づいて作られた戦後日本の記憶文化では、連合国軍総司令部（ＧＨＱ）と日本の右派政治勢力、平和運動を担った左派政治勢力と社会運動団体という性格の違う三者が共存した。ＧＨＱは、一般の日本人を旧軍や軍国主義エリートと切り離しておくため犠牲者意識に目をつむった。戦犯容疑者を多く抱えた右派は「日本イコール被害者」という図式で責任逃れを図った。そして左派は、冷戦下での保守政権と米国の安保同盟を批判し、反戦感情を強めるために戦争の犠牲者という日本のイメージを熱心に作った。(28) ベ平連は例外的に日本の加害行為を痛烈に批判したが、彼らは少数派だった。日本はベトナム戦争の共犯だというベ平連の批判的自覚はあったものの、犠牲者・日本というイメージは根強かった。米国は自らをベトナム戦争の犠牲者だと見なして記念碑を建てるのに、なぜ日本は「大東亜戦争」を記念できないのかという反発も大きかった。(29)

日本が降伏文書に署名した翌日に自決した沖縄出身の陸軍大佐、親泊朝省《おやどまりちょうせい》は、「大東亜戦争」に日本が道義的には勝ったという遺書を残した。彼は、日本の戦争目的は「世界人類の幸福、世界の平和に寄与せんとする道義的精神に立脚して出発している」のに対し、米国は「人類史上未だ見ざる残虐なる原子爆弾を使用して得々たるものがあったではないか」と書いた。(30) 日中戦争には侵略戦争だと批判的だった知識人までもが、真珠湾への奇襲攻撃には歓迎一色だった。初期の勝ち戦で白人コンプレックスから解放されたという「大東亜戦争」の激情の記憶は、敗戦後も依然として生きていた。軍閥と官僚、官製団体が国民の自主性と創意を封じ、国民の総力の発揮を妨げたから負けたのだと悔しがる気分が、植民地主義と戦争責任への反省を阻んだ。(31) 民主主義こそ愛国だという戦後民主主義論は、「再び負けないために何をすべきか」という問いに対する答えの一つだった。戦勝国・米国と敗戦国・日本の差は原爆と竹槍にたとえられた。科学と技術で負けたという反省は、科学と技術を強調する教育政策を生んだ。(32)「大東亜戦争」への反省はえてして、戦争と日本軍の残虐行為に対する反省というより、負けたことへの反省となった。人種主義に抵抗する道徳的に正しい戦争だったのであり、問題は負けたことだった。それなのに、道徳的に不当な侵略戦争で、不義の戦争だったことを認めさせられた。この乖離は、戦後日本の記憶文化を貫く大きな矛盾だった。さらに大きな問題は、こうした認識の下ではアジア諸国への加害の記憶が入り込む余地がないことだった。

1980年代半ばに文相を務めた藤尾正行はブルマに、東京裁判が「日本の力を弱めるための人種主義的な復讐」だったという本音を明かした[33]。満州事変に関するリットン調査団の報告書に反発して日本が1933年に国際連盟を脱退した時、全権大使として演説した松岡洋右は、日本が1919年の連盟規約の起草に加わったことを指摘しつつ、脱退せざるをえない状況を遺憾だと表明した。松岡は、中国が日本との直接交渉ではなく連盟に訴えたことを、列強の干渉によって日本の手足を縛ろうとしたものだと断じた。演説は、日本が黒船来航から抱き続けてきた西欧列強に対する被害意識をよく表すものだ。松岡は脱退1年前の演説では、日本を十字架に架けられたキリストになぞらえて西欧帝国主義の犠牲者であることを強調した。その歴史認識は、ずっと残っていた[34]。1964年東京五輪最終日のマラソン男子に出場した自衛隊所属の円谷幸吉は、ゴールのわずか150メートルほど手前で英国のベイジル・ヒートリーに抜かされて銀メダルを逃した。はらはらと見つめていた日本の観客は長いため息をついた[35]。金メダルを取ったエチオピアのアベベ・ビキラにはかなわないとしても、日本の選手がゴールの直前に、それも英国選手に逆転されると国立競技場を埋めた観衆には「鬼畜米英」に負けた戦争の悲しみがよみがえった。円谷は1968年のメキシコ五輪を前に、家族への短い遺書を残して自ら命を絶った。故障に悩み、民族の名誉を担う負担感に押しつぶされた末のことだ。すると、三島由紀夫や川端康成、大江健三郎といった高名な文人たちが政治的な立場を超えて彼を哀悼した[36]。戦勝国・米国の巨漢を空手チョップでなぎ倒し、リングの上で第2次大戦の復讐を痛快に繰り広げた力道山の爆発的な人気は、円谷の悲劇的な自殺と共に日本の犠牲者意識ナショナリズムの切ない表れだった[37]。

地球規模の記憶構成体の中で集団的犠牲者という位置を戦後にまず占めたのは、ドイツや日本だった。欧州とアジアで戦争を引き起こし、隣国を侵略した加害者である枢軸国だ。史上最悪の悲劇だった第2次大戦の惨禍と戦争責任の問題が記憶から消え、脱歴史化すると、戦争は不意に襲ってくる自然災害であるかのように記憶された[38]。災害に加害者はいない。加害者を探すなら、神や運命といった領域を探るしかない。戦争を脱歴史化し、犠牲の歴史的な文脈を消してしまった瞬間、歴史の加害者は被害者へと位置を替え、犠牲者意識ナショナリズムを正当化する。戦後ドイツと日本の犠牲者意識ナショナリズムは、英米空軍の空襲と原爆、東プロイセンからの避難民とアジア各地からの引き揚げ、ソ連への捕虜抑留という3つの記憶を軸に浮沈を繰り返しながら集団的アイデンティティを構築してきた。戦後の地球規模の記憶構成体において、ドイツと日本は犠牲者の記憶を共有することで集団的な帰属意識と安定感を確保してきた。犠牲の記憶は、多くの社会構成員にとって記憶のレベルを超えた存在論的意味を持つものだった。犠牲者意識ナショナリズムを否定することが、しばしば集団的存在の否定だと受け取られて激しい反発を引き起こしたのもそのためだ。

空襲の記憶と平和原理主義

東ドイツの記憶文化で犠牲者意識を最もよく象徴するのはドレスデン爆撃だった。「エルベ川のフィレンツェ」と呼ばれた文化都市ドレスデンは、空襲被害を受けた他の工業都市よりも罪なき犠牲者イメージに適していた。冷戦がまだ本格化していなかった1946年には、ドレスデン破壊の責任は「ファシストの犯罪者」にあるとされ、英米への批判はなかった。ところが1949年の東ドイツ政権樹立後、東ドイツの記憶文化において反ファシズムとはすなわち反西欧・反帝国主義ということになった。英米をはじめとする西欧連合国はヒトラーのナチと帝国主義的な利害を同じくしていたことになり、ドレスデンへの無差別爆撃と破壊は英米帝国主義が罪なきドイツ人民に犯した人倫にもとる犯罪だった[39]。東ドイツ政府は1951年、教科書に「英米のテロ攻撃」を明記するよう指導し、ドレスデン爆撃の真の理由はソ連による占領を妨害し、連合国軍の力を誇示して敵軍を脅そうというものだったと主張した。ザクセン州首相マックス・セイデヴィッツは、州都ドレスデンへの爆撃をドイツ軍によるゲルニカやワルシャワ、ロッテルダムへの爆撃と比べるだけでなく、「水晶の夜」の際にドレスデンで起きたユダヤ人迫害まで持ち出してホロコーストを連想させようとした[40]。東ドイツの公式の記憶文化においてドレスデンはアウシュヴィッツと合わせ、戦争の残酷さの象徴となった。ドレスデン爆撃とユダヤ人虐殺は、ファシズムと独占資本主義が密かに共謀して引き起こした代表的な犯罪だと記憶された[41]。

東ドイツの公式記憶はドレスデンの悲劇と核戦争の脅威を結びつけた。原爆はもともとドレスデンに投下される計画だったが、開発の遅れとソ連軍の早い進駐で予定が狂い、代わりに広島が原爆の最初の犠牲になったという主張も頭をもたげた。この主張は、1965年に刊行されたヴァルター・ヴァイダウアーの著作『ドレスデンの地獄絵』で初めて提起された[42]。第2次大戦の記憶で広島とドレスデンを併置しようとする試みは西ドイツでも見られた。後にホロコースト否定論者として有名になるデイヴィッド・アーヴィングの著書『ドレスデンの破壊』（1963年）についての『ツァイト』紙の書評はこう書いている。「人類の歴史において一日に最も多くの人が虐殺されたのは、人々が考えてきたように広島市民に起きたことではなく、ドレスデン市民に起きたことだった[43]」。アーヴィングは執筆に当たってドレスデン爆撃がスターリンの要請によるものだという心証を持ったが、それを裏付ける資料を見つけられず、爆撃は結果的にソ連軍の進撃を助けたのでソ連側から喜ばれたのは明らかだと書いた。東部戦線でソ連軍と向き合うドイツ軍の背後を衝いて圧力を減じてほしいというスターリンからの度重なる要請に応えたものだという、米国務省による弁明調の解釈と変わらないものだった[44]。

アーヴィングはドレスデン爆撃の犠牲者数を公式統計にある2万5０００人の8倍となる20万2０４０人だと書いた。その数字は、西ドイツの歴史家たちの推計に近かった。東ドイツの公式な立場は、ドレスデン警察の死亡報告書にある1万８３７５人などに基づく計約2万5０００人というものだった。後にドレスデンとベルリンの警察文書が相次いで見つかると、アーヴィングは自著の数字が誇張だったと認めざるをえなかった。東ドイツの体制側の歴史家たちは、西ドイツの反動歴史家と帝国主義的な歴史家たちが25万人説という誇張に固執するのには理由があると主張した。原爆と大差ない破壊力だと見せることによって、核戦争を準備するＮＡＴＯを正当化しようという意図が感じられるというのだった。政治的効果はわからないが、それほど説得力があるようには感じられない[45]。ただ25万人説は、連合国の残忍さを強調しようとナチ宣伝機関が膨らませた統計である。それを継承した西ドイツの主張にも、誇張と飛躍が混じっていた。ソ連軍の暴力を避けてドレスデンに逃げ込んできたドイツ人避難民の犠牲を強調しようという冷戦の論理である。ソ連軍から逃げてきた多くの罪なき人々がスターリンの要請による無差別爆撃の犠牲となったのなら、主たる加害者はスターリンとソ連軍になるのだ。

ドレスデン爆撃の加害者は結局、東ドイツでは英米、西ドイツではスターリンとソ連となった。ドイツの記憶文化では英米の無差別爆撃がタブーとされていたというヴィンフリート・ゼーバルトらの主張は、西ドイツについての話だった。一方、ドイツの民間人を犠牲者にする上で爆撃が大きな役割を果たしたという点は、東西で共通していた。「美しい私たちの町に天変地異のように襲ってきた物凄い」爆撃は、爆撃の惨状と痛みにのみ集中して戦争の流れを無視する脱歴史化された記憶を生んだ。(46)ゼーバルトはドイツの都市を無慈悲に破壊した爆撃への作家たちの沈黙に怒りを見せたが、空襲の記憶は西ドイツでも、個人や家族、地域といったレベルで伝えられ続けた。自身で後に認めたように、その記憶が文学によって適切に表現されなかっただけだ。ゼーバルトが最後まで受け入れがたかったのは、爆撃の記憶が人々の痛みを語るのではなく、戦後の国家再建という目的に合わせて道具とされたことだ。(47)ベルリン動物園の檻の中で黒焦げになったライオン、壊れた人工ジャングルで苦痛に身をよじり、見学者用の椅子の下に転がるオオトカゲ、その場で解体処理される死んだゾウの姿が、人間の痛みより生々しく描かれたことに驚いたというゼーバルトの感受性は高く評価されるべきである。(48)

しかし、空襲の犠牲者が強いられた痛みを描くことは、加害の歴史を別の話だと切り離して脱歴史化することにつながる。この点は指摘せざるをえない。たとえばトレブリンカ強制収容所で多くのユダヤ人の死体を燃やしたナチ親衛隊がいなかったなら、ドレスデン旧市街の広場に積まれた薪の上で爆撃の犠牲者6865人の遺体を焼くなどということになる可能性は、はるかに低かったろう。(49)ドイツ人の士気をくじこうと住宅地に無差別爆撃を加えた連合国に比べ、ナチス・ドイツ空軍のロンドン空襲は飛行場や飛行機工場、造船所、港湾の接岸施設などに集中していたというイェルク・フリードリヒの主張は事実に近いものの、歴史的な流れを無視している。(50)ナチス・ドイツ軍のポーランド侵攻で第2次大戦が始まった日、ポーランドの小都市ヴィエルンへの空襲を率いた編隊長の命令は市場の真ん中に命中させろというものだった。この空襲で市場にいた民間人1200人が死亡し、都市の70%が破壊された。戦争初期のドイツ軍の空襲によるポーランドの民間人死者は2万人に達した。ヴィエルン空襲の最高指揮官は空軍少将ヴォルフラム・フォン・リヒトホーフェンだった。スペイン内戦に派遣され、ドイツ軍コンドル軍団によるゲルニカ爆撃を指揮した人物だ[51]。傲慢なことこの上ない将軍は後にスターリングラードを空襲し、焼夷弾が初めから威力を発揮したと書いた[52]。フリードリヒは、連合国によるドイツ爆撃のほうが原爆より致死率が高かったと主張する。1945年2月に爆撃されたドイツの小都市プフォルツハイムでは住民の3人に1人が死んだけれど、長崎の原爆での死者は住民7人に1人だったというのだ。しかし彼は、ゲルニカとヴィエルンへの空襲には沈黙を貫いた[53]。ナチス・ドイツの戦争犯罪に関わったのなら民間人であろうと犠牲になって当然だとは言えないが、必ずしも「罪のない」犠牲ではなかった[54]。

日本のテレビ局が1995年に制作した終戦50年の記念番組に関する分析を見ると、日本では原爆の記憶が空襲の記憶を圧倒していた。「唯一の被爆国」という特色は、加害の歴史を被害の記憶に転じさせやすいものだった。唯一の被爆国という事実は、アジア諸国に対する日本の戦争犯罪と加害行為に目を向けさせない「隠蔽記憶」ともなった。原爆投下はしばしばアウシュヴィッツに並べられた。日本の民族主義右派には、アウシュヴィッツと広島は白人の人種主義を代表する戦争犯罪だという考えが強かった[55]。二つの都市の犠牲者は一緒に並べられ、どちらも「絶対悪」の犠牲者と見なされた。広島の悲劇を語り継ぎ、世界各地で核なき世界を訴えるために広島市が養成する被爆体験伝承者による講演でも、ホロコーストと広島はよく併置された[56]。民族主義的な雑誌『諸君!』の1995年5月号は、連合国の無差別爆撃をジェノサイドだと表現した[57]。これは、こうした流れをさらに普遍化するものだった。

西欧帝国主義が犯した悪行に比べれば日本の植民地主義の犯罪などかわいいものだというのが日本

の民族主義者たちの主張だった[58]。東京裁判のインド人判事ラダビノード・パールもまた、原爆投下はナチの戦争犯罪に比肩する残酷行為だと主張した[59]。広島への原爆投下についての脱歴史化された記憶は、左派の平和活動家によく見受けられる。彼らの間では、原爆投下は人種主義に基づく邪悪な軍事実験であり、ソ連軍を脅すためにわざわざ投下したのだという考えが広く共有された。底流にあるのは、日本の軍国主義は原爆によって歴史の審判を受けたという左派平和主義の考えだ。だからこそ被害者である日本人には、広島の平和精神に反する核戦争への動きを米国が見せるなら止める権利と義務があるというのである[60]。

広島平和記念資料館が伝えようとする物語の戦略は、脱歴史化された記憶の典型を見せてくれる。常設展示の導入部に示されたメッセージは次のようなものだ。

一発の原子爆弾が、無差別に多くの命を奪い、生き残った人々の人生も変えました。広島平和記念資料館は、被爆資料や遺品、証言などを通じて、世界の人々に核兵器の恐怖や非人道性を伝え、ノーモア・ヒロシマと訴えます[61]。

「8月6日のヒロシマ」から始まる常設展示では、屋外での作業中に被爆して死亡した生徒たちの焼けただれた服が並べられ、全身に火傷を負った男性や背中を火傷した女性、顔と両腕に火傷を負った子供などという犠牲者の痛々しい写真、飛び出て垂れ下がった目玉を手で受け止める被爆者を描いた絵など、被爆時の残酷な光景をそのまま見せている。展示はさらに、被爆者の証言や平和記念公園建設の経緯、核兵器の危険性と続く。最後に、日清戦争後に「軍都」となった歴史にも触れられているが、被爆の地獄絵図のイメージに圧倒された観覧者に歴史的なバランス感覚を取り戻させるには貧弱すぎる。[62] 資料館が示す物語において、平和のメッセージが強烈であることは明らかだ。そして逆説的ではあるが、戦後の平和メッセージが強まるほど、戦争と原爆投下に至る歴史的な流れと政治的責任は隠されていく。1950年代の日本における映画や漫画、小説、絵といった広島についてのイメージ的記憶の中で、被爆経験が歴史の流れと無関係に、まるで自然災害ででもあるかのように描かれたことも驚くには当たらない。多くの日本人が戦争そのものを天災のように感じていた。[63] 痛みと傷は記憶に残ったが、歴史は消えていた。

平和主義の善意を否定することは誰にもできない。だが、その裏面には、戦争の歴史的な流れを無視する傾向がある。この延長線上で理解できるのが、1998年のNATO軍によるユーゴ空爆への反応だ。総合雑誌で見れば、『文藝春秋』や『正論』といった保守色の強い雑誌から『世界』に至るまで、空爆に否定的な意見ばかりが並んだ。日本社会の反応は、与党だったSPDはもちろん、野党のCDUや緑の党までほぼ全党派が空爆を支持したドイツとは対照的だった。日本メディアの伝えるセルビアの首都ベオグラード空爆の映像は、B29の絨毯爆撃で焦土となった東京や被爆した広島のイメージとしばしば重なった。[64] 空爆を批判する日本の視点には、セルビアによるコソボのアルバニア系イスラム教徒に対する迫害や大量殺害をどのように追及するのか、それと空爆との関係をどう考えるのかと問わざるをえない。日本の反戦運動に、誰が戦争を起こしたのかという主体と責任の問題が抜け落ちていることにも似ている。[65] 戦争を起こした主体がないから責任もなく、問題はいつも「絶対悪」である戦争に還元される。脱歴史的な絶対平和主義では戦争や原爆だけが問題にされ、日本の戦争責任や米国の原爆投下の責任は問わないことが前提となっている。

米国では、広島に原爆を投下した爆撃機エノラ・ゲイを１９９５年に展示しようとしたスミソニアン博物館の企画が問題となった。マンハッタン・プロジェクトや原爆投下の決定過程、エノラ・ゲイの準備、被爆の惨状、核の遺産などで構成された当初計画は、退役軍人たちの反発にぶつかった。米上院は、退役軍人に対する歴史修正主義的な攻撃だと非難した。予算削減を恐れた博物館は結局、機体だけ展示することにした。日本の攻撃を受けた正義の戦争であり、原爆投下は終戦を早め、米軍だけでなく多くの日本人の生命をも救ったという退役軍人会の立場は、原爆投下の正当性だけでなく、原爆につながった戦争責任の問題を思い起こさせた[66]。米上院が当初計画の展示内容を変更するよう求める決議を採択した時、広島の原爆詩人、栗原貞子は「原爆投下がお慈悲であるならば／皇軍の南京虐殺二十万も／ナチスの毒ガス虐殺六百万も／お慈悲であろう」と詩に書いた[67]。反戦平和を唱えた栗原が、南京虐殺やホロコーストを肯定しようとしたわけではないだろう。しかし栗原の詩が、原爆の犠牲によって日本軍の犯した南京の残虐行為を相殺するという論理を見せたことには驚かされる。この時には実際、米国は奴隷制を守るために戦死した南軍兵士の記念碑と、自分たちを犠牲者だと見なすベトナム戦争の記念碑を建てるのに、なぜ日本は駄目なのかという不満が少なからず出た[68]。

脱歴史化された平和主義は危険ですらある。１９５０年代初めの多くの反戦映画は日本の侵略を批判的に省みるより、日本の犠牲者意識を強調した。戦争体験の手記を見ても、対米コンプレックスを振り切って立ち上がった日本の英雄的な戦いを描いており、そうした物語が平和主義と矛盾するという自覚は見られない[69]。原爆投下の日に広島で生まれた若者が１９６４年東京五輪で最終聖火ランナーとして平和の火を点すまでは単なるエピソードで済むが、広島平和記念資料館のデザインには心穏やかでいられない。資料館では、１９４９年に平和記念公園や施設の設計コンペが行われ、当時は東京大助教授だった丹下健三の案が1等に入選したことと、資料館が1955年8月に開館したことが紹介されている。[70] 触れられていないのは、大東亜共栄圏の建設を祝って戦中に計画された記念館の設計が下敷きになっていたことだ。丹下が1942年に「大東亜建設記念造営計画」設計競技で提出し1等になった案だ。富士の麓に建設されるはずだった記念館は、「近代超克論」の建築美学を盛り込み、神社を模した勇壮な建築物だった。日本の敗色が濃厚になったことで実現しなかったが、設計の精神はそのまま残り、広島で日の目を見ることになった。[71] 歴史の流れから切り離されて脱歴史化され、大東亜共栄圏という日本帝国の夢と結びついた平和主義は、帝国主義の臭いを露骨に漂わせる歴史修正主義よりも問題だ。興味深いのは、韓国人被爆者に対する特別な救済策が必要だと主張したのが、大東亜共栄圏の論理にこだわる日本の右派だということだ。彼らにとって韓国人被爆者は、西洋の帝国主義と一緒に戦った帝国臣民だった。[72] 韓国人被爆者の救済をもたらしたのは、人権に対する普遍的な考慮ではなく帝国の論理だった。

原爆に関する脱歴史化された平和主義は、GHQの厳しい検閲にも一定の責任がある。原爆被害の記憶を抑え込んだ占領軍の検閲は、草の根記憶の領域で日本の犠牲者意識を強める逆効果を生んだ。日本軍が1931年10月から中国で無差別爆撃をしていたことも、戦後日本人の記憶から簡単に消えてしまった。戦後西ドイツの民間記憶で連合国による爆撃の被害に関する記憶を抑え込むことで、ゲルニカとヴィエルンへの加害の記憶が消えたのと同じだった。「一方的に機械化された殺戮の世界」である空襲では、高空に浮かぶ加害者は爆撃の結果から遠い位置にあるため自責の念を感じないでいられる。[73] 自らの行動が道徳的に許されない結果につながると実感させない「道徳不可視性（moral invisibility）」がホロコーストのような暴力の出現を可能にしたというバウマンの省察も、この点を指摘したものだった。[74]一方で、ニューヨークの世界貿易センタービルへのテロ攻撃を神風特攻隊に比喩した西欧メディアに対する日本社会の怒りでも、空襲についての記憶はねじれている。民間の建物を目標としたアルカイダのテロは軍事目標だけを狙った特攻と質的に違い、民間人に対する無差別攻撃という点ではむしろ原爆投下と比べられるべきだという論理が日本人の怒りを正当化した。[75]9・11テロの跡地にできた臨時追悼施設には、広島で被爆後に白血病を患って死亡した佐々木禎子の折り鶴が友情と平和の象徴として贈られた。[76]折り鶴には、アルカイダのテロと特攻隊の比較を否定し、ニューヨークのテロ犠牲者と広島の被爆者の記憶を重ねる効果があった。民間建造物に対する空襲の記憶もまた、このように自国中心的なのである。

被爆した民間人の記憶が強調されると、広島・呉が日本一の海軍工廠の町だったことや、長崎の三菱重工業が軍艦建造基地だったという事実は目隠しされてしまう。記憶の脱歴史化という観点からは、瀬戸内海に浮かぶ小さな島である大久野島も興味深い。「うさぎの島」と呼ばれる牧歌的な島で観光客を迎えるウサギたちは、毒ガス工場で飼育されていた実験動物の子孫なのだ。この島には小さなコンクリート造りの大久野島毒ガス資料館がある。日本帝国最大の毒ガス工場があったこの島では、女性や子供を含む5000人以上が働き、後遺症で死亡した人も少なくなかった。中国側の資料によると、中国人約8万人がここで作られた毒ガスの犠牲となった。8万人というのは、広島の原爆での死者よりは少ないが、長崎よりは多い数字だ。東京を除いた日本全国の都市への空襲の民間人死者数の総計より少し少ないだけであり、決して無視できる数字ではない。しかし、廃工場の一部屋という小さな資料館がオープンしたのは1988年になってからだ。毒ガス工場で働いて後遺症に苦しんだ人々が粘り強く働きかけたおかげだった。今では韓国人旅行客にもダークツーリズムの名所として知られるようになったが、広島のすぐ近くにある目障りな存在である大久野島の毒ガス資料館は無視されがちである。

追放・抑留と加害の忘却

戦後のドイツと日本で加害者の経験が犠牲者の記憶に置き換わった背景には、ドレスデン爆撃と原爆以外にも大きな要因があった。追放された民間人とソ連に抑留された捕虜の記憶である。西ドイツでは、同盟国となった英米による無差別爆撃の記憶は脇に追いやられ、東欧から追放された約1200万人のドイツ民間人へのソ連赤軍の暴力とスラブ諸国の報復の記憶が中心に据えられた。彼らは避難する時にソ連軍の砲撃と空襲にさらされた上、前例のない規模の性暴力、ポーランド人とチェコ人による残忍な報復殺人と暴行、殺人的な寒さと飢えに苦しめられた。少なくとも50万人、最大で200万人が犠牲になったと見られている。冷戦下の反共主義によって「野蛮な」スラブ系の共産主義者に抑圧された犠牲者という位置付けが固まり、その記憶が一方的に強調されることで、スラブ系民族の隣国に対するドイツの植民地主義とナチによる迫害の記憶は消えた[77]。だがスラブ系の隣人を絶滅させようとしたナチス・ドイツの戦争が20世紀最悪の「人種戦争」だったことを考えれば、スラブ系の犠牲のほうがはるかに大きい[78]。トータルとしてドイツ人犠牲者が感じた恐怖の大きさと、ポーランド人やロシア人犠牲者のそれは比較にならない。犠牲者を殺す前にまず人間性を剥奪するナチの体系的で圧倒的な暴力と、ソ連赤軍の原始的な暴力は恐怖の量と質において大きな差がある。赤軍の集団強姦の犠牲となりながらも、内面の優越性とユーモアの感覚を失わなかったドイツ人女性が匿名で著した『ベルリンのある女人（Eine Frau in Berlin）』のような記録を東欧の犠牲者たちの間に見られないのは、暴力の性格が違うからだ[79]。ナチの圧倒的に非人間的な暴力に比べれば、ソ連赤軍の暴力に見舞われた被害者には自尊心を守る小さな余地がまだ残っていた。

ナチ占領下のポーランド人が強いられた犠牲と戦後のドイツ人避難民の痛みも、同じようなものだとは言いがたい。ナチ最大の犠牲者の一つだったポーランド人は、国境線の調整でさらなる犠牲を求められた。ポツダム会談で戦後欧州の政治地図を調整した際、ポーランドはビリニュスやリボフ（現在のウクライナ西部リヴィウ）など東部地域をリトアニアやウクライナ、ベラルーシといったソ連邦構成国家に譲ることになった。戦前のポーランド領の3分の1に相当する広大な地だ。代わりにポーランドは、バルト海の海岸線に沿った東プロイセンのポモージェ地方と戦前の自由都市グダニスク（独語＝ダンツィヒ）、ヴロツワフなどシロンスク（独語＝シュレジエン）地方の中心都市、鉄鋼と石炭の産地である西部の領土を敗戦国ドイツから割譲された。戦争を起こしたドイツだけでなく、ポーランドでも東部から西部へと国境線変更に伴う大量の避難民が発生した。1795年以来の3回にわたるプロイセンの分割占領とナチス・ドイツのおぞましい占領を生々しく記憶するポーランドの人々が、新たに獲得した西部の領土をドイツに公式に認めさせ、安全保障上の懸念をなくしたいと強く願ったのは当然のことだ。ポーランドは1950年7月6日に東ドイツと「ズゴジェレッ条約」（訳注：日本では一般的にドイツ語地名でゲルリッツ条約と呼ばれる）を結んで、ポツダム会談で決められたオーデル・ナイセ線での国境画定を図った。ただ国交がない西ドイツとは国境紛争の余地を残したままとなった。独仏の場合と違い、ポーランドとドイツの歴史的和解は遠かった[80]。

1960年代初めまでの西ドイツの文化的記憶は、過去を反省する模範国家という現在のドイツのイメージとは距離があった。平均的なドイツ人の記憶の中では、ナチの残酷行為やホロコーストはヒトラーと側近のやったことで、犯罪者たちはニュルンベルク裁判で裁かれたことになっていた。平凡なドイツ人からすれば、ナチの犯罪者に対する歴史的正義は既になされていたのだ。それなのに「最初にヒトラーの犠牲となり、最後まで犠牲者」だった自分たちは、正義とは言えない記憶の犠牲になっているという考えを拭えなかった。実際、彼らが強いられた痛みは少なくない。無差別爆撃で女性や子供を含む民間人が犠牲となり、ドイツに進撃したソ連赤軍の略奪や強姦の被害にもあい、東プロイセンとシュレジエンからは追放された。受難のリストはとても長い[81]。特に、追放された1200万人の痛みは激しかった。戦後の西ドイツに移住・定着した被追放者たちは強力な圧力団体を作り、西ドイツ政界で無視できない勢力となった。犠牲に対する彼らの記憶は、強烈かつ刺激的だった。

追放されたドイツ人を臨時に入れたポーランドやチェコの抑留収容所はナチ強制収容所のコピー版のようなものであり、マフィアのような集団が運営にあたることも多かった。ユダヤ人とスラブ人がいなくなった所に入れられたドイツ人は、ナチがユダヤ人に加えた蛮行とほぼ同じことをされた。ナチがユダヤ人であることを示す腕章の着用を強制したように、ドイツ人はポーランド語でドイツ人を意味する「Niemiec」の頭文字「N」の腕章を付けねばならなかった。18歳の少年チェサロ・ギンボルスキが所長を務めたポーランドのラムスドルフ収容所は、特に悪名高かった。子供800人を含む6000人以上のドイツ人を虐待し、殺したのだ。メガネをかけた大学教授は知識人に見えるという理由で殴り殺された。収容所を警備した10代の青少年たちは、ドイツの知識人や事業家、上流階級のブルジョワに見える人々を拷問して殺した。まるでカンボジアのクメール・ルージュや毛沢東の紅衛兵を連想させる光景である[82]。

チェコの状況も大差なかった。調和の取れた多民族国家を夢見たチェコスロバキアの大統領エドヴァルド・ベネシュは、過酷な戦争が終わると「ドイツ人に災いあれ！」と呪い、ドイツ人を皆殺しにしろと扇動した。チェコの「革命守備隊」はプラハのストラホフ・サッカー競技場に集まった1万人以上のドイツ民間人に向け、面白がって機関銃を乱射した。老若男女数千人の避難民が、ここで死んだ。さらに1945年7月31日には、チェコ人の武装集団が橋上ですれ違ったドイツ人避難民を川に投げ込んだ上、銃を乱射して約50人が犠牲となった。ズデーテン地方の小さな町ウスチでの事件だった。[83]ズデーテンからドイツへの避難を急いだ人々の痛みは、東プロイセンから追放された人々と変わらなかった。ナチの残酷な占領統治の下でホロコーストと絶滅戦争を経験した東欧社会は、犠牲の大きさに見合うほどに道徳の感覚を失っていた。ナチ統治の最もおぞましい点は犠牲者を殺す前に、道徳的に堕落させることだ。ドイツ人避難民は、その因果応報の犠牲者となった。

ドイツ人避難民が東欧で経験したさまざまな痛みは、連合国の爆撃よりずっと生々しく、痛々しかった。爆弾に顔はないが、自分を強姦したソ連軍兵士や東欧の加害者の顔は記憶に焼き付いた。東ドイツでは社会主義の兄弟国を加害者にできなかったから、追放に関する受難の記憶は完全に西ドイツのものとなった。避難民1200万人のうち、無事にドイツへ戻れた人の7割に当たる約750万人が西ドイツに定着したのも偶然とは言えない。帝国主義である英米の爆撃という東ドイツの記憶では加害者に顔がなかったが、東欧スラブ人の復讐で痛めつけられた西ドイツの避難民の記憶は違う。加害者は明らかで、具体的だった。それは、冷戦体制下で共産主義者の野蛮な暴力を強調するのにも一役買った。西ドイツで「被追放者連盟（ＢｄＶ）」を結成した元避難民は、ドイツ人を殺し、追い出したソ連とポーランド、チェコなど東欧諸国に謝罪を要求した。彼らはたいていカトリック教会と深い関係を持った。彼らの多くはナチ党に投票していたが、戦後の西ドイツではキリスト教系政党であるＣＤＵかＣＳＵの主要な支持勢力となった。ＢｄＶは68年革命後、父母世代の過去に批判的となった子供たちの世代によって脇に追いやられたが、それまでは決して無視できない政治勢力だった。

西ドイツの教会が終戦直後に東欧のドイツ人追放を批判し、「ドイツ被追放者憲章」（１９５０年）を支持したのは、彼らが教会の主要な支持勢力だったからだ。アデナウアー政権の交通相ハンス・クリストフ・ゼーボームはさらに、避難民の味わった痛みをユダヤ人の犠牲と同一視して歴史の流れから切り離そうとした。憲章に署名した指導者クラスの30人中20人は元ナチ親衛隊幹部やナチ党員で、２００人を超えるＢｄＶスタッフも３分の１強が元ナチ党員だった。彼らをホロコーストの犠牲者と同列に置くことは、ホロコーストを安っぽいものとし、ナチの歴史を消し去るものだった。西ドイツ政府の外交方針も、東プロイセンからの避難民の「故郷に戻る権利」を認めるものだった[84]。だが、帰郷の権利についてポーランドから理解を得るのは不可能に近かった。ポーランド人にとって彼らは犠牲者である以前に加害者であり、敗走するドイツ人避難民に復讐したポーランドやチェコの人民は加害者である以前に被害者だった。

「集合的な罪の意識」に引きずられ、加害者集団に属する個人の痛みと犠牲を否定することはよくない。だが、加害と犠牲の重層構造を無視したまま、全ての犠牲者を罪なき人々だとする主張も正当とは言えない。犠牲は、同じでありながら違う。かといって犠牲者たちに序列を付けるのもおかしなことだ。犠牲になった本人や家族にとっては、自らの犠牲は他人のそれに劣らず痛ましく、耐えがたいものである。しかし、個人レベルにとどまらない社会的記憶ということになると、歴史的な見え方は異なってくる。社会的記憶の場に入った個々人の犠牲を論じる際に、歴史的な流れに位置づける脈絡化が求められるのもこのためだ[85]。犠牲者に序列を付けるのも記憶の暴力だが、全ての犠牲の記憶を歴史的な流れから引きはがして抽象的な痛みとして画一化するのも暴力である。被害者の痛みに共感を抱きつつ、痛みの序列化と画一化を警戒しなければならない記憶の場は、気まずく、矛盾した緊張に満ちている。東プロイセンの故郷を追われた避難民が強いられた痛みを理解するとしても、彼らの犠牲がポーランド人のそれと同等だという主張が成り立つわけではない。ドイツとポーランドの犠牲は、同等とは言えない非対称的なものだ。個人としてはおぞましい経験ばかりだが、ポーランドやドイツという国家や民族で分類すれば犠牲の非対称性は明らかだ。ナチの犠牲になった560万人のポーランド人と、ソ連赤軍とポーランドなどによる復讐の犠牲となった50万から200万人のドイツ人を同列視することはできない。

だからといって、追放されたドイツ人の犠牲を否定できるわけではない。犠牲者の非対称性はしばしば、犠牲のより大きかった者が少なかった者を否定することにつながる。そして犠牲者の地位を独占する論理的根拠に使われ、和解を難しくする。自らの加害行為と相手の犠牲を否定するならば、加害者には悔い改めたり、赦しを求めたりする理由はない。赦しがなければ、和解もない。自分たちの犠牲はドイツの罪を代わりに償ったものだという被追放者たちの論理は、歴史的和解をさらに難しくした。キリスト教の考え方では、悔い改めない加害者を赦すことなど不可能だ。そんなことをすれば、罪を犯した加害者の態度が変わらなくても良いという意味にもなる。それでもポーランドと西ドイツの関係を正常化させるためには、被追放者の問題を解決しなければならなかった。アデナウアー政権の本音は、ポーランドとの関係回復のほうが被追放者の権利より重要だというものだった。ポーランドのヴワディスワフ・ゴムウカ政権も、西ドイツとの歴史的和解と国交樹立を切実に必要としていた。

国境線確定という安保上の理由と、経済成長のための補償金という経済的な理由からである。西ドイツがオーデル・ナイセ線を国境と認めるなら、新たな互恵協定はいくらでも可能だというのがゴムウカの立場だった[86]。しかしアデナウアーは被追放者の票を意識せねばならず、ゴムウカはドイツに対するポーランド人の恐怖を政治的な道具として使う誘惑にかられやすかった。両者とも「歴史の人質」である点は一緒だった[87]。犠牲者意識ナショナリズムは、彼らに勝手な言説を許さなかった。

ドイツより人数は少ないが、日本の引き揚げ者たちが味わった痛みも大変なものだ。厚生省の資料によれば、引き揚げ者は629万人と推計される[88]。うち民間人は約320万人なので、ドイツの4分の1程度ということになる。1945年10月から本格的な引き揚げ船が出たが、飢えや病気による死者も多かった。満州と朝鮮半島からの引き揚げでの死者はそれぞれ11万人と1万8000人と推算された[89]。これもまた、50万人から200万人が死亡したとされるドイツよりずっと少ない。ただ規模は違っても、経験したことは似ている。ほとんどの人が全財産を失い、食べるものにも困る状況に陥りながら、現地人の復讐と飢え、寒さなどに苦しめられた。朝鮮人の夫から捨てられた日本人女性も多かった。帰国後も、本土の日本人の偏見と差別が待っていた。ソ連と中国の捕虜収容所からの引き揚げ者は、共産主義に洗脳されたのではないかと疑われた。新しい職場を探すのは難しく、以前の職場に戻るのも簡単ではなかった。ようやく就職できても、1949～50年のレッドパージで仕事を失う人もいた[90]。

ヨーコ・カワシマ・ワトキンズの『ヨーコ物語』(邦題『竹林はるか遠く』)とギュンター・グラスの『蟹の横歩き』(2002年)はそれぞれ、日本とドイツの避難民の受難を描いている。ところが二つの小説が描く記憶の政治的な様相は、天と地ほど違う。二人の作家がめざす大きな物語や理念が違うというのではない。一人は歴史を歪曲し、もう一人は歴史的な真実だけを追求したというのでもない。よく見ないと気付かないほど微妙な視点の差があるだけだ。しかし小さく見えたその違いが、とりわけ鋭敏になっている集合的記憶の回路を通ると乗り越えがたい溝を生むのだ。2冊を分けるのは、歴史への感受性だった。ワトキンズとグラスは作家としての文学的な筆致や文章の香りではなく、歴史的な想像力と自らの記憶を問題視できる批判的な感受性において大きな違いがあった。二つの小説の内容を具体的に見ると、問題の核心がさらにわかりやすくなる。第1章で見たように『ヨーコ物語』には、日本の植民地支配とアジア侵略戦争という歴史的な流れに目を向けないまま、引き揚げ者の痛みと犠牲だけを一方的に強調する傾向があった。日本の植民地主義の歴史的・道徳的な不当性や日本軍の犯した犯罪と残虐行為を批判的に省みて、その歴史的な文脈の中で自らの痛みを客観化する感受性が欠けている。

ドイツのノーベル賞作家グラスの『蟹の横歩き』は、ヴィルヘルム・グストロフ号の悲劇を扱っている[91]。この船は1945年1月30日、1万人を超えるドイツ人避難民を載せて東プロイセン・ゴーテンハーフェン（現在のポーランド領グディニア）の港を出発した直後、ソ連潜水艦の魚雷攻撃を受けて沈没した。4000人余りの子供を含む乗客のほとんどが冷たいバルト海の底に沈んだ悲劇的な事件は、西ドイツで1959年に映画化された。当時は、ソ連の復讐によってドイツの避難民がどれほどの苦痛を味わったか生々しく伝える事件の一つだった。ところが1960年代末以降、加害者であるナチス・ドイツへの自己批判と省察が西ドイツ社会の記憶文化を支配したことによって、ドイツ人を犠牲者と位置付けてきたこの事件は西ドイツ人の記憶から消えた。東欧との歴史的和解を追求した首相ヴィリー・ブラントの東方政策が、忘れるよう仕向けた面もある。ホロコーストの記憶の後ろに隠されていた悲劇は、ドイツ統一とソ連崩壊という政治環境の急激な変化を受けて再び公的な領域に戻ってきた。

ポスト冷戦の体制となって第2次大戦の記憶は冷戦のイデオロギーから解放され、新しいコードで再構成され始めた。東欧諸国の欧州連合（EU）加盟によって、彼らの記憶は欧州の記憶構成体に組み込まれた。欧州の記憶文化は、大量の記憶の流入を受けて再編を余儀なくされた。スターリン主義テロの犠牲者をどのように記憶するかが、拡張された欧州の記憶構成体を再編する動力だった。ソ連軍の魚雷で沈没したグストロフ号の悲劇もこの流れの中で注目されたのだが、それを主導したのは右派勢力だった。旧東ドイツ地域で台頭してきたネオナチのグループも積極的だった。グストロフ号の犠牲に関心を払おうとしない左派勢力に対してグラスは、ドイツ人の痛みをどう記憶するかという大切な問題を右派に任せきりにしてはいけないと警告した。ホロコーストの罪の意識にこだわって沈黙を続ける左派に、ドイツ人の罪が余りに大きいからと痛みまで無視してはならないと強く主張したのだ。ドイツ人の犠牲についての記憶を右派に独占させず、左派の声が加わってこそバランスの取れた記憶になるというのが、グラスの考えだった。この悲劇を社会的記憶から消したり、ドイツ中心に絶対化したりするのではなく、歴史的コンテクストに置いて批判的に記憶することを望んだのではないかと思われる。

2002年に刊行されたこの小説は、被害者としてのドイツ人に関する活発な議論をドイツ社会で巻き起こした。知識人社会の良心を代表するグラスの作家としての存在感は、議論を盛り上げるのに大きな役割を果たしただろう。ネオナチではなくグラスが火を付けたことに当惑した一部の左派評論家は、この作品がナチズムの正当化につながりうると批判した。しかし冷たい冬の海に沈んだ1万人近い罪なき犠牲に焦点を当てたことで、この小説がナチズムを擁護し、正当化すると断じるのは難しい。厳しく歴史を見つめる作家であるグラスは、加害と被害が入り乱れる記憶の場を提供しようとしているからだ。彼は随所に、船名がスイス駐在のナチ党最高責任者だったヴィルヘルム・グストロフの名前から付けられたことや、就航してから主に余暇を組織して労働者を懐柔したナチの政策「喜びを通じて力を（歓喜力行団）」プログラムに動員された宣伝道具だったこと、スペイン内戦のゲルニカ爆撃で悪名高いコンドル旅団を本国に戻した血塗られた船だったこと、沈没の主たる犠牲者だった東プロイセンのドイツ人の間ではナチ党支持率が非常に高かったことなどを配していた。ドイツ人避難民の犠牲をいくら強調したとしても、それはユダヤ人虐殺やスラブ系奴隷化のようなナチの犯罪行為の前ではカッコ付きの犠牲であるに過ぎない。そう考える作家の視点が明確に表れていた。

ドレスデン爆撃に関するフリードリヒの記述や唯一の被爆国に関する日本の言説、『ヨーコ物語』の引き揚げ者の話――。それらとグラスの違いが、くっきりと出てくる点だ。東プロイセンからの避難民にグラスが向ける独特の視点は、加害者と犠牲者という二分法に対する危惧から出ている。予測を超えて激しく揺れ動く歴史において、加害者がいきなり犠牲者になり、犠牲者が実は加害者となっていたことにふと気付くなどということは日常茶飯事だ。しかし二分法的な仕切りを外したところで、加害者と犠牲者の位置を逆転させたり、誰もが犠牲者だと言い募ることで加害と犠牲の記憶を一緒くたにしたりすることはできない。加害者と犠牲者の境界を変わりようのない本質的なものと捉えるのではなく、加害者でもあり、犠牲者でもあるという二面性を持ったり、両者の立場が入れ替わったりすることもあると認識する。その上で歴史的コンテクストの中に位置付ける脈絡化を行い、同時にその境界を揺るがせつつ批判的な記憶文化をめざす視線を忘れない。グラスが歴史に向けるそうした視線には、新しい道を切り開いてくれた感がある。歴史的な文脈のディテールを置き去りにしない彼の執拗な筆致は、『ヨーコ物語』のような歴史の流れから外れる脱歴史化もしくは脱脈絡化を許容しない。戦後日本とドイツの記憶文化における問題は、嘘かどうかや歴史の歪曲というものではなく脱歴史化と脱脈絡化だった。加害の歴史を消したまま犠牲ばかりを一方的に強調する記憶は、嘘だから問題なのではなく、歴史の流れを無視しているから問題なのだ。

ソ連の収容所に抑留された捕虜の記憶も脱歴史化され、「アジア的野蛮」に染まったスラブの共産主義者による抑圧と迫害という集合的記憶を強化した。1950年代にソ連の捕虜収容所から西ドイツに帰還した一部の捕虜を待っていたのは法廷だった。収容所でスターリンの秘密警察に協力し、ナチの前歴を持つ上官や同僚を告発した元捕虜たちは「戦友虐待者」という烙印を押された。彼らは、ナチの犯罪者よりも過酷な処罰を受けた。ナチの戦犯には命令に従っただけだと寛大だった西ドイツの法廷が、戦友虐待者には個人の責任を問うて「罪」を罰した。西ドイツの司法は、スターリンの秘密警察に戦友を密告した兵士たちが男としての美徳や戦友愛を失ったと批判し、熱心に処罰した。[92]男の美徳と戦友愛とは、1942年にポーランド東部ユゼフフで第101予備警察大隊の隊員たちがユダヤ人虐殺に加わった大きな理由だった。ためらったり、拒否したりした兵士は戦友たちから「臆病者」などという非難にさらされた。彼らにとっては、ユダヤ人犠牲者との人間的な交わりより同僚にどう見られるかのほうが重要だった。[93]捕虜たちが敗戦の責任を負い、軽蔑と冷たい視線を浴びねばならなかったのだ。一方で東側では密告者は反ファシズム闘争の闘士とされ、反ファッショのドイツ民主共和国（東ドイツ）の理想的な市民として遇された。

ソ連の中央アジアやシベリアの奥地でジュネーブ条約の保護も受けられないまま秘密警察の懐柔と

圧力、寒さ、飢え、さまざまな病気に苦しめられた日独両軍の捕虜の経験した苦痛は察するに余りある。しかるに記憶の領域では痛みの経験はしばしば脱歴史化された記憶となる。ロシア語の同時通訳者、米原万里の紹介するエピソードはとても興味深いものだ。ソ連は１９９０年、東京に代表団を派遣して元捕虜と対話するシンポジウムを開いた。ペレストロイカとグラスノスチでソ連体制が崩壊の危機に瀕し、日本からの経済援助を必要としていた時期だった。会場を埋めた70歳前後となった元捕虜たちは異様な熱気を醸し出していた。報告に立ったソ連の歴史学者がソ連軍の満州への「進行」と述べると、会場はどよめいた。「日ソ中立条約を勝手に破ったんだろうが」という怒号が鳴り響き、収拾がつかない騒ぎとなった。発言した学者はしばらく呆然と会場を見つめていたが、やおらマイクをつかんで言い放った。「てめえら、その時どこにいたんだ！ 自分の領土にいたのか!? 満州は、他人の国だろうが」。騒ぎはピタリと収まり、会場は嘘のように静かになった。[94] 米原と野田正彰、シベリア抑留経験のある画家との鼎談での会話も興味深い。望郷の念にもだえながら死んでいった戦友たちの姿、寒さ、ひもじさ、重労働、収容所の劣悪な条件など、画家は抑留の過酷な体験を雄弁に語った。だが野田が、満州での体験について聞くと口をつぐんだという。[95] 歴史の流れから逸脱する記憶の脱歴史化は、犠牲の非対称性から目をそらす早道である。

一方、終戦直後の日本で復員兵に投げつけられた「特攻くずれ」という罵声が示唆するように、西ドイツと日本どちらでも帰国した戦争捕虜には敗戦の責任だけでなく、殺人的なインフレの主犯、闇市での買い占めで暴利をむさぼっているというイメージまで押し付けられた。[96] 中華人民共和国の政治的な教化プロセスの中で帰国前に反省文を書かなければならなかった中国戦線の日本軍捕虜は、ドイツの「戦友虐待者」のように祖国と民族を裏切って共産主義の宣伝に染まったと疑われた。ソ連から解放された捕虜が日本に下り立つ舞鶴などの港湾都市周辺では、洗脳された捕虜が日本をソビエト化するため共産党への入党を誓ってきたという噂が広まった。[97] その反面、ソ連に抑留された捕虜の苦難はまるで、ナチス・ドイツと帝国日本の加害行為を相殺できるカードのように使われもした。ドイツの収容所に入れられた英米などソ連以外の連合国軍の捕虜は計23万2000人で、死亡したのは4％にあたる8348人だった。これに対し、ドイツ軍の捕虜となったソ連軍将兵は570万人のうち330万人が虐待と飢えなどで命を落とした。スラブ系に対するナチの人種主義的な差別が背景にあった。[98] 一方、日本軍に捕虜とされた連合国将兵の死亡率は27・1％で、ドイツの収容所における英米軍捕虜の死亡率の7倍にもなった。[99] 終戦後、長い人で1956年までの10年余りをソ連の捕虜収容所で抑留された日独両国の捕虜は、連合国軍捕虜の痛みを相殺するカードとしてしばしば持ち出された。シベリアに抑留された日本人捕虜60万9448人の1割強となる6万1855人が死亡し、ドイツ人捕虜は300万人中100万人が死亡した。ドイツ軍捕虜より死亡率がはるかに低かった日本軍捕虜の声のほうが大きかったのは、遅れて参戦したソ連に残酷な行為を働く機会がなかったこと、すなわちソ連に対する加害者だという罪の意識を持つ理由がないからだ。[100]

犠牲の記憶と歴史の免罪符

終戦直後に犠牲者という歴史的位置を占めたのは、意外にも枢軸国の兵士と市民だった。多くの死者を出したし、経済的な厳しさ、帝国喪失と敗戦の憂鬱などが重なったことで、自分たちを歴史の犠牲者だと感じるのは自然なことだった。彼ら枢軸国の犠牲者は、敗戦による生活苦をもたらしたナチとファシスト、軍国主義指導部に怒りの矛先を向けた。イタリア人は、自分たちはファシズムの被害者だと考えた。戦後イタリアを代表する知性といえるベネデット・クローチェは、ファシズムを「カギカッコ付きの歴史」だと規定した。イタリア人の記憶においてファシズムはイタリア史の主流ではなく、外から強要された不慣れな政治理念だった[101]。終戦直後にイタリア映画界を席巻したヌーボーシネマは、反ファシスト的道徳性を盛んに再現した。ファシズムは、堕落したブルジョワと外部勢力の責任だというのが主たるメッセージだった。イタリアのファシズムの道徳的・物理的な残虐行為さえ、ドイツの軍人や麻薬中毒者、同性愛者、サディスティックな犯罪者の仕業だとされた[102]。

純粋な本当のイタリアと、ファシストの偽イタリアという二分法は、戦後イタリアの記憶文化を支配する基本文法だった。ひとことで言えば、ファシズムはイタリア的でない。イタリアの歴史とムッソリーニのファシズムは別物だった。「良いイタリア人」と「悪いファシスト」は区別されねばならないし、良いイタリア人である普通の人々にファシストの残酷行為の責任を問うたり、罪を追及したりしてはならなかった。イタリア版のニュルンベルク裁判は最初から不可能で、戦後イタリアにおいてファシズムは過去というブラックホールに吸い込まれて消えた[103]。犠牲者民族だという戦後イタリアの自己催眠的なイメージは、こうして出来上がった。ファシズムの犠牲者だというイタリア人の記憶が、「もろ肌を脱いで演説するドゥーチェ」（訳注：ムッソリーニの称号。もともとは指導者という意のラテン語）などというムッソリーニの写真を使ったカレンダーの人気につながっている。こうした人気が今も高まっている現象をどうやって説明できるのかは、まだ謎として残っている[104]。

中欧では、ヒトラーの最初の犠牲者という座を巡ってオーストリア人がドイツ人と争った。ナチの最初の犠牲者オーストリアというイメージが初めて作られたのは、１９４３年にモスクワで開かれた米英ソ3国外相会談でのことだ。会談では、1938年3月12日のナチス・ドイツによるオーストリア併合の無効が宣言され、オーストリアは「ヒトラーの攻撃の犠牲になった最初の自由国」だと規定された。これに先立つ1942年の演説で、ウィンストン・チャーチルは「プロイセンのくびき」からオーストリアを解放すると約束した。連合国が敵としたのは、少数の封建的なプロイセンの地主であるユンカーとナチだった。おかげで併合を熱烈に支持し、ドイツ帝国のマルク経済圏への統合を渇望していた多くのオーストリア人は「邪悪な」ナチとプロイセンの悪党どもの陰に隠れてしまった。戦後オーストリアで政権に就いた社会党は、ナチの共犯となった戦犯を自国の人民と民族に対する裏切り者だと指弾した。そして、ナチに協力したオーストリアの普通の人々は彼らに裏切られた犠牲者となることができた(105)。

だが、かわいそうな犠牲者オーストリアの実像は少し複雑だ。人口700万人のうちナチ党員は69万3007人で、人口比の党員数はドイツと肩を並べた。さらに党員のうち12万7000人は併合以前からの党員だった。反ナチの姿勢を取ったエンゲルベルト・ドルフス政権の監視と弾圧をかいくぐって入党していたのだ。彼らは機会主義者ではなく、理念に尽くす熱烈なナチだった。オーストリア人の比率は第3帝国住民の8%だったが、ナチ親衛隊では14%に達した。心身障害者に対する「安楽死」プログラムからアウシュヴィッツに至るまでの集団虐殺にいかなる形であれ加担した虐殺者のうち、オーストリア人の比率はなんと40%に達した(106)。ベルリン交響楽団の団員110人のうち8人がナチ党員だったが、ウィーン交響楽団では117人中45人だった。ウィーン交響楽団は、併合に反対したり、ユダヤ人だったりという理由で13人の団員を追い出した(107)。ウィーンに住むユダヤ人の人口は戦争の前後で20万人から6500人へ急減した。ウィーンのオーストリア人にかくまってもらったユダヤ人は200人だけだ。ホロコーストはウィーンの住宅難解消の秘訣だった。戦争中にユダヤ人の家を占拠したオーストリア人は、ホロコーストから生き残って帰ってきたユダヤ人を「なんだ、生きていたのか?」という問いで迎えた[108]。

2013年3月、ナチのオーストリア併合75周年に合わせたウィーンの新聞『シュタンダード』の世論調査は、オーストリアの記憶文化について示唆する点が少なくない。回答者の過半数となる54%が、いまナチ党が合法政党であれば選挙で当選者を出せるだろうと答えた。さらに42%の人は、ナチ時代の生活はそれほど悪くなかったと回答した。さらに驚くべき点は計56%の回答者が迫害の可能性を認めたことである。39%がオーストリアで反ユダヤ主義の迫害が再び起きる可能性があると答え、17%はその可能性がとても高いとしたのだ。それでも61%は、ナチの過去についての清算作業は既に十分であると答えた。併合については、53%がオーストリアの自由意思だったとしたが、46%は依然として自分たちは犠牲者だったと考えていた。ドイツの週刊誌『シュテルン』は衝撃的な結果だと報じたが、当のオーストリア人はそれほど驚かなかった[109]。

1940年代末に東西ドイツで一世を風靡した犠牲者意識は、冷戦終結でイデオロギーの足かせが外れると統一ドイツの記憶文化の中心に戻ってきた。週刊誌『シュピーゲル』が終戦50年の1995年に実施した世論調査は、戦後のドイツ人追放がホロコーストのような人倫にもとる犯罪だという意見が少なくないことを見せてくれる。特に、追放の痛みを直接知る高齢世代になるほどそうした傾向が強く、65歳以上では約40%がそうだと答えた[110]。甚だしくは、ドイツ人の犠牲のほうがユダヤ人よりも大きく、苦しかったという主張まで出た。ドイツ人による加害行為より、ドイツ人に対する加害行為のほうが強調される状況は、1940年代末と1990年代半ば以降で似通っていた。ポスト冷戦の新しい記憶文化でドイツ人は集団的加害者ではなく、集団的犠牲者でもあるという複合的なイメージを持っている。冷戦体制のイデオロギーの縛りから抜け出すや、政治的に抑え込まれてきた個人と家族の歴史の記憶が解放され、個人の痛みと犠牲の記憶がよみがえったのだ。

さらには「ドイツ人イコール加害者」という一般的な等式を揺さぶろうと、絶対的犠牲者というドイツ人の記憶を強調する傾向も出てきた[111]。ドイツ人犠牲者を統一ドイツの新たな国民的アイデンティティに据え、統一に対する周辺国の憂慮を払拭しようという首相ヘルムート・コールの文化政治も、犠牲の記憶をよみがえらせるのに大きく寄与した。英国の首相トニー・ブレアは、統一ドイツにおいて個別の犠牲者に思いをはせることはあって然るべきだが、犠牲者意識の文化をもり立てるのは受け入れがたいと警告したことがある。それは個別の犠牲者ではなく、文化としての集合的記憶を指してのことだった。特に「少数の悪いナチと多数の善良なドイツ人」と二分する記憶構図の中では、ドイツ人はナチの圧制による最初の犠牲者であり、ヒトラーの最後の犠牲者となった。そこではナチズムは、ドイツ民族史の外に根を持つ外来の現象だった[112]。こうした意識構造では、ホロコーストの責任もドイツの外あるいはドイツの民族的伝統とは異質の少数者である悪党のナチに押し付けられた。平凡なドイツ人は、ヒトラーの最初で、最後の犠牲者だった。

平凡な日本人の間でもまた、空襲や原爆よりもまず、自分たちの軍部指導者たちにだまされた犠牲者だという考えが強かった。「翼賛体制」という総動員体制の共犯だったことを忘れた普通の日本人の犠牲者意識は、ＧＨＱのオリエンタリズムと認識論的な共謀関係にある。ＧＨＱは、普通の日本人が戦時体制と軍部の犠牲者だと強調するために、「日本国民は権威に服従する封建的な慣習の奴隷」だというオリエンタリズムの論理を引っ張り出した。日本国民は天皇と総動員体制に心からの忠誠を誓ったが、軍部の裏切りによって彼らの努力は無駄に終わったというのがＧＨＱの認識だった。[113] これは敗戦で苦しむ普通の人々には慰めとなると同時に、総力戦に積極的に加担した「銃後の婦人」のような人々の戦争責任と罪悪感を取り除いてくれる論理でもあった。東京裁判もまた、大衆が軍部指導者にだまされたという感情を作り出すことによって、普通の人々の戦争責任に免罪符を与えた。占領統治の下で作られた集合的記憶において、日本の普通の人々は戦争と軍国主義の罪なき犠牲者となり、加害者は軍部と軍国主義、体制といった抽象的なものとされた。それによって日本の民衆とアジアの民衆はともに、日本の軍部の被害者だというイメージが作られた。[114] 丸山眞男が１９４６年の論文で見せた自省は、当時としては極めて珍しい少数意見だった。丸山は、アジア太平洋戦争での日本軍の暴虐な振る舞いの直接の下手人は一般の兵士だったと指摘し、国内では「卑しい」人民であり、営内では二等兵でも、ひとたび外地に赴けば、皇軍として限りなき優越的地位にあったと指摘した。[115]

個人の記憶は、家族や自らの直接的な経験から始まるものの、国家と社会の文化に根を下ろした集合的記憶に組み込まれると公的な歴史の言説と結びつくことが多い。過去と現在、未来に関する人々の考えと実践を導く文化的記憶は、その社会で支配的な歴史意識および言説と不可分の関係にある。戦後のドイツと日本の知識社会は、資本主義発展の「特有の道」という言説を共有してきた。それは、植民地主義と封建制のなごりが色濃く残り、ブルジョワジーが封建化し、産業化も封建貴族の主導で行われ、ブルジョワ民主主義革命も失敗したことなどを歴史的な特徴に挙げる。同時に強調されるのは、脆弱な議会民主主義、開発独裁を進める暴力的な政治様式、基本的な労働権と社会権を奪われて「即時的階級」（訳注：マルクスの用語で、自らの階級的地位や利害を自覚するに至っていない状態を指す）にとどまる労働者階級だ。そうした社会では、強力な後見人となる国家が存在する一方で近代的な個人主体は未成熟で、政治文化は非自由主義かつ反多元主義となる。[116]英国を普遍的モデルとする単線的な発展論を重視するマルクス主義歴史学や英米式の自由民主主義を近代の普遍的な道とみなすホイッグ的なブルジョワ史観が共有する考え方だ。この解釈に従うなら、ドイツのナチズムと日本の軍国主義は非正常な資本主義発展に伴う避けられない結果だった。

ドイツと日本は前近代から脱皮しきれず、道を外れた資本主義の発展をしてしまったから、封建支配階級と軍部、大資本家が結託して上からのファシスト的革命の道を歩むことになったというのだ。資本主義的近代の「特有の道」テーゼでは、日独の自由主義ブルジョワジーとホワイトカラー、中下級官僚、労働者、農民など大多数の民衆は上から強いられたファシズムと暴力的な近代化の犠牲者だったことになる。少数のナチと軍国主義者が善良な民衆を総動員体制に引き込んだという「特有の道」テーゼは、抽象的な社会体制と構造に責任を転嫁する。しかし処刑場に追い込み、銃を撃ち、スイッチを押して生命を奪った加害者は、現場で動いた小さな行為者たちだった。戦時下に人を殺すのは構造ではなく、人間である。「特有の道」は、戦争と植民地の現場で残虐行為を働いた個別の行為者たちに免罪符を与える歴史的な言説だった。

自己弁護的な戦後の集合的記憶の中で、平凡なドイツ人と平凡な日本人は邪悪なナチと前近代的な軍部の最初の犠牲者であり、戦争末期には最後の犠牲者となった。欧州での戦争2年目となる1940年にドイツ軍の戦死者は6万2700人、行方不明が6万4500人だった。これが戦争末期の1944年にはそれぞれ、45万8800人と152万7600人となった。戦死者が7倍、行方不明は24倍である。[117]この統計は、民族共同体のために犠牲となることを最大の美徳だと信じたドイツ軍兵士こそ最大の犠牲者だった証拠とも言える。だが同時に、敗北が確定する瞬間まで破壊と虐殺の機械をフル稼働させたナチ体制への献身ぶりを示すものでもある。１９４１年12月の対米開戦以降、死亡した日本人は中国戦線を含めて軍人・軍属２３０万人、民間人80万人の計３１０万人に上る。軍人・軍属の場合、このうち実に９割近い２０１万人が１９４４年以降に死亡したと推測される。民間人の大部分もこの時期に命を落としたと見られる。それは、ドイツ軍の戦死者数の推移と似通っている[118]。「絶望的な抗戦期」に虚しく死んだ人々は、明らかに上からのファシズム体制の犠牲者だ。だが死の意味は、はるかに複合的だった。

第6章　過剰歴史化

「犠牲者民族」の集合的記憶に深く刻まれた
世襲的犠牲者という地位は、
潜在的あるいは既に可視化された
植民地主義の危険性を批判できなくする。
ぞっとするようなホロコーストからくむべき教訓は、
私たちも犠牲になりかねないということではなく、
私たちも加害者になりうるという自覚だ。
ナチの絶滅戦争、日本の植民地主義、
犠牲者だったポーランド、韓国、イスラエルの記憶文化を支配する
犠牲者意識ナショナリズムが危険なのは、
加害者を被害者にするだけでなく、
被害者の内にある潜在的な加害者性を
批判的に自覚する道を閉ざしてしまうからだ。

複雑な記憶装置の迷路から抜け出し、道徳的に心地よく、煩わしさもなしに自らを慰めてくれる記憶を作るのは簡単だ。ナチとスターリン主義の最大の被害者でありながら、自らと家族の命をかけてユダヤの隣人を助けたポーランド人は、けっして加害者になりえないというメッセージに従えばよい。それが唯一の出口となる。写真は、エストニアの占領博物館にあるナチとソ連を象徴する展示物。
Wikimedia Commons

集合的無罪とイェドヴァブネ

歴史の加害者が記憶の犠牲者へと変身する時、共通して起きることが一つある。関わった個々人が自分のしたことを棚に上げ、歴史の構造の後ろに隠れるのだ。歴史の渦巻きの真っただ中に立つ個人は、状況の持つ圧倒的な力の前では無力とならざるをえない。しかし記憶の領域で自らの行為を棚上げするのは、必ずしも無力さゆえではない。暴力の構造と歴史的状況の圧倒的な力を一方的に強調するのは、自らが主体的に行ったこととその結果に対する責任から逃れる便利な言い訳でもある。イェドヴァブネでユダヤ人の隣人たちを殺害した罪で、戦後の共産主義政権の法廷でそれぞれ15年と12年の懲役刑を宣告されたラウダンスキ兄弟3人も例外ではなかった。長男のカジミェシュが自由主義のポーランド紙『ガゼタ・ヴィボルチャ』に送った2000年12月5日付の手紙は、弁明というにとどまらず、挑発的ですらあった。虐殺の主犯は自分たちポーランド人ではなくナチス・ドイツの占領軍だし、シベリア送りにするポーランド人の名簿をスターリンの秘密警察と一緒に作ったのはユダヤ人のアカどもだという抗議だった。ラウダンスキ家は愛国的なのだと家系を持ち出し、自分たちを悪党だと決め付けるなと主張した。締めくくりは「私たち（兄弟）はいつも公共の利益のため国に奉仕する準備ができていた。今もそうだ」という、もっともらしい常套句だった。編集長アダム・ミフニクにとって受け入れがたい内容であり、同紙はこの問題を本格的に取り上げることにした(1)。

おかげで『ガゼタ・ヴィボルチャ』の記者ビコントは2000年12月16日、イェドヴァブネから100キロ離れたピシュで兄弟をインタビューすることになった。ドイツから常連客が訪ねてくるほど近隣では名の売れた養蜂業者として成功していたカジミェシュは、自宅を訪ねてきたビコントを紅茶と自家製のジンジャーブレッドでもてなした。インタビューは3時間を超えた。落ち着いた様子で質問に答えた兄弟は入念な準備をしていたかのように、全ての質問によどみなく答えた。長いインタビューを終えると、ビコントはホテルの予約を取り消し、凍った夜道を運転してワルシャワに戻った。自分たちに罪はないと主張する兄弟の「まぶたの裏に事件のあった1941年の光景が蘇っているという思いを振り払えなかった」からだ。ビコントには、そこで一夜を過ごすことなど考えられなかった。事件で生き残ったシュムル・ヴァセルシュタインの証言で、ユダヤ人を押し込めた納屋に火を放った現場にいたと名指しされた三男イェジは、自分は納屋から30メートルも離れていたので状況から見て無罪だと語った。他のポーランド人の隣人たちが自分より納屋の近くにいたと言いながら、彼は口元に笑みを浮かべた。「戦後の共産主義政権でユダヤ人が何をしたのか知っているのか？　だからといってポーランド人とユダヤ人が互いに非難しなければならないのか？」という彼らの抗弁を後に車を走らせながら、ビコントはできるだけ早く、彼らから遠ざかりたかったと振り返る。インタビューを終えて別れる時、カジミェシュは「ユダヤ人とは何の問題もないんだ。二度と傷をほじくり返さないでくれ」と警告した(2)。

別れる直前に兄弟が何気なく口にした言葉は、「ユダヤ人のアカ」という固定観念を無意識に示していた。それは、ポーランド人は加害者ではなく、むしろユダヤ人共産主義者の犠牲になったという主客転倒した記憶を正当化するものだ。この記憶では、独ソ不可侵条約によってソ連がこの地域を支配した1939年から1941年の間、ポーランド人はソ連と結託したユダヤ人共産主義者に痛めつけられたことになっている。ソ連の秘密警察に協力したユダヤ人共産主義者が民族主義陣営の反共パルチザンを率先して密告し、中央アジアやシベリア送りにしていたというのだ。さらに第2次大戦中の1942~1944年には、ポーランドの農民から食物や野菜などを略奪した。彼らは、ポーランドの地下政府とポーランド人の多くにとって最も信用ならない集団だった[3]。兄弟が記憶する歴史における犠牲者はユダヤ人ではなくポーランド人であり、ユダヤ人は仲間のポーランド人をソ連に売った裏切り者に過ぎなかった。だから否定論者たちはソ連占領期を「ソビエト・ユダヤ占領期」と再定義し、ユダヤ人がポーランド人を迫害したと強調する。「ユダヤ人のアカ」という固定観念は反共主義的な歴史言説の典型だが、それが21世紀のポーランドの記憶文化を支配する言説となっており、現実政治の選挙戦でも依然として猛威を振るうのである。

自分たちこそソ連に押し付けられた外来イデオロギーである共産主義の犠牲者だったというカジミエシュの強弁は、二男ジグムントがポーランドの秘密警察に送った70年ほど前の手紙によって完全に崩れ去る。ジグムントは殺人罪で服役していた1949年、ポーランド統一労働者党（共産党）の秘密警察に善処を懇願する手紙を送った。彼は自らについて、1939年10月のソ連軍によるイェドヴァブネ占領から1941年のナチによる再占領までの間、生命の危険を顧みずにソ連の秘密警察（NKVD）のために働き、ナチの敗北でソ連軍が戻ってくると再び共産主義農民組合に加わり、入党した忠実な共産主義者だと訴えた。彼の履歴で興味深い部分は、1939年のソ連軍進駐によって村が「ベラルーシ・ソビエト連邦共和国」に編入されると、半年ほど森の中に身を潜めたことだ。何かが心配だったのだろう。ジグムントは自らに危険が及ばないと見極めてから姿を見せ、ソ連秘密警察の情報員となった。ソ連軍が占領した時にはソ連秘密警察の情報員として活動し、ナチ占領期にはナチに同調してユダヤ人虐殺に加担し、ナチが敗北してポーランドに共産政権が樹立されると再び熱烈な共産主義者になったのである。彼の生き様は、親日派から親ソ連派に、そして親米主義者へと変身した全光鏞《チョングワンヨン》の小説『カピタン李』を連想させる。[4] ジグムントの処世術は、『カピタン李』の主人公より小説的ですらある。

　イェドヴァブネの虐殺で死刑宣告を受けて収容中に脳卒中で死亡したカロル・バルドンの経歴も興味深い。時計修理工だった彼は１９３９年のソ連軍進駐後、秘密警察などさまざまな行政機関の仕事を手伝い、トラクター修理工場の工場長にまでなった。その彼が、１９４１年にナチがやってくるとユダヤ人虐殺の先頭に立った。[5] 戦間期ポーランドのファシスト指導者で、戦後の共産主義政権でもそれなりに華やかな政治的経歴を積んだ「完璧な機会主義者」ピャセツキの履歴が見せてくれるように、ファシズムと反ユダヤ主義、共産主義、カトリック教会、民族主義を一つにくくることなど、彼らにとって全く問題とならなかった。[6] 文学的な想像力が追いつかないほど柔軟な実用主義で身を固めた彼らが自らを「ユダヤ人のアカ」の犠牲者だと記憶したところで、驚くことではない。理念と体制の網の目をあざ笑うかのように自在な動きを見せる機会主義者たちをポーランドでは「小魚」という隠語で呼ぶのだが、彼らの弁明を記憶の歪曲だと単純に片づけると多くを見逃してしまう。ラウダンスキ兄弟が自らの過去を犠牲者の記憶に仕立て直すのを助けた戦後ポーランドの物語《ナラティブ》、すなわち記憶文化を構成する歴史的文法における模範答案が何なのかを問わなければならない。それが、深い分析のために必要なことである。

　この問いを理解するために説得力ある足掛かりとなるのが、アーレントの「集合的有罪（collective guilt）」と「集合的無罪（collective innocence）」というペアの概念である。アーレントによれば、集合的有罪は「自らがしたことでもないのに、自分たちの集団の名前で行われたことに罪があると考えたり、罪の意識を感じたりする」思考方式だ。[7] 個々人の考えや行為とは関係なく、ただドイツ人であるという理由のみでホロコーストの罪を、日本人だからと南京虐殺の責任を問うような思考方式がそれである。「集合的無罪」は反対に位置するものだが、論理としては同じだ。トランスナショナルな記憶の装置において両者は激しく対峙しているように見えるものの、実は互いを支え、正当化する関係にある。テーブルの反対側に立っているだけで、論理とゲーム規則は共有しているのだ。

アーレントの批判によれば、集団に属する全ての人を有罪や無罪と決め付けると、結局は誰にも罪を問えない状況を作ってしまう。祖先や父母世代の罪を民族の名前で引っかぶる「集合的有罪」にしろ、個々人の犯した罪を民族の名前で隠してしまう「集合的無罪」にしろ同じことだ。[8] ユダヤ人を虐殺したことへの現実の責任を取ろうとせず、ナチズムとスターリン主義の最大の被害者であるポーランド民族の一員だという理由だけで自らを犠牲者だとみなすラウダンスキ兄弟は、「集合的無罪」を私有化する典型例だ。彼らは、１９３９年にスターリンの秘密警察、１９４１年にはナチ占領軍、１９４５年にはポーランド共産党政権、１９９０年には独立労組「連帯」の反共政権と権力が変わるたび、機会主義的に協力してきた。その彼らを犠牲者にする記憶の変身術の秘訣は「集合的無罪」である。スターリン主義とナチズムに痛めつけられたポーランド民族と自身を同一視することで、彼らは犠牲者意識ナショナリズムの後ろに自分たちの加害行為と記憶を隠すのだ。犠牲者民族という集合的過去の陰に隠れて個人の加害の記憶を消すのは、犠牲者意識ナショナリズムでよく見られる現象の一つだ。集団的犠牲の歴史を過度に強調する歴史の過剰脈絡化、すなわち過剰歴史化と言えるだろう。

本当の犠牲者はおぞましい体験がトラウマになっているがゆえに沈黙することが多い。犠牲者意識ナショナリズムの伝道師のように振る舞うのはむしろ、加害者や協力者である。彼らが罪を犯したと意識しているなら、なおさらだ。犠牲者意識ナショナリズムの逆説である。加害者たちにとって犠牲者意識ナショナリズムとは、罪の意識を隠し、根拠なき怒りを正当化する重要な記憶の資産なのだ。[9]

１９４６年7月4日にポーランド南部のキェルツェで起きたポグロム（ユダヤ人虐殺）に関するポーランド民族主義右派の否定論も「集合的無罪」の心理を反映したものだ。郊外の友人宅へチェリー狩りに行き、そのまま無断外泊した8歳の少年が母親についた嘘が事件の発端だった。ユダヤ人に拉致されて宗教儀式の生け贄にされかけたという作り話から発展した信じがたい虐殺で、少なくとも40人のユダヤ人と2人のポーランド人が死に、数十人が負傷した。ユダヤ人犠牲者40人のうち30人以上は、いきりたった群衆が投げた石に当たって命を落とした。共産体制の当局はすぐに、ロンドンの亡命政府につながる反共地下勢力の扇動によるものだと非難し、虐殺の罪で12人を軍法会議にかけて9人を銃殺した。ナチの圧制から解放された後に起きた虐殺は、いまだホロコーストの恐怖から抜け出せていなかったユダヤ人に大きな衝撃を与えた。

それだけではなかった。ポーランドがナチ支配から解放された１９４４年11月から翌年末までに虐殺されたユダヤ人は３５１人に上り、１９４７年末までに犠牲者は１０００人を超えたと推定されている。[10] １９４５年6月から12月までの間に、ホロコーストの生存者であるユダヤ人に対する約30件の攻撃がキェルツェやクラクフなどで報告された。うち11件は強盗で、5件はユダヤ人が戦前に所有していた財産に関する争いから発展したものだった。[11] キェルツェ・ポグロム（虐殺）は、ナチ支配からの解放後に起きた反ユダヤ主義的な攻撃のピークだった。事件はユダヤ人の逃避を促し、キェルツェでの虐殺後の3カ月間だけで6万人のユダヤ人がポーランドを後にした。[12] ホロコーストから生還したユダヤ人が生まれ育ったポーランドを再び離れ、ナチの痕跡が色濃く残るドイツの「避難民キャンプ」に押し寄せた。とても正常とは言えない光景が、新たな正常となった。希望がないのは、虐殺者たちが極端な民族主義者や卑劣な犯罪者に限られないことだ。そうであれば、むしろ慰めようもあった。当時の新聞報道によれば、虐殺の主体は平凡な群衆だった。虐殺に加わった人の中には、赤い腕章をした社会党（ＰＰＳ）キェルツェ支部の党員や、近くの鋳物工場の労働者もいた。この工場の労働者は最大で１０００人が加わったという。関東大震災の際に「朝鮮人」と共産主義者を虐殺した日本の自警団のように、彼らには正義を行使するという自意識が強かった。[13] レンブラントの作品「夜警」に描かれた自負心あふれる人々のように、市民としての本分を尽くすという感覚だったのではないかと思われる。

虐殺の当事者ではない一般労働者たちの反応も大きくは変わらなかった。虐殺への批判声明を出すことをためらう雰囲気があり、虐殺を非難した労働者党に対してはユダヤ人の肩を持ちすぎだという不満の声まで上がった。キェルツェの党書記ユゼフ・カリノフスキは、虐殺を止めるため群衆を落ち着かせる演説をするようにという中央党の命令を拒否した。社会党や労働者党の下級党員の間では、虐殺が終わった後にもユダヤ人に対する「道徳的なテロ」が相次いだ。[14] 民族主義陣営の反ユダヤ主義はさらに露骨だった。１９４５年8月19日、クラクフの「楽園」劇場で開かれた農民党大会で、ある代議員がユダヤ人追放の決議案を出しながら「ユダヤ人を絶滅させたヒトラーに感謝せねばならない」と演説すると、参加者１０００人あまりが拍手喝采で応えた。[15] 党と警察、軍部、公安などは、大衆の根深い反ユダヤ主義に手を出せなかった。正統性の弱い党は、大衆の気持ちに逆らってまで反ユダヤ主義と戦えなかった。この時期の共産党の公式な言説を支配したのは「民族的団結」「民族の意思」のようなものだ。ユダヤ人に対する暴力を防ぐ措置が不十分だという、ユダヤ人委員会からの怒りに満ちたメモがキェルツェでの事件前から公安当局に殺到していた[16]。キェルツェでの虐殺は、草の根反ユダヤ主義の自然な結果だった。ポーランドは解放されたものの、ナチの非人間的支配と戦争を経て道徳心は失われ、生き残るためとして恥知らずな利己主義が正当化されるようになっていた[17]。特にナチが東欧で繰り広げた残忍な統治は、生き残るために全ての道徳律を捨てるよう圧迫した。その結果、「社会全体が弱肉強食の世界になったり、悪魔的になったりした[18]」。もはやナチの責任を問えない戦後の状況で起きた虐殺に誰よりも大きな衝撃を受けたのは、ポーランドの啓蒙的知識人たちだった。18世紀末の啓蒙主義憲法と「穏健な革命」時代にまでルーツを遡れる啓蒙主義の雑誌『鍛冶場』は、「これでキェルツェは『ユダヤ人なき』地となり……ヒトラーの計画はキェルツェで完璧に実現した」と書いた[19]。ポーランドの地で行われた前例のない犯罪行為であるホロコーストが、ユダヤの隣人の痛みに対する温かい共感と兄弟愛をポーランド人に呼び覚ますという期待は粉々に砕けた。

雑誌『再生』に掲載されたカジミェシュ・ヴィカのエッセーは、特にクラクフの虐殺を例に挙げて事態の複雑性を指摘する。彼は、ノルウェーのヴィドクン・クビスリング政権のようなナチに協力する体制がポーランドになかったことが悲劇につながったという逆説を提示する。対ナチ協力を拒み、ロンドンの亡命政府との緊密な協力の下でよく組織された地下政府と軍を運営したポーランドのレジスタンスの民族的な自負心と道徳的正当性が、反ユダヤ主義との戦いを困難なものにしたというのだ[20]。2000年のイェドヴァブネ論争の際、ミフニクはさらに発展した解釈を示した。クビスリング政権のノルウェーやヴィシー政権のフランス、バルト3国などの極右民族主義勢力はホロコーストに協力したが、ポーランドのそれは協力を拒んだ。そのためにポーランドの極右民族主義勢力は民族を裏切ったナチの協力者となることなく、歴史的な正統性を守ることができた。その結果、彼らの反ユダヤ主義は愛国主義の象徴として残ってしまったというのだ[21]。

ナチの占領期を生きた情熱的なポーランド人の中に、土着のファシストで反ナチ・レジスタンスの英雄でもあり、ユダヤ人を助けた反ユダヤ主義者という矛盾の塊のような人物を探すのは難しくない。女性レジスタンスの象徴であるゾフィア・コッサク＝シュチュツカも、そのうちの一人だった。ヴェロニカという暗号名を使った彼女は、カトリック民族主義の抵抗組織「ポーランド再生戦線（FOP）」と、「ジェゴタ」という名で知られるユダヤ人救済委員会の創設に加わった。民族主義的な小説と散文で戦前から知られていた彼女は1942年8月に、ワルシャワ・ゲットーの惨状を伝え、絶滅の淵に立たされたユダヤ人を救おうというビラ「抵抗」を5000部作って配布した。ビラは、世間から切り離された壁の向こうで数十万のユダヤ人が救援の希望も、外部の助けもなしに死を待っているという告発から始まる。彼女の鋭いペンはさらに、数百万の民間人が虐殺される現実への世間の沈黙、ポーランド人の沈黙への批判へと続く。殺人を見て「沈黙する者は殺人の共犯」であり、非難しない者は殺人を容認するのと同じだという。彼女は、ユダヤ人虐殺に対する抗議は「殺してはならない」という神からの命令であり、キリスト教的な良心に従う「我らカトリック・ポーランド人」の義務のようなものだとした。自国で起きているホロコーストを傍観するのなら、イエスを十字架にかけて殺した後、血に染まった手を洗ったポンテオ・ピラトと同じである。そうしたキリスト教的道徳律がユダヤ人を救う行動につながっていた。彼女は、ユダヤ人の命を救うことが「我らカトリック・ポーランド人」の義務だと強調する一方で、ユダヤ人が「政治、経済、思想の面でポーランドの敵である」という考えは変わらないと断言した[22]。

そこで目につくのは、命を懸けてユダヤ人を救ったジェゴタの活動と、ユダヤ人をポーランドの敵だと見る反ユダヤ主義の共存である。民族主義的な信念が「ユダヤ人を助ける反ユダヤ主義者」を誕生させた。ポーランド民族の義務であり、ポーランド民族の名誉のためなら、反ユダヤ主義者もユダヤ人を助けるしかない。それがポーランド民族の義務であり、自負心でもあった。眼目は個々のユダヤ人の命を救うことより、自分たちの地で絶滅の危機に瀕しているユダヤ人を助けることでポーランド民族の抽象的な名誉を守ることにあった。コッサク゠シュチュツカのその後も興味深い。1943年9月にナチの不審尋問に引っかかってアウシュヴィッツ・ビルケナウ強制収容所に入れられたが脱出し、1944年8月のワルシャワ蜂起に参加した。戦後の共産政権は右翼民族主義者として彼女をブラックリストに載せたが、初代公安相ヤクブ・ベルマンが西欧への脱出に手を貸した。弟のアドルフをホロコーストから救ってくれた恩があったからだった。祖国を愛する生来の民族主義者である彼女は、脱スターリン主義化が始まった1957年に再びポーランドへ戻った。

コッサク゠シュチュツカはジェゴタの活動によって、死後の1985年にイスラエルのヤド・ヴァシェムから「諸国民の中の正義の人」と認められた。1989年にポーランドの共産政権が崩壊すると、彼女への再評価が盛んにされた。2009年に彼女の活動を称える記念通貨が発行され、2018年には最高位の勲章である「白鷲勲章」が授けられた。記憶政治の観点から見れば、ポーランドの民族主義は反ユダヤ主義的でありながら、批判と省察を迫られることがなかった。ナチに抵抗する一つの方法として命懸けでユダヤ人を救ったという逆説のために、道徳的な正当性に安住できたのである。ユダヤ人を救ったという神話は、ポーランド人の「集合的無罪」を立証する重要な記憶のコードだった。ポーランドは、ナチの最大の集団的犠牲者だ。そのポーランドの民族主義的な愛国者がユダヤ人救出のため喜んで犠牲を払ったのならば、ポーランド民族の「集合的無罪」は改めて裏付けられたことになる。

ユダヤ人を助けるために命を掛けたポーランド人には平凡な農民もいた。1944年3月24日夜、ナチ警察の分遣隊がマルコヴァという小さな村に住む農民ユゼフ・ウルマの家を急襲した。ナチは、屋根裏部屋に潜んでいたユダヤ人8人を見つけ、その場で射殺した。そしてウルマと妊娠7カ月だった妻ヴィクトリア、6人の子供たちを広場に引き出し、動員された村人が見守る中で家族全員を処刑した。子供たちは、一番上が小学校に上がるかどうかという幼さだった。夫妻がかくまったユダヤ人シャル・ゴルドマンが預けた財産に目がくらんだ村人の告発が発端だったようだ。ポーランドの農民たちを震え上がらせるには十分だった。翌朝にはユダヤ人24人の遺体が周辺の野原に捨てられていた。自身の危険を感じた農民たちが、20カ月以上もかくまってきたユダヤ人たちを殺したのだ[23]。ウルマ夫妻は1995年9月13日、ヤド・ヴァシェムから「諸国民の中の正義の人」と認められ、その犠牲は報われた。ただ、ポーランドでは少数のホロコースト専門家や村の住民たちの草の根記憶の中で伝承されるに過ぎない存在だった。

ところがポーランド議会は2018年3月になって、ウルマ夫妻が犠牲となった3月24日を「ドイツ占領下でユダヤ人を助けたポーランド人を称える祝日」という少し長い名前の祝日とする法案を唐突に可決した。法令は「同じ人間に対する共感と連帯、不屈の勇気を、正義にかなった英雄的行動で示した最も高貴な倫理的価値とキリスト教的慈善の手本であり、自主ポーランド共和国の倫理を実践した英雄たち」に捧げる祝日だと説明した[24]。夫妻の記憶がポーランドの公式記憶に編入されたことになる。これに先立ってポーランドの教会は夫妻を「神様の鐘」と呼び、「列福」へ向けた手続きを始めていた。２００６年にはマルコヴァの村の学校が「神様の鐘、ウルマ家族学校」と改名された。２０１６年３月には、「第２次大戦時にユダヤ人を救ったポーランド人を記念するウルマ家記念館」がマルコヴァで開館した。地方の小さな博物館のオープン行事に大統領アンジェイ・ドゥダをはじめとする各界人士が参加し、夫妻の記憶が国家的な関心事であることを示した。同年10月にはヴィシェグラード４カ国（チェコ、ハンガリー、ポーランド、スロバキア）の首脳会談に参加した首脳たちが記念館を訪れて献花し、ユダヤ人を救ったポーランド人の名前が刻まれた花こう岩の壁の前でロウソクの灯を点した。[25]

さらに象徴的なのはポーランドの首相マテウシュ・モラヴィエツキが２０１８年２月、外国メディアの記者をウルマ家記念館に集めて開いた記憶法（議会で改正されたばかりの「国民記憶院法」）の説明会だった。[26] ホロコーストなどについてポーランド民族に責任があるとか、ナチに協力したという、事実と異なる主張をして民族の名誉を汚した者を処罰する条項が盛り込まれていた。[27]「ポーランドの強制収容所」という曖昧な用語を使うことも禁じられた。イェドヴァブネでポーランド人が隣人だったユダヤ人を虐殺した歴史を書いたヤン・グロスも処罰されうる内容だ。実際にポーランドの検察は、記憶法の成立するずっと前に起訴をちらつかせてグロスを脅していた。キェルツェ・ポグロムに関する著書『恐怖』を２００６年に出版した直後のことだった。ユダヤ人をかくまったことで命を落としたウルマ一家の記念館は、ポーランドの集合的無罪を象徴する記憶の地であり、ホロコーストの共犯というイメージを相殺できるよい事例だった。民族の名誉を守る記憶法について首相がここで外国メディア向け説明会を開いたのは、現在のポーランドで起きている記憶政治の一断面を表していた。

ユダヤ人を助けた記憶が民族主義を正当化する方式を活用した例は、北アフリカにも見られる。第

2次大戦時にフランスのヴィシー政権が反ユダヤ主義的な措置を強制したにもかかわらず、ユダヤ人臣民を救ったモロッコ国王モハメド5世の記憶である。24万人のユダヤ人を救ったモハメド5世の勇気と恩恵が、戦後モロッコの民族の物語で欠かせない話となった。モロッコを含む北アフリカにはヴィシー政権が作った強制労働収容所もあったが、それはモロッコの公式記憶にはなかった。ドイツのゲリラ芸術家オリバー・ビエンコフスキがマラケシュ近郊に計画したホロコースト記念館の建設が2019年に中断させられたのも、違う物語を語ろうとしたからだった。ビエンコフスキはさらに、LGBTQの犠牲者についても伝えようと計画していた。モロッコでは今でも同性愛は刑事罰の対象であり、特に問題視された[28]。

リトアニア・カウナスの日本領事館で2000通以上の通過ビザを発給して最大6000人のユダヤ人を救った杉原千畝への、日本社会の静かな熱狂も興味深い。杉原は、ハルビンのロシア地区でロシア人の恋人と暮らしながら満州国の外交を司り、ソ連を監視するスパイ網を動かした外交官だった。だが日本の記憶文化の中では、そうした姿は日本版シンドラーのイメージで消されてしまった[29]。「中国版シンドラー」の何鳳山と銭秀玲についての習近平政権の記憶政治も、もっと綿密な検討が必要だ[30]。中国政府がユダヤ人を助けた中国人を持ち上げるのは、新疆にあるウイグル族強制収容所での人権弾圧を隠す「隠蔽記憶」の効果を狙っているのではないかと疑わしい。南京に新しくできたジョン・ラーベ記念館の説明で、ナチ党員で、シーメンス中国支社長だったラーベを「偉大な人道主義者」と持ち上げた習近平の揮毫は明らかに度を越していた。

ウルマ家の話は、グダニスクにある第2大戦歴史博物館でも公式展示の物語に組み込まれた。この博物館は企画・準備の段階で、右派の民族主義者たちから「ポーランドらしさが足りない」「ポーランド民族を分裂させる」「コスモポリタン的だ」「偽りの普遍主義」と攻撃されていた。結局、初代館長が釈然としない政治的理由で更迭された後、ウルマ家の話が展示に入った[31]。ウルマ家記念館の質素な建物の後ろで作動した記憶の政治は複雑だが、その迷路から抜け出す方法は思いのほか簡単だ。ポーランド人は、決して加害者になどならないというメッセージに従えばよいのである。ナチとスターリン主義の最大の被害者でありながら、自身と家族の命を懸けてユダヤの隣人を救ったのだから――。ユダヤ人を救うために自らと家族を犠牲にした「正義の人」ウルマの記憶が、イェドヴァブネでユダヤ人を虐殺したラウダンスキ兄弟の記憶と出会うのも、まさにこのポイントである。善良な犠牲者ポーランド民族の集合的無罪という考えだ。これがポーランド社会の集合的記憶の枠組みを形作るなら、ナチ占領下のイェドヴァブネ虐殺だけなく、戦後のキェルツェでの虐殺の否定論も頭をもたげてくる。彼らの手にかかると虐殺は、ポーランド民族をおとしめようとしたスターリンの秘密警察あるいはポーランド共産党公安機関の陰謀になり、ポーランド人の加害者は陰謀の罪なき犠牲者となる。「キェルツェ虐殺ではなく公安機関虐殺だ」と叫ぶスキンヘッドのスローガンが現場となったキェルツェのプランティ街7番地にこだまする時、過剰に歴史化された「集合的無罪」の概念は道徳的テロの武器となる[32]。

2021年2月には国民記憶院が、ヴロツワフ地方の事務所長に極右「国民急進陣営（ONR）」の活動家であるトマシュ・グレニウフを指名して大騒ぎになった。ヴロツワフ市長とヴロツワフ大学の歴史家たちが反対したが、与党は任命を強行した。団体での活動で右腕を突き出すナチ式敬礼をする写真が暴露されて問題になると、彼は古代ローマ人と同じ敬礼のどこが問題なのかと反論して批判者を驚かせた[33]。世論の批判を受けてすぐ辞任はしたものの、カトリックに基盤を置くスペイン・ファランへ党のファシズムをモデルとする彼の奔放な言動は、集合的無罪というポーランド社会の文化的記憶を背景にしてこそ可能なものだった。より重要なのは国家の公式記憶が集合的無罪を後押ししている点だ。与党が主導した「記憶法」と、記憶に関連する裁判を挙げられる。同月9日には、ワルシャワの裁判所は歴史家のヤン・グラボフスキとバルバラ・エンゲルキングに対し、原告への謝罪文を書くよう命じる判決を下した。二人の書いた本でホロコーストの協力者だと指摘されたポーランド人の姪が名誉毀損を訴えた裁判だった。[34] 謝罪文を救済手段とする法的論理も独特のものではあるが、民族主義者たちの怒りは、グラボフスキとエンゲルキングの歴史叙述がポーランド人の集合的無罪という文化的記憶を否定することに向かった。「俺たちポーランド人は皆、ソ連とドイツ、ポーランド人民共和国の統治に苦しめられたんだ[35]」というラウダンスキ兄弟の長男カジミェシュの倒錯した記憶は、文化的記憶の母胎として集合的無罪が作動する様相をよく示している。[36]

歴史の犠牲者という道徳的に気楽な地位を放棄するのは、加害者だけでなく平凡なポーランド人にとっても耐えがたいことだった。イェドヴァブネ虐殺を巡る歴史論争が市民社会全体を巻き込んだ真の「道徳革命」を起こしたという評価は、この論争がポーランドで持つ重みをうかがわせた。[37] 1990年代にポーランドで支配的だった歴史言説は、銃によって押し付けられた外来イデオロギーである共産主義の犠牲となった自民族の苦痛を国際社会が十分に認めていないというものだった。[38] 共産主義の歴史清算が主たる課題として残っている限り、ホロコーストについての罪の意識や歴史的責任が問われる余地はなかった。[39] アーリア地区に住むユダヤ人を脅したり、ナチに売り渡したりしたポーランド人の職業的密告者は第2次大戦の歴史でなかったものとされる。そしてユダヤ人に対するポーランド人の無関心は、ナチによるひどい恐怖政治のような外部要因に起因することになるのだ。結果として、根深い反ユダヤ主義などの問題は意図的に見過ごされた。ポーランドの経験は、民族の集合的無罪に基づく社会的記憶がどれほど危険なものとなりうるか教えてくれる。記憶政治の道徳主義は、道徳的なものではない。過剰に歴史化された集合的無罪の道徳的正当性に安住するのではなく、個人の実際の責任を問う良心の声を尊重しなければならない。それが、望ましい記憶の政治を進める手法である。

B・C級戦犯と朝鮮華僑ポグロム

安東源《アンドンウォン》は1948年の大韓民国政府樹立直後、キリスト教青年会（YMCA）の後援で世界一周に出た。太極書館から出版された『世界一周記：鵬程十万里』（1949年）は彼の旅行記だ。当時としては珍しい旅行記で彼は、ロンドンでの思いもしなかった受難をつづった。ある英国人が「ユー、コリアン？」と聞いてきたのでそうだと答えたところ、日本語で「バカヤロー、バカヤロー」と言いながら殴りかかってきたというのだ。自分は「ジャップ」ではなく韓国人だと言い返したが、その英国人は韓国の連中はもっと悪いと取り付く島もなかった。韓国人に鞭打たれた分をお前に返すのだという彼から逃げるのに安は苦労した。シンガポール陥落時に捕虜となり、日本軍の捕虜収容所で3年間過ごした英国人だった。収容所での記憶は飢えと虐待、非人間的な処遇ばかりで、彼の怒りは植民地出身の朝鮮人監視員に向かっていた。収容所の日常で顔を合わせるのは日本の軍人ではなく、現場の朝鮮人監視員たちだ。殴られ、虐待されたことへの鬱憤が朝鮮人に向かったのは、そうした理由だった。安はもう植民地の朝鮮人ではなく、解放された独立国・大韓民国の堂々たる市民だったが、その英国人の記憶の中では、韓国人はいまだ日本帝国の臣民だった。安は、日本帝国に忠誠を誓って朝鮮人への「敵愾心を作るようなことをした連中が憎かった」と書いた。[40]ビルマとマレー半島の日本軍捕虜収容所で英連邦の兵士たちが朝鮮人監視員から受けた虐待への記憶と反感は、彼の考える以上に大きかった。英政府が1951年にサンフランシスコ平和条約への韓国政府の参加に反対したのは、元捕虜たちの反発を無視できなかったからだ。[41]

米軍政の婦女局長を務め、後にソウル女子大初代学長となる高《コ》凰京《ファンギョン》も、1947年にニューデリーで開かれた「アジア関係会議」に参加した際に似た経験をした。ホテルのロビーに座っていると、マレー代表の一人が寄ってきて日本軍のマレー占領時に自分の家族が朝鮮人兵士に拷問されたと話し、日本軍として進駐した朝鮮人の残酷な行動に抗議したのだ。敵愾心や軽蔑を隠そうとしないマレー代表を前に、高は、疑われないよう日本人兵士よりも忠誠心を見せざるをえなかった植民地出身者の苦しい境遇を説明した。朝鮮人に残酷な行動をさせた日本帝国に究極的な責任があるという弁明で切り抜けようとしたが、マレー代表はそうした事情を全て考慮したとしても朝鮮人は非難されるべき点が多いと冷たかった。高は『インド紀行』と題した著書で、アジアの隣人たちに悪辣な朝鮮人という印象が刻まれていたことを知り、雷に打たれたような衝撃を感じたと振り返った。[42]大英帝国の元兵士から攻撃された安と違い、腹を立てたアジアの隣人の非難に直面した高の経験はより困惑させられるものだった。残酷な日本帝国主義の犠牲者だったという新生独立国・大韓民国における公式の集合的記憶は、植民地朝鮮の兵士のほうが日本兵よりひどかったというアジアでの草の根記憶を前に仮面をはがされた。アジア関係会議は、大東亜共栄圏のイデオロギー的な虚構を確認し、戦後アジアの新たな団結を導き出そうという趣旨で開かれた。しかし韓国のエリートである高にとっては、日本帝国の被害者でありながら、アジアの隣人には加害者だった朝鮮人の二重性を突き付けられる契機だった。
映画『戦場にかける橋』で有名になった泰緬鉄道の敷設作業にも、植民地朝鮮人は必ず姿を見せる。密林と大小の川、渓谷を横切る鉄道を1日平均840メートルも建設した新記録は、多くの犠牲を対価としたものだった。5万5000人の連合軍捕虜と7万人の現地人労働者が動員され、うち4万4000人が命を落とした。栄養失調と伝染病、日常的な暴力などの過酷な作業環境ゆえ動員された捕虜4人に1人が死亡した。[43] 捕虜の処遇に関するジュネーブ条約に反する強制労働の責任を問う裁判で計120人がB・C級戦犯として起訴され、死刑32人、終身刑16人、有期刑63人の計111人が有罪判決を受けた。このうち朝鮮人軍属の被告は35人で、33人が有罪。朝鮮人は13人が死刑宣告を受け、4人は減刑されたものの、9人が執行された。朝鮮人軍属の判決は最終的に死刑9人、終身刑7人、有期刑17人だ。朝鮮人は死刑と終身刑がほぼ半数を占め、有期刑が3分の2だった日本人より相対的に重い量刑とされた。[44]
戦後に日本を含めたアジア各地の49カ所で開かれたB・C級戦犯裁判で起訴されたのは5700人で、死刑948人を含む4403人が有罪判決を受けた。朝鮮人は死刑23人を含む148人が有罪とされたが、うち捕虜収容所の監視員が129人だった。1941年12月から4段階の審査を経て選抜され、釜山の野口部隊で2カ月間の訓練を受けてから東南アジアとソウル、仁川などで捕虜収容所の監視員となった朝鮮人は3223人だ。そのうち3016人が南方に送られ、129人が戦犯となったのだから、比率は4%となる。悪名高い日本軍憲兵でも戦犯になった比率は4%を少し超える程度(3万6037人中1534人)で、ほぼ同率である。[45] 戦犯になった朝鮮人軍属の比率の高さは、捕虜の高い死亡率と関連している。連合軍の捕虜13万2134人のうち3万5756人が死亡した。死亡率は27％に達する。ナチス・ドイツとイタリア軍の捕虜となった連合軍捕虜の死亡率4％（23万5473人中9648人死亡）のほぼ7倍であり、犯罪的な虐待があったという心証を与えるには十分な数字だった。戦後日本の犠牲者意識を正当化したシベリア抑留でも日本軍捕虜の死亡率は10％（60万9448人中6万1855人）であり、日本軍の収容所での連合軍捕虜の死亡率の3分の1を少し上回る程度だった。[46] 連合軍捕虜の高い死亡率は、日本帝国のイデオロギーとも関係していた。朝鮮総督府の機関紙『毎日新報』に出た捕虜監視員の宣伝記事は、尊大な白人捕虜を監視するのは「日本帝国を尊敬する精神を持たせ」、傲慢な英国人と米国人による100年間にわたる搾取に復讐する痛快な仕事だと書いている。[47] 南方の捕虜収容所より比較的条件のよかった朝鮮の捕虜収容所も、英米の「白人」捕虜を朝鮮人に見物させることに主眼が置かれた。軍の計画は「帝国の実力を現実に認識せしむると共に、依然朝鮮人大部の内心抱懐せる欧米崇拝観念を払拭する為の思想宣伝工作の資に供せんとする」ことを目的に掲げていた。[48]

捕虜収容所の朝鮮人軍属は国際法に従って戦犯として処理されたが、大韓民国の脱植民地主義の公式記憶では犠牲者として残った。釜山にある国立日帝強制動員歴史館の常設展示「戦犯になった人々」の項目は次のように説明している。

朝鮮人の捕虜監視員は戦後、手軽な生け贄とされた。日本は過酷行為の責任を捕虜監視員に押し付け、日本人と朝鮮人を区別できない連合軍捕虜は朝鮮人を戦犯だと名指しした。

「捕虜たちの怨みは、自分たちの目の前にいる人間、朝鮮人の捕虜監視員へと向かい、これによって

『虐待する朝鮮人』という認識が植え付けられた」という説明もある。これは、連合軍捕虜の誤解が朝鮮人軍属を戦犯に追いやったという意味を含んでいる。歴史館が示す公式の物語によれば、朝鮮人戦犯は基本的に犠牲者だ。２０２０年に開かれた「死のタイ・ビルマ（泰緬）鉄道」展は敷設事業で犠牲となった英霊に捧げる展示だとされた。そこでは「日帝による強制動員の被害者だったのに、連合軍捕虜から加害者と名指しされて犠牲となった朝鮮人監視員の悲劇的な人生」が語られた。韓国の公営放送ＫＢＳ制作のドキュメンタリー「戦犯となった朝鮮の青年たち」が描く物語も大差ない。日本軍がこの難工事を心配しなかったのは「連合軍捕虜と朝鮮人監視員がいたから」だと説明し、捕虜と監視員が同じ船に乗った犠牲の運命共同体であることを示唆した。視聴者には、日本軍の加害者と「朝鮮人監視員と連合軍捕虜」の犠牲者という対立構図が自然に伝わる。[49] 戦犯裁判にかけられた朝鮮の青年たちの運命は連合軍の捕虜よりも過酷だったというナレーションまであった。ここでも、朝鮮人の監視員や連合軍の捕虜より大きな犠牲を払った現地人労働者の記憶は消されていた。現地人は、朝鮮人戦犯の犠牲を間接的に示唆する証人としてまれに召還される。

　戦犯として苦難を経験し、大韓民国では帝国日本に協力した戦犯だと白眼視され、日本では援護法の対象から外され、出所後も苦しい生活をせざるをえなかった彼らの人生は悲しいものだ。番組では、戦犯となって異国の監獄につながれた「非運の朝鮮青年たち」についての説明が、寂しく切ない旋律の曲「ジャクリーヌの涙」をバックに流れる。日本に強制動員されて異国の刑場の露と消えた朝鮮の青年たちの悲劇的な死は、寂しく、悲しい歴史として視聴者の心を揺さぶる。死刑を宣告された後に減刑されて懲役20年となった李《イ》鶴来《ハンネ》は「日本軍の命令には絶対服従だったし、目標達成という観点から捕虜を管理するしかなかった」と証言する。[50] 死刑宣告を受けたチャン・スオプもやはり「朝鮮人として日本の支配下に置かれていた。上官の命令で仕方ない状況だった」と自身を弁護した。「規律」を破った捕虜を命令に従って殴っただけだというのが彼らの弁論要旨だった。英国による戦犯裁判で絞首刑を宣告され、1947年に処刑されたチョ・ムンサンは釜山の野口部隊で「体の大きな捕虜に相対するには暴力しかない」と教育されたと証言した。[51] 現場の小さな加害者たちは上部の命令に従っただけだと自身を弁護し、命令権者は自ら加害行為を働いたことなどない、現場の加害者とは違うと責任を回避するのだ。

朝鮮人戦犯の弁明とそれを擁護する韓国社会の記憶は、「集合的無罪」と「媒介行為（mediation of action）」の論理で構成されている。植民地朝鮮出身の捕虜監視員は、日本の植民地支配を受けた民族全体と共に無罪だという具合だ。「朝鮮人監視員が戦争犯罪に当たる行為をしたと言っても、暴力を振るう役回りが植民地の民衆に押し付けられた側面がある。それを単純な戦争犯罪と言えるのか」と問うのは、集合的無罪論の典型だ。[52] しかし捕虜監視員志願現況という京城府の記録は、植民地の民衆に強要されたという解釈に疑問符を投げかける。日本語ができて一定以上の学力があり、健康な青年という厳しい条件にもかかわらず、募集開始から4日で定員の10倍を超す志願者が集まったのである。植民地の朝鮮人はみんな無罪だという集合的無罪は、論理的な強弁でしかない。韓国民族が日本の植民地主義の犠牲者だったから、当時の韓国人全員が犠牲者だという論理の飛躍がそのまま表れている。集団的犠牲の歴史の中に個別の加害行為を隠し、歴史の流れを過剰に強調する過剰脈絡化である。

「媒介行為」は、加害者が無実を訴える時によく使われる論理だ。[53] ユダヤ人の頬を一度も殴ったことのない自分は決して反ユダヤ主義者ではなく、ただナチス・ドイツの官僚として上部の命令に従っただけだと無罪を主張したアドルフ・アイヒマンが代表的だ。この論理では、「卓上の加害者」である命令権者は実際に人を殺していないという理由で、命令体系の末端にいる加害者は強要された命令を遂行するしかなかったという理由で、全員無罪となる。行為主体としての加害者がいなくなってしまうのだ。だが一方で、捕虜虐待を上官の命令で仕方なかったという李の言葉は、「仕方なくそうなった」加害者であると認めてもいる。李は実際、日本軍の一員として英連邦軍の捕虜への虐待に加わったとオーストラリアを訪れて謝罪した。そして捕虜監視員だった朝鮮人戦犯と遺族で作る同進会の会長を務めた文泰福《ムンテボク》も、英国の捕虜に謝罪したいと語っていた。同進会は１９５５年、日本政府に名誉回復と被害補償を求めるために結成された[54]。

しかし当事者の思いとは違い、韓国社会の公式記憶はあまりにも自己防衛的だ。韓国政府の一連の報告書は、その特徴を特によく見せている。「対日抗争期強制動員被害調査及び国外強制動員犠牲者等支援委員会」という長い名前の政府系機関が出した「朝鮮人ＢＣ級戦犯に対する真相調査」という報告書によると、「２０１１年4月現在、委員会では１２９人の捕虜監視員だった戦犯のうち申告のあった86人を強制動員の被害者と認定」した。「植民地支配の下で日帝の侵略戦争に動員され、解放後、連合軍によって犯罪者として戦争責任を負わされた」朝鮮人監視員は「二重被害」を受けた二重の犠牲者だった[55]。報告書は、彼らが「連合軍捕虜を虐待することになったのは日帝の侵略戦争に強制動員されたから」だと主張する。「強制動員の被害を受けた朝鮮人が連合軍を虐待する加害者に変身したのは」「日帝が意図的かつ持続的に朝鮮人を『加害の現場』へ押し出した結果」だというのが、報告書の解釈だ。加害者は朝鮮人監視員ではなく日本の帝国主義であり、朝鮮人の戦犯は日本帝国主義と連合軍の戦犯裁判で二重に犠牲となった歴史の被害者でしかないということになる。日本の帝国主義が1次加害者で、その歴史状況を理解できなかった連合軍の軍事裁判が2次加害者だ[56]。肝心の当事者は自らの過酷行為について謝罪したり、謝りたいと言ったりしているのに、韓国政府の報告書は彼らを二重被害者だと規定する。報告書は末尾で彼らの謝罪にも言及しているものの、全体の基調は被害者というアイデンティティを浮かび上がらせるものである。

報告書の論理は、イェドヴァブネの虐殺者ラウダンスキ兄弟による自己弁護の論理と驚くほど似ている。ナチ占領下のポーランドでユダヤ人を虐殺した兄弟は、ナチとソ連による二重の占領で苦しんだポーランド民族の一員である自分たちこそ歴史の犠牲者だと強弁した。自らをナチズムとスターリズムの犠牲者だったと強調するホロコーストの共犯や協力者の姿は、ウクライナやバルト3国、ハンガリー、バルカン半島などでも見られた。犠牲者民族の持つ集合的無罪という観念を自己弁護に使い、加害者が犠牲者になりすます記憶の倒錯は危険なトリックである。植民地支配を受けた民族だから、犠牲者民族の一員だからという理由で、人権を踏みにじった個人の犯罪行為に免罪符を与えうるというのなら、その思考方式は、個人の考えや行動ではなく民族によって罪の有無を決めるという点で反ユダヤ主義と変わらない。個別の行為に対する判断ではなく、ユダヤ人だから有罪だという発想の行き着く先がホロコーストだった。それを考えれば、国籍や民族で加害者と犠牲者を分ける記憶のコードは危険極まりない。朝鮮人の捕虜監視員についても、植民地出身だったから被害者だという論理は望ましくない。日本の侵略戦争に動員された加害者であり、その点では日本人と変わらないことを認めなければならない。その上で、にもかかわらず日本人ではないという理由をつけて戦後の援護対象から外した日本政府の国際的責任をどのように問い、記憶するかというのが、より重要なのではないだろうか。

個々の事情は、はるかに複雑な問題を提起する。捕虜監視員としてインドネシアで働いた金喆洙《キムチョルス》は何回かの昇給を経て、月80円程度を故郷・忠清南道の家族に仕送りしていた。村長に相当する面長の月給55円より随分と多い額だと話題になった。一般的に朝鮮人の捕虜監視員は日本軍兵士の7倍に上る高い給料をもらった。徴用や、その後導入された徴兵制で引っ張られることに比べれば、貧しい朝鮮の青年が「むしろ2年間と決まっていて給与もいい軍属で南方に行こう」と考えたとしてもおかしくはない[57]。帝国の制度と論理に乗っかった植民地朝鮮の貧しい青年に「親日派」(訳注:植民地支配への協力者を非難する言葉)というレッテルを貼ろうというのではない。自らに敵対的な外部世界に乗り込み、どうにか生き抜いた歴史的行為者の具体的な生は、抽象的な理念の物差しでは図れない変化に富んだものだ。覇権的な記憶の領土に閉じこめられることなく、脱領土化された記憶の境界を生きてきた歴史の下位主体である個人の草の根記憶が重要なのもそのためである。

日本軍の軍属からインドネシア独立闘争に加わり、オランダ軍に捕まって銃殺された梁七星《ヤンチルソン》も記憶の境界に生きた人である。植民地朝鮮人、日本軍軍属、親日協力者、日本軍戦犯、インドネシア独立軍の闘士、オランダ軍の捕虜となり死刑囚にという波乱万丈の人生は、どれか一つの領土化された記憶の枠組みに収まるものではなかった。西ジャワのガルート英雄墓地に葬られた梁は、第2次大戦後の南北朝鮮と日本、オランダ、インドネシアの記憶空間を行き来する記憶の境界人だった。朝鮮人だけではなかった。台湾人軍属もインドネシア独立軍に身を投じたし、アジア民族を解放するという大東亜共栄圏の大義を信じた日本軍の敗残兵もアクメッド・スカルノ率いる独立闘争に加わった。植民地主義・英国軍の兵として進駐してきたグルカ兵も独立戦争に参加している[58]。朝鮮人の捕虜監視員を戦犯とされた犠牲者だときっぱり規定する21世紀の韓国政府の公式記憶では、梁のような記憶の境界にいる人の居場所はかなり限られてくる。

集合的無罪という意識が記憶文化を支配する限り、植民地の朝鮮人であろうと、解放された韓国人であろうと、加害者でありながら被害者でもあるという記憶が入り込む余地は少ない。「万宝山事件」についての韓国社会の記憶が代表的だ。この事件は１９３１年４月、満州・長春の北方にあった荒れ地を開墾するための水路工事をめぐる朝鮮人農民と中国人農民の争いから始まった。朝鮮人農民は日本帝国の力を借りて解決しようと考え、日本の官憲が７月１日に朝鮮人側に立って介入して争いを収めた。しかし翌２日、朝鮮人農民が中国人に襲われたという『朝鮮日報』満州支局の誤報によって、争いは朝鮮半島に飛び火した。同月３日から30日までの間に裡里《イリ》やソウル、開城《ケソン》、平壌《ピョンヤン》、元山《ウォンサン》、沙里《サリ》院《ウォン》、仁川《インチョン》など30以上の地域で華僑が虐殺された。『リットン報告書』によれば、華僑１２７人が命を落とし、３９３人が怪我をした。[59] だが、実際の被害はもっと大きかったようだ。７月７日の時点で、平壌では行方不明59人、負傷８１９人、家屋損壊４７９戸という推計がされていた。加害者として逮捕された朝鮮人は13日までに京畿道《キョンギド》４９０人、平安道《ピョンアンド》７５０人など計１８４０人だった。翌年９月までに１０００人近い朝鮮人が有罪となり、罰金刑や懲役刑を受けた。[60]

平壌の長い歴史でこんな惨劇は初めてだと語り、「幼児と婦女の撲殺死体が市中に散らばって」いたという当時の『東亜日報』記者、呉基永《オギヨン》の回顧は、断片的なものではあるものの平壌で起きた虐殺のおぞましさを伝えている。[61] 被害者の数や加害者への処罰から見ると、朝鮮における華僑虐殺の規模は１９４６年に起きたポーランドのキェルツェ・ポグロム（ユダヤ人虐殺）より大きかった。本書では「万宝山事件」ではなく「朝鮮華僑ポグロム」という用語を提案したい。「万宝山事件」は長春で起きた朝鮮人と中国人の農民間の争いを説明する用語にはなるが、その後に朝鮮半島で起きた華僑虐殺と略奪を隠蔽する逆機能があると考えられるからだ。言葉の持つ効果という観点から見れば、「万宝山事件」は「南京事件」と同列である。日本の右派は、戦時の混乱の中で起きた事件だという意味で「南京事件」と呼ぶ。南京虐殺は、日本をおとしめようとする左派の政治宣伝だという意識だ。「万宝山事件」という用語を慣行のように使う韓国の知識人社会の感覚は、案外とそれに近い。1931年7月に『東亜日報』と『朝鮮日報』の紙面を毎日のように埋めた数十件の関連記事は、当時のメディアがこの事件をどれだけ重視したかを示している。面白いのは、これらの記事が満州での「万宝山事件」と朝鮮での華僑襲撃・虐殺を区別していたことだ。余波としての朝鮮での事件は、「中国人襲撃事件」「万宝山と平壌事件」「仁川衝突事件」「朝鮮事件」などの見出しで報道された[62]。「万宝山事件」と呼ぶ現代韓国の研究者の意識は、植民地朝鮮の新聞記者よりも退歩しているという印象を拭えない[63]。

朝鮮華僑ポグロムが当時の植民地朝鮮に与えた衝撃の大きさに比べれば、戦後の記憶はぼやけている。「万宝山事件」という言葉にくることで、華僑虐殺は満州での衝突の陰に隠された。朝鮮華僑ポグロムについての戦後韓国社会の記憶は陰謀論に支配された。満州侵略を有利に進めたいと考えた帝国主義日本が、韓国と中国の間にくさびを打ち込もうとしたというのだ。陰謀論では、朝鮮総督府の刑事たちが「朝鮮人の人夫」にカネを渡して華僑を襲撃させ、警察の庇護の下で放火と略奪、破壊をさせたことになっている。植民地時代を主な背景とした大河小説『土地』にいたっては、「韓服を着て変装した日本人が群衆の中にいた」という仮説まで持ち出した[64]。これはキェルツェでの虐殺について、ポーランド共産体制の公安将校が群衆を陣頭指揮したと言ったり、群衆をあおった人物が1960年代にテルアビブのソ連大使館に勤務した秘密警察幹部だったと主張したりするポーランド右翼の陰謀論を思い起こさせる。[65] 陰謀論の理屈を極限まで進めれば、華僑を虐殺した朝鮮人たちは加害者ではなく、日本の悪辣な陰謀の被害者となる。もっと穏やかなバージョンでは、朝鮮と中国の民衆を反目させようとした日本の帝国主義が主たる加害者となり、朝鮮人加害者は同調者あるいは結果的に共犯になったとされる。華僑虐殺に関する韓国社会の記憶が陰謀論から大きく抜け出せずにいるのは、それが植民地の朝鮮人の集合的無罪を正当化してくれるからだ。

全ての陰謀論は、学問的検証を経た信頼性というより、その仮定を信じるかどうかという政治的選択の問題となりやすい。大部分は検証不可能な仮定から始まるため、間違っている可能性は最初から考えない傾向がある。「信じようと、信じまいと」という問題だ。信じるならこちら側、信じないならあちら側という暴力的な論理にならざるをえなかった。朝鮮民族は集合的無罪だというそもそもの前提が陰謀論と出会うのも、この地点においてだ。日本の離間策だという陰謀論を信じないのなら、朝鮮民族の存在論的な前提を否定する反民族の悪党になりがちだ。解放から60年近く経った2003年になって、高校国史の検定教科書に初めて「万宝山事件」が登場したことで、その歴史は公式記憶の領域に入った。しかし、帝国主義日本が悪意を持って中国人と朝鮮人を離間させようとしたという陰謀論を踏襲したことで、朝鮮での華僑虐殺を省察する批判的記憶を作ることには失敗した。[66] 満州における「万宝山事件」と朝鮮人の華僑虐殺を区別し、虐殺に対して終始一貫して「朝鮮人の責任」を強調していた事件当時の『朝鮮日報』の論調と比べると、はるかに無責任かつ未成熟な記憶文化である。

日本帝国主義は満州で「日本人の代わりに朝鮮人を移民として送り込む浸透策による膨張政策」を追求した。[67] 朝鮮人にとって満州は日本帝国のエルドラドであり、満州の住民に朝鮮人は日本植民地主義の代理人と見られがちだった。満州に渡った朝鮮人は100万人の農民をはじめ、満州国の中下級官僚1万3000人、医療関係者2000人、さらには麻薬密売業者、ぽん引き、一獲千金を狙う浪人者まで総計で約200万人に達した。計画経済と民族主義的な動員体制という満州国の歴史的遺産は、韓国の開発独裁と北朝鮮の金日成《キムイルソン》独裁にそのまま引き継がれたけれど、満州の記憶は徹底的に消し去られた[68]。「万宝山事件」と植民地朝鮮での華僑虐殺の記憶も一緒に消えた。虐殺に加わった朝鮮人加害者についての基本的な研究調査すらない現実はひどいものだが、どうかすれば当然でもある。集合的無罪の観点から見るなら、朝鮮人の加害者は存在しない行為者なのだ。歴史の中に存在しなかった人物を研究することは不可能である。

韓国人の集合的無罪に対する確信は、日本人は集合的有罪だという暴力的な断罪論を生むことがある。2013年5月20日付『中央日報』の論説委員コラムは、日本への原爆投下について「神の懲罰でアジア人の復讐」だったと書いて騒ぎを引き起こした。首相の安倍晋三と大阪市長の橋下徹らの歴史修正主義と侵略否定論、慰安婦問題での妄言などを批判する意図だったというが、署名コラムの言葉は民族的な憎悪と復讐心に満ちていた。「関東軍731部隊で人体実験をされたマルタの悲鳴が天に届いたのか。45年8月、原爆の熱と暴風が広島と長崎を覆った」とし、「マルタの冤魂はいまだ解けていない。日本に対する懲らしめが足りないと判断するのも神の自由だ」という内容が伝わると、日本は大騒ぎになった。官房長官の菅義偉が「わが国は唯一の被爆国だ。こうした認識は容認できない」と抗議し、NHKや共同通信など日本の主要メディアが大きく報道した。『中央日報』は新聞社としての公式見解ではなく、論説委員個人の考えだと釈明したが、後味はよくなかった[69]。

むしろ韓国人の被爆者団体が中心となってコラムを強く糾弾した。被爆時に広島と長崎には7万人を超える朝鮮人を含め、中国人や台湾人、南方からの留学生、連合軍捕虜、海外からの宣教師ら多くの外国人がいた。彼らも、日本の子供と女性、高齢者といった民間人と共に犠牲となっており、特に大韓民国は日本に次いで世界で2番目に被爆者が多い国だという被爆者団体の批判は痛烈だ(70)。朝鮮人被爆者も「神の懲罰」を受けたのかという怒りに満ちた抗議だった。日本民族イコール集合的有罪という考えをあおる公式記憶を批判する時に、被爆者たちの草の根記憶が武器になりうることを見せてもくれた。『中央日報』の原爆コラム事件は苦々しいものだったが、記憶文化について考える際にはそれなりの意味もあった。集合的無罪と集合的有罪、記憶の脱歴史化／脱脈絡化と過剰歴史化／過剰脈絡化という絡み合って作動する対立概念について、それが作る記憶文化と「物語の標準《ナラティブ・テンプレート》」の問題点を赤裸々に見せてくれたからだ。

世襲的犠牲者意識とイスラエル

イスラエルの教育大学の学生を対象にした1992年のアイデンティティに関する意識調査で、「私たちはホロコースト・サバイバーだ」という項目に80％近くがそうだと回答した(71)。学生のほとんどは、1960年代半ばから1970年代初めの間に生まれたはずだ。第2次大戦が終わって20年以上経ってから生まれたのだから、自ら経験したわけではない。当時は生まれてもいなかったユダヤ人の息子や娘たちがホロコーストの世襲的犠牲者になれるのは、社会的記憶の魔術を通じてのことだった。ホロコーストを象徴の資産とするイスラエルの記憶文化は、「ホロコーストの子供たち」である戦後世代に犠牲者の地位を世襲させた(72)。「ポストメモリー」は主として、自らの父母や一族のトラウマ的記憶を成長過程で獲得し、社会化された記憶である。[73] それに対して世襲的犠牲者意識を鼓舞する社会的記憶は、家族のトラウマを必ずしも前提としない。イスラエルの社会的記憶での世襲的犠牲者である「ホロコーストの子供たち」の身分は、全てのユダヤ人に開かれている。父母や祖父母が犠牲者かどうか、戦争中に何をしていたかは関係ない。家族史とは関係なく、自らを世襲的犠牲者と同一視するのは、社会的記憶の領域においてイスラエルの市民権を得るという意味でもあった。

イスラエルの社会的記憶において世襲的犠牲者意識は当初、支配的な存在ではなかった。新生国家イスラエルの記憶文化を支配したのはむしろ、英雄主義だった。ベルゲン・ベルゼン強制収容所にいたことのあるヴェルナー・ヴァインベルグは回顧録で、自分のようなホロコースト生存者をイスラエル人が「博物館の展示物や化石、別種、幽霊」のように扱ったと書いた。[74] 建国の父で、初代首相のダヴィド・ベングリオンの西欧特使として西ドイツの難民収容所を回ったダヴィド・シャルティエルは「生存者たちは利己的で、自分のことだけを考えていたから生き残った」と切り捨てた。[75] シオニズム民族文学の言語はもっと辛辣で、荒っぽかった。著名なシオニズム詩人ハイム・ナフマン・ビアリクは欧州のユダヤ人犠牲者たちについて「かの地では、彼らはネズミのように逃げまわり、虫けらのように身を潜め、見つかると犬ころのように死んでいった」と書いた。パレスチナの「ここ」に来てイシューブの共同体を作ろうというシオニストの要請を無視し、「かの地」に残っていたユダヤ人ディアスポラに対する軽蔑交じりの敵対感がよく出ている。[76] イスラエルの公式記憶は、強く、男性的かつ能動的なイスラエルのシオニズム的英雄と、虚弱で女性的かつ受動的なユダヤ人ディアスポラ犠牲者という二分法から抜け出せなかった。甚だしくは、売春を強いられた生存者女性の「将校専用」という入れ墨をホロコーストの象徴にすることまであった。[77] それは、ホロコースト生存者を女性化し、周辺化する「性差別的な歴史の再構成」だった[78]。

革命的シオニストは、ホロコースト生存者を厄介なお荷物だと考え、主体性を認めない「人的資源」などという言葉で表現した[79]。シオニストの支配するイスラエルの公式記憶でホロコースト生存者は主体性を奪われ、受け身の対象としてのみ残った。欧州に残ったユダヤ人に対する批判的視線は、パレスチナで発行された当時の新聞がホロコーストをどう報じたかにも表れている。たとえば1942年11月25日付『パレスチナ・ポスト』は、ヒムラーのユダヤ人絶滅命令に対するポーランド亡命政府の報告書を簡単に伝えただけだった。スターリングラードでのソ連軍の勝利や連合軍のチュニジア進撃などのほうがはるかに重要なニュースとして扱われ、報告書の記事は太平洋戦争のニュースにすら負けていた。パレスチナで発行される当時のユダヤ系新聞にとっては、欧州のユダヤ人の運命よりパレスチナの地方政治のほうが切実で、重要だった[80]。シオニストは、ヒトラーの権力掌握をユダヤ人同化主義者の敗北だと受け止めた。ベングリオンは、ナチ政権によってユダヤ人のイスラエル移住が促進されることになり、シオニズムには有利な環境になるとも期待した。パレスチナのユダヤ機関がナチと結んだハーヴァラ（訳注：ヘブライ語で「移住」の意）協定は、ドイツからパレスチナに移住するユダヤ人に財産を持ち出す道を開いた。ただしそれは、パレスチナに輸出されるドイツ製品の代金を肩代わりし、手数料を引いた額をパレスチナ到着後に現地通貨で受け取る仕組みだった。米国のユダヤ人はドイツ製品の不買運動を繰り広げていたけれど、協定のおかげでパレスチナにはドイツ製品があふれていた[81]。

終戦直後に在米ユダヤ人を引き付けたのも、ホロコーストの犠牲者ではなく、男性主義的な戦争の英雄だった。新大陸アメリカに渡ってきた在米ユダヤ人は犠牲者民族ではなく、勝利者民族だった。

ホロコーストの犠牲者は彼らが後にした旧大陸のユダヤ人であり、米国のユダヤ人は望ましい米国的特性を身に付けて勝利した英雄だった。第2次大戦が終戦に向かっていた時期、米国ユダヤ委員会（AJC）の常任議長ジョン・スローソンは、「ユダヤ人を弱くて犠牲になり、痛めつけられている存在として描くことを避けねばならない。……犠牲になったユダヤ人に対するおぞましい話をなくしてしまうか、最小限に減らす必要がある。……戦争の英雄譚が見本だ」と述べた。[82] 敗者や犠牲者ではなく、勝利した英雄の仲間にならねばならないというのが在米ユダヤ人に広く共有された文化的コードだった。ホロコーストは他と比べられない唯一無二のものだと犠牲者意識を強調する今日と比べると、隔世の感がある。米国で影響力の強いユダヤ系団体である名誉毀損防止連盟（ADL）がドキュメンタリー映画『ナチズムの解剖』について、ユダヤ人の苦難にばかり焦点を当てすぎていると批判したことも興味深い。ナチから逃れて米国へ亡命したフランクフルト学派の代表的理論家マックス・ホルクハイマーもまた、ユダヤ人の犠牲を強調するのは望ましくないと考えた。何より「ユダヤ人イコール犠牲者」という固定観念ができることを恐れたのだ。[83]

米国のユダヤ人社会でホロコーストの記憶が抑え込まれたのには、始まったばかりの冷戦も大きく作用した。米共産党の党員の50~60%がユダヤ系という状況に加え、ユダヤ系のローゼンバーグ夫妻が原爆製造の機密情報をソ連に流したスパイ事件でユダヤ人社会は窮地に追い込まれた。冷戦が激しくなる中、「ユダヤ人のアカ」という先入観から抜け出すことが戦後米国に生きるユダヤ人にとって最優先だった。米政界で西ドイツこそが欧州の共産化を防ぐ唯一の防壁だと考えられている中でホロコーストの記憶を強調すれば、西ドイツを加害者にしようとするユダヤ人共産主義者の政治的挑発と取られかねなかった。米独を結ぶNATOの反共統一戦線にひびを入れ、共産主義を利すると疑われるのは恐ろしいことだった。だからホロコーストより、スターリンの反ユダヤ主義と東欧でのユダヤ系共産主義者粛清が強調された。反ユダヤ主義はナチズムではなく、共産主義の問題であるかのようにされたのだ。チェコスロバキアでのルドルフ・スラーンスキー裁判（訳注：チェコ共産党の指導者だったユダヤ系のスラーンスキーが、チトー主義者、シオニストとしてスパイ活動をしていたと「自白」して死刑宣告を受け、１９５２年に処刑された。その後、最高裁が判決を無効とした）を契機に、在米ユダヤ人は共産主義陣営の反ユダヤ主義を強調し始めた。ユダヤ人は共産主義者だという固定観念から抜け出すことができたが、その代わりにホロコーストの記憶は押し出された。[84]ニューヨークでは１９４６年から１９４８年にワルシャワ・ゲットー蜂起とホロコーストの記念館を作ろうという計画が持ち上がったが、ユダヤ人団体の支持を得られなかった。イスラエル建国のほうが関心事だったことに加え、モルデハイ・アニェレヴィチをはじめとする蜂起参加者たちがユダヤ共産主義グループ「ブント（ＢＵＮＤ）」に近かったことが大きな障害となった。記念館を建てるのに失敗したことより、計画したことのほうが驚きだった。[85]１９６２年の時点で、全米の大学でホロコースト関連講座はブランダイス大学にあったのが唯一だというのも驚くには値しない。

　米国で冷戦の論理がホロコーストの記憶を抑え込んだなら、イスラエルではシオニズム覇権に基づく歴史言説がホロコーストに関する生産的な討論を阻んだ。犠牲者のほとんどはパレスチナへの移住を拒み、欧州への同化を主張して残ったユダヤ人だった。彼らを襲った大災厄は、イスラエルの地に独立国を再建することを強調してきたシオニズム民族主義の路線が正しかった証拠だと受け止められた。民族は市民的選択の問題だと考えた同化主義者の敗北は、シオニストの血統的民族主義を強めた。[86]シオニズムでは、パレスチナの地に独立したイスラエル国家を建てるのは、ユダヤ民族に与えられた生来の運命で、唯一の代案だった。[87]こうした言説にホロコーストの入り込む余地はあまりなかった。建国初期のイスラエルでホロコーストの記憶は、1943年のゲットー蜂起とアニェレヴィチら蜂起の戦士に集中した。イスラエル国会（クネセト）は1951年、過越祭のイブに起きたゲットー蜂起を記念する意味で、過越祭の1週間後となるイスラエル歴「ニサン月27日」をホロコースト記念日とする決議を採択した。西暦では1951年5月3日だった。蜂起の8カ月後の1943年12月には「ヤド・アニェレヴィチ」キブツの命名式が開かれてゲットー戦士の勇気を称え、キブツの広場には記念日制定を祝ってアニェレヴィチの銅像が建てられていた。[88]さらに1959年には「殉教者と英雄記念日についての法律」が制定され、2分間の黙禱と弔旗掲揚などの儀礼手順が定められた。

ゲットー蜂起の英雄と彼らの殉教者的な死をホロコーストの犠牲者より重視する記憶の文法は、19世紀のシオニストが作ったマサダの神話的記憶とも調和を成すものだ。圧倒的な軍勢のローマ軍を相手に戦って3年間持ちこたえた末、降伏ではなく集団自決を選んだマサダのヘブライ戦士たちは古代イスラエルの民族解放闘争を象徴する。自殺を認めないユダヤ教の教えにもかかわらず、マサダの戦士たちの自決は神聖な「殉教」と美化された。民族解放運動の手本となるマサダの戦士は、ホロコーストで同化主義のユダヤ人が見せた受け身の死と対比されるモデルだった。特にパレスチナで生まれ、ヘブライ語でシオニズム教育を受けた若い世代ほどマサダ神話によく呼応する傾向があった。[89]個々人の死が民族の復活をもたらすとし、昇華された死を称える文化は典型的な市民宗教の文法だ。[90]スタンヘルの表現を借りれば、民族を思惟と実践の中心に置く「イスラエル国家は、東欧や第三世界で実現されたような近代民族主義の古典的産物」だった。[91]民族を守るために殉教したマサダの英雄が支配する記憶文化において、ホロコースト犠牲者は周辺に追いやられた。1950年代のイスラエルではホロコーストの犠牲者を「ユダヤ人」と呼ぶ一方、ゲットー蜂起の戦士は「シオニスト」「ヘブライ青年」と呼んで差別化した。「呼び方」の政治は、イスラエルの記憶文化のシオニズム的色合いを示した。それは基本的にディアスポラを否定することから出発していた[92]。

イスラエルの文化的記憶で、ホロコーストは英雄主義の裏面に影のように置かれ、国家の存在理由を裏付ける論理としても働いた。公式記憶の次元では独立宣言書に表れている。宣言書は、数百万人のユダヤ人虐殺こそがディアスポラの過去を清算し、イスラエル国家再建の緊急性を再び明示したという考えを示した。イスラエル国家は全てのユダヤ人に郷土の門戸を広く開け放ち、他の民族と同じく国際社会の堂々たる一員になるというのだった[93]。ただ市民社会や個人の草の根記憶という次元では、イスラエル人がホロコースト犠牲者への関心を高めたのはアイヒマン裁判からだった。アルゼンチンに潜伏していたアイヒマンをモサドが拉致してイスラエルに連行し、ナチの犯罪を裁いた。1961年4月11日の初公判から12月15日の死刑宣告まで世界中のメディアに公開された一種の世論裁判だった。「600万人の原告」を背にした検事ギデオン・ハウスナーは裁判を通じ、世代を超えて心に訴えかける力を持つイスラエル民族の大河小説（national saga）を作ろうとした[94]。読者の心を揺さぶる主人公は、証人として出廷したホロコーストの生存者たちだった。ホロコーストの惨状が法廷でつまびらかに語られ、メディアに報道されたことで、全世界の世論とイスラエル人の間では犠牲者の痛みへの共感が非常に強くなった。イェヒエル・デ＝ヌールが証言の最中に失神し、病院に運び込まれたことは劇的な効果を裁判に与えた。

裁判を見守ったイスラエル人は世代にかかわりなく、ホロコーストの犠牲者が経験した痛みを自らのものと感じ始めた。イスラエル国家は改めて道徳的な正当性を認められた。若者たちは、犠牲者ではなく、強制収容所の苦痛の中にユダヤ人が消えていくことを傍観した世界を非難するようになった。ハウスナーは後日、「アイヒマンを有罪にするには文書資料だけで十分だった」と振り返っている。証人を呼んだのは、とてつもない民族の悲劇をイスラエル人に生々しく伝えるためだった[95]。彼は、証言集などを読んで証人候補を選び、さらにインタビューをして法廷に立つ証人を最終的に決めた。証人を必要としたのは裁判ではなく、国民感情である[96]。計121回の公判で、生存者が証言に立ったのは62回。事実を立証することより、犠牲者の痛みを効果的に伝え、裁判を見ている人たちの感情を動かすのが目的だった[97]。イスラエルの国民統合という観点からは、アイヒマン裁判は大成功だった。ディアスポラのユダヤ人の痛みと死をイスラエル国家の存在理由に結びつけ、ディアスポラとホロコーストを経てイスラエルへと続くベングリオンの目的論的な歴史観を正当化した[98]。上からの公式記憶と下からの草の根記憶が相互に反応し、ホロコーストはイスラエルの記憶文化で覇権的地位を占めることになった。犠牲者意識ナショナリズムは、イスラエルの文化的記憶にしっかり根を下ろし、歴史的な物語の拠るべき基準となった。現在を規定し、未来を企画する支配イデオロギーである。

アイヒマンを電撃的に拉致したモサドの秘密作戦は世界の称賛と非難を共に招いた。だがモサド本来の任務は戦犯追跡ではなく、中東諸国を対象にした諜報と防諜など国家安保である。1959年にハイファの貧民街ワディ・サリブで起きたセファルディ系ユダヤ人の蜂起は、イスラエル社会に大きな衝撃を与えた。モロッコなど中東から移住したセファルディは政治権力や社会的地位、財産、教育水準で欧州出身のアシュケナージ系ユダヤ人より劣位に置かれていた。イスラエルの下位主体である。建国の主役だったシオニストは当初、セファルディに大きな関心を持っていなかった。だがホロコーストによって欧州のユダヤ人口が大きく減ると、中東に住む75万人のセファルディに目が向けられた。

イスラエルという国家ができたことで、そこを埋める国民が必要になったからだ。中東戦争を経てアラブ諸国がイスラエルを敵視するようになったこともあり、セファルディはイスラエルに移住し、社会の下層階級に組み込まれた。その結果、イスラエルのシオニストとホロコースト生存者より、欧州系と中東系のユダヤ人の葛藤のほうが先鋭なものとなった。さらにアシュケナージであるホロコースト生存者にドイツの賠償金が支払われたことで、欧州系と中東系の階級間格差はさらに開いた[99]。

セファルディの蜂起は、シオニズムの中核であるアシュケナージの覇権に対する脅威だと考えられた。敵対的な中東国家に取り囲まれた新生イスラエルとしては、ユダヤ人同士の対立を鎮めて国民をまとめる愛国主義的なカタルシスが必要だった。ベングリオンは「アジアとアフリカに暮らし、ヒトラーが我々に何をしたのか知らない」中東出身のセファルディにホロコーストを教え、国民統合を図る集合的記憶を作ろうとした[100]。アイヒマン裁判が、国民感情に訴えかける世論裁判に流れた理由である。１９６７年の第3次中東戦争の経験は、ホロコースト犠牲者との国民的一体感をさらに強めた。イスラエルを絶滅させようとする中東諸国の脅威はイスラエル国民に危機感をもたらした。ジョンソン政権の米情報当局は1週間から10日以内にイスラエルの勝利で終わると予測したが、イスラエル人はホロコーストの不安にさいなまれた。ある若い兵士は、当時をこう回想した。「戦争で負けたら絶滅だと皆が信じていた。強制収容所から受け継いだ考えだ。イスラエルで育った人なら誰でも、ヒトラーの迫害を自分で経験していなくても、そう考えた[101]」。ホロコーストの世襲的犠牲者意識が国家の存在論的な危機意識と一緒になっていることがよくわかる。レイモン・アロンは「国家殺害（state-cide）」という概念を提示したが、イスラエルでは中東諸国の脅威が政治的な次元にとどまらない、国家の存在そのものを脅かすものだと解釈された[102]。

第3次中東戦争以降のイスラエルで特徴的な現象は、国家が積極的に犠牲者の地位を求め始めたことだ。この戦争で獲得した占領地を含む新しい国境線を「アウシュヴィッツ・ライン」と呼ぶなど、イスラエルの世襲的犠牲者意識は国民の「生活様式（modus vivendi）」であり、「作動原理（modus operandi）」となった。[103] 韓国と北朝鮮の指導者がどちらも「国のない民の悲しみ」を再び味わわずにすむよう強い国を作らなければならないと植民地の痛みを強調するとすれば、イスラエルではホロコーストとマサダの歴史言説が公共領域を支配した。それは、中東でのイスラエルの覇権的振る舞いを正当化する論理として働きもした。ホロコーストの世襲的犠牲者意識をイスラエル国家の存在を必然とすることにつなげる傾向は、リクードを結成したメナヘム・ベギンが首相だった時により目立った。ベギンは、パレスチナ民族解放戦線（PLO）のヤセル・アラファトをヒトラーと比較するかと思えば、パレスチナ民族解放宣言を『わが闘争』になぞらえもした。ベギンは1981年にイラクの核施設をイスラエル軍が破壊した際、「150万人の子供たちをナチのガス室で失ったわが民族」を守るため不可避の措置だと説明した。翌1982年のレバノン侵攻前の閣議ではこう話した。「戦争と生命の損失を防ぐため全てのことをしてきた。それがイスラエルの運命だ。利己的に戦うこと以外に方法はない。そうしなければ、代案は死の収容所トレブリンカだけだ。もうトレブリンカは嫌だと、私たちは決めたではないか」。

レバノン侵攻への国際的批判が高まるとベギンは、ホロコーストを見過ごした国際社会にイスラエルの行動を問題視する権利などないと応じた。「道徳について我々に説教できる民族は地球上どこにもいない」と気勢を上げたのだ。[104] イスラエルで編纂されたホロコースト百科事典では、第2次大戦時にエルサレムの大ムフティーだったイスラム教律法学者アミン・フサイニの項目は、ヨーゼフ・ゲッペルスやヘルマン・ゲーリングのほぼ2倍の分量だ。ヒムラーとラインハルト・ハイドリヒを合わせたよりも多く、ヒトラーに次ぐ長さとなっている。右派のイスラエル首相ベンヤミン・ネタニヤフは2015年10月、エルサレムで開かれた世界シオニスト会議で、ユダヤ人を欧州から追放しようとしていたヒトラーにホロコーストという発想を吹き込んだのはアミン・フサイニだったと演説して参加者を驚かせた。[105] イスラエルの公式記憶におけるホロコーストの物語としての価値は、パレスチナ国家の抹殺を正当化する政治的計算が入っていることが多い。ホロコーストの犠牲を前面に出し、世界で最も道徳的な国家だと自負するイスラエルの公式記憶は、犠牲者意識ナショナリズムの一つの典型である。

一方で、市民社会の草の根記憶でホロコーストは、行き過ぎた国家主義に対するアンチテーゼとして働きもした。スエズ動乱の起きた1956年10月、シナイ半島のクファル・カッセムという小さな村でイスラエル軍が約50人のアラブ民間人を虐殺した事件への反応が、そうだった。夜間通行禁止令が出たことを知らないまま職場から帰宅しようとした人々が殺された事件だ。この事件をナチの犯罪と比べて、イスラエル全民族の恥、不名誉であり、ナチや東欧ポグロムでユダヤ人を虐殺した連中と同じではないかという自省の声が出た。ホロコーストは、イスラエル内部でも普遍的な人権についての定言命令（訳注：無条件で従わねばならない道徳的命令）の根拠に使われるということだ。[106] しかし、犠牲者意識ナショナリズムがホロコーストを道具化したことで、ホロコーストの記憶は徐々にそうした機能を失っていった。パレスチナ人の若者によるインティファーダを受けて、ワルシャワ・ゲットー蜂起の記念館に兵士が行くことを禁じたイスラエル軍の措置は象徴的だ。蜂起を残忍に鎮圧したナチの歴史から、インティファーダを鎮圧する自分たちを連想するのではないかと恐れたのだ。[107] それは既にイスラエル軍の自画像となっていた。アラブ人に対する人種主義的な嫌悪が公然と噴き出し、アラブ人虐殺の陰謀を計画したイスラエル軍の兵士たちは自分たちを「メンゲレ部隊」と呼んだ。「アウシュヴィッツ小隊」「デミャニュク部隊」などの隠語も使われた（訳注：ヨーゼフ・メンゲレは収容所で人体実験を行い、「死の天使」と呼ばれたナチの医師。デミャニュクは戦後の戦犯裁判で有名になったナチの警察補助部隊員）。イスラエルの記憶政治で犠牲者意識ナショナリズムが発展しながら、ホロコーストの記憶は犠牲者の武器から加害者の武器に姿を替えた。

犠牲者意識ナショナリズムの前提である加害者と被害者という二分法的世界観は、植民地主義とジェノサイド、ホロコーストなどを根源的に批判できない。それは植民地主義とホロコーストを生んだ世界史の規則を批判して変えるより、とにかく自分は有利な側に移ろうという欲望を生みやすい。敗者は勝者に、犠牲者は加害者にと席を替えたがるのだ。犠牲者意識ナショナリズムは犠牲者になった歴史への悔恨と批判から出発するのだが、自らが勝者や加害者になれるのなら植民地主義とホロコーストのルールも受け入れ可能となる。だからこそ「世襲的犠牲者」という意識から抜け出し、自らも加害者になりうるという歴史的省察が必要なのだ。21世紀の文化的記憶における物語の枠組みには、そうした姿勢が欠かせない。「犠牲者民族」の集合的記憶に深く刻まれた世襲的犠牲者という地位は、潜在的あるいは既に可視化された植民地主義の危険性を批判できなくする。ぞっとするようなホロコーストからくむべき教訓は、私たちも犠牲になりかねないということではなく、私たちも加害者になりうるという自覚だ。[108] ナチの絶滅戦争と日本の植民地主義の犠牲者だったポーランド、韓国、イスラエルの記憶文化を支配する犠牲者意識ナショナリズムが危険なのは、加害者を被害者にするだけでなく、被害者の内にある潜在的な加害者性を批判的に自覚する道を閉ざしてしまうからだ。自己省察を放棄した道徳的正当性ほど危険なものはない。

第7章　併置

生き残った者の罪の意識は
「人間的連帯感の側面で失敗したという自責」と相対している。
ホロコースト生存者の抱く罪の意識は、
収容所での絶体絶命の状況下で生き残るために
隣人の切なる求めを無視したというものだ。
それと同じ意識が、
永井や原爆生存者に見られてもおかしなことではない。
他の収容者の身代わりに命を差し出したコルべに対して
日本のカトリック信者が抱く尊敬は、
そうした罪の意識が下敷きとなっている。
長崎と深い縁を持つコルべの殉教は、
浦上ホロコーストで生き残ったカトリック信者の罪の意識を省察し、
浄化する格好の素材だった。

「長崎の聖者」永井隆と「アウシュヴィッツの聖人」コルベは、戦前の長崎で因縁を結んだ。戦後日本の記憶文化の中でアウシュヴィッツと長崎、ホロコーストと原爆は、コルベと永井を通じて絡みあう。写真は、1951年5月14日に長崎の浦上天主堂で執り行われた永井の市葬。

写真提供：西日本新聞／共同通信イメージズ

長崎の聖者とアウシュヴィッツの聖人

「併置」は、地球規模の記憶構成体を貫くキーワードの一つである。比較が歴史的想像力の始まりだとすれば、併置は文化的記憶の出発点となる。意識しているかどうかにかかわらず、全ての民族史は他民族の歴史を横目で見て比較している。それと同じように過去についてのヘゲモニー的な物語《ナラティブ》を形作る文化的記憶は、自分たちと他人の記憶を併置したがる。記憶の併置は、一見すると純真な好奇心から行われるように見えるが、実際には緻密な政治的計算の産物であることも多い。互いに違う記憶を併置した瞬間、特定の記憶を浮かび上がらせ、他方で別の記憶の影を薄くする記憶政治のメカニズムが知らず知らずのうちに作動するのだ。記憶の併置は思ったより古くからの慣行で、しかも広く行われている。ただ可視化されず、静かに作動するので研究者も大きな関心を持たない。誰の目にも明らかな「絡み合う記憶」と異なり、遠く離れた記憶の併置は目に見えない方式で文化的記憶を構成し、感情を動かす。自らの歴史の特殊性を強調する「国史」の物語が普遍的な「世界史」の物語と対をなして作られるように、犠牲者意識ナショナリズムには自民族と他民族の犠牲を同じ記憶の物語の中に併置する傾向がある。[1] 誰がより大きな痛みを経験し、誰の痛みがより普遍的な意味を持つのかという競争構造の前提でもある。記憶の併置をすれば、精巧な理論を積み上げた物語や感性に訴える装置といった手の込んだものなしに、自国の犠牲者意識ナショナリズムを本質化し、正当化できる。併置を批判的に検討する必要があるのも、そのためである。

記憶の併置が常に、犠牲者意識ナショナリズムを正当化するわけではない。互いに違う記憶を重ね合わせて意図せぬ共通性を見せ、過去から未来へと続く直線的な記憶の秩序を乱す「急進的併置(radical juxtaposition)」という方法もある。[2] この章は、地球規模の記憶構成体で並べられた記憶の政治的な作動方式と効果を問う「批判的併置」の方法論に拠っている。この観点から見ると、互いに関係なく離れて存在するように見える社会的記憶が、意外にも密接なつながりを持つことが多い。たとえば米国の公共領域にますます深く入り込むホロコーストの記憶と、次第に薄れていくベトナム戦争の記憶だ。無関係に見えるが、批判的に併置してみると深い関係を見て取れる。ホロコーストの記憶は、危機にあった欧州のユダヤ人を救出した「強くて道徳的な米国」のイメージを作る。一方で、民間人虐殺と枯葉剤の後遺症などで綴られるベトナム戦争の記憶は敗北と罪悪感、恥の感情を呼び起こす。ホロコーストの記憶が米国の文化的記憶の中心を占めることで、ベトナム戦争の負の記憶は後景に追いやられる。それは米国の記憶政治を動かすメカニズムの両面性であり、コインの裏表のようなものである。[3]

米国の記憶文化でのベトナム戦争の不在は、歴史教科書に見て取れる。東アジアの検定制度のような上からの圧力がないにもかかわらず、ほとんどの教科書は、ソンミ村虐殺や無差別爆撃、枯葉剤散布による環境破壊などに触れない。高校教科書に比べると大学教材は米国の戦争に批判的だが、ベトナム戦争が米国の戦争犯罪だという判断はしていない。日本の検定教科書が取るアジア太平洋戦争への批判的姿勢と比べると、米国の教科書はかなり自己弁護的である。ましてや、ホロコーストへの批判的記憶を国民的アイデンティティの基礎に置くドイツとは比較にならない。[4] ベトナム戦争に関する米国の記憶文化で最大の問題は、国家の公式記憶だけでなく市民社会の民間記憶にも批判的視点がないということだ。

ベトナム戦争とは対照的に、１９７０〜80年代に多く使われた歴史教科書には第2次大戦中の日系人強制収容が取り上げられている。悲劇的で、恥ずかしく、不名誉な重大犯罪として記述された。収容所に入るため列を作る日系米国人女性と子供たちの写真も掲載され、死の強制収容所に入るユダヤ人のイメージが浮かんでくるようにされた。米政府は１９８７年、日系米国人の強制収容への公式謝罪と個人補償を始めた(5)。ホロコーストとベトナム戦争、日系人強制収容という3つの記憶が米国の記憶文化に配置された様相は、示唆する点が多い。強調される記憶と薄れる記憶の併置は、文化的記憶に対する系譜学的な分析を可能にする。強調される記憶と消えていく記憶を分けるものは何かという問いは、記憶政治に対する系譜学的な分析の出発点となる。

セルビアの事例はもっと極端である。セルビア正教会傘下のヤセノヴァツ委員会は、ホロコーストを記念する代表的な組織だ。ユダヤ人とロマだけでなく、多くのセルビア人が命を落としたヤセノヴァツ絶滅収容所は、ナチではなく、クロアチアのファシスト組織「ウスタシャ」が運営した収容所だった。共産主義陣営が崩壊し、ユーゴスラビア全域で残酷な民族浄化の内戦が戦われた後、この委員会は、ヤセノヴァツをセルビア民族の痛みを象徴する場にしようとする意図を明確にした。ホロコーストは、セルビア民族の痛みを目立たせると共に、セルビアの道徳性を国際社会に誇示する記憶の装置だった(6)。共通の痛みを使ってユダヤ人とセルビア人の記憶の連帯を強調するセルビア民族主義者の記憶政治に、ホロコーストが動員されたのだ。問題は、ヤセノヴァツがセルビアの犠牲者意識ナショナリズムを正当化するにとどまらず、旧ユーゴ内戦でセルビアが犯した戦争犯罪を目立たなくする「隠蔽記憶」となったことだ。委員会の記憶政治はさらに、ウスタシャに対抗したセルビアの急進民族主義の軍事組織チェトニクを復権させる足掛かりとしてホロコーストを利用した。それは、ホロコーストとファシズムの記憶の連帯という理不尽なものだった。[7] 委員会が作り出したホロコーストについての記憶は、旧ユーゴ内戦でのセルビア民族主義者による民族浄化の記憶を覆い隠した。

復権したホロコーストの記憶は、セルビアの民族的記憶によって独占された。セルビア人はユダヤ人と同じホロコーストの犠牲者であり、ユダヤ人より大きな犠牲を払ったという認識まで広められた。そしてセルビアへの嫌悪は、反ユダヤ主義と同じだと解釈された。セルビアのジェノサイド博物館が、クロアチアのファシストによるセルビア民族への迫害をホロコーストだと展示することに驚きはない。[8] セルビアの記憶政治は、ホロコーストの記憶とウスタシャによるセルビア人虐殺の記憶を引き離すクロアチアとは正反対だ。土着ファシストとドイツ系住民がホロコーストに積極的に加担したクロアチアで生き残ったユダヤ人は約3000人だけだった。だが旧ユーゴのメディアが1961年のアイヒマン裁判を報じた態度やアウシュヴィッツで1963年に開館したユーゴスラビア館の展示は、ユダヤ人の痛みを強調するより、全てのユーゴ人民の痛みと抵抗という物語に終始した。ポーランドをはじめとする東欧の共産主義陣営全体が共謀し、アウシュヴィッツの記憶からユダヤ人を排除しようとしたのだろう。

クロアチアの記憶文化は1990年代のポスト共産主義時代、特に旧ユーゴ内戦を経ながら、共産主義パルチザンとセルビア人犠牲者の記憶を消す方向に動いた。さらにはパルチザンとの戦闘で犠牲になったウスタシャの戦死者と旧ユーゴ内戦での戦死者を、ヤセノヴァツ強制収容所でのホロコーストの犠牲者と同じ場所に埋葬しようとまでした。ホロコーストの加害者と犠牲者を併置することで、ウスタシャの歴史的復権を試みたのだ。[9] 反ユダヤ主義の民族主義ファシストを復権させるためにホロコーストを使う現象は、旧ユーゴの記憶政治だけで見られるものではない。ポスト共産主義時代の東欧社会は、ソ連に押し付けられた外来イデオロギーである共産主義によって自民族が犠牲になったと強調するのにホロコーストのイメージを動員した。「犠牲者に序列はない」としてスターリン主義の犯罪とホロコーストを併置する傾向は、東ドイツなど旧共産主義圏で広く見られる。確かに個々の犠牲者という観点では痛みの軽重を論じるのは難しい。全ての犠牲者は痛みを持つのである。

ただユダヤ人犠牲者とのナルシシズム的な一体化を図ろうとする東欧の物語には、ホロコーストを民族主義的に独占しようとする傾向が見られる。東欧社会で語られるホロコーストの記憶は、EUが標榜するコスモポリタンなそれを共有するという強い意思表明ではある。しかしその底流では、ホロコーストを民族主義的に専有しようという巧妙な記憶政治が働いている。ナチとスターリン主義という二つの全体主義の圧制に苦しめられたという物語は、バルト諸国にも共通する。1939年の独ソ不可侵条約は、ナチズムとスターリン主義が共謀した証拠としてよく引用される。この時にナチズムとスターリン主義は「どちらも悪い」政治的なペアとして描かれる[10]。しかし、持続性と強度においてスターリン主義の犯罪のほうが悪の中心に置かれることが多い。エストニアがソ連時代に殺害や投獄、流刑にされた人たちの追悼記念日を定めているように、アウシュヴィッツよりもグラーグ（訳注：ソ連時代の強制収容所）のほうが問題だった。ホロコーストは、ソ連による「占領期」の民族的苦難によって後景に押しやられる傾向がある[11]。さらに踏み込んで、共産主義の犯罪がホロコーストを生んだというような1980年代のドイツ歴史家論争でのノルテの立場を繰り返しもする。ホロコーストの責任は共産主義にあるという論理ほど、共産主義の正統性を揺るがすものを探すのは難しい。共産主義の犯罪を告発するためにホロコーストの記憶を使うこうした記憶政治は、共産主義が反ナチ闘争をしたことと、東欧社会がホロコーストに協力したことの記憶を消そうとする。その結果、東欧での極右民族主義とネオファシズムの台頭が正当化されるのである[12]。

東欧でのこうした記憶の反転は、極右民族主義勢力に限ったものではない。市民社会における主流の草の根記憶レベルにまで広がるという深刻な状況である。2013〜14年にウクライナで起きたことがよい例だ。腐敗した親露派政権に対する抵抗運動の参加者は自分たちを「バンデラ派」と呼び、ソ連支配と戦う一方でナチに協力した極右民族主義者ステパン・バンデラを象徴に使った[13]。またウクライナ西部ではナチとイデオロギー的に親和性の高いウクライナ民族主義を復権させようという動きが活発になっている。ナチがリヴィウを占領した日をポーランドの圧制から解放された日だと主張したり、現在はウクライナ西部となっているヴォルィーニ（ポーランド語＝ヴォウィン）でのウクライナ人によるポーランド人虐殺事件を巡ってポーランドと対立したりという具合だ。ポスト共産主義時代の東欧でホロコーストの記憶が土着化する過程は、共産党主導の反ファシズム抵抗運動を消し、反ユダヤ主義的で人種主義的な極右民族主義を神話化する様相を見せた[14]。米国や西欧のホロコースト否定論とは異なるものの、反ユダヤ主義的な極右民族主義を歴史的に復権させるためホロコーストを利用するという点でより下劣な形態の否定論である。一方で、ホロコーストの記憶がジェノサイドに対する黙示録的な予言として政治に利用され、先制攻撃などの国家暴力を正当化するために使われることにも触れておかなければならないだろう[15]。

東アジアに目を転じると、戦後日本の記憶文化におけるホロコーストと被爆の併置が目に付く。それはアジア太平洋戦争の記憶を構造化する物語的な技法であり、ヘゲモニー的な装置として注目される。その中でも特に、「アウシュヴィッツの聖人」であるポーランド人神父マキシミリアノ・コルベと「長崎の聖者」として崇められる永井隆についての記憶の併置は、二人の結んだ因縁ゆえ特に目立つ。カトリック色の強い長崎の記憶空間において二人のカトリック「殉教者」は、世俗の死と宗教的神聖性をつないだ。コルベは1930年から1936年まで長崎で布教活動をした後に帰国したが、ナチのポーランド侵攻後にアウシュヴィッツへ送られた。そこで彼は、他の収監者による脱出の試みに対する見せしめとして処刑される運命に置かれたポーランド人の収監者フランツィシェク・ガヨヴニチェクの身代わりとして死を選び、11号棟の懲罰房で1941年8月14日に殉教した。信仰の篤いカトリック信者の医師だった永井は原爆で妻を亡くし、自身も被爆した。幸い子供たちは無事だったが、自宅の台所にいた妻は、十字架のついたロザリオの鎖の傍らで焼け残った骨盤と腰椎だけの黒い塊となっていた[16]。妻を失った喪失感は簡単に埋められなかった。白血病と闘いながら彼が残したエッセーは、原爆の悲劇に対する独特の証言を含んでいる。戦後日本の記憶文化の中でアウシュヴィッツと長崎、ホロコーストと原爆は、コルベと永井を通じて絡み合い始めた。

1945年8月9日に原爆が投下された時、長崎大学病院にいた永井は、右側上半身に無数のガラス片を浴びた。右耳前部の動脈に受けた傷が9月中旬に化膿し、止血できなくなって生死の境をさまよった。死期の近いのを悟った永井は9月20日、病床を訪れた神父に総告解をし、終油の秘跡を授かった[17]。そして徐々に意識が遠のいていった時、突然、口に冷たいものを感じ、「本河内のルルドのお水だよ」と老母がささやくのを聞いたのだ。彼の瞼には「ルルドのバラの花のまとい咲く岩が映り、すがすがしい聖母のお姿があざやかに見えた。そうして、どうしたわけでか、マキシミリアノ・コルベ神父様のお取り次ぎを願えという声が聞こえたようであった[18]」。病床の脇にいた医師と看護師の「血が止まった」と驚く声に、永井は昏睡状態から覚めた。「ルルドの水」を飲んで血が完全に止まり、傷まで自然に治ったというのだから、フランス・ルルド洞窟の奇跡が長崎の病床で再現されたことになる。しかし永井が飲んだ奇跡の水は1858年に奇跡が起きたルルドから持ってきたものではなく、本河内の泉の水だった。「聖母の騎士」修道院の裏山にルルドを模してコルベが作った長崎版ルルドの泉の水だ[19]。

臨終を前にした永井に起きた奇跡が興味深いのは、コルベの存在ゆえにだ。本河内の聖母の騎士修道院からくんできたルルドの泉の水もそうだが、神への取り次ぎをコルベに求めようとする部分は特に印象的だ[20]。永井とコルベの因縁は、戦争勃発以前に遡る。永井は「微笑の秘訣」という短いエッセーで、1935年にコルベを往診するため本河内の修道院を訪れたことを書いている。永井は、重い結核に冒されているコルベに絶対安静を勧めた。肺の機能は8割ほど失われているように思われた。重い結核であることを自らもよく知りつつ、微笑を浮かべながら雑誌『聖母の騎士』を通じた布教活動を続けるコルベの姿は、医学の常識では理解できないものだった。しきりに首をひねって考え込む永井に、コルベはロザリオを見せて「これですヨ」とうれしそうに言うのだった[21]。

「アウシュヴィッツの聖人」と「長崎の聖者」はこうして絡み合った。それは個人的な因縁以上のものだ。「小ローマ」と呼ばれたアジアの聖地・長崎で、カトリックは記憶文化のマトリックスだった。真珠湾奇襲攻撃の日である1941年12月8日は、聖母マリアが原罪なく懐胎した祝日でもあった。偶然の一致だろうが、永井は、真珠湾攻撃のニュースを聞いて浦上が焼け野原になると予感して肌寒くなったとその日を記憶する[22]。1945年8月上旬の日々、浦上天主堂では全信者の告白が行われていた。15日に迫った聖母被昇天の祝日に備え、霊魂を清めるための告白であった。爆心地に近接し、崩れた跡地での合同慰霊祭で永井が弔辞を読んだ浦上天主堂の正式名称も因縁を感じさせる。「無原罪の聖母司教座聖堂」という名称は、コルベが創建した「けがれなき聖母の騎士会」に由来するのだ。

二人の縁は戦後の記憶空間でも続いた。永井は１９４７年から１９５１年の死の直前まで、コルベが創刊した『聖母の騎士』誌に「原子野録音」を連載したのである。被爆の記憶とカトリック迫害の記憶が縦糸と横糸のように絡まる長崎の特性が、二人の縁を続けさせた要因であろう。とりわけカトリック迫害の象徴である浦上天主堂がほぼ爆心地に位置した偶然も無視できない。原爆の悲劇はその黙示録的なイメージのせいで、カトリック迫害の文化的記憶と結びつきやすいものだった。カトリック迫害の歴史の上に被爆が重なり、ジェノサイドの悲劇は普遍的な意味を強めた。長崎のカトリック迫害は戦前から国際的に知られていた。ジェノサイドという言葉の発案者レムキンは長崎のカトリック迫害について、ドイツによる南西アフリカ植民地でのヘレロ民族虐殺、ベルギー領コンゴでの植民地主義虐殺、ロマ、アメリカ先住民、アステカ、インカ、アルメニア、欧州のユダヤ人の大虐殺と共にジェノサイドの世界史を構成すると書いた[23]。原爆投下は、長崎のカトリック迫害に黙示録的なイメージを付与することでジェノサイドの悲劇性を強めた。長崎の記憶文化においてコルベの意味が際立つのも、そのためである。

永井は終戦直後、『マルコ福音書』12章31節の「己の如く隣人を愛せよ」から名付けた小さな茶室「如己堂」で病魔と闘いながら、瞑想のようなエッセーを書いた。被爆者の不条理な死に宗教的な意味を与え、慰める文章だった。GHQの検閲で刊行できずにいたが、フィリピンでの日本軍の残虐行為についての報告を付録として付けるという条件で１９４９年に出版が許可された。『長崎の鐘』という書名で世に出た永井のエッセーは半年で11万部というベストセラーになった。長崎の被爆は日本人の原罪を洗い流そうとする神の摂理だという彼の解釈は、戦争の惨禍と罪なき死の意味を探しあぐねていた人々を感銘させた。１９４９年はイエズス会の聖人フランシスコ・ザビエルの日本布教４０

0周年でもあった。ヴァティカンから派遣された使節が「日本二十六聖人記念館」と崩れた浦上天主堂跡で特別ミサを執り行い、数万人の信者が集まった。[24]その後、ヘレン・ケラーと昭和天皇、ローマ教皇の特使まで如己堂を訪れるなど、永井は癒やしと平和の象徴だと見られるようになり「浦上の聖人」と呼ばれた。永井が1951年に息を引き取ると、長崎市は名誉市民葬を執り行い、2万人の参列者が死を悼んだ。長崎の全ての教会と寺で鐘を鳴らして弔意を表した。

如己堂に込められた意味は、コルベの殉教を象徴する「人、その友のために死す。これより大いなる愛はなし」という『ヨハネ福音書』15章13節に通じる。永井とコルベの縁は、長崎の原爆とホロコーストの記憶を併置するつなぎ目となった。この独特な併置を通して長崎の被爆者は地域的孤立から抜け出し、ホロコーストのトランスナショナルな記憶と交感しながら悲劇としての普遍性を獲得できた。しかし長崎の記憶を「普遍性のある脱領土化」されたものにしようという試みは、その記憶を「再領土化」しようとする力との葛藤と妥協を繰り返した。長崎の被爆記憶がコルベを通じてアウシュヴィッツの記憶と絡むことは、戦争とジェノサイドの痛みを省察しながら平和を目指す普遍的記憶へと進む第一歩だった。一方で連帯を強調する長崎の記憶文化には、原爆の悲劇を生んだアジア太平洋戦争の歴史的な流れを軽視する脱歴史化の傾向があった。脱歴史化された被爆の記憶は、日本の犠牲者意識ナショナリズムを正当化した。戦後に地球規模の記憶構成体でよく見られる普遍主義と特殊主義、国際主義と民族主義の緊張はこのように長崎の記憶文化でもそのまま見受けられた。

旧ユーゴや東欧ではホロコーストの記憶が共産主義の迫害の記憶と併置され、自分たちが共犯だったという加害の記憶を消す隠蔽記憶となった。それと同じようにホロコーストに対する日本の執拗な記憶もまた、隠蔽記憶の役割を担ったのではないかと検討する必要がある。日本人とユダヤ人は白人人種主義の代表的な犠牲者だと騒ぐ右派の犠牲者意識ナショナリズムほど荒っぽくはないものの、微妙な併置によって感性に訴えかける力が強まり、日本の犠牲者意識ナショナリズムを触発するという側面もあるだろう。文藝春秋社の雑誌『マルコポーロ』１９９５年2月号に掲載されたホロコースト否定論に対する反記憶として、同年8月にアンネ・フランクとホロコーストの展示が広島と長崎で開かれたのも興味深い(25)。本章で、コルベと被爆者が日本の記憶空間で併置される様相を考察しようとするのも同じ問題意識からである。併置は、地球規模の記憶空間における有機的な絡み合いだけを意味するわけではない。二つの記憶は地域的にバラバラにされたり、恣意的に選別されたりもするし、単に並べられたりもした。欧米で繰り広げられた「コルベと反ユダヤ主義」論争が日本の記憶空間では無視されたように、永井が被爆者の合同慰霊祭で口にした「燔祭《はんさい》」がホロコーストの日本語訳だという事実もやはり欧米の記憶空間では関心を引かなかった。二つの記憶は有機的に絡み合うというより単純に併置されているが、それだけでも複合的な意味を持ちうる。コルベを通じてアウシュヴィッツと長崎を結びつける方式で見られるように、トランスナショナルな記憶は民族や国家の境界を超え、民族主義的な記憶を正当化しうるのである。

「浦上ホロコースト」と愛の奇跡

地球規模の記憶構成体における永井の歴史的意味は、「浦上燔祭説」の創始者だということにある。１９４５年11月23日に浦上天主堂の残骸を前に開かれた合同慰霊祭での弔辞を頼まれた永井は、『創世記』22章の「燔祭」を引用して被爆経験を宗教的に昇華させる感動的な弔辞を読んだ。「浦上燔祭説」の始まりだった。永井が「燔祭」を引用したのには、原爆投下直後に流された悪い噂を鎮めようとした側面もある。原爆投下直後の長崎では、浦上天主堂が爆心となったのは日本の神を信じずに西洋の神を信じた天罰だという噂が流れたのだ。ミサを捧げていた80人あまりの信者をはじめ近隣に住む約8000人のカトリック信者が皆殺しとなったことを当てこするもので、浦上のカトリック信者たちへの根深い差別意識がよく表れている。逆に信者たちは、原爆を5回目の迫害だと呼んだ。豊臣秀吉から始まって徳川幕府、開港期に至るまで、4回にわたって起きたカトリック迫害の延長線上に見たのである。浦上天主堂は、かつて踏み絵を踏まされた場を信者たちが買い取って建てた東洋最大の聖堂だった。迫害と苦難の歴史を乗り越えたカトリックの復活を象徴するその聖堂が原爆の直撃を受けたのだから、長崎の信者たちの当惑は理解できる。5回目の迫害という解釈も十分に一理あるものだった(26)。

他方、カトリック迫害の象徴となってきた浦上天主堂の上で爆心が形成されたことで、長崎の原爆には黙示録的なイメージが加わった。そのシナジー効果で長崎の悲劇は普遍的な次元へと昇華した。天罰であっても、迫害であっても、浦上天主堂の被爆者は歴史的行為者というよりは、抗うことのできない運命の犠牲者になった。カトリック被爆者たちは自分たちこそ人類のために懺悔し、あがなった神聖な犠牲者であると死をもって立証したと考えた。永井が読み上げた2502字の弔辞は、彼らの心情を代弁するものだった(27)。浦上地区のカトリック犠牲者8000人を象徴する8000本のロウソクを持ってミサに参加した信者たちの前での弔辞で、永井は天主堂に原爆が投下された悲劇を神の摂理へ昇華させた。永井は、天皇によって「終戦の大詔が発せられ世界遍《あまね》く平和の朝を迎えた」8月15日がまさに聖母被昇天の祝日だったのは単なる偶然ではないと力説した(28)。

永井には、浦上天主堂の上に原爆が投下されたことも偶然とは思えなかった。原爆はもともと長崎市中心部に投下される予定だったが、雲で視界を遮られたため市北部の浦上に投下されて戦争は終わった。折悪しく聖母被昇天の祝日の準備をしていた司祭と信者80人余りの全員が命を落とした。浦上天主堂が聖母に捧げられたものであることが、運命的だという印象を強めた。永井の言葉を借りるなら「世界戦争と云う人類の罪の償いとして浦上教会が犠牲の祭壇に供せられたのである、いと潔き羔《こひつじ》として選ばれ屠《ほふ》られ燃やされたのである(29)」。その論理を突き詰めれば、浦上のカトリック信者の犠牲は終戦を早め、そうでなければ戦火に包まれるはずだった数十億の人類を救ったのだ。400年にわたる迫害に打ち勝って正統の信仰を守ってきた浦上のキリスト者が「犠牲の祭壇に供せられる純潔な子羊」として全世界のカトリックの中から選ばれたのなら、それは恩寵であり祝福であるというのが永井の解釈だった。弔辞は、浦上天主堂にいた犠牲者たちの訳のわからぬ死に悲壮な人道主義的意味を与えた。「世界大戦争の闇まさに終わらんとし、平和の光さしそめる8月9日、この天主堂の大前に立てられたる大いなる燔祭よ。悲しみの極みのうちにも私どもはそれを美しきもの、潔きもの、善きものよと仰ぎ見たのでございます(30)」。

供物を丸焼きにして神に捧げる燔祭のように、長崎の原爆犠牲者は自らの身を燃やして平和の祭壇に捧げたのだという彼の弔辞は、被爆者の痛ましい死を平和のための犠牲へと昇華させる名演説だった。「ホロコースト」は不浄でないきれいな動物を生きたまま焼いて神に供える儀式を意味する『聖書』の用語だ(31)。それゆえ「浦上燔祭説」は、ホロコーストのユダヤ人犠牲者と長崎の被爆者を同じレベルで記憶するという意味だった。彼らは汚れなき純潔な子羊だったから天主の祭壇に捧げられる祭物に選ばれ、原爆によって燃え尽くされてホロコーストの神聖な犠牲者となった。自らの死をもって第2次大戦中に人間が犯した罪の赦しを得て終戦につなげ、それ以上の罪なき犠牲を防ぐ平和の殉教者だった。5回目の迫害だと主張したカトリック信者も、自分たちこそ「罪人」の代わりに代償を払った利他的犠牲者だと考えた点は同じだった。ルネ・ジラールの解釈を借りれば、神聖な祭儀の犠牲を殺すのは罪悪だが、犠牲である祭物は死を得ることがなければ聖なる存在とはならないのである。社会は常に罪人の身代わりとなる無辜な存在を見つけるものであり、長崎のカトリック信者は、ジラールの言う「身代わりの犠牲」に当たる[32]。

「浦上教会を挙げて捧げた時、始めて（ママ）天主はこれを善しとして入れ給い、人類の詫びを聞き入れ、忽ち天皇陛下に天啓を垂れ、終戦の聖断を下させ給うたものに違いない」という弔辞は、天皇の「玉音放送」に通じる。天皇は降伏の理由について、残酷な原爆を投下した敵との戦争を続ければ「ついにわが民族の滅亡を招来するのみならず、ひいて人類の文明をも破却《はきゃく》すべし」と強調した。この論理によれば、戦争自体が最も大きな加害者であり、日本人は人類の平和のために自らを犠牲にした聖なる犠牲者となる[33]。原爆犠牲者の昇華レトリックの底流には、原爆に比べれば日本軍の加害行為は小さなものだという感情がある。この感情は、日本の反核平和運動が侵略の過去を反省するより平和国家日本の未来を描くことに没頭する集団心理とも大きく違わない。犠牲者意識は、戦後日本の左派平和運動でも中心的な位置を占めていた[34]。

カトリックの犠牲者の心情を代弁したとは言うが、永井の弔辞には記憶政治の観点からの批判が絶えなかった。燔祭説への批判は、天皇の戦争責任と米国の原爆投下責任を消してしまう「二重の免責」言説だという点にあった。被爆者の詩人、山田かんは米国に向かわねばならない「民衆の怨恨」を「神の摂理」という言葉で鎮めようとする親米的な虚偽宣伝だと断じた。井上ひさしも、原爆投下の責任の所在をぼやかすと批判した(35)。政治的効果という文脈で見れば、彼らの批判には一理ある。「神の摂理」によって原爆の罪なき被害者を世界平和のための神々しい犠牲者へと昇華させた永井の弔辞には、長崎の悲劇を脱歴史化する素地があった。原爆投下という未曾有の歴史的悲劇を脱歴史化して宗教的本質に還元するならば、犠牲者の罪なき死に対する政治的責任を消してしまう。長崎の被爆者の犠牲者意識が脱歴史化されれば、それに立脚した戦後日本の平和主義もまた脱歴史化という記憶政治のわなに陥ってしまう。

永井の取ったカトリックの存在論的な観点は、記憶政治とは反対だ。永井の観点からは逆に、原爆犠牲者を現実政治に引き込み、被爆者の痛みを政治的道具にしていると広島の記憶政治を批判できる。生き残った者が死者に捧げるレクイエムは政治的次元を超え、存在論的な意味を見出すはずである。浦上天主堂のカトリック犠牲者が神の摂理によって「天主の祭壇に捧げる純潔な子羊」として選ばれたとするならば、彼らの死は、第2次大戦を引き起こした人類の罪をあがない、世界平和のために身を投げ出した神々しい犠牲となる。訳のわからない罪なき死に神々しい犠牲の意味を与えることは、政治的判断を脇に置き、まずは死者に存在論的価値を与える作業でもある。戦争と原爆投下の政治的責任を免じるものだという浦上燔祭説への政治的批判は妥当なものだ。だが、引き換えに生き残った者が犠牲者の存在論的価値と死の意味を確信できるのならば、燔祭説には大きな価値がある。

原爆犠牲者の存在論的意味を確認することは、死者のためだけではない。それは儀礼的な追慕を超え、生き残った者の罪意識と相対している。永井の言葉を借りるならば、「原子爆弾のような大仕掛けの破壊の中では（中略）良心に従えば殺される。殺されまいとすれば良心にそむかねばならない」。原爆投下が作った極端な状況は「目の前に苦しんでいる友を救おうか？　……そうすれば、必ず自分も、ともに火に巻かれるのは明らかです。友を見殺しにして逃げるか？」という理性と道徳が葛藤する選択を要求する。「もし万一、原子爆弾戦争が始まったら、どこの国でも（中略）『人のことはかまわず、わが身を生かせ』とか『義務なんか考えるな、生命あっての物種』（中略）というようなことが勧められる」だろう。この状況で、「人、その友のために死す。これより大いなる愛はなし」という教えの実現は真に困難である[36]。愛する妻と親戚、近い同僚と隣人の死を眼前にして何もできなかった生存者たちの罪の意識は、政治的である前に宗教的であり、倫理的なものだった。

レーヴィが苦しげに証言したように、生き残った者の罪の意識は「人間的連帯感の側面で失敗したという自責」と相対している[37]。ホロコースト生存者の抱く罪の意識は、収容所での絶体絶命の状況下で生き残るために隣人の切なる求めを無視したというものだ。それと同じ意識が、永井や原爆生存者に見られてもおかしなことではない。「平和をもたらすために原子雲の中に燃え上がった幾十万の犠牲を、そのまま平和を保つための犠牲に流用してきた、私たち生き残り市民ではなかったでしょうか？（中略）広島市民と長崎市民とは平和を求めて祈ってきましたが、そのためにいったい何か犠牲をささげたでしょうか？」と自問する永井にも、生き残った者の罪の意識を見出せる[38]。それは、広島への原爆投下は米国の人種主義の産物であり、アウシュヴィッツと共に絶対悪を象徴するという広島の政治的な犠牲者意識とは違う。「友人を見殺しにしたまま逃げて」生き残った者の罪の意識が、その反対にある殉教あるいは他者のための犠牲への憧憬や尊敬という感情を生んだのではないだろうか。他の収容者の身代わりに命を差し出したコルベに対して日本のカトリック信者が抱く尊敬は、そうした罪の意識が下敷きとなっている。

『長崎のコルベ』を書いた神父、小崎登明からも、罪の意識が明確に見出せる。17歳だった時に浦上の兵器工場で働いていて被爆した小崎は当時について、「屍を越える。『助けて下さい。医者へ連れて行って、お願い』と必死に差し伸べる幾人もの手を払いのけて、私は放心状態で原子野をさまよった。（中略）原子野を逃げ廻ったあげくの果て、私は二カ月して聖母の騎士へ入会した」と振り返っている。[39] 被爆して死んでいく人々を捨て置いて逃げ出した罪の意識が修道院の門を叩く契機だったことをうかがわせる。[40] 修道会に入って後、「戦争中に他人の代わりに命を捧げた愛の殉教者コルベ」に小崎が惹かれたのは、そうした罪の意識ゆえだったろう。『朝日新聞』に連載した小説『女の一生：二部・サチ子の場合』を通じてコルベを日本の読者に広く知らしめた遠藤周作も小説のあとがきで、生き残った者の微妙な罪の意識について書いている。「そうしたムツカしいことではなく、『おたがい、よく生き残れましたね』という率直な気持なのかもしれない。おたがい、よく、生き残れた——しかしこの気持の背後には、もっと複雑な感情がある。つまり自分は生き残ったが、いとしい者、愛した者、親しかった者を戦争や戦後で失ったという悲しみや苦しみがかくれているのだ[41]」。

敬虔なカトリック信者だった遠藤の小説の中で、コルベは「人、その友のために死す。これより大いなる愛はなし」という聖書の言葉をしばしば引き合いに出し、生き残った者の罪の意識を呼び覚ます。仲間のために命を投げ出したコルベは、生き残った者の罪の意識をあがなう殉教者だった。実際に『女の一生』を貫く主題は、愛する人のために純粋で切なる愛を捧げ、命まで惜しまない自己犠牲だった。一部の主人公キクは隠れキリシタンとして捕まった清吉を救うため犠牲になると心に決め、役人に自らの身を差し出す。そして無理を重ねた末に結核を患い、異人のために建てられた大浦天主堂の聖母マリアの前で吐血して死ぬ。「この時聖母の大きな眼にキクと同じように白い泪がいっぱいにあふれた。（中略）おのれの体をよごしてまでも恋人に尽くしきったキクのために今、泣いていた」。

聖母マリアは「あなたはわたくしの子（イエス）と同じように愛のために この世に生きたのですもの」と慰めながら、[42] イエスの愛と清吉に対するキクの愛を重ねる。大浦天主堂の聖母マリア像は、コルベが大浦神学校で教えていた時期に毎日ひざまずいて祈っていたマリア像である。

二部の主人公でキクの従妹ミツの孫娘であるサチ子もやはり、このマリア像の前で祈りを捧げた。二部では、長崎で繰り広げられるサチ子と特攻隊員として戦死した修平の悲劇的な愛の話が、アウシュヴィッツで身代わりの死を遂げたコルベの話と交差する。いわゆる「二重小説」の形式を取った小説でコルベは、カトリック信者が御絵《ごえ》と呼んでいる本のしおりのようなものをサチ子に与えた。マリアの絵の下に聖書の言葉が書かれていた。「人、その友のために死す。これより大いなる愛はなし」[43]。世俗的な男女の愛が宗教的な殉教と交差するのは少しもおかしなことではない。遠藤は、愛する人のために自らを犠牲にする恋人たちの心を「すべてを棄てて神のために生涯を捧げる聖者の心理にあまりにも似ている」と書いたこともある。[44]

愛する人のために命を捧げたキクの「犠牲の愛」と仲間のために命を捧げたコルベの「殉教者の愛」は、生き残った者の罪の意識を悟らせると共に、代わりに贖罪する宗教的カタルシスをもたらす。他人の苦痛と不幸に対する無関心こそが罪であり、それに対する罪の意識を抱く時に救われる可能性があるという遠藤のキリスト教に対する理解は、彼の小説においてコルベと長崎を結ぶ重要なつなぎ目だった。[45] 長崎と深い縁を持つコルベの殉教は、浦上ホロコーストで生き残ったカトリック信者の罪の意識を省察し、浄化する格好の素材だった。

反西欧主義と反ユダヤ主義

長崎時代とポーランドに帰国してからのコルベの写真を見ると、明確な違いを一つ見て取れる。ポーランドで撮った写真では、長崎でのトレードマークだった長い黒ひげが消え、きれいに剃った顔になっている。小崎の解釈によると、長崎では東洋の伝統的賢者の姿を真似て日本人と親しくなろうと考えてひげを伸ばしたのだという(46)。だが正反対の解釈も可能だ。19世紀末以降、東アジアにおける文明開化の過程で男性のひげは身体の近代化を象徴し、文明と権力を誇示する印だった(47)。ただ文明開化を象徴するひげは端がはね上がったカイザーひげであることが多く、コルベの長いひげとは違う。それゆえ彼のひげが東洋の定型化された賢者像を意識したものなのか、日本への攻撃的な布教の野望を表すものかは判然としない。ともかくコルベ一行は長崎到着直後から、ソ連のスパイではないかという警察の疑いに悩まされた。戦争になって米軍の上陸が差し迫ると、カトリック教会に対する軍と特高（特別高等警察）の圧力はますます激しくなった(48)。カトリックに対する日本社会の視線はそれほどよくなかったし、教会は西洋植民地主義のイメージと重なっていた。敬虔な信者だった遠藤にしても、植民地主義と絡まったカトリックに対する刺すような視線を意識しないわけにはいかなかった。遠藤の文学が西洋と日本の距離感を自覚し、キリスト教と日本の多神教的美学の間の距離を看過できないところから出発していることが象徴的である(49)。

遠藤は『女の一生：一部・キクの場合』で、長崎奉行所の本藤舜太郎の口を借りてカトリックと西欧植民地主義の共犯関係への批判を隠さない。本藤は「切支丹の国々が東洋の土地を盗み、その国を侵し、殺していたことを、切支丹の法王とやらは、なぜ黙って見過ごしていたのか」と、フランス人神父ベルナール・プティジャンを問い詰める。反論できなかったプティジャンの困惑が小説によく描かれている。西洋のキリスト教諸国がアジア・アフリカを侵略して植民地とした事実を自らも正しいとは思えないでいたプティジャンは、キリスト教の偽善に対する東洋人の批判に強く抗弁できない。さらに「浦上の切支丹たちが牢で苦しんでおるのに」、なぜプティジャンたちは「ぬくぬくとこの南蛮寺で身の安全を保っておられる」と畳み掛ける本藤の前で、青い目のフランス人神父は言葉を失う(50)。ポーランド出身のコルベが、プティジャンと対比されるのもこの部分においてである。ポーランドは欧州の周辺部であり、「西洋」における「東洋」として、「西洋」でありながら「西洋」ではない。120年あまりにわたってロシアとプロイセン、オーストリアの3国に分割占領されていた被抑圧民族として、植民地主義の歴史的責任から自由だった。さらにロシアという共通の敵を通じて日露戦争時から国際舞台で深い関係を維持してきた日本とポーランドの関係もあった。それらを考慮すれば、日本の記憶文化においてコルベは周辺部国家であるポーランド出身だからこそ持てる逆説的な比較優位を享受できた(51)。

一方で日常的な面では逆に、ポーランドという周辺部国家の出身者としての悲哀を味わう場面が少なくなかった。ポーランド人の同僚修道士の回想によれば、コルベは実際に長崎で『聖母の騎士』を発刊した時、彼の単純で素朴な布教方式に懐疑的な大浦天主堂の司教の早坂久之助や神父の浦川和三郎から冷遇された(52)。そうした冷遇は、植民地主義国家出身の他の西洋人神父や宣教師ならば経験しないであろうものだった。子供が甘えて母親を呼ぶ時に使うポーランド語の「マムシャ」と聖母マリアを呼び、栄養失調になるほど極端な清貧生活と『聖母の騎士』誌だけに頼るコルベの単純な布教方式は「西洋」植民地主義の宣教師たちと大違いだった[53]。コルベ一行が長崎に到着する光景についての遠藤の描写もまた、大浦天主堂のフランス人神父プティジャンの描写とは全く異なる。コルベら5人のポーランド人修道士は、一等席でやってくる通常の外国人とは違い、長崎丸の三等席に乗ってきた。荷物といっても下着と2、3冊の本しかない。日本語はほとんどできず、英語も少ししか話さない。このポーランド人たちがどうして日本へ来たのかと首をかしげる長崎税関の監視部長、玉置の態度からは、貧しい「西洋人」に対するもどかしさと気の毒がる思いが感じられるだけだ。人力車に乗らず、道の真ん中でトランクを持ったままうろうろしている彼らを見かねて、大浦天主堂へと案内した刑事の金田はいらだちを覚えもした[54]。ポーランドの聖職者たちに対する金田の好奇心といらだちは、長崎奉行所の本藤がフランス人神父プティジャンに抱いた西洋植民地主義に対する恐れとは全く異なるものだ。

日本帝国の軍事的な力に乗っかってでも「聖母の村」建設という布教目的を達成しようというコルベの純真な発想も、戦後日本の記憶文化でコルベ神話ができた一因だったろう。コルベを側で補佐した修道士セルギウスは1932年にインド旅行へ行ってきたコルベから聞いた話を鮮明に覚えている。「日本は今、ロシアと戦争をしようと準備しています。日本は誰をも恐れていません。アメリカも恐れていません。聖母はよく導いておられます。日本はやがて、アジア全部を占領してしまうかも知れない。あるいはヨーロッパも取るかも知れません。これは聖母の騎士にとって、とてもいいことです。私たちも日本人と一緒に出かけて行って、騎士誌を布教しましょう[55]」。太平洋や東南アジアにおいて米英仏やオランダなど「西洋」植民地主義に対抗し、日本帝国を支持するコルベの立場は一般的な「西洋」の宣教師には期待できないものだった。

日本帝国に対するコルベの見解が、同時代の日本人あるいは戦後の日本社会にどれほど知られたかは知るすべがない。ただ一つ明らかなのは、ポーランド出身のコルベの世界史的な位置や政治的立場が「西洋」植民地主義と共謀したカトリックという疑いからは比較的、自由でいられたことだ。西欧列強の普通の宣教師と比べると、ポーランド出身のコルベは周辺部知識人の特権を享受できた。コルべは、大きな違和感なく戦後日本の記憶文化に受け入れ可能な数少ない「西洋」人だった。日露戦争以来の日本帝国とポーランド民族主義陣営がロシアという共通の敵に対抗する国際的連帯を打診し、推進してきた歴史的なつながりも重要な役割をしただろう。1931年冬にソ連の情報機関が、ポーランドと日本がソ連を同時に攻撃するための協定を結んだという機密情報を報告したほどだった[56]。ソ連とポーランドが不可侵条約を結んで事実ではないとわかったものの、そうした疑心を抱かせるほどポーランドと日本の関係は堅固だった。

『奇蹟《きせき》』という旅行記とコルベの伝記がないまぜになった小説を通じて、コルベの生涯を日本に広く知らしめた曽野綾子の格別なコルベ愛も同じ文脈で理解される。曽野は1971年10月17日にヴァティカンで開かれたコルベの列福式への参加に先立って、9月21日にポーランドを訪ねた。彼女は、ポーランドのイエズス会神父であるタデウシュ・オブラクの案内で3週間以上にわたってポーランド各地にあるコルベゆかりの地を訪ねた。コルベの故郷であるズドゥンスカ・ヴォラからニェポカラヌフ修道院や神父の休養地ザコパネを経て、アウシュヴィッツ強制収容所へと至る長い旅程だった。コルべの殉教によって命を救われたガヨヴニチェクも訪問した。オブラクと一緒に近所の人に聞き回ってガヨヴニチェクの家を探した曽野は、彼がそれほど有名でないことに驚いた。日本だったらメディアが殺到して日常生活ができなくなっているだろうと、ポーランドのメディアの無関心ぶりへの皮肉を口にした[57]。曽野はこの旅行記を『カトリック・グラフ』誌の1972年1月号から13回にわたって連載した。フランス語で書かれたマリア・ヴィノフスカによるコルベ伝をもとに、ポーランド旅行で取材した内容と作家の感性を加えたこの記録は、連載終了後に『奇蹟』という単行本として出版された。

曽野が理解したコルベは、何よりも愛国者だった。コルベはポーランドを占領した外部の敵どもを懲らしめたかったが、暴力の代わりに神の真理を説いて世界の人を惹きつけることが真の復讐であることを知ったのだという。またクラクフで会った神父アンセルモは、コルベの父親が第1次大戦でユゼフ・ピウスツキのポーランド旅団に入隊して戦い、ロシア軍の捕虜となって処刑されたというエピソードを曽野に伝えた[58]。社会愛国主義系列のポーランド社会党の指導者であるピウスツキは1904年7月、日本軍参謀本部の招きで日本を訪問し、ロシアに対抗するポーランドと日本の共同戦線を打診したことがある[59]。民族運動に身を投じてロシアの支配勢力に処刑された父親を持つコルベの愛国主義は、西洋植民地主義の共犯というよりは、犠牲者であるポーランド／カトリックの歴史的産物である。そのためか、コルベ一族の民族主義に対する曽野の視線は基本的に温かい[60]。曽野は、コルベの「殉教」認定が議論になったことを念頭に置いたように、キリスト教の黄金律は愛であり、アウシュヴィッツのコルベがガヨヴニチェクのためにそうしたように、友のために自身を犠牲にすることこそ至高の愛であると書いた。イエスの愛を最後まで推し進めれば、それは死と向き合うほかないということだ。家族に会いたいと命乞いするガヨヴニチェクから目を背けたならば、コルベは肉体的には生き延びても、精神の死を自覚するということである[61]。

コルベの死を殉教だと確信する立場は『女の一生：二部・サチ子の場合』で、サチ子とコルベを交差する主人公として立てた遠藤からも確認される。高校国語教科書に載った随筆「コルベ神父」で遠藤は、奇跡をこのように定義する。「私は『奇蹟』とは不治の悩みをいやしたり、石を金に変えることとは思っていない。『奇蹟』とは我々ができえぬことを行うことである。コルベ神父は凄惨きわまる地獄のようなナチ収容所で、我々のできえぬ愛の行為を実行した。これこそ私は奇蹟とよぶ[62]」。高校の国語教科書に載った遠藤の短いエッセーは、この教科書を採択した高校を卒業した平均的な日本人にコルベの「愛」を知らせる重要なメッセンジャーであった。カトリック信者でも、文学愛好家でもない人にコルベの存在を知らせることに寄与したのである。だが、曽野がパリ空港でワルシャワ行きの飛行機を待っていた時、ポーランドでは列福を前にしたコルベの資格論争が沸き起こっていた。クラクフで発行される自由主義的なカトリック週刊誌で、批判的知識人から幅広い支持を集める『週刊普遍』が1971年9月19日号に、コルベの反ユダヤ主義に疑問を呈する投稿を載せたのだ。筆者は、批判的な左派知識人で著名なマルクス主義経済学者であるヤン・ユゼフ・リプスキ（Jan Józef Lipski）だった。彼は、コルベの列福は教会内部の話だとしながらも、世俗的なポーランド国民の一人として危惧を表明した。コルベは『小さな新聞』の創立者で、編集人だったというのだ。この新聞は、極端な反ユダヤ主義を鼓吹し、憎悪と嫌悪の温床であったという。この新聞が極端な反ユダヤ主義をあおる国民急進陣営（ONR）の人脈に連なっていたことは、誰も否定できない事実だった[63]。

残念ながら、コルベが自らの反ユダヤ主義を誤りと認めて赦しを求めたかは疑問である。他人のために自らを犠牲にしたからといって、彼が自らの誤りを認めて赦しを請うたと推論するのは希望的観測に過ぎないというのがリプスキの主張だった[64]。『週刊普遍』の編集部は、コルベの列福式を主管したワルシャワのカトリック神学アカデミーのヨアヒム・バールに問い合わせ、その結果をリプスキの投稿の下に編集者注として添えた。それによると、『小さな新聞』創刊号が出た1935年5月にコルべはまだ長崎におり、新聞制作には直接の関与をしていなかった。そしてコルベが長崎からポーランドの『小さな新聞』主幹に送った1935年7月12日付の手紙を公開した。この手紙でコルベは「他の人や政党、他民族に対する不必要な非難を慎み……特にユダヤ人問題は読者に憎しみをあおったり、拡大したりしないよう注意し……ユダヤ人を非難するより、ポーランドの商業と工業を発展させるよう努力するのが正しい」と書いていた。また1936年の帰国後は、主にニェポカラヌフ修道院の仕事に専念しており、発行人というのは名目だけで、ワルシャワの編集者たちが自律的に発刊していたというのだった。[65]この議論は、列福式の日である10月17日号の『週刊普遍』が、イエスの犠牲で作られた祭壇にコルベを迎えるクラクフの枢機卿カロル・ヴォイティワ（後のヨハネ・パウロ2世）の寄稿を掲載して収まった。[66]

コルベの反ユダヤ主義を巡る議論は、曽野のワルシャワ訪問直前から話題になっていた。だが、曽野はこれに一切言及していない。もちろん言葉の問題で議論を知らなかった可能性もある。だが、ポーランド滞在中には通訳兼ガイドとしてポーランド・イエズス会のオブラクが同行していたことや、『週刊普遍』がポーランドの知識人社会で持つ影響力を考えれば、知らなかったというほうが不思議である。しかも、コルベの列福式まで一カ月しかない時期に沸き起こった問題で、曽野はまさにこの時期にポーランドを訪問してカトリックの知識人と交流したのだ。曽野が意図的に沈黙しているのか、そもそも知らなかったのかは本人にしかわからない。しかし、推測の糸口はある。曽野は、「無原罪の聖母騎士団」を作った時にコルベが好戦的な言葉を多用したことに注目する。コルベが騎士会を作った契機は、1917年にローマで開かれたフリーメーソン創立200周年の記念集会だった。ヴァティカン宮殿の前で「サタンはヴァティカンを支配すべきだ。教皇はその奴隷となれ」というフリーメーソンの旗が振られるのを見て、そのような決心を固めたのだという。曽野は「フリー・メーソンがますます大胆になって暴れ出し、その旗印、すなわちルチフェルが大天使ミカエルを踏みにじっている場面を、黒字にあらわした旗印を、ヴァティカンの窓先にさえ打ち立てたとき、彼らが教皇を罵倒するトラクトを配布し始めたとき、このフリー・メーソンとルチフェルの他の手先どもに向って戦うことを目ざす一つの会を創立しようという考えが浮かびました」というコルベの言葉を、ヴィノフスカのコルベ伝から引用して書いている[67]。

実際にコルベは頑強なフリーメーソン反対論者だった[68]。フリーメーソンと、社会主義者、ユダヤ人をひと括りにして反カトリックの悪の枢軸として描くこともしばしばだった。反ユダヤ主義者がユダヤ陰謀論を扇動するための偽書『シオンの議定書』を根拠とすることもままあった[69]。ローマでのフリーメーソンの集会についてのコルベの記憶は、反ユダヤ主義の議論が出てくる度に引用される話でもある。これほど敏感な時期に、曽野がこの一節に注目したことには深い意味がありそうだ。いかなる形であれ、曽野がコルベの反ユダヤ主義に関する論争について知っていた可能性は高い。知っていながら無視したとしても不思議ではない。後に見せた曽野の言動は、そう推測させるものだ。曽野は2015年に『産経新聞』への寄稿で、移民を受け入れつつ人種別に居住区を分けねばならないと書いた。南アフリカのアパルトヘイトを移民政策のモデルとするよう安倍政権に提案する論考は、世界中のメディアで話題になった[70]。障害者に対する差別的言辞もためらわず、民族主義にこだわる曽野の思想的観点から見れば、コルベの反ユダヤ主義は特に問題となるようなものではなかっただろう。

コルベの反ユダヤ主義疑惑に対する曽野の無関心は、コルベの民族主義への全幅的な支持と対照的である。民族主義/愛国主義に対する曽野の全般的な好意は、沖縄・渡嘉敷島での集団自決に関する

1973年の著作によく表れている。曽野は、330人の島民に自決を強いた守備隊長への大江健三郎の批判について「私は神ではないから」そんなことは言えないと問題視する。さらに、「国に殉じるという美しい心で死んだ人たちのことを、何故、戦後になって、あれは命令で強制されたものだ、というような言い方をして、その死の清らかさを自らおとしめてしまうのか」という当時の中隊長の回想を記す。曽野の胸の内は、この言葉によく示されている。国境を超える曽野の記憶の中では、アウシュヴィッツで殉教したコルベと慶良間諸島の島民の強要された集団自決が「聖なる何かに殉じるという美しい心で死んだ人」として一緒に配置されるのだ。これに大江は、日本軍が組織ぐるみで自決を強制した罪を人間の目で批判したのだと反論し、曽野の引用した回想に対して「このようにいう者らこそ、人間をおとしめている」と批判した。(71) 国のために美しい心で死ぬ人たちへの曽野の愛着は、戦後日本における民族主義の市民宗教的な集団心理を代弁するものだ。(72)

1982年に行われたコルベの列聖式を前後して、彼の反ユダヤ主義が再び問題とされた。今度はポーランドではなく、『ニューヨークタイムズ』や『ワシントンポスト』など米国の主要メディアがこの問題を取り上げた。(73) 教会の国際的動向に敏感なカトリック知識人であれば見過ごすことはなかっただろう。その後も1995年3月15日付の『ニューヨークタイムズ』が、コルベに救われたガヨヴニチェクの訃報で改めてコルベの反ユダヤ主義に触れた。(74) 1983年2月にも、パトリシア・トリースによるコルベ伝に対する書評でジョン・グロスがコルベの反ユダヤ主義に言及したことについて、『ニューヨーク・レビュー・オブ・ブックス』誌上で反論と再反論の読者投稿が行き交う論争があった。(75) コルベが『シオンの議定書』を事実と信じ、国際シオニズムに操られたフリーメーソン・マフィアが無神論的な共産主義を煽っているというような発言をしたことは否定しがたい事実である。コルべが創刊した『小さな新聞』が強硬な反ユダヤ主義の論調だったことも事実だ。

しかしコルベはユダヤ人の改宗を認め、督励した。この点において、ユダヤ人の改宗や同化を認めない原理主義的な人種主義者ではなかった。ナチの迫害を避けてニェポカラヌフ修道院に隠れようとした1500人超のユダヤ人を喜んで受け入れたエピソードも残っている。極端な反ユダヤ主義者というイメージとは距離があった。修道院の近くに住んでいたロサリア・コブラの証言によると、コルベは全ての人は兄弟なのだからパンを求めてきたユダヤ人にパンを与えよと信者に忠告もした[76]。コルベ弁護派の主張する通り、1万通を超える彼の手紙と396編の論説・コラムのうちユダヤ人問題に言及したものは31編に過ぎず、彼の主たる関心はユダヤ人をキリスト教に改宗させることだった[77]。コルベもまた、時代の子だった。コルベが反ユダヤ主義の疑惑から自由でないのは事実だ。しかし、ユダヤ教とキリスト教の霊的遺産に共通性を認める世界教会一致運動（エキュメニズム）の精神を彼に期待するのなら、それも無理な話だ。反ユダヤ主義者でありながらユダヤ人を命懸けで救ったコッサク＝シュチュツカを見ればわかるように、反ユダヤ主義とホロコーストへの批判・抗議の共存というのはポーランドのカトリック教会において珍しくなかった[78]。コルベの活動は、ポーランドのカトリック左派あるいは自由主義の影響力を排除しようとする右派の覇権的闘争の一環でもあった。

だがコルベが反ユダヤ主義者だったかを論じるのが本書の目的ではない。コルベの反ユダヤ主義論争に対して日本のカトリック知識人たちが守った沈黙の意味をどのように読むのかが、本書の関心事である。彼らの徹底した沈黙は、日本のカトリック信者に広がるコルベ崇拝の熱気と対照的だ。アパルトヘイトを移民政策のモデルだと称賛した曽野にとってはコルベが反ユダヤ主義であろうと問題ではないだろうが、どちらかといえば自由主義的なカトリック知識人である遠藤の沈黙には当惑させられる。遠藤の沈黙は個人的な思想のためというより、長崎あるいは日本社会全般の記憶文化と関連したものではないかと考えられる。コルベの記憶は、戦後日本の犠牲者意識ナショナリズムを正当化する被爆の記憶にとって国境を超えて参照するポイントである。その位相が揺らぐことへの当惑が、沈黙をもたらしているのではないだろうか。

もちろん遠藤が何も知らなかった可能性も排除はできない。しかし遠藤の大衆文学に関する講演録を見ると、彼がどれほど世界の文学、特に文学で再現されたキリスト教思想について深い知識を持っていたかを窺うことができる。彼はフランス留学時代に左派カトリック系の雑誌『エスプリ』の愛読者で、同誌に掲載されたファノンのエッセーを読んでもいた。人種や植民地主義、解放などに対するファノンの議論に日本の問題意識を投影しようとしたということを考えれば、コルベの反ユダヤ主義に対する遠藤の重い沈黙には依然として当惑するしかない[79]。東アジアの遠藤と、カリブ海のフランス植民地マルティニーク出身でアルジェリア独立運動に参加したファノン——。彼らが地理的境界を超えて思考の地平で出会ったかもしれないと考えるだけでも胸に込み上げるものがあるし、彼らの遭遇に対するより明らかな証拠を見つけられれば言うことはない。それは、今まで別々に考えられてきたアフリカの反植民地主義・脱植民地化と戦後アジアの冷戦体制が、どのようにして地球規模の記憶構成体で出会い、絡み合っているのかを見せてくれる一つの興味深い例になるだろう。だが、長崎の被爆記憶に深く介入したコルベを巡る反ユダヤ主義論争は、そうした脱植民地主義の記憶による連帯にくさびを打ち込む事件だった。

草の根記憶と殉教の文化

地球規模の記憶空間においてアウシュヴィッツでのコルベの殉教が知られるようになったのは、1982年10月10日の列聖式以降のことである。それに先立ち、教皇に選出されてから共産主義の故国ポーランドを初めて訪問したヨハネ・パウロ2世が1979年6月7日、アウシュヴィッツのような極限状況でカトリック精神の勝利を象徴する二人としてコルベとカルメル修道院の修道女シュタインの名前を挙げた[80]。教皇は1981年2月には長崎を訪問してコルベゆかりの本河内教会で祈りを捧げ、マザー・テレサも1982年4月に長崎を訪ねた。時期が重なる1980年11月から1982年2月まで遠藤が『朝日新聞』に『女の一生』を連載した。遠藤は連載に合わせて1981年から長崎でコルベに関する資料を集め、コルベ神父記念館を作るキャンペーンを始めた。同年には、近代映画協会と女子パウロ会が『コルベ神父の生涯：アウシュユビッツ　愛の奇跡』という低予算映画を制作し、第3回日本赤十字映画祭最優秀賞を受けた。ポーランドで『いのちの交換』という平凡なコルベの伝記映画が制作されたのは、共産政権崩壊後の1991年になってからだった。日本のカトリック人口はポーランドと比較になどならないが、1980年代初めの日本のコルベ・ブームは彼の祖国ポーランドより明らかに先んじていた。日本でのブームの背景には、教会を超えた何かがあったと考えざるをえない。

ポーランドでは2007年にテレビのドキュメンタリーが放送されたことで、再びコルベが世間の話題になった。上院が、殉教70年となる2011年を「聖人マキシミリアノ・コルベの年」と定めもした。コルベが故郷ズドゥンスカ・ヴォラの守護聖人とされたのはこれより早い1998年のことだったが、それすらも日本のコルベ崇拝に比べれば遅いほうだった。そして何よりも、コルベはポーランドの民族的記憶の重要な一部だった。コルベに献呈された最初の教区教会は「ポーランド民族のゴルゴタ」と呼ばれるカウフク・ゴドゥフの教会だった。パルチザンへの報復としてナチが1943年5月24日と11月11日に行った強制移住で犠牲となったポーランドの農民136人を記念して、1981年に小さな礼拝堂として作られた。同年12月13日に労組・連帯を抑圧する共産政権の戒厳令が出されると、カトリック教会が持つ反共のシンボル性ゆえに聖堂へ発展させようという募金運動が始まり、1983年に聖堂の1階が完成した。1984年11月11日に「母国のための」初めてのミサが執り行われ、1986年には「ポーランド民族のゴルゴタ」と呼ばれるようになった。ゴルゴタという名前が象徴するように、この教会はナチズムと共産主義政権の犠牲者を殉教者として心にとめる記憶の場となった[81]。

1971年の列福以降、共産主義ポーランドにおいてコルベは無神論的な共産主義に抵抗する殉教の象徴と受け止められた。ポーランドの教会の観点から見れば、コルベの反フリーメーソンと反ユダヤ主義は、反共思想の根だという点で意味があった。しかし1984年10月19日に独立労組「連帯」の神父イェジ・ポピェウシュコが共産政権の秘密警察に拉致されて残忍に殺害されると、反共の殉教者としてのコルベの象徴性は相対的に色あせた[82]。1984年以降、ポーランドのカトリック教会の記憶文化ではポピェウシュコがコルベに代わり、無神論的な共産主義の犠牲となった殉教者の地位を占めた。ナチの迫害が薄れ始めた遠い記憶だとすれば、共産主義の迫害は生々しい近い記憶だった。連帯の運動以降、共産主義との戦いがより急務だったポーランドのカトリック教会における代表的な殉教者はコルベよりポピェウシュコだった[83]。20世紀末までポーランドより日本でコルベ崇拝が強かったのには、こうした理由がある。

日本のコルベ崇拝の熱気は、長崎で原爆の犠牲者となったカトリック信者を神聖化するための道徳的記憶の根拠だったことで説明できる。生け贄を丸焼きにして神に捧げる燔祭のように自身の体を焼いて平和の祭壇に命を捧げた長崎の原爆犠牲者は、他者を生かすためアウシュヴィッツで殉教したコルベと肩を並べることができた。これは、永井や遠藤のようなカトリック知識人に限らず、少なからぬ普通の日本人が共有する考えでもあった。断片的な資料ではあるが、「大浦聖コルベ館」と本河内にある「聖コルベ記念館」に置かれた訪問者用のノートは、訪れた日本人の考えをよく示している[84]。

日本人の書いた感想は、アウシュヴィッツを訪問した自らの記憶を思い浮かべて平和を祈るという内容が圧倒的に多かった。ポーランド人はほとんどが、自らの同胞であるコルベの足跡を長崎で見つけたことへの驚きと喜びが多い。コルベの歴史をきちんと保存している日本への感謝もよく登場するのだが、ポーランド人の感想にアウシュヴィッツへの言及は全く見られない。韓国人のカトリック巡礼者の書いたものは、統一と平和を願う内容もあるけれど、自分の家族や地域の聖堂の幸福と発展を祈る内容が多い。日本人の多くは遠藤のエッセーや小説を通じてコルベを知ったとしており、アウシュヴィッツを訪れてコルベを知ったという書き込みがたまにある。日本人の書いた感想でもう一つ目を引くのは、東日本大震災に対する言及だ。殉教した時のコルベと同じ年齢だという被爆2世が2014年3月17日に残した長文の感想は、長崎で被爆した母親の突然の死、福島原発事故の放射能流出などに触れている。そして原発に依存する資本主義体制の中で生きていかねばならない全ての人に、コルベの崇高な人生の足跡を想起させる。その他、コルベ神父と一緒に日本で布教活動をしたチェノ修道士の本が東日本大震災の時に慰めとなったという2018年6月24日の感想もあった。

コルベは今や、幕府のキリシタン迫害・アウシュヴィッツのホロコースト・長崎の原爆という3つの記憶を超え、東日本大震災の記憶までつなげる象徴的な掛け橋となった。1941年にアウシュヴィッツで殉教したコルベの記憶が、江戸時代のキリシタン迫害、1945年の被爆、2011年の震災の記憶と結びつくのだ。それは、訪れた人たちが自らの記憶の中で記念館の記憶言説について時間軸を構成し直し、再配置したからだ[85]。これは、自分たちの社会の悲劇を理解するための参考資料として日本の草の根記憶がコルベの記憶を召還する証拠でもある。彼らは、記念館の示す言説を受け入れる受け身の観客ではなく、自らの解釈を通じて積極的に介入し、双方向のコミュニケーションを取る積極的な参加者だ。日本の草の根記憶は自身の歴史的経路に合わせ、東日本大震災までを包括する形でコルベの記憶を時間的に再構成する。それは、アウシュヴィッツと長崎が作り出した興味深い記憶の連想作用を見せてくれる。このノートは、記念館の展示に日本の訪問者が積極的に介入し、双方向コミュニケーションの記憶文化を作って行くという点で意味が大きい。原爆に続く震災の経験が、長崎の記憶を新たに歴史化する次元にまで進むのである。

しかし他方で、記憶のこうした「再時間化」戦略は、コルベの殉教を脱歴史化し、脱脈絡化するという批判を免れえない。彼らもまたコルベに対する反ユダヤ主義の論争を忘れたまま、アウシュヴィッツで愛の奇跡を実践した聖人という神聖化された領域に安住している。このように脱歴史化された記憶は、戦後日本の犠牲者的記憶――アジアの隣人に対する日本帝国の侵略性と加害者だったという記憶から意図的に目をそらし、世界で唯一の被爆国であると強調するもの――と、歴史の流れを無視するという脱脈絡化の論理構造を共有している。アウシュヴィッツと長崎の犠牲が真の意味を維持するためには、犠牲を正当化し、合理化する慣行から抜け出すことがその第一歩となる。訪日した教皇フランシスコが広島平和記念公園で2019年11月24日に行ったスピーチは、地球規模の記憶構成体における広島と長崎の原爆についての望ましい記憶に関する方向を示している。彼は広島の被爆者について「生まれた場所はさまざまで、それぞれの名をもち、なかには、異なる言語を話す人もいた」とし、「この場の全ての犠牲者を記憶にとどめる」と語った。フランシスコは記念公園での行事で在日韓国人のカトリック被爆者である朴南珠《パクナムジュ》と握手し、対話を交わすなど日本人以外の被爆者たちを配慮する姿勢を見せた(86)。

国籍と出身地にかかわらず全ての被爆者を追慕したフランシスコの訪日は、コルベの記憶に大きな関心を見せたポーランド出身のヨハネ・パウロ2世の訪日メッセージと大きな違いを見せた。ジジェクが暗示したように、「犠牲」を犠牲にする時、初めてその犠牲の意味が生きるという逆説を吟味する必要があろう(87)。

第8章　否　定

#MeToo の主な武器である被害者の証言は、
加害者の名誉を傷つけるための陰謀だと一蹴される。
韓国との比較ですら際立つ
日本の #MeToo 運動の弱さは、
慰安婦否定論の勢いと同根である。
慰安婦否定論と #MeToo 運動への
男性主義的な嫌悪につながる中心にあるのは、
被害女性の声を押しつぶす性差別的な男性主義だ。
こうした男性主義の加害者は、
文書で立証できない証言は証拠ではないという
守りの論理の中にじっと隠れている。

否定論の武器として実証主義を活用した嚆矢は、ホロコースト否定論者だった。科学的事実ではなく、たった数人の証言によってホロコーストとガス室についての歴史が捏造されたという具合だ。証人の記憶は主観的かつ感情的なので信用できないというのが、主張の中心にあった。写真は、ニュルンベルク裁判のために証拠資料を検討する米国の要員。 Wikimedia Commons

否定論、ジェノサイドの最終段階

イスラム神政国家イランの首都テヘランで２００６年12月、地球規模の記憶構成体を動揺させることが起きた。「ホロコーストの再検討：地球的展望」という国際学術大会だ。イラン外務省の後援を受けた大会には、大統領マフムード・アフマディネジャードと外相ら多くの高官が姿を見せ、イラン政府の強い関心を示した。大会に参加したのは、白人至上主義団体「クー・クラックス・クラン（ＫＫＫ）」のような欧米の極右人種主義者、ホロコースト否定論者、急進的イスラム主義者、さらには世俗的シオニズム国家であるイスラエルはユダヤ教の教えに反していると信じる「ナトレイ・カルタ」に所属する超正統派のラビなど30カ国67人。大会は、ホロコースト否定論者の国際的連帯を見せつける場のようだった。いつかはイスラエルを地球上から抹消すべきだというアフマディネジャードの開幕演説の直後に基調演説をしたのは、ＫＫＫの代表を務めたデーヴィッド・デュークだった。彼は、ホロコーストに疑問を呈すること自体を犯罪だと見る西欧の雰囲気を糾弾し、イスラムの反ユダヤ主義情緒を刺激した。デュークと彼の仲間たちは21世紀に入り、ホロコースト否定論者を処罰する法の網を避けようと活動基盤を中東にまで広げ始めた。デュークは、大会を後援するようイラン政府を説得したのは自分だとほらを吹いて回った[1]。歴史的に見れば、反ユダヤ主義は長年にわたって西欧特有の現象だった。中世キリスト教世界と比べ、イスラム世界はユダヤ人にはるかに寛大だった。しかし、１９４８年のイスラエル建国を巡るユダヤ人とアラブ人の流血の闘争を経て、イスラム世界にも反ユダヤ主義が本格的に根を下ろし始めた。ホロコースト否定論も、イスラエル建国の正統性をおとしめるための言説としてイスラム世界に広く流布されることとなった。

白人至上主義者のデュークがイスラム世界に注目したのは、こうした理由からだ。さらにイスラム世界と手を組むことには、ホロコースト否定論の人種主義的な色合いを薄める効果もあった。白人至上主義者たちが最近、「白人至上主義（white supremacy）」の代わりに民族自決権に関する言葉を借用して「白人分離主義（white separatism）」という用語を使い始めたことにも注目すべきである。大会には、フランスのロベール・フォーリソンをはじめ、スウェーデンやマレーシア、スイス、オーストリア、ハンガリー、オーストラリアなどから有名な否定論者が勢ぞろいした。[2] イランが、否定論者インターナショナルの新たな盟主になったと言えるほどだった。１９７９年のイスラム革命を率いたアヤトラ・ホメイニは反ユダヤ主義のイスラム神学者だ。革命後のイランにおいて反ユダヤ主義は国家の政策レベルのものとなり、否定論者との連帯を執拗に追い求めてきた。アーヴィングとフォーリソンという英仏両国の否定論者の主張を『テヘランタイムズ』がそのまま掲載し、イランのラジオはドイツのエルンスト・ツンデルと米国のマーク・ウェーバーのような否定論者とのインタビューを流した。さらにスイスの否定論者ユルゲン・グラフには政治亡命先を提供した。[3] 実際のところ、大会参加者の主張には新しいものなどなかった。アウシュヴィッツ強制収容所の犠牲者数が実は２０００人余りに過ぎなかったとか、トレブリンカでは５０００人が病死しただけで、ガス室などなかったというような、いつも通りの強弁だった。

しかし、テヘランの大会は否定論という巨大な氷山の一角に過ぎない。とても残念なことに否定論のリストは限りなく長い。それは、▽明白な証拠があるにもかかわらず、自分は殺したことなどないと言い張る虐殺者の個人的否定、▽虐殺について国に責任はないとする国家的否定、▽メディアに注目されようとするノイズマーケティングの出世主義的否定、▽言論と学問の自由にかこつけた恥知らずな否定、▽証拠捏造の否定、▽大量殺傷ではあるがジェノサイドではないという「定義論(definitionalism)」的否定、▽歴史的相対化を図る脈絡主義的否定、▽自民族だけが特別なジェノサイド犠牲者であると規定し、他民族のジェノサイド被害をたいしたことのないものだと決め付ける自民族中心主義的否定、▽ジェノサイドをよくあることだとみなす俗流化の否定など、否定論のパターンは全てを挙げきれないほど多様だ。(4) 否定論のメタ言語はジェノサイドをたきつけるメッセージを含んでおり、「ジェノサイドの最終段階」と言われるほど極めて危険な言語的暴力である。(5) 否定論が加害者の公式記憶にとどまらず、ある社会の記憶文化を規律する「物語の標準《ナラティブ・テンプレート》」として作用する時、それは未来のジェノサイドを生むプラットフォームになる。否定論の核心は記憶を殺すところにある。人間としての尊厳を無視され、非業の死を遂げた犠牲者の呼びかけに応じようとする道徳的決断としての記憶――。否定論者はその記憶を否定することで、呼びかけに応じる責任を回避し、「他者の正義」を否定する。記憶を殺すのは犠牲者をもう一度殺すことであり、虐殺を忘れるのは再び虐殺することだ。記憶のジェノサイドこそ、ジェノサイドの最終段階である。

ナチの虐殺者たちは第2次大戦中から否定論の土台を築き始めた。「歩く殺人者」の異名を取り、秘密警察ゲシュタポを牛耳ったハイドリヒは、ホロコーストの現場の写真撮影を厳しく禁じた。強制収容所周辺にぎっしり立てられた「写真撮影禁止」という立て札は、虐殺の記憶を虐殺しようとするナチの意図をよく表していた。ナチは、ユダヤ人抹殺計画の存在を誰も信じない状況を作ろうとした。それが計画成功の条件だと確信していたからだ。(6) ナチ親衛隊（SS）の隊長ヒムラーはホロコースト否定論の元祖だった。彼は、虐殺を立証する公文書を破棄し、収容所の死体焼却炉をはじめ虐殺の痕跡を爆破してしまうなどの証拠隠滅に最大の注意を払った。(7) SS隊員たちは、証人が生きて収容所を出て行くことなどないと公言した。実際に、ガス室から生きて出てきた証人は一人もいなかった。誰も毒ガスには勝てなかった。虐殺の法医学的証拠である死体まで抹殺しようとしたナチの奇怪なあがきは、記憶を消すことに彼らがどれほど気を配ったのか見せてくれる。文書の大部分が失われた状況で記憶の抹殺に対抗し、記憶していくためには、想像することが必須となる。トラウマによって断片的になり、つじつまの合わない証言の行間を読み、言語や視覚、聴覚の小さな感覚的な痕跡を見逃さない。そうすることで、何も語られず、見えず、聞こえもしない痕跡を通じて、過去を再現できる想像力が要求されるのだ。

本章では、否定論に対する単純な批判を越え、証拠が抹殺されたり、乏しかったりする過去を再現する想像力としての文化的記憶を扱う。もちろんアウシュヴィッツは想像ではなく現実だ。慰安婦制度は、過去の再現がなされなくとも事実として存在した。旧ユーゴ・スレブレニツァのイスラム系住民虐殺は「民族浄化」という呼び名が付けられる前に起きていた悲劇だ。アウシュヴィッツと慰安婦、民族浄化は明らかに、言説である以前に現実である。しかし歴史の現実としてのこれらは、言説として以外に認知されえず、言説としてしか存在することもできない。我々の歴史は、人知を超える「悠久の流れ」としての歴史ではなく、我々が認知した歴史でしかない。過去そのものではなく、過去に起きた事実を認知する記憶が問題なのであれば、特定の方向に記憶を誘導し、規律し、構成する記憶のルール、あるいは言説としての記憶文化が改めて問題となる。本章では、地球規模の記憶構成体の重要な言説の一つとして否定論に注目する。多様な否定論が互いに模倣し、参照しながら合従連衡することでグローバル化する様相をまず考えていく。否定論のグローバル化もまた、地球規模の記憶構成体の無視できない主要な特徴の一つである。

否定論のスペクトラム

否定論の中でまず目に付くのは単刀直入な否定論だ。ホロコーストを否定したヒムラーにまで起源を遡るこの部類の否定論は暴力的だが、比較的単純で目に付きやすく、常識のある人なら否定論だと簡単に見抜けるものだ。単純な否定論は、公式記憶から外れる対抗記憶、支配的な記憶に抵抗する挑戦的記憶をそれぞれ否定する初期段階でよく見られる。最も単純であり、生煮えの論理で武装した否定論者がしばしば使う言葉は「嘘」「忌まわしい企み」「真実の歪曲」「事実の捏造」「捏造された歴史」「三文小説」「脚注付きの小説」「数百種類の嘘」のように即物的だ。テヘランに集まった最も極端なホロコースト否定論者たち、南京虐殺と慰安婦、強制労働の暴力性を否定する日本の極右論客たち、記憶の戦争が起きている各地のジェノサイド否定論者がここに含まれる。具体的には、▽ホロコーストは連合国の宣伝機関が作った嘘だ、▽1938年の水晶の夜に起きた暴力はナチ突撃隊ではなくユダヤ人運動家による自作自演だった、▽アウシュヴィッツにガス室はなく、そこでのユダヤ人犠牲者は5万人に過ぎなかった、▽ユダヤ人の犠牲者は総計で20万人を超えていない——などというホロコーストの否定論、さらに、▽南京虐殺と慰安婦をはじめとするアジア太平洋戦争での日本軍の犯罪行為に対する否定論、▽アルメニア・ジェノサイドと植民地主義ジェノサイドの否定論、▽オーストラリアの白人政権が先住民の子供たちを親元から強制的に引き離した「盗まれた世代」の否定論などだ。(8) ホロコーストの記憶が産業だとするなら、ホロコースト否定論もまた産業となった。(9) さらに広げて、ジェノサイド否定論が産業になったと言ってもよいだろう。

ジェノサイド否定論は、事実の否定にとどまらない。勇気を出してトラウマ記憶をたぐり寄せ、証言する被害者を侮辱し、記憶を抑圧するのだ[10]。そして、こうした単純な否定論は、加害集団はもちろん、被害集団でもよく見受けられる。犠牲者意識ナショナリズムの道徳的正当性を信じきった犠牲者民族であるほど、自分たちにも加害者の側面があったとか、自分たちにとっての加害者にも被害者という側面があったという事実を受け入れることができない。「集合的有罪」と「集合的無罪」という二分法が、彼らの確信をさらに強める。イェドヴァブネでユダヤ人を虐殺したのはポーランド人だったと暴露したグロスを嘘つきだと非難するポーランドの民族主義者、日本人の引き揚げ者やドイツ人の避難民が味わった生命の危険や飢え、性暴力の恐怖などを歴史の歪曲だと否定する韓国と東欧の民族主義者――。彼らが、即物的な否定論の言葉を愛用することは驚くに値しない[11]。ポーランドと韓国の民族主義者たちは、グロスやワトキンズの本が歴史的事実をよく知らない国際世論や米国の読者をだますものだと主張する。歴史や自伝的小説を装って、陰謀論を書店に並べているというのだ。彼らにかかると、こうした本はポーランドや韓国をおとしめようとする敵の陰謀でしかない。残念なことにこれは、日本軍性奴隷制の被害者を否定する日本の極右の論理とさして変わらない。彼らは、この問題こそ日本をおとしめようとする韓国の民族主義者の嘘だという主張を続けてきた。日本の民族的自負心と名誉を傷つけられたと主張する心理の底には、制度化された性暴力としての慰安婦の存在を認めると数百万人に上る平凡な日本軍兵士の共犯性が浮かび上がってしまうという恐れがあるように見える[12]。

単刀直入な否定論より悪いのは疑念の否定論だ。特に問題なのは、言語のパフォーマティブな特性、すなわち言葉として発せられるだけで意味を持ってしまう点にある。発せられた言葉は現実の反映を超え、現実を作りもするのだ。投げかけられた疑念が事実か、どれほど歴史的真実に近づいているかなど重要ではない。疑念の否定論は、歴史的事実の問題を道徳的な感情と行動の問題に変えてしまう。ほとんど確認されていない噂を根拠に疑わしいと主張するに過ぎないのだが、信じる人と否定する人を感情的に対立させようという目的のためには十分だ。検証して疑念が間違っていたとなっても問題ない。どうせその頃には、激した感情が記憶空間と言説秩序を支配するに至っているからだ。疑念を提起できれば半ば成功であり、根拠がなくとも疑心が広まったなら大成功だ。疑念は、否定論者たちが自らの主張を広め、まるで事実であるかのように見せるための宣伝活動でしばしば使われる。否定論者は自ら提起した疑念を立証などしなくてもよい。事実より宣伝効果のほうが大切であり、立証はできたほうがいいという程度の位置付けだ。否定したい対象への疑念と不信をかき立てるには、宣伝だけで十分である。否定論者たちにとっては、名誉毀損の民事訴訟や記憶法に基づく刑事訴訟の被告になって処罰されるのは、たいしたことではない。自分たちの大義を宣伝するノイズマーケティングになるし、むしろ言論と表現の自由を抑圧される被害者だとアピールして同調者を集められるからだ[13]。否定論者にとっては判決で負けても、勝負は勝ちということになる。批判的記憶の歴史的な真正性を傷つけ、信頼性を揺るがせて反論しようという時に「疑念」が最も手軽な道具として頻繁に使われるのも、それゆえである。

ポーランドの村イェドヴァブネでのユダヤ人虐殺はナチではなく、ポーランド人によるものだったと暴露したグロスの著書『隣人たち』(2000年)を巡る論争では、虐殺を生き延びたヴァセルシュタインが否定論者の標的となった。グロスが引用した証言の主人公である。ヴァセルシュタインは現場にいなかったし、ソ連の秘密警察の一員で、戦後はポーランドの公安機関で中尉の肩章を付けていたと主張したのだ。証言はソ連やポーランドのスターリン主義者の振り付けたものであり、その功労で彼は米国に移民できたという推測も飛び出した。グロスが引用した1949年の裁判記録も、共産党の秘密警察が拷問と脅迫によってポーランド人被告と家族から引き出した不法な自白に過ぎないのだという。それに従えばグロスの主張は陰謀論にだまされた噴飯ものということになる。底流には、ポーランド人によるユダヤ人虐殺だったという主張はソ連のスターリン主義者とポーランドのユダヤ系共産主義者が共謀して捏造した嘘だという考えがある。ホロコーストの真犯人であるドイツ人の代わりにポーランド人に虐殺の責任を押し付け、ポーランドをおとしめようとして書かれたという意見が少なくなかった。アマゾン・ドット・コムの読者レビューなどソーシャルメディア空間を中心に広まったこうした見解は、グロスの著書が信頼に価しないものだという印象を与えるため巧妙に選ばれた疑念だった[14]。

キェルツェ・ポグロム（虐殺）に対する疑念も、その前提や論理が似ている。1946年7月4日にポーランドの都市キェルツェで、憤った群衆がユダヤ人難民センターを襲撃して42人のホロコースト生存者を虐殺した。秘密の儀式に血を使おうと、ユダヤ人がカトリックの少年を拉致して殺そうとしたという噂が虐殺の発端だった。この時、共産政権から逃れて亡命した右派の移民者たちが、制服姿のポーランドの秘密警察少佐が群衆をたきつけていたという説を流し始めた。それがソ連の秘密警察だったという説になり、後にその人物が1960年代にイスラエルのソ連大使館で目撃されたという主張まで出てきた。虐殺はソ連秘密警察のシナリオによるものだという意味だ。そうなれば真犯人はポーランド人ではなく、ソ連の秘密警察になる[15]。学界の一部にあった疑念は近年、ソーシャルメディア空間で爆発的に広まった。この事件を取り上げたグロスの著書『恐怖』は、スターリン主義者の罪をポーランド人にかぶせようとする組織的なポーランドたたきだという具合だ。ポーランド民族とカトリック教会に対する挑発であり、アダム・ステファン・サピエハ枢機卿への名誉毀損だという非難も見られた。グロスがこうした嘘を重ねるのは、彼が夢見た共産主義の天国をポーランド人がぶち壊したからだと主張する否定論もあった。グロスと共産主義者の共謀をほのめかして、草の根の反共主義に訴えかけようというのだ(16)。

ポーランド国立国民記憶院(IPN)が刊行したキェルツェ・ポグロムに関する資料集には、ソ連やポーランド共産党秘密警察の介入や挑発を示唆する証拠はどこにもない。載っているのは、民衆による自発的な街頭暴力だという証拠ばかりである(17)。しかし、疑念はそれだけで十分な働きをする。虐殺に対する反共主義的な疑念はポーランド国内にとどまらず、国際的なメディア空間に広がっていく傾向がある。特にアマゾンのような国際的ネット書店の読者レビュー欄は、ポーランドの民族主義活動家たちにとって重要だ。ポーランドの政治状況や言語、文化を知らない外国人読者に向け、自分たちの犠牲者意識ナショナリズムの正当性を主張するキャンペーンを繰り広げる舞台なのだ。東アジアのネット空間を熱くした『ヨーコ物語』(邦題『竹林はるか遠く』)論争が、アマゾンのレビュー欄でも展開されたのも驚くことではない。地球規模の記憶空間における「リンガフランカ(共通語)」である英語を使うネット書店やソーシャルメディア、特に法的規制の及ばない「ダークウェブ」のようなネット空間は、否定論の新たな産室となっている。慰安婦否定論と「#MeToo」運動に触発された性暴力否定論、米国「オルトライト」の奴隷制否定論、ネオナチのホロコースト否定論、韓国とポーランドの民族主義的否定論などは、驚くほど似ている。ダークウェブのようなネットの死角地帯で作られている否定論の記憶文化に対する研究が急がれる。

1980年の5・18民主化運動（訳注：光州事件）での「北朝鮮軍介入説」も、キェルツェ・ポグロムの陰謀論に似ている。北朝鮮軍介入説を言い始めた池万元《チマンウォン》は2015年7月、北朝鮮軍が光州に潜入していたと自らのホームページと、右派系のネットメディア「ニュースタウン」に投稿した。現場で撮影された光州市民の顔と北朝鮮軍高官らの写真を比較した結果だという主張だった。さらに同じ内容を印刷した「ニュースタウン」号外30万部を光州市庁や全羅南道庁の前、ソウル、大邱など各地で配った。光州市民らから名誉毀損での損害賠償訴訟を起こされ、2019年9月26日に大法院（訳注：最高裁）で敗訴が確定した後、池は「グヮンス・シリーズ」と呼ばれた関連投稿を削除した[18]。池によれば、当時の光州の状況はまるでサッカーの試合のように北朝鮮へ生中継された。そしてテレビを見ていた北朝鮮の軍人たちが、市民軍がトラックを奪って光州市内を走らせる映像を見て「いいぞ、いいぞ」と盛り上がりながら、「あれはグヮンスだ。グヮンスだぞ」と名前を呼んだというのだ。そこから「グヮンス」という言葉が出てきて、「光州に来た北朝鮮特殊部隊」を指す用語になったそうだ。池の主張によれば、介入説の根拠となる写真は「ホームレス毛布」というIDの匿名の人物から送られてきたもので、その人物は4年かけて632人の北朝鮮軍グヮンスを見つけたと情報提供してきたのだという。池は、この匿名の人物が米国情報機関出身で、8人の映像分析チームを率いる専門家だと強弁する。だが、会ったこともなければ、顔を見たこともなく、電話で話したことすらないそうだ[19]。池が証拠として示した写真は、防諜と保安を担当する国軍機務司令部の非公開写真を入手して恣意的に解釈したものだと考えられている[20]。

東亜日報社の月刊誌『新東亜』2016年6月号のインタビューで「北朝鮮軍介入説」について聞

かれた全斗煥は、「いま初めて聞いた」と答えていた。にもかかわらず2017年に出した回顧録では「光州事態は北朝鮮特殊部隊による都市ゲリラ作戦だった」と記した[21]（訳注：全斗煥は1979年12月の軍部内クーデターで実権を握り、光州事件の鎮圧作戦を指揮した。その後に大統領となった）。だが全斗煥の回顧録より重要なのは、池の唱えた介入説を今でも信じている人がいることだ。ネット上から関連記事を削除することになっても、疑念の否定論がそれで完全に消えるわけではない。池のホームページに書き込まれたあるネットユーザーの書き込みは、次のようなものだった。「池万元博士、耐え抜いてください。博士の主張は、全てではなくとも、かなりの部分で正しいと思います。統一され、北朝鮮の秘密文書が公開される日が来れば、真実が明らかになるはずです。グヮンスはわかりませんが、その他いくつもの状況は、いわゆる市民軍だという一般人がやったにしては非常識すぎます。真実は必ず明らかになるものです。必ず」。これは、疑念の否定論のしぶとさを物語るものだ。主張が事実無根だと判明したからといって、疑念の否定論は消えない。事実だと証明する資料が出てくるまでは永遠に残るのだ。疑念が、事実より大きな力を発揮する理由である。信じる者にとって疑念の否定論はタマネギのようである。古い疑念を一枚むくと、新しい疑念が出てくる。いくら皮をむいても、疑念にはきりがない。別の書き込みは、北朝鮮軍介入説は事実だったと確認されているとして、「光州事態の背後に北朝鮮がいたことは北朝鮮の教科書にも書かれていて、1980年に死亡した特殊部隊員の慰霊塔がある」と陰謀論を展開した[22]。北朝鮮の当時の報道を見ると、ずいぶんと遅れて「光州事態」のニュースを一生懸命に伝えていた。「南朝鮮革命の民主基地」を自任する北朝鮮当局としても、池の陰謀論は悪くないものだ。逆説的に言えば、韓国での革命を指導する「偉大な指導者」と朝鮮労働党の指導的役割を立証する証拠だと解釈することもできるのである。

キェルツェや光州に対して反共主義者が振り回す疑念の否定論とは少し違うものの、『ヨーコ物語』に向けられた疑念も注目に値する。主人公ヨーコの父親が、悪名高い関東軍７３１部隊の将校だったというのだ。当時の状況を考えればヨーコの父親が日本の植民地主義や軍事侵略に関係していた蓋然性は高いものの、７３１部隊の将校だったという証拠はどこにもない。しかし、ここでも事実は重要ではない。７３１部隊将校の娘だったという疑念は、著者のヨーコ・カワシマ・ワトキンズが残忍な戦犯を父に持つことを示唆するものとなり、そんな家庭で育った少女なのだから記憶をねじ曲げるなど当然なのだろうという印象につながる。ワトキンズは自分と家族を犠牲者として描いたが、父親が生体実験をしていた７３１部隊の悪辣な将校なのであれば、その家族が犠牲者だなどとはおこがましいのである。民族主義的な市民団体である「サイバー外交使節団ＶＡＮＫ」の制作した漫画は、もう一歩踏み込んだ。戦後に敗戦国民となった日本人が韓国人から傷つけられたり、嫌がらせされたりしたことはなく、むしろ「追われる日本人に韓国人は駅で水を与えるなど助けようとしたが、毒入りかもしれないと恐れた日本人が飲まなかった」と書いた。それは「細菌兵器の実験で人を殺してきた７３１部隊員とその家族が、韓国人も同じことをするかもしれないと好意を疑ったから」だ。これまでの立証によれば、正体不明の日本人避難民たちが韓国人の渡した水を受け取らなかったというのが、ヨーコの父親が７３１部隊将校だったことの最重要の証拠である。

　ＶＡＮＫの「正確な」歴史によれば、日本人に対する韓国人からの報復行為は全くなかったし、復讐心にかられた韓国人による性暴力などとんでもない話だ。それは「日本軍に連れていかれて軍人たちのおもちゃにされた、かわいそうな朝鮮の少女たちの証言にこそふさわしい」のだという。ＶＡＮＫは続けて、慰安婦の朴永心《パクヨンシム》の写真と「銃剣で慰安婦を脅す日本軍」という説明の付いた写真などを登場させる[23]（訳注：朴は妊娠中だった1944年に米軍の捕虜となった。一緒にいた慰安婦3人と並んで撮影された写真で知られる）。彼らの「正確な」歴史観のベースにあるのは、臨月の幼い少女だった朴の写真が、いま老いた「女性人権運動家」として活動する元慰安婦、李容洙《イヨンス》の証言よりも正確な証拠だという単純な考えだ。後述するが、過去の再現についてのこうした単純な認識は、「正確な」写真が置かれた文脈を無視することにつながる。VANKの示す写真で、なぜ日本兵が軍票を出すのではなく銃剣で慰安所の慰安婦を脅しているのか、また慰安所のある場所がなぜ草の生えた野原なのか知ることはできない。ただ彼らの「正しい」歴史では、悪辣な加害者という日本軍のイメージを強めることが事実よりも重要なのである。ヨーコの父親はシベリアに抑留されていたが、731部隊の将校だったとは確認されていない。だが、そんなことは関係ない。疑念の否定論者は、自分たちの投げかけた疑念が事実無根だと判明しても「それがどうした」という具合に逃げておしまいだ。その時には既に、証言に対する信頼は損なわれ、証人は大きな心の傷を受けている。疑念の否定論には、強い悪意がある。

否定論の筆頭格は、実証主義的なそれである。このタイプの否定論は根が深いだけでなく、実証主義的な認識論という「科学」で武装している。だが科学的否定論の最大の逆説は、歴史的な証拠隠滅を図った者が厳格な実証主義を叫ぶ点にある。彼らが異口同音に「証拠だ、証拠、証拠！」と叫ぶのは、そんなものはないと確信しているからだ。実証主義的否定論者にとって重要なのは歴史的事実ではない。実証主義は、犠牲者の記憶が不正確で、政治的に歪曲されたり、捏造されたりしたものだという印象を与えるために召還されるイデオロギーに過ぎない。実証主義を否定論の武器として初めて活用したのはホロコースト否定論者だった。ホロコーストとガス室についての歴史は数人の証言だけで捏造されたもので、科学的事実ではないといった具合だ。証人の記憶は主観的であり、感情的であるから信じられないという論旨が中心にある。たとえばアウシュヴィッツの生存者たちの記憶にあるナチの医師は、いつもヨーゼフ・メンゲレだというような証言の不正確性を突いてくるのである。「声」に過ぎないユダヤ人の証言では信じられないから、誰が、何を、どうやって行ったのか理路整然と語る文書資料を出せという脅しも、実証主義的な否定論の大きな特徴だ。加害者がアーカイブと歴史の物語を支配しているのに対し、被害者には経験と声しかない。否定論者は、そのことをよく知っている。不確かな証言ではなく、確かな文書へのこだわりは実証的否定論を正当化する。ホロコーストを命じるヒトラーの署名入り文書が一通も出てこないから、ヒトラーの責任を問えないという具合である。命令書が空からひらひらと降ってでもこない限り、ホロコーストは生存者の証言ででっち上げられた話だと否定される。ヒトラーの命令書を持ってきたら1000ドルの賞金を出すという否定論者アーヴィングの強弁は、実証を武器に生存者を冒瀆《ぼうとく》するものだった。(24) クリストファー・ブラウニングが法廷で証言したように、ヒトラーは自らの期待をヒムラーら側近に繰り返し語り、彼らもヒトラーの意中を十分に理解していた。ブラウニングは法廷で、公文書を残さなかったヒトラーの命令をウォーターゲート事件の隠蔽を図ったリチャード・ニクソン大統領になぞらえて「ニクソン・コンプレックス」と呼んだ。(25)

ヒトラーを免罪する論理は、5・18民主化運動での虐殺に全斗煥の責任を問えないという論理に驚くほど似ている。「新軍部」と呼ばれた当時の軍を掌握する最高権力者だった全の発砲命令書を見つけられないから、というものだ。「全斗煥コンプレックス」と呼んでもいいだろう。彼は2017年の回顧録で、自身は鎮圧に直接関与していないのに、「生け贄」として十字架を背負ったと主張した。

自身はもちろん、誰も意図的に発砲するよう指示したことはなく、「そもそも発砲命令などなかった」と虐殺の責任を否定したのだ。自分こそ光州の悲劇を癒やそうとする記憶政治の犠牲者だという全の土着心理は、アーヴィングの実証的否定論と驚くほど似ている。韓国の大法院（最高裁）は1997年4月17日、「内乱目的殺人罪」での全の有罪を確定させ、発砲命令に対する包括的な責任を認めた。だが、全が発砲を命じたと摘示はしなかった。既に「陸軍参謀総長指示事項資料集」（1980年5月3日〜6月29日）、「80年正規軍事報告」（1980年4月24日〜6月22日）、「新軍部時局収拾方案」など主要な証拠が失われていたからだ。[26] 国防省の「過去事真相究明委員会」が、全の「発砲命令書」を見つけられなかったのは予想されたことだ。今となっては、戒厳軍の「自衛権発動」を強調した軍指揮官首脳会議に「全斗煥閣下」が参加したという資料が、虐殺に対する全の責任を立証する最も有力な証拠である。厳格な実証主義の観点を取るなら状況証拠に過ぎず、直接的な証拠ではない。確実な証拠はないということだ。現実的にも、全の自筆命令書が天から降ってくることなど期待しがたい。だからこそ、実証主義的な攻防に巻き込まれず、粘り強く全と新軍部の虐殺責任に向き合う社会的記憶が求められるのである。

慰安婦制度を否定する人々の論理も似ている。加害者の犯行を証明する文書記録がないことで、慰安婦は事実ではないとして、被害者が偽証をしていると決め付ける。慰安婦否定論者の一人である藤岡信勝は「韓国で数万人を強制連行したという説があるが、そんな作戦計画を示す命令書は発見されていない」と、慰安婦に対する歴史的論議をいきなり強制連行に限定してしまう。そして強制連行を指示した軍の公式文書がないから、被害者たちの証言は嘘だとする。それだけではない。彼は「彼女たちの身の上話が本当だとしたら誠に同情すべきことだが、それが日本軍の慰安所での出来事だという保証は何もない」と反論する。[27] 彼の否定論において実証主義は、「日本軍による組織的性暴力」という問題の本質をぼやかす戦略として働く。科学や実証の名前で犠牲者を嘘つきにする人権蹂躙は、さらに大きな問題である。否定論者が平気で行う人権蹂躙の陰には、トラウマをなんとか克服し、勇気を出して証言した犠牲者を萎縮させ、再び沈黙の川に沈めようという政治的な悪意が潜んでいる。

南京虐殺の否定論も、同じく実証の論理を駆使する。部分的な間違いを強調することで、全体の根拠を否定する方式だ。否定論者の実証は、虐殺の犠牲者が総計47人だったとか、証人として戦犯裁判に呼ばれたジョン・マギーが直接見た虐殺は3件だけだったというものだ。南京での戦犯裁判で示された証拠に、事実関係の誤りを含むものがあったことは否定しがたい。第1号証拠として提出された中国人の首をはねる日本兵の写真は夏の軍服姿だったので、南京が陥落した12月の写真だと見るのは難しいだろう。一方で、否定論者たちがしばしば引用する米国人作成の報告書に基づく主張には無理がある。報告書は、米国人14人が共同で作成し、米大使館に送ったものだ。否定論者は、中国に友好的なこの報告書すら日本軍が中国人に発砲したという内容がないのを見れば日本軍の体系的な虐殺はなかったという。だが、「民間人が作った報告書に書かれていない」ことで「なかった」と証明するのは不可能だ。否定論者たちは徹底的に科学的かつ客観的、学問的なポーズを取る。彼らによる文書中心の実証主義は、証言の信頼度を低めるための重要な装置である。否定論者の立場を簡単に言えば、そんなことは起きなかったから記録されていないというものだ。[28] 過去に起きた全てのことは記録として残っているという彼らの推定は、純真を超えて無知に近い。

アジア太平洋戦争末期の1945年に日本軍占領下のベトナムで起きた大飢饉についての否定論もある。200万人が餓死したというのがベトナムの公式な説明だが、それは当時の人口の15%に達するとんでもない数である。問題は、この数字を裏付ける文献資料がほとんどなく、証言に頼るしかないということだ。しかもベトナムにおいてさえ、大飢饉の記憶は、民族解放闘争の英雄主義的な記憶の陰に隠れて長い間、省みられなかった。それは、米帝との闘争を前面に出す中国共産党の公式路線が南京虐殺の記憶を抑え込み、韓国の男性主義的な英雄民族主義の言説が慰安婦の記憶を抑え込んだのと同じである。意図したわけではなかろうが、冷戦期の韓国と中華人民共和国、ベトナムの公式記憶は、日本の右翼の否定論と共鳴する部分があった。日本の右翼の実証主義的な否定論が「記憶に対する事実の暴力」だとするなら、中韓とベトナムで犠牲者の記憶を抑え込んだ英雄主義的な公式記憶は「過去に対する記憶の暴力」だった。

実証主義者が事実と実証を拒む例を挙げればきりがない。家永教科書裁判の第三次訴訟で、南京虐殺と７３１部隊の暗い歴史を否定できない歴史的真実だと認めた１９９７年の最高裁判決も、日本の実証主義的な否定論者たちを変えることはできなかった。[29] 否定論者たちの実証主義というのは、必要に応じていくらでも実証を否定する独特なものだ。慰安婦を巡っては、韓国とフィリピン、中国、台湾、オランダの被害者たちが日本政府を相手取った訴訟10件を日本の裁判所に起こしている。原告への賠償は認められなかったものの、うち8件の訴訟で地裁・高裁判決が被害の実態を事実と認定した。当時の国際法や国内法に照らして日本軍の行為は違法だったという厳しい判断を下した判決が多く、日本政府と国会に被害救済のための措置を取るよう促す「付言」を付けた判決もあった。[30] それでも実証主義の否定論者が主張を変えないのは、「証拠（文書）」の存在など重要視していないことを示すものだ。彼らにとって実証は名目に過ぎない。本当に重要なのは、証拠そのものではなく「証拠の政治」なのだ。自分にとって不利な証拠が出てきたら、ポストモダンな相対主義や不可知論に逃げ込むことをためらったりしない。英国の否定論者アーヴィングが、米国の歴史学者デボラ・E・リップシュタットを訴えた裁判で見せた態度がまさにそうだった[31]。過去を完璧に再現することなど誰にもできない。否定論者は、自らの主張を立証するためではなく、相手の主張に反論するために実証主義を用いる。実証や科学が重要になるのは、自らの否定論を正当化するイデオロギーとして必要な時だけなのだ。

だからこそ陰謀論は横行する。元慰安婦の証言は「カネ」目当ての嘘であり、日本をおとしめようとする「国内外の反日勢力」が背後にいるという具合だ。それでありながら自分たちの陰謀論を実証する努力を払おうとはしない。彼らの実証主義は事実を確認することより、証言の真正性を傷つけることを目的としている。#MeToo 運動で性暴力の加害者だと告発された著名人が、被害当事者たちのあいまいな記憶ではなく確実な証拠を出せと言い募るのも同じ理由からだ。#MeToo の主な武器である被害者の証言は、加害者の名誉を傷つけるための陰謀だと一蹴される。韓国との比較ですら際立つ日本の #MeToo 運動の弱さは、慰安婦否定論の勢いと同根である。これは、ただ右翼の政治家や目立つ否定論者に限った話ではない。慰安婦運動を支持する「マリーモンド」のバッグを持つことを企業が従業員に禁じたり、テレビ番組で慰安婦記憶運動を支持する会社に反日ブランドとレッテル張りしたり、反日的な慰安婦研究への補助金を取り消せと主張したりすることにつながる。慰安婦否定論と #MeToo 運動への男性主義的な嫌悪につながる中心にあるのは、被害女性の声を押しつぶす性差別的な男性主義だ[32]。こうした男性主義の加害者は、文書で立証できない証言は証拠ではないという守りの論理の中にじっと隠れている。

国境を超える否定論

批判的記憶から小さな誤りを見つけ、歴史的な真実性に疑問をぶつけることで証言全体に嘘だという印象を抱かせるのも否定論者の常套手段だ。前述した南京虐殺の否定論もそうだが、もっと広く知られているのはドイツ軍の残虐行為を扱った「絶滅戦争：ドイツ国防軍の犯罪行為1941〜1944年」というテーマの写真展がキャンセルになった事件だろう。1995年から約5年間にわたったドイツでの巡回展に続いてニューヨークでの展示が予定されていたが、開幕2週間前に突然中止された。ソ連の秘密警察やドイツ軍に組み込まれたハンガリー軍とポーランド軍による残虐行為の犠牲者の写真に、「ドイツ軍の犠牲者」というキャプションが付けられていたという理由だった。計143枚の写真の中で、説明に誤りがあったのは20枚にもならなかった。しかもそうした誤りは、ドイツ軍の犯罪行為を立証する他の数多くの写真の歴史的価値を否定するものでもなかった。それでも展示を取り消させる程度の騒ぎを起こすには十分だった。写真はドイツの正規軍だけでなく、武装親衛隊（SS）や保安警察の殺人特務部隊、各地域の民兵隊、警察予備隊など多様な部隊が虐殺に加わった事実を見せてくれるのだが、これらの部隊はみなドイツ軍に組み込まれていたり、協力部隊だったりという点で「ドイツ軍」の一部だった。問題とされた写真には、ガリツィアのボリスワフとズウォチュフでユダヤ人たちが死体を掘り出しているものがあった。この写真に写っているのは、ドイツ軍ではなく、ソ連秘密警察の犠牲者であることが明らかだった。だが死体を掘り出したユダヤ人たちはその直後、ドイツ軍によって虐殺された[33]。

このエピソードで興味深いのは、写真を問題視したのがボグダン・ムシャウとクリスチャン・ウングヴァリーというポーランドとハンガリーの歴史家だったことだ。ポーランドのムシャウによる追及は特に執拗だった。彼は、イェドヴァブネでの虐殺を告発したグロスの著書『隣人たち』に対する批判の急先鋒でもあった。加害者を弁護する立場からだ。ムシャウいわく、ホロコーストは米国においてドグマ的な世俗宗教として神聖化、道具化、商業化、政治化された。グロスの研究は、そうしたドグマ化したホロコーストのテーゼを繰り返したに過ぎないのだという。さらに、歴史家としての職業的な注意深さを持って検証することなくヴァセルシュタインの暴露をそのまま引用したとも非難した。面白いことにムシャウは、「事実をイデオロギーに従属させた」グロスの著書と、「写真と資料について正確に分析するのではなく、ドイツ国防軍の犯罪行為に関する史料を一からでっちあげた」写真展を同列に置いて批判した[34]。しかしムシャウの実証は自己流で、誰をも納得させるものではなかった。写真展に対する彼の論考を検討したオメル・バルトフは、ムシャウもまた史料を政治的に活用する誘惑に勝てなかったことを見つけた。ムシャウは、ボリスワフでの写真に写っている犠牲者がスターリンの秘密警察によって殺された根拠としてイレーヌ・ホロヴィッツの回顧録を引用し、ホロヴィッツが自らの論拠を確認してくれたと主張する。ところがホロヴィッツはその記述の次の章で、ドイツ軍がウクライナ人住民を動員してユダヤ人虐殺を企図したと書いている[35]。ムシャウがこれを意図的に見落としたのかどうか知る術はないものの、彼の実証的なテクスト分析が十分でないことは確かだ。それは、彼の研究の傾向と関連があるように思われる。ムシャウは、ナチとソ連という左右の全体主義勢力の支配を受けたポーランド人の犠牲を強調するのである[36]。

ムシャウの実証的批判がどれくらい妥当なのかという点に、本書の主たる関心はない。着目すべきは、彼の研究がドイツで消費され、流布される方式である。ドイツ軍のホロコースト関与説に対する反論をドイツの歴史家が公開の場ですれば、論理的な説得力とは関係なく、ナチの過去を擁護するという批判に直面することになりやすい。ドイツの歴史家であれば、論理として集合的有罪という概念に批判的だとしても、心情的にはホロコーストの原罪から抜け出せないからだ。ところがナチの犠牲者だったポーランドの歴史家が反論するとなれば、話は変わってくる。スターリン主義の犠牲になったことを強調するポーランドの反共的な犠牲者意識ナショナリズムがドイツに入ってくると、ナチの犯罪に対する歴史的評価は相対的に軽いものとなっていく。国境を超えて再生産される否定論の密かな作用が水面上に出てきた例だといえる。朝鮮人慰安婦の強制性を薄める韓国の研究者による研究が玄界灘を越えて日本の否定論者たちに重宝されるのも、似たような話だ。日本の記憶文化を経ながら「親日」(訳注：日本の植民地支配への協力を意味する韓国の用語)の論理が強化された韓国人研究者たちの著作の日本語版は、反中親日路線の台湾独立派民族主義者たちによって中国語に翻訳され、本土の中国民族主義に対抗する台湾民族主義を正当化する論拠として使われもする[37]。国境を超える記憶の連帯は、脱領土化された批判的記憶の領域でのみならず、民族主義的な記憶を再領土化する弁護論的な記憶、さらには否定論の領域でも起きることである。

ドイツ軍の写真展を巡る騒ぎは、歴史的な証拠としての写真の実証性について多くのことを考えさせてくれる。事実と虚構、過去と再現、本物と偽物の間に横たわるグレーゾーンは限りなく広がっていく。本物の写真と偽造されたものという荒っぽい二分法や、「写真とは人の手を介さず機械が冷静に記録した資料だ」という純真なリアリズムが通用しないのも、このグレーゾーンにおいてだ。第2次大戦当時の日本帝国陸軍の報道部員として従軍した山端庸介の写真が代表的だ。長崎の被爆地で捉えた「おにぎりを持つ少年」、中国戦線で中国人の子供たちと遊びに興じる日本軍兵士たち、家庭的なイメージの戦後の昭和天皇を撮影した写真がそれである。[38] これらの写真はあるがままの光景をカメラに収めたという点では作為的であったり、偽造されたりしたものでは決してない。しかし、写真が伝える光景の歴史的解釈と意味に考えを及ぼせば、歴史と虚構、真実と嘘の間の境界が改めてぼやけてくる。写真はそもそも客観的ではありえない。見える光景をそのまま収めるとはいうものの、写真は結局、撮影する人による素材の選択と配置の結果だからだ。実在そのものではなく、作り上げ、調整するものである。山端の写真の中の天皇は戦犯ではなく、平和を愛する家庭的な家長となり、日中戦争で三光作戦というおぞましい殺戮を行った日本兵は中国の子供たちと笑いながら遊ぶ温厚な若者になる。被爆地・長崎の純真無垢な少年の瞳は、戦争の歴史的背景を脇に押しのけて「犠牲になった日本国民」というイメージを作り出す。[39] 帝国陸軍の従軍カメラマンで、天皇家の専属カメラマンだった山端の視線は、戦後の修正主義歴史学のそれと非常に似ている。

歴史的事実と虚構の間を行き来する視覚的な再現のグレーゾーンは、山端のようなプロのカメラマンだけのものではない。アマチュアの作品にも、しっかり潜んでいる。ドイツの写真映像制作会社であるポーラーフィルムは、ナチス・ドイツ軍の兵士たちが16ミリカメラで撮影したフィルムを集めた『第三帝国の私生活：暮らしとサバイバル』というタイトルのDVDを2004年に発売した。もともとは無声フィルムだが、この会社がサウンドトラックを追加した。[40] たとえばナチの兵士たちが占領地の森でブルーベリーを摘む場面には鳥の声を入れた。そこに映画俳優マティアス・ポニエルの楽しげで温かな声のナレーションが結びつくと、ナチの兵士たちは平和で静かな森にマッチした純真な青年となった。おぞましい戦争とナチの犯罪行為は、兵営生活の穏やかな平和に置き換わった。ナチズムと侵略戦争の暴力性がひっそりと消されたのだ。サウンドトラックが与える効果という側面から興味を引かれるのは、ロシア占領地で上半身を露にして踊るロマの少女の映像である。まるで西欧植民地主義者のアフリカやアジア旅行記に出てくる異国情緒あふれる写真のようだ。だが半裸で踊るロマの少女と周囲で盛り上がるナチの兵士たちを捉えた映像だけでは、当時の具体的な状況を知ることは難しい。圧倒的な武力を持つ異邦人の前で少女が喜んでもろ肌をさらして踊ったとは考えづらく、ナチの兵士が占領地で何でも思うがままに強制できた証拠ではないかと思われる。

この場面で流れるテンポのよいロマ音楽は、兵士たちに強要されたからではなく、まるで興に乗って自発的に踊っているからのような雰囲気を醸し出す[41]。メディアによる再現において視覚効果だけでなく、聴覚効果がどれほど重要かを改めて気付かせてくれるシーンである。挿入された音楽が、映像を歪曲したり、捏造したりしたとは言えないが、事実をありのままに伝えていると断じるのはためらわれる。このDVDは、音響効果を加えることによって被写体のイメージを編集し、視聴者の受け止め方を特定の方向に誘導した。ジャケットの裏面に書かれた「多様な日常があった束の間の自由な空間」というコピーは、編集者の意図を暗に物語る[42]。それゆえ、古い16ミリフィルムをデジタル化したこのDVDは、映像をもっとよい状態で保存するために新技術を使ったという次元を超える。視覚資料に音響を加える編集を通じて、戦争の暴力的な日常がのんびりした平和な日常として再現されたのである。ドイツ軍兵士たちが占領地で一息ついている日常を収めたこのDVDを否定論の一種だと言うのは、あまりにもオーバーな解釈だろう。しかし、音響が追加されたこのドキュメンタリー・フィルムが占領地の現実をそのまま見せてくれると言うのなら純真すぎる。実証主義的な否定論に対する考察が我々に与えてくれる教訓は明らかだ。実証主義は、実証が難しいのである。

証言の真正性と文書の事実性

イェドヴァブネ虐殺を告発した『隣人たち』の著者グロスは2018年に出版された対談集で、事件について生々しく語ったヴァセルシュタインの証言に初めて接した時をこう振り返った。

彼の暴露を初めて読んだ時、あまりにも強い衝撃を受けました。この人物をどう描けばいいのかわからなくて、しばらく茫然自失の状態でした。何か想像を絶する出来事で生き残りはしたものの、気が触れてしまったのだと思ったのです。証言の主は何かとても恐ろしいことを経験したようだが、彼の証言はあまりにひどいので、本当に起こったことだとは考えませんでした。（中略）平凡な小さな村で、隣人として暮らしてきたユダヤ人全員を殺した。それも、ほとんどの人を納屋に押し込め、火を放って殺したというのですから[43]。

要するに、何やら凄惨すぎる事件の現場に居合わせた人が心に変調をきたして、幻想を見たのではないかと疑ったということだ。グロスであっても、それが第一印象だった。グロスの妻イレーナの反応も大差なかった。証言記録を読んだイレーナは最初に「この人は大丈夫なのだろうか」と思ったという[44]。グロスは後に証言を自著に引用する時でさえ、ためらいを抱いていたように見える。事件が「私には最後まで理解できない何かのリズム、その事件だけの論理を持っている」と考える境地にまで自らの思考が進化してきたという少しあいまいな表現で、歴史家としての自らの関心が文書資料から証言へと移ったプロセスを説明している。[45] グロスの証言は、歴史家と証人、事実と再現、歴史と記憶の関係について多くのことを考えさせてくれる。

「アウシュヴィッツ以後、脚注を付けることは野蛮ではないのか」というラウル・ヒルバーグの問いは、グロスの回顧以上に衝撃的だ。検討した文書資料が書架の長さで8キロになると語り、ホロコーストについての緻密な実証研究の代名詞と言えるヒルバーグが晩年に投げかけた問いだ。「アウシュヴィッツ以後、詩を書くことは野蛮である」というテオドール・W・アドルノをもじったことは明らかである。それよりも興味深いのは、この問いが盛り込まれたエッセーに付けられた「私はそこにいなかった」というタイトルだ。簡潔だが、読む者に肌寒さを感じさせる複雑な含意がある。[46] 私が見るに核心は、アウシュヴィッツを経験せずに文書保管庫でホロコーストを理解した卓越した歴史家が、「文書資料で再現する歴史」の限界を悟ったことにある。ヒルバーグのエッセーは、過去を再現する過程で「事実」と「真正性」の間に生じる微妙な緊張関係についての根源的な問いを投げかけた。過去に起きた事件についての正確な公式文書と、事件を直接経験した証人たちの不正確な記憶がぶつかる時、事実と真正性は両立できないのである。

事実と真正性のぶつかる状況に置かれた歴史家は、事実を追究する歴史家の職業倫理と犠牲になった人に対する共感の倫理のどちらかを選ばなければならない。そうしたジレンマをヒルバーグ流に表現したのだ。[47]「よい証人などいない」と証言の不正確性を指摘したマルク・ブロックの警告は今でも、事実に対する厳格な職業倫理を歴史家に思い起こさせるものだ。だが事実に対する執着は、証人に対する取調官の役割を歴史家に与え、そのために犠牲者証人への共感能力を弱めさせた。感情的には犠牲者証人に共感しながらも、証言の弱い部分を突いて事実を再構成しなければならない取調室の刑事のジレンマは、まさに歴史家のジレンマだった。そうではあっても「歴史家は説明の問題ではなく、倫理の問題を扱うものだ」というグロスの断言は、行き過ぎの感がある。[48]最も深い部分において記憶研究は最終的に倫理的問題とぶつかるしかないが、それは、歴史的説明の複雑な迷路を通り抜けねばならない歴史家の義務をないがしろにしてもいいという意味ではない。事実と真正性というのは、優劣を付けたり、どちらかを選んだりという問題では決してない。真実は、事実と真正性が綱引きをする過程のどこかにあるはずだ。しかし地球規模の記憶構成体が形成されながら、過去についての我々の認識が歴史から記憶へ、事実から真正性へと動いていっていることは否めない。

全世界に中継されたアイヒマン裁判の劇的な光景が、そうした移動を助けた。特に、ホロコースト生存者であるデ゠ヌールが証言の途中で意識を失ったことは大きかった。担架で運ばれていく光景がそのまま放送されたことで、人々は悲劇の主人公により強く共感したのだ。裁判は一編のドラマとなり、悲劇の主人公たちは裁判に対する世界の世論を変えた。モサドによるアイヒマン拉致が、国際法を無視し、アルゼンチンの主権を侵害した不法行為だという批判も引っ込んでしまった。カール・ヤスパースやマルティン・ブーバーは、ナチの犯罪行為は人類に対する犯罪なので、イスラエルの法廷ではなく国際法廷でアイヒマンを裁かねばならないと主張した。だが彼らの批判的な声は、心に響く証人たちの映像にかき消された。[49]実際のところ、有罪の立証には文書資料だけで十分だった。それでも検事のハウスナーが証人を法廷に立たせたのは、テレビを通して見守る視聴者の感情に訴えるためだった。彼は、証言集や回想録を検討した上に面接をし、法廷でカメラの前に立つ証人を選抜した。[50]もう主役はアイヒマンではなかった。トラウマに打ち勝って胸の底に閉じこめていた記憶を引っ張り出し、観客の視線を引き付け始めた証人たちが新たな主役だった。この裁判を経てホロコースト生存者たちが口を開くようになると、彼らは尊敬と畏敬の念を持って迎えられるようになった。ホロコーストの犠牲者や生存者であることは、もはや隠したり、恥ずかしがったりする問題ではなかった。

記憶の観点から見れば、証言することへの恐れからホロコースト生存者たちを解放したというのがアイヒマン裁判の意義だった。自分たちの話に誰も関心を持ってくれないし、信じてもくれないだろうという恐れから、ホロコースト生存者たちは記憶を封印してきた(51)。彼らの個人的記憶が社会に受け入れられ、文化的記憶へと転化するためには、まずは共感する聞き手の共同体ができなければならない。証言の目的はホロコーストを事実だと立証することにあるのではなく、自分たちの痛みと感情に聞き手が共感するよう伝えることにあった(52)。アイヒマン裁判はイスラエルにこうした聞き手の共同体を作る契機となったし、ホロコーストが地球規模の記憶となることに合わせて聞き手の共同体は世界に拡張されていくこととなった。記憶の不確かな部分を取り調べるかのように問いただす裁判官の態度に憤りと挫折を覚えた証言台のデ＝ヌールが気絶したことは、証言に共感しながら耳を傾けることが事実の確認に劣らず重要なのではないかという反省をもたらした(53)。記憶研究は、ホロコースト生存者の証言を研究する中で実証主義的な歴史方法論に疑いを抱き、これを批判するところから出発したといっても過言ではない(54)。その底流には、文書だけが過去を立証する唯一の証拠だという実証主義の暴力から証人を保護する仕組みをどうやって作るかという悩みがあった。リップシュタットとアーヴィングの裁判で、リップシュタット側の弁護団がホロコースト生存者を証人として呼ばなかったのも、この悩みゆえのことだった。証言の価値を否定するアーヴィングが法廷で証人を侮辱すると予想される状況で、証人の人権と品位を守るために証人召喚という手軽な方法を放棄したのだ(55)。

犠牲者中心の観点は結果として、歴史認識の民主化をもたらした。人権の強調は犠牲者に対する共感を生み、過去を再現する時に「声」が文書資料に劣らず重要だと再認識させる契機となった。不正義によって苦しめられた犠牲者の生々しい声が、学問的なよそよそしさと客観性で武装した研究者の牙城を突き破り、亀裂を生じさせ始めたのだ。スロバキアでのユダヤ人の記憶復元プロジェクトでナタン・ベイラクが述べたように、名も無き人などいない。証言の録取は一人ひとりの犠牲者を匿名の数字としての存在から救い出し、名前と顔を取り戻して内なる歴史を蘇らせることに意味があった[56]。犠牲者たちが自らの名前を取り戻すと、歴史は個々人の話に分かれ、心の内に秘めた歴史を追っていくことになる。そこでは証人に共感する能力が強く求められる。そのことが歴史を政治学から心理学の対象へと変えた[57]。オーラル・ヒストリーが登場した意味は、文書に記録されていない口述資料を通じて過去をよりよく知ることができるという実証主義的な補完にとどまらない。加害者が支配する公式の歴史とアーカイブに保存された文書に対抗し、力を持たない犠牲者の声に注目することは重要な政治的実践だった。単一化された声である公式の歴史から消されていた下からの多様な声を復元することは、「過去の民主化」を意味する。それは、公式の物語で無視されてきた下位主体の行為主体性と歴史的意義をまともに評価することで、「いま、ここから」彼らの存在論的な意味を確認する作業でもあった。

1970年代になって、普通の人たちが自らのライフ・ストーリーを語ることが本格化しだした。それは、沈黙を強いられ、排除されてきた人たちに声を取り戻し、彼らの言葉で歴史を書き直させた。犠牲者が自らの経験を語り、誰かがその話を聞く公共の証言行為を通じて、犠牲者は受け身の被害者という地位から抜け出し、「自己権能化（self-empowerment）」の契機を手にする。歴史的行為者の民主化をもたらしたという点において、証言は歴史認識の革命だった。証言の出番は、知識権力に対する挑戦を意味した。アーカイブと公教育、メディアなどを掌握して過去のイメージを独占的に生み出し、科学的歴史と学問的真理という名前で正当化する権力の知識ネットワークの権威は揺らいだ。力のある加害者が握る知識権力に比べれば、力なき被害者が持つのは経験と声ばかりだという自覚があった[58]。犠牲者の声が社会的記憶の前面に出るのに合わせ、過去を認識する中心が文書から証言へと移り始めた。悲劇的な歴史の犠牲者が当然のように置かれた下位主体としての位置はむしろ、証言と記憶の重要性を改めて浮かび上がらせた。文書資料に劣らず、証言の内なる歴史を重視する記憶研究の登場は、歴史認識と再現の民主化を促進するきっかけだった。イスラエル内部の政治的計算とは別に、アイヒマン裁判の意義は過去を民主化したことにある。民主化は、ホロコースト生存者である証人への倫理的な共感能力が高まり、彼らの記憶が過去を再現する認識論的な軸の一つになることによってもたらされた。

「声の小説《ロマン》」というジャンルを開拓したスヴェトラーナ・アレクシエーヴィチは、自身について「人の心を察する歴史家」だと語ったことがある[59]。歴史学の実証的な伝統から見れば、「人の心を察する歴史家」をよい歴史家とは言えない。歴史家の任務とは、感情に惑わされず、無味乾燥な歴史的事実と真実に向かって一歩ずつ進んでいくことだからだ。トラウマや悲しみ、怒り、寂しさ、喪失感、自負心、喜びなどの感情を取り払い、感情によって曲げられた個人的な記憶を根掘り葉掘り突き回した末に、正しい像を描くのである。だから、「人の心を察する歴史家」というのは形容矛盾ということになる。人の心を察することが形容矛盾ではなく、歴史家の美徳になったのは、記憶研究が台頭してからだった。文献記録から証言へと再現の中心が移り、過去についての認識の地平が広がりながら、文書化された証拠資料と歴史的な物語の権威が揺らぎ始めたのだ。加害者と犠牲者が繰り広げる記憶の戦争において、文書資料と物語を独占する加害者に対抗する犠牲者が持つのは経験と声だけだった。加害者は実証主義という武器を使って、下からの記憶にマイナスのイメージを持たせようとする。誇張され、不正確で政治的に歪曲されたものだというのだ。はなはだしくは捏造や偽造だと言い出すこともある。これに対抗する下からの記憶は証言に依存することが多く、過去を再現する手段としての「声」が文書に対して持つ比較優位は何かと苦悩せざるをえなかった。トラウマを抱く証人に対して文書資料との整合性をきっちり詰めていけば歴史的真実が明らかになると考えるのなら、その歴史家は三流以下である。記憶研究が持つ倫理的な感受性を受け入れることは、21世紀の歴史学が直面する最大の課題の一つである。

ルーマニア出身のユダヤ系米国人心理学者であるドリー・ラウブは、イェール大学によるホロコーストに関するオーラル・ヒストリーのプロジェクト「フォーチュノフ・アーカイブ」の責任者を長年にわたって務め、アウシュヴィッツの生存者とのインタビューや心理分析を行ってきた。ラウブは、強制収容所の「カナダ区域」でガス室の犠牲になった人々の遺品の分類と整理という仕事をしていた60代の女性証人を例に挙げて、証言と歴史的真実の関係を問い直す。か細い声で証言していた小柄で貧相な女性は、アウシュヴィッツでの蜂起について語る段になると突然、声を強めて研究者たちを驚かせた。まるで鉄条網の向こうの爆発音と銃声、悲鳴といった戦闘シーンが再現されたかのようだった。鮮烈な記憶が電光石火の速さで凍てついた沈黙を破り、大きな声で爆発したのだ。蜂起が鎮圧された話になると、また単調に嘆くか細い声に戻った。ラウブが数カ月後、ホロコースト教育に関する学術大会でこのインタビュー映像を流したところ、歴史家たちは異口同音に女性の証言が不正確だと指摘した。蜂起で爆破された焼却炉の煙突は1本だけなのに、女性は4本が壊されたと語っていたのだ。この女性の証言は歴史的事実と食い違っているので、そのまま受け入れるのは難しい、信頼もできないというのが、映像を見た歴史家たちの共通した意見だった[60]。

職業歴史家たちの不信に向き合った心理学者ラウブは、歴史的真実において重要なのは壊された煙突の数ではなく、ユダヤ人による武装蜂起だと考えた。武装蜂起など許されないし、ありえないという押し付けられた常識の崩壊こそがまさに歴史的真実であり、証人はそのことを語っているというのだった[61]。普通の事実に関する「知的な記憶（intellectual memory）」とトラウマの「深い記憶（deep memory）」というデルボの対称法は、事実と真実に関する深い洞察を見せてくれる。事実に符合する1本の煙突が「知的な記憶」の領域で、事実とは矛盾する4本の煙突は「深い記憶」の領域に属するということになる[62]。爆破された煙突の数が事実と食い違うから信頼できないことにはならず、むしろ食い違いゆえに深い記憶のほうが信用できるという新鮮な解釈が可能になるのだ。ラウブによれば、信じがたい光景が眼前で繰り広げられた時、目撃者は大げさに記憶する傾向がある。ドナルド・スペンスの「事実的真実（factual truth）」と「物語的真実（narrative truth）」という分類も、示唆するところが大きい。実際に起こった過去についての厳格な観察に基づく事実的真実に対し、物語的真実はいま起きている記憶行為からスタートするのである[63]。

歴史と記憶は、相互に補完する関係でありながらも、相反するものだ。ジョルジョ・アガンベンが「アウシュヴィッツのアポリア」と名付けた再現の逆説、すなわち「事実」と「真実」が食い違い、「立証」と「理解」が一致しないという逆説は、証言と文書資料の歴史的な真正性について多くの示唆を投げかける。ビンヤミン・ヴィルコミルスキーの事件に見られるように、偽造されたホロコースト生存者の手記は事実の復元という観点からは完璧だった（訳注：ヴィルコミルスキーが幼少期の収容所体験をつづったとして1995年に出版した「自伝」を各国の専門家が称賛したが、偽の手記であることが後に明らかとなった。ヴィルコミルスキーには収容所体験もなかった)。偽の手記は大抵の場合、歴史資料を綿密に調べ、検討した上で書かれるからだ。自らの痛みを伝えたい気持ちに突き動かされる生存者は証言と事実の食い違いなど気にしないが、過去の証言や文書資料に依存せざるをえない偽の手記は細かい事実を忠実に拾おうとするということだ。事実に関して不正確な「深い記憶」が、事実に忠実な「知的な記憶」よりも真正性を帯びるというジレンマは、解消が難しいものだ。

時には、真正性も歪曲される。大衆メディアとSNSの目覚ましい発展によって、「過剰＝行き過ぎ」が大衆文化の正常な感覚になった。ホロコーストの生存者証人が、過剰に悲劇的な証言をする文化的アイコンとして消費され始めたのだ。想像を絶する恐ろしい悲劇を経験した彼らは、「信じがたい話」をするよう期待された。他人の不幸を喜ぶ「憂鬱の楽しみ」を満足させることを望まれたのだ。歴史的な物語に組み込まれた加害者の声と違い、「生々しさ」のある被害者の声はメロドラマ的な素材として消費される余地がより大きい[64]。テレビカメラの入ったアイヒマン裁判での証言中のデ＝ヌールの失神は悲劇だったが、トークショーが人気を呼んだ1960年代の大衆メディアでは「苦痛の民主主義」の告白をもてはやすようになった[65]。大衆メディアは、犠牲者証人に「信じがたい話」を劇的に証言する役割を振り向けようとした。そして証人たちは、犠牲の記憶に対する社会の「過剰消費」欲求を満たす対象に転落する。被害者は被害者らしく、犠牲者は犠牲者らしくなければならないのだ。彼らが、多様な欲望を持つ普通の人として受け入れられることはない。

犠牲者の個人的記憶を犠牲者意識ナショナリズムの公的な物語に昇華させる際には、それぞれの犠牲者に集合的記憶の暴力が加えられる。ホロコーストや慰安婦制度のような国家暴力の被害者たちは、加害者の残酷さを立証することで真実を打ち立てねばならない。その過程で被害当事者は限りなく可哀想で、悲惨な存在になることを求められる。慰安婦被害者の証言に対する韓国社会の消費方式も大差ない。元慰安婦から日本軍の「信じがたい」蛮行を聞きたいという欲望と、朝鮮戦争に参戦した北朝鮮軍兵士で韓国側の捕虜となっても転向を拒否し続けた非転向長期囚に誇らしい闘争の話を聞こうとする欲望は全く違う。長期囚からは誇らしい偉大な歴史的行為性を聞こうとする一方、元慰安婦は犠牲者として対象化し、日帝のおぞましい加虐行為を聞き出そうとする姿勢には明らかに問題がある。自分は慰安婦被害者ではなく女性人権運動家なのだという李容洙の主張は、慰安婦被害者たちを日本帝国主義の信じがたき蛮行の証人というポジションに押し込めてきた韓国社会の記憶文化に対する異議申し立てだった。[66]「なぜ私が、慰安婦で、性奴隷という存在に押し込められないといけないのか」という李の問いに、韓国社会はいまだ答えられていない。

犠牲者証人を「信じがたい話」の語り部という役割に押し込めることと比べると、証言録取に基づくアレクシエーヴィチの小説に登場する無数の沈黙は示唆に富む。多くの女性による証言と記憶でしばしば沈黙が挟み込まれるのは、私たちの言葉と感情が許容する話の境界がそれほど広くないことを見せてくれる。済州島で民間人が虐殺された「4・3事件」の犠牲者であるおばあさんたちのインタビューについてのキム・ウンシルの回顧も、示唆するものがある。済州島のおばあさんたちは何回も、なぜそんな「いやらしい話」を聞きたがるのかとキムに問い、語ることを避けようとした。アレクシエーヴィチの小説で言葉に詰まる女性が口にする「ごめんなさいね」と、済州島のおばあさんたちの「いやらしい話」は同根である。話者が胸の奥に閉じこめてきた「深い記憶」を象徴する。[67]それは、口にできず、再現も無理で、ほぐくり出したくもないものだ。経験を共有しない他者には伝えることのできない記憶だ。トラウマがそうであるように、心の奥底に押し込めてある記憶はほじくり返したくないし、ほじくり出すこともできず、言葉で説明することもできないのだ。アレクシエーヴィチの作品にしばしば登場する沈黙は、言葉を省略することによって、言葉にできないものを語らせるという独創的な方式となる。作家の言葉通り「もっとも重要な話が沈黙で記録される」時に、無音であることを示す記号は心の奥底に沈潜する沈黙を読み取る重要な表現となる。それは、証人が語ることのできない部分に読者が介入し、共感する通路ともなる。生きている者の沈黙よりも極端な例としては、死者の霊を呼び出して彼らの悲劇的な死を遇することで、語れない記憶を表現する方式もある。幽霊を通じてベトナム人の声を復元したクォン・ホンイクと、済州島のムーダンの儀式で呼び出した霊を通じて4・3事件の記憶に改めて焦点を当てたキム・ソンネの研究は好例である[68]。

沈黙の再現という観点から見ると、写真は文章の表現技法とは対極にある。「……」という記号で示された文章上の沈黙は省略によって、心の奥底に沈潜する言葉にできない記憶を語る。それに対して過去を視覚的に再現する写真は、はるかに多様かつ精巧に記憶を編集する。二本の鉄路が正門のすぐ手前で合流するアウシュヴィッツ・ビルケナウ収容所の写真が代表的だ。この写真だけ見れば、誰でも収容所の外から正面に向かって写真を撮ったと考える。しかし実際には、収容所の内側から外を向いて撮影されている。一本の鉄路が収容所の中に入って枝分かれしていくのだ。おそらく新たに到着したユダヤ人を素早く整列させるためだったのだろう。面白いのは、この場所を写した写真の多くが内側から外に向かって撮影されているのに、方向についての説明を見ることはほとんどないことだ。何本かの鉄路が一本に合流して収容所の中へと続いていくイメージが、欧州各地からアウシュヴィッツへとユダヤ人を輸送した事実にしっくりくるからだ[69]。この写真は嘘ではないのだが、方向について知ると当惑するかもしれない。

　韓国の公営放送ＫＢＳテレビが２０２０年5月28日に公開した慰安婦の映像にも、違う文脈で不審な点が感じられる。女性人権運動家の李容洙が犠牲者を食い物にしていると支援団体である正義記憶連帯（正義連、旧挺対協）を批判していた時期だった。１９４４年に元慰安婦が救出された場面を米陸軍通信隊が撮影したもので、以前から知られていた米軍撮影の妊娠した慰安婦の写真で知られる朴永心らしき女性が正面からのクローズアップで登場する。奇妙なことにそれは、北朝鮮で２００６年に死んだ朴と韓国で生きている李が現在の記憶空間の中で対称をなしているかのような配置となる。犠牲者意識ナショナリズムの観点から慰安婦を恐ろしい性暴力の被害者だと画一化し、自ら行為者として動く主体性を認めないのが韓国社会の公式記憶だ。それに反旗を翻した李に対する世論の批判があった時に、このフィルムが公開されたのも偶然の一致とは言えないだろう。キム・ハンサンの鋭い指摘のように「生きている李より、白黒の無声映像に込められた朴の被害記録のほうが信頼できる」証拠として公営放送の電波に乗ったのだ[70]。慰安婦の記憶を民族主義的に専有する正義連に対する李の批判を「誰かにそそのかされ汚染」されたものだと葬り去る戦術の一つとして、映像を利用したのではないかという思いを禁じえない。李の証言は自らの人生と思いを反映した複雑なものとならざるをえない一方、70年以上前に撮影された映像は犠牲者のイメージを素直に映している。慰安婦に対する韓国社会の公式記憶を巡る騒ぎが熱くなっている中で、この映像は李の証言を無力化する実証主義的な錯視効果を狙ったものだ。写真・映像メディアに込められた過去の事実は実際に存在したという技術的証明である。慰安婦被害者たちの被害を写真で可視化することには、科学的であり、効果的だという実証主義的な信念が底辺にある。被害を写真で証明することに対する強い執着は、白黒写真で濃い黒で表現される傷をデジタル補正によって血の鮮明な赤で染めることにもよく表れている[71]。写真や映像の示す記号や意味の関係が客観的だったり、科学的であったりするより、解釈する側の視覚的な言説と実践の問題だという点を改めて想起する必要がある。

映画『シンドラーのリスト』は、イメージの編集と操作がより直接的だ。ユダヤ団体の反対でアウシュヴィッツ収容所内での撮影をできず、映画は正門の外に組まれたセットで撮影された。セットは、新たに到着したユダヤ人が列車から下りるプラットフォームと収容者の入れられた建物、死体焼却施設などを一望できる構成で作られた。そのおかげで観客は、収容所の全貌をひと目で見て取れることとなった。実際の収容所で撮影していたなら不可能だったことだ。あまりにも広く、どうやっても全ての施設を一つの画面に収めることはできない。セットが、実際の収容所よりも生々しい効果をもたらしたことになる。真正性は、▽どうやって解釈し、意味付けるか、▽再現に使う道具の発明と活用、▽実際の再現を助けるイメージや象徴、メタファーを用い、配置する言説――などにかかっている。その点において「文化的構成物」である[72]。撮影技法も一役買った。スティーヴン・スピルバーグは、ゲットーを閉鎖する軍事作戦のような緊迫した場面をわざわざ細かく手ぶれするハンディ・カメラで撮影した。撮影監督ヤヌス・カミンスキーによると、全体の4割をハンディ・カメラで撮影したという。ストーリー・テリングやシナリオの構成に加え、映画というよりもニュースを見ているかのような錯覚をさせる撮影技法も映画に現実感を与えた。事実ではなく映画であるとして観客に与える視覚効果を最大化しつつ、事実を肌で感じるようにさせる計算され尽くした物語の技法も、映画の成功に大きく寄与した。

それがまやかしだと言うのならば、そのまやかしすらも我々が過去を記憶する方法の一つだという点を指摘しないわけにはいかない。歴史とは事実でなく構成されたものであるのならホロコーストもそうなのかと非難されて窮地に陥ったヘイドン・ホワイトが、エーリヒ・アウエルバッハの「形成的リアリズム（figural realism）」に脱出口を探ったことも示唆に富む。ホワイトはアウエルバッハの論を借りて、全ての過去は複数のプロットに対してオープンなのだと主張し、文字の発話と形成的発話の二分法に反論した。それは、過去の再現を巡る緊張が今後も続くしかないという予言のように思われた。(73)

第9章　赦し

ポーランド司教団の司牧書簡は、
カトリックの文化において個人の領域にとどまっていた
「赦し」の意味を一瞬にして政治の領域へと移した。
日本の植民地支配とアジア太平洋戦争の過去を巡って
韓国と日本の国家権力だけでなく、
市民社会の多くの構成員が鋭く対立している
東アジアに司牧書簡を移してみると、
それは東欧の過去であることを突然やめ、東アジアの未来となる。
現在の東アジアの記憶空間で
１９６５年の司牧書簡とその歴史を吟味することは、
歴史的和解を図る超国家的な行為者としての
カトリック教会の政治的役割と倫理的意味を広げ、
膠着状態に陥った日韓間の歴史和解の新たな可能性を模索することでもある。

1965年11月18日、ポーランドのカトリック司教団は加害者であるドイツの兄弟姉妹を赦し、またドイツからの赦しを請う司牧書簡をドイツの司教団に送った。加害者の側から被害者に赦しを求めるものだという世俗の常識をひっくり返したものだ。書簡が投げかけた歴史和解へ向けた逆転の発想は、時を経るごとにその歴史的意味を増していった。写真は、1989年に平和のメッセージを交換する西ドイツ首相ヘルムート・コール（右）とポーランド首相タデウシュ・マゾビエツキ。

Ⓒ Adam Hawałej, Muzeum Historii Polski

赦しの暴力性とカトリックの記憶政治

赦しと和解は、最も重要な記憶倫理であり、望ましい記憶政治の目標ではあるものの、実践に移すのが最も難しいことであろう。加害者が適切に謝罪し、赦しを求めるのも難しいが、被害者が赦すのも簡単なことではない。ワルシャワ出身のラビ、アブラハム・J・ヘッシェルは、謝罪と赦しの関係について興味深いエピソードを聞かせてくれる。有名な学者であり、人望のあつい人格者として知られた一人のラビが、ワルシャワから自宅へ帰ろうと汽車に乗った時の話だ。ラビが自分の席に座ると、コンパートメント式の客室内でカードゲームに熱中していた同室の商人たちから一緒にやらないかと誘われた。ラビは、カードゲームを一回もしたことがないのだと丁重に断り、静かに座っていた。だが仲間に加わろうとしない姿を目障りに思った一人が怒り出し、ラビの胸ぐらをつかんで客室から追い出した。追い出されたラビは通路に立ったまま目的地まで行かねばならなかった。商人たちは目的地の駅で驚かされることになった。汽車から下りたラビを見つけた人々が握手を求めて集まっていたのだ。彼らはその時になって、客室から追い出した客がブレスト＝リトフスク（訳注：現在のベラルーシ南西部ブレスト）で尊敬を集めるラビだと気付いた。そしてすぐに、自分たちのしたことを赦してほしいと請うた。だがラビは彼らを赦さなかった。

心が晴れない商人はその夜、３００ルーブルの慰労金を持参してラビの家を訪ね、改めて赦しを請うた。ラビの答は簡単だった。赦せないというのだ。ラビの固い態度を人々は意外に思った。あれほどの人格者がその程度のことでへそを曲げるのだろうか？　結局、ラビの長男が乗り出した。慎重に話を持っていき、誰かが3回以上にわたって赦しを請うたのなら必ず赦してやらねばならないという赦しの律法に父親が触れると、息子はすかさず商人の名前を持ち出した。律法の通りに赦さねばならないのではないかと問うたのだ。するとラビは、こう答えた。「赦してあげたくても、私には赦すことができないのだ。彼は汽車の中で、私が誰かを知らなかった。だから彼は、私に対してではなく、名も無き人に罪を働いたことになる。そうであれば私ではなく、その名も無き人を探して赦しを請わねばならないのだ」。ヘッシェルが聞かせてくれたエピソードは、ある人に対して犯された罪を他人が赦すことはできないというユダヤ教の教えについてのものだ。ユダヤ教ではなく存在論の常識的な観点から見ても、被害者に代わって第三者が加害者を赦せるのかには疑問が残る。[1] 実はこのラビの話は、「ナチ・ハンター」と呼ばれるサイモン・ウィーゼンタールの難しい問いかけに対するヘッシェルの遠回しの答えだった。[2]

ウィーゼンタールは1969年に『ヒマワリ』という小冊子を通じて、胸の奥底にしまっていた話を明かした。そして、全世界の宗教指導者と良識ある知識人に意見を求めた。第2次大戦の経験から提起された最も先鋭な道徳的問題の一つだとされる彼の話は、1942年夏に遡る。ウィーゼンタールは当時、西部ガリツィアの中心都市リヴィウ（訳注：現在のウクライナ西部）にあったヤノフスカ強制収容所に入れられていた。戦争がもたらした荒廃をあざ笑うかのように咲き誇る夏のヒマワリは、その美しさゆえに強制収容所での悲惨な生と対照的であり、世の不条理をさらに鋭く物語るようだった。彼は毎日、現実とは思えないオブジェのようなヒマワリを見ながら収容所の外での労役に駆り出された。戦争前に若さを謳歌しながら闊歩していた道を、飢えと疲れにさいなまれながら縞模様の囚人服姿で歩かねばならなかった。ある日、ナチス・ドイツ軍によって臨時病院に改造された母校リヴィウ工科大での労役を割り振られた。仕事は、鼻を突く消毒薬の匂いと膿の悪臭に満ちた病院のゴミ処理だった。すると一人の看護士が、一生懸命に働いていた彼に「ユダヤ人か」と確かめて外へ連れ出した。学生時代を思い出しながら付いて行くと、ある病室の前で立ち止まった。看護士に言われるまま中に入ると、病室には1台のベッドがぽつんと置かれ、全身を包帯で巻かれた男が身動きせずに横たわっていた。「カール」という名のその男は、ナチ親衛隊に志願して来た東部戦線で重傷を負い、助かる見込みはないということだった。強制収容所のユダヤ人が労役をさせられていると看護士から聞いた男は、その中から誰でもいいから連れてきてほしいと頼んだのだ。ユダヤ人を相手に犯した恐ろしい罪の赦しを請うてからでなければ、心穏やかに死ぬことなどできないと考えたからだった。

ベッドの脇にかがんだウィーゼンタールに彼は、死んでいったユダヤ人たちの顔がまぶたの裏にちらついて落ち着かないのだと訴え、自分たちの部隊が東部戦線でユダヤ人にした蛮行を告白した。彼は、教会で司祭に付き従う侍者をしていた幸せな子供時代、ナチに熱狂し、ヒトラー・ユーゲントに入って社会民主党支持者だった父親と距離を置くようになった青少年時代、ナチ親衛隊に志願入隊して東欧での集団的な犯罪行為に加わるまでの過程を、懺悔する心情で正直に打ち明けた。特に、ロシアの田舎の村でユダヤ人を納屋に押し込めて火を付け、飛び出して来る人々を機関銃で撃ち殺した記憶が自分をずっと苦しめるのだと話した。抱きかかえた子供の目を手で覆い、服に火が付いたまま2階の窓から飛び降りたユダヤ人男性の姿を、どうしても忘れることができない。黒髪に茶色の目をした子供の顔があまりにもはっきりと、生々しく思い出され、穏やかに死ねない気がするということだった。だから誰でもいいからユダヤ人に会ったら、死ぬ前に全てを告白して赦しを請おうと考えていた。頼むから安らかに死を迎えさせてほしいと赦しを懇願するカールに、ウィーゼンタールは何も答えず、静かに背を向けた。赦さなかったのではなく、赦せなかったのだろう。

ウィーゼンタールにとってすっきりしない、何か引っかかる記憶だった。死を目前にした「子羊」を赦さずに出てきたのは、あまりにも非情だったのではないか。死に行く人の最後の願いを無視してもよかったのか、確信を持てなかった。収容所の友人ヨセクは、自分でも絶対に赦さない。自分だったら静かに出てくるのではなく、きっぱり拒絶してくるはずだと言って慰めた。ナチ親衛隊の青年が他のユダヤ人に犯した罪を我々が赦すなどというのは、おこがましいということだった[3]。ウィーゼンタールは長い間、この話を心の中に抱えていた。そして四半世紀が過ぎてから人々に問いかけた。「あなたなら、どうしたか?」と。世界中で多くの哲学者や神学者、知識人が悩む過程で、赦しがどれほど複雑かつ難しい問題であるかが認識された。ヘッシェルが前述した遠回りの表現をしたように、ウィーゼンタールであれ、ヨセクであれ、また他の誰であれ、犠牲者たちから赦す権利を委任されていない状況では、ナチ親衛隊の青年を犠牲者の代わりに赦すことはできないのだ。加害者を赦すかどうか決められるのは、被害を受けた当事者だけである。非業の死を遂げた者の代わりに、他人が殺人者を赦すというのは道理にかなわない。ユダヤ教の観点から見れば、ウィーゼンタールが死に行く「子羊」を赦さなかったのは良心の呵責を覚えるべきことではない。被害の当事者ではない他人が赦すことは不可能なだけでなく、不道徳ですらある。しかし赦しを強調するカトリックの観点から見るなら、自らの罪を心から悔やみ、赦しを請う人から贖罪の機会を奪ったという批判も可能である。

世俗的な観点から見てみよう。信念を持ってユダヤ人を虐殺したナチ親衛隊のカールは、人種主義を政治的に省察できなかったという批判を免れない。死を前にして看護士に「誰でもいいから」ユダヤ人を一人連れてきてもらい、赦しを得ようという発想はユダヤ人を十把一からげにするナチの論理そのままだ。それだけではない。一面識もないウィーゼンタールに最後の赦しを請うたことで、自らが負うべき道徳的決定の負担を彼はウィーゼンタールに押し付けた。安らかに死にたい一心で、自身が殺したユダヤ人の代わりとしてユダヤ人の誰かに赦しを求めた。そして彼を赦せなかったユダヤ人の誰かが自責の念にとらわれるという、あきれた状況を作ったのだ。レーヴィの冷静な評価によれば、このナチは自らの安らかな死のために、またしてもユダヤ人を道具として使ったに過ぎない。彼はただ、自身の罪悪感と悩みをユダヤ人の誰かに押し付けたかっただけだ。利己的で、厚かましいことこの上ない行動だ。そうしてみると、彼は死が迫るか、少なくともドイツの敗北が確実にでもなって初めて懺悔をしたであろう人物だ。第三帝国が勝利の美酒を手にし続ける状況であっても、彼が戦争を懺悔し、赦しを請うたかは疑問である(4)。

記憶の政治において赦しは暴力的であることが多い。ユダヤ教の旧約聖書的な世界観から見れば、赦しは厳格に被害当事者だけの権限だ。既に死んだ被害者の代わりに誰かが殺害犯を赦す行為は、被害者固有の権限を否定するのと同じであり、被害者にとってはもう一つの暴力となりうる。子供を殺した犯人を父母が赦すことがあったとしても、それは最愛の人を奪った行為に対する赦しであり、殺人に対する赦しではありえない。生命を奪う行為を赦すのは、殺された子供だけにできることだ。殺された恋人や友人の代わりに殺人者を赦すことができるという考えも危険であることは変わらない。私が赦せる部分は、愛する人を私から奪い、私に喪失感を覚えさせた行為についてだけである。愛という名で他人の生命権を所有できる人などいない。それは錯覚に過ぎない。論理を超え、赦しが本当に危険なのは、その行為が被害者のことを忘れられるようにするからだ。赦しが請われれば、人々は和解と赦しの大変な綱引きが終わったと考え、何事もなかったかのように平穏に生きていける。しかし記憶の政治において重要なのは、急いで加害者を赦し、傷を縫合することではない。そうしたひどい行為すら人間性の一部であることを認め、そのひどい一部が二度とこの世に姿を表さないよう、よりよい記憶の方法を模索することのほうが重要だ。ヘッシェルの厳格な見解より、比較的寛大なカトリックの赦しに注意深くアプローチするのもこのためである。

もちろんキリスト教の赦しもそれほど簡単ではない。アウグスティヌスの『告白録』に見るように、カトリックの赦しの理論は、過ちを犯した主体と罰を受けねばならない主体を明確に分ける。すなわち二つの主体のうち赦しの対象となるのは、過ちを犯した主体であると限定することによって、人に対する赦しと犯罪行為に対する赦免を明確に分けるのである[5]。過ちを犯した人に対する赦しが人間の領域とすれば、罰を受けねばならない主体に対する赦免は神の領域である。キリスト教的な観点から見れば、赦しは、赦す者と赦される者の双方を過去の負担から抜け出させ、傷ついた関係を復元するよう助ける。神が人を赦すためには、まず人が悔い改めねばならないが、人と人の関係においては赦しが悔悟より先になる時がある。まず赦しをなしてから、赦された者の悔悟を待つのである[6]。赦しは過去に行われた悪を否定するものではなく、復讐の欲望から犠牲者を解放し、復讐によってまた別の悪が犯されることを防ぐ高度に倫理的な決断だ。それは人間社会において、極めて重要な徳目である[7]。しかし加害者の側から赦しを求める政治的な言説は、赦そうとしない被害者を非難して政治的あるいは社会的に彼らの立場を弱める道具として使われることもある。自らに不都合な過去を消してしまおうとする人々が赦しを強要するのだ。犠牲者もまた、犠牲者の地位を維持し、加害者を自らより劣位に縛っておくために赦しを濫用することが多い。自らの道徳的優位を確認する倫理的な道具として、赦しを道具とするのだ[8]。赦しの暴力性に対する認識は、復讐にこだわって赦すことのできないユダヤ人と、愛と慈悲のキリスト教徒を対比する「神学的な反ユダヤ主義」に対する批判の武器でもある。[9]

個々人の実存的領域から政治的領域へと観点を移せば、赦しは絶対善ではない。地球規模の記憶構成体という政治的領域において赦しは、犠牲者意識ナショナリズムを解体もしうるし、正当化もできる両刃の剣だ。本章では、1965年11月18日にポーランドのカトリック司教団がドイツの司教団に送った司牧書簡を中心に犠牲者意識ナショナリズムと赦しの問題を考える。終戦から20年を迎えた年に送られた書簡は、世間に知られるやいなや「事件」となった。[10] 一見するとヴァティカン公会議の終わりにポーランド司教団が全世界の司教団に送った56通の書簡の一つに過ぎないが、その内容は特別だった。枢機卿ステファン・ヴィシンスキを筆頭に大司教と司教35人の署名が入った書簡は、ドイツの兄弟たちに和解の手を差し伸べるものだった。ナチの最大の犠牲者だったポーランドのカトリック教会がまず、加害者であるドイツの兄弟姉妹を赦すという和解のメッセージを送ったことは驚きだった。だがそれ以上に、被害者がむしろ加害者に赦しを求めるという書簡の結末は衝撃的だ。この司牧書簡は、加害者がまず被害者に赦しを求めるものだという世俗の常識をひっくり返してしまった。「汝に赦しを施し、また汝の赦しを請う」として知られるようになった書簡が見せた逆転の想像力は、そのタイトルだけでも世間の耳目を集めて当然だった。この書簡は、カトリックの文化において個人の領域にとどまっていた「赦し」の意味を一瞬にして政治の領域へと移した。[11]

草案を作った大司教コミネクはもちろん、署名した司教団も書簡がもたらす波紋を十分にわかっていたように見える。公表5日前の11月13日に党中央へ送られたポーランド内務省情報局の報告によると、コミネクはこの書簡が「本当の爆弾」になるだろうと周囲に話していた。[12] コミネクだけでなく署名した司教たちはみな、党や国家権力だけでなく、社会全体の反応がとても険悪だろうと予想し、代償を払う覚悟を決めた。その憂慮はすぐに現実となった。ドイツの司教団が12月5日に生ぬるい弁明調の返書を発表すると、ポーランド共産党の宣伝機関とメディアは待ちかまえていたかのように教会への非難を一斉に始めた。党の宣伝機関は「我々は赦さず、赦しを請いもしない」というスローガンを打ち出した。司牧書簡をあざけるパロディーだった。さらに党機関紙と国営メディアは「民族の裏切り者」「西ドイツの復讐主義者への降伏文書」「非公民的な行為」などの激しい言葉で司教団を非難した。[13]「(民族の裏切り者である)枢機卿をポーランドから追放しよう」という呼びかけまでされた。ナチス・ドイツの後身である西ドイツの帝国主義者にポーランドの民族的利益を売り渡した売国奴というのが、主な論調だった。[14]いまだ東西冷戦が厳しく、ナチの大量虐殺に対する歴史的和解にほど遠かった当時の状況において、こうした非難はポーランドのカトリック教会の評判に致命的となりうるものだった。

人口比で見ると、ポーランドは第2次大戦における最大の犠牲者だった。約３００万人のユダヤ系を含めて計５４０万～５６０万人にのぼるポーランド人がナチ占領地域で犠牲となった。ソ連占領地域でも15万人が犠牲となっており、全人口の約2割が死亡した。軍民合計で２７００万人にも達するソ連の犠牲者より人数は少ないが、人口に占める犠牲者の比率はソ連の14%よりずっと高かった。ポーランドではナチのエリート抹殺政策によって、法律家の半数以上、医師の4割、大学教授と高校教師の3分の1以上が犠牲となった。教会も例外ではなく、約２０００人の神父と5人の司教が殺された。犠牲者は司祭の27%に達した。ホロコーストだけでなく、東欧のスラブ国家に対するナチス・ドイツの絶滅戦争は20世紀最悪の「人種戦争」だった。[15]しかし終戦から20年経っても、ポーランドは東西ドイツのどちらからも公式の謝罪を受けていなかった。東ドイツの公式の立場では、ナチズムの罪はドイツ人民の民族的利害を裏切って帝国主義と軍国主義を支持した金融資本家と、戦後に彼らが掌握した国である西ドイツの責任であり、謝罪とはあくまで西ドイツがすべきものとされた。ポーランドにとって東ドイツは社会主義の兄弟国でしかなかった[16]。一方で、ポーランドと正式な外交関係を持たない西ドイツの保守・キリスト教民主同盟（ＣＤＵ）政権には謝罪するルートも、意思もなかった。

ポーランドは１９５０年に東ドイツと「ズゴジェレツ（ゲルリッツ）条約」を結び、ポツダム会談で決まったオーデル・ナイセ線での国境画定を図ったが、国交のない西ドイツとは依然として国境紛争の素地を抱えていた[17]。ポーランドは第２次大戦後、ビリニュスやリボフ（現在のウクライナ西部リヴィウ）など戦前の領土の３分の１に相当する東部地域をリトアニアとウクライナ、ベラルーシというソ連邦構成国家に譲渡した。代わりに、東プロイセンのポモージェ地方と戦前の自由都市グダニスク、ヴロツワフ、オポーレなどシロンスク（独語＝シュレジエン）地方の中心都市、鉄鋼と石炭の産地である西部の領土を敗戦国ドイツから割譲された。１７９５年以来の３回にわたったプロイセンの分割占領とナチス・ドイツによる無慈悲な占領の記憶が生々しいポーランドの人々が、新たに拡張された西部の領土への公式な承認と安全の保証をドイツから取り付けたいと渇望したのは当然である。しかし西ドイツから保証を得るのは簡単ではなかった。東欧からの被追放者が大きな存在感を持った西ドイツのカトリック教会もまた、新たな国境線を認める準備ができていなかった。西ドイツの教会の基本的な立場は、東欧でのドイツ人追放を批判し、ドイツ被追放者憲章を支持するものだった。

司牧書簡はもともと、ポーランドのカトリック教会が１９６６年に予定されたキリスト教受容１０００周年記念式に西ドイツの教会を招待し、膠着状態に陥った両国の和解と赦しへの糸口を探ろうとして作成された。記念行事はポーランドの教会にとって、共産主義イデオロギーに対抗する無形の民族資産としてのキリスト教の重要性を再確認する貴重な機会だった。冷戦のくびきを乗り越えて西ドイツと和解することは、共産主義の無神論から脱して西欧のキリスト教的伝統に回帰するというシグナルでもあった。しかし意図に反し、ポーランドの教会は書簡によって窮地へ追い込まれた。共産主義体制を樹立してから常に、社会文化的な覇権を教会と争ってきたポーランド統一労働者党（共産党）は書簡を問題視して教会の民族的正統性を傷つけようとした。特にドイツ司教団が返書でオーデル・ナイセ線を明確に認めなかったことが明らかになり、祖国を裏切った非愛国的な教会だという共産党の反教会キャンペーンは効果を挙げるようになった。教会の受けた痛手は大きく、内部でも意見衝突が生まれた。ポーランド政府の宗教担当部局によるアンケート調査に答えた神父の過半数が書簡に反対姿勢を示し、ヴィシンスキは若い司祭たちの反発を苦々しく受け止めた[18]。

被害者から赦しを主導した常識外れの発想は、歴史和解に積極的でなかった戦後ドイツから謝罪を引き出そうとする高度な政治的メッセージだった[19]。加害者に許しを請う書簡を受け取ったドイツ司教団は居心地の悪さを覚え、いかなる形であれ赦しを請わざるをえなかったはずだ。大局的に見るなら、両国間対話の糸口を作るという意味で書簡は大成功だった。ブラントの東方政策や１９７０年のポーランド・西ドイツ国交正常化に加え、ポスト冷戦期に相次いだ出来事——西ドイツ首相だったヘルムート・コールとポーランドの首相タデウシュ・マゾビエツキによる１９８９年の平和メッセージ交換、１９９０年のドイツ統一を契機としたオーデル・ナイセ線の国際的な再承認、２００４年のポーランドの欧州連合（ＥＵ）加盟など——を経て、司牧書簡の歴史的意味はますます重要になった。書簡は、カトリック文化において個人の領域にとどまっていた赦しの意味を国際政治の領域に広げた。カトリックの教理において赦しは、復讐の欲望から犠牲者を解放し、復讐によって別の悪がなされることを防ごうという倫理的かつ感情的な仕組みだ。こうした赦しが国家間の歴史和解に適用されることは、その可能性だけでも意義深い。ポーランドとドイツの歴史的和解が進んだことで、書簡は激賞されるようになった。「和解のアヴァンギャルド」や「第2次大戦後のポーランド史で最も偉大な先見の明」「感動的な和解文書」「ポーランドとドイツの対話をリードした」「心理的な壁を崩した」といった具合である[20]。

21世紀に入り、司牧書簡は二国間の関係にとどまらない歴史和解のモデルとされるようになった。終戦60年となる2005年6月にワルシャワで開かれた司教会議で、ポーランド司教団は1965年の司牧書簡をモデルに、ポーランドとウクライナが互いに赦しあうことを促す書簡を発表した。この書簡は、ポーランド人とユダヤ人、ウクライナ人の多文化都市だったウクライナ西部リヴィウや、同テルノピリの小さな村チャルバニチャにあるギリシャ正教会などでも朗読された[21]。テルノピリは、ポーランドとウクライナの国境地帯であるヴォルィーニ（ポーランド語＝ヴォウィン）に位置する都市だ。第2次大戦中にユダヤ人住民を虐殺したポーランドのホロコーストだけでなく、ポーランド人とウクライナ人が互いを虐殺した悲劇の現場だった。ポーランドの民族抵抗軍と、ナチと手を組んだウクライナ民族主義者がそれぞれ、相手側の農民10万人以上を報復として虐殺したのだ[22]。2013年にはポーランドのカトリック教会とウクライナの正教会が「互いに対する赦しと和解」を促す共同の和解宣言を発表するまでになった[23]。1990年代半ば以降、両国の自由主義政治家たちと批判的知識人グループが歴史和解の必要性を唱えてきたが、和解の歴史的文書を作ったのは宗教界だった。また司牧書簡の起草者コミネクの名を冠した「ボレスワフ・コミネク欧州青年フォーラム」が毎年夏に、ＥＵの支援を受けてヴロツワフで開かれるようにもなった。欧州全域から参加する若者が歴史的和解についての考えと経験を共有する場となっている。

本章では1965年の司牧書簡と返書に対して、ポーランドとドイツの多様な行為者がどのように反応したのかをテクスト中心に検討する。その後、今日の東アジアへと時空間を移し、この事件の超国家的意味を吟味する。東アジアの記憶空間では、日本の植民地支配とアジア太平洋戦争の過去を巡って韓国と日本の国家権力だけでなく、市民社会の多くの構成員が鋭く対立している。その東アジアに司牧書簡を移してみると、それは東欧の過去であることを突然やめ、東アジアの未来となる。それは、書簡の歴史的文脈を消し去って恣意的に脱歴史化する作業とは明確に異なる。本書は、司牧書簡の精神を21世紀東アジアの文脈でどのように生かしていくかという問題意識から出発する。現在の東アジアの記憶空間で1965年の司牧書簡とその歴史を吟味することは、歴史的和解を図る超国家的な行為者としてのカトリック教会の政治的役割と倫理的意味を広げ、膠着状態に陥った日韓間の歴史和解の新たな可能性を模索することでもある。東アジアではいま、国家と市民社会のどちらもが、国際政治の世俗的な規範すなわち国民主権に縛られて突破口を見出せずにいる。その状況において、生来的にトランスナショナルな組織であるカトリック教会の関係者たちが自由に理念と障壁、国境を超えて対話した先例は特に重要だ。ポーランドのカトリック教会に対する省察は、東アジアの記憶装置を動かすゲームの倫理に「和解と赦し」を位置付ける第一歩となるだろう。

ポーランド司教団の書簡と和解のメタ倫理

ポーランドとドイツの歴史的和解を阻む膠着状態を乗り越えるためには、和解の新しいメタ倫理が必要だった。加害者と犠牲者を突き詰めて、誰がより大きな犠牲者であり、誰がまず謝罪し、赦しを請わねばならないのかといった通俗的な計算を超えたものが求められた。ポーランドとドイツのどちらがより大きな犠牲者だったかは、論じる必要がなかった。物事の道理を詰めるのではなく、それを乗り越えるメタ倫理は、世俗のものではなかった。両国のカトリック教会が超国家的な記憶の主体として、その役割を担った。第2回ヴァティカン公会議が開かれた1962年2月から、両国のカトリック対話は始まっていた。公会議参加のためローマを訪れたポーランドの枢機卿ヴィシンスキは、ドイツの枢機卿ユリウス・デプフナーを夕食に招待した。二人は共に公会議特別委員会の書記として信頼関係を持っていた。デプフナーは、ドイツ・カトリックの自由主義的伝統を代弁する人物だった。東欧から追放されたドイツ民間人の痛みをナチの犯罪行為という歴史的文脈の中で相対化する立場である。この席で彼は、西ドイツの指導者たちの内部情報をヴィシンスキに流した。アデナウアー政権はオーデル・ナイセ線を承認したがっているが、被追放者の感情を考慮して公にできていないというのだった。西ドイツの政権はポーランドとの関係正常化により大きな関心を抱いているというのが、デプフナーが伝えたことだった。(24)

二人の枢機卿の親しい交わりとは別に、ドイツ司教団は、アウシュヴィッツで殉教したポーランドの神父コルベの「列福」を両国の教会が共同で教皇庁に要請しようと提案した。1964年にはドイツのカトリック平和団体である「キリスト平和運動」の一行がポーランドを訪問した。この団体は、ポーランドのカトリックとの和解がドイツのカトリックの義務だと考えた。後に教皇ヨハネ・パウロ2世となるクラクフ大司教ヴォイティワが、アウシュヴィッツの正門で彼らを温かく迎えた。1965年にヴロツワフで開かれた終戦20年記念式の説教で同地の大司教コミネクは、ポーランド人にだけでなく、そこから追い出されたドイツ人にも祝福のメッセージを伝え、相互理解と平和を呼びかけた。旧ドイツ領のシロンスク（独語＝シュレジエン）地方ヴロツワフで生まれ育ち、ドイツとポーランドのハイブリッド文化に慣れ親しんだコミネクの説教は、共通の文化遺産を示唆することでシロンスクを「もともとのポーランド領」だったとする当時のポーランドで一般的だった歴史理解とは違う観点を見せた。[25]

1960年代になって対話の機運が徐々に熟していた。その中で「ドイツ・プロテスタント連合（EKD）」が1965年10月14日、後に『東方白書』として知られるようになる重要な文書を公表した。戦後20年を受けたこの文書はオーデル・ナイセ線を国境と認め、ドイツからポーランドに割譲された地の主権がポーランドにあることを明白にして和解へ向けた第一歩を踏み出した。故郷から追放されたドイツ人の痛みと困難から目を背けるものではないものの、ナチの犯罪との歴史的関係を考えることで両国の犠牲者にとって相互理解の契機となった。故郷に帰りたいという被追放者の情緒に逆らって、彼らにとっての東方の故郷（ポーランドの西部領土）へのポーランドの主権を認めたのだ。それは戦後の西ドイツ社会のタブーを破り、歴史和解の新たな道を示す里程標となった。[26] 白書が公表されると、ポーランドでは自由主義カトリック知識人のグループ「ズナク」がまず注目した。共産党の統制から比較的自由だった彼らは対話の時が来たと信じた。『東方白書』に、ポーランド共産党の民族主義的な反独キャンペーンを無効化させる効果を期待したのだ。共産党は、「取り戻した領土」である西部地域を西ドイツの「復讐論者」が再び奪っていこうとしていると主張していた。[27]

しかし共産党の反独宣伝の力を失わせるより、両国間にあった不信の氷が溶け始めたことのほうが重要である。西ベルリン駐在のポーランド軍監督官や駐ケルン・ポーランド貿易代表部の報告は『東方白書』に好意的だった。軍監督官の報告書は、ドイツ人被追放者や独・東欧関係に関するＥＫＤの記者会見について非難を交えず淡々と書いた[28]。駐ケルン貿易代表部は、ドイツ社会民主党（ＳＰＤ）機関紙の編集長であるグスタフ・ハイネマンからポーランドに招請してほしいという打診を受けたと報告している。ハイネマンはＥＫＤ指導部の一員で、ポーランド社会の反応を直接見たがっているという内容だ。貿易代表部の報告書は、ハイネマンがもともとはＣＤＵ所属だったけれど、西ドイツの再武装に抗議してＳＰＤに移ったという個人情報を付け加え、招請実現に前向きな姿勢をにじませた[29]。数日後には、ボンの外信記者クラブでオイゲン・ゲルステンマイヤーをゲストに呼んだランチ・ミーティングが開かれ、この席でゲルステンマイヤーがポーランド代表部の関係者と話し込んだ。彼は、両国が和解しなければならないと力説し、『東方白書』への反応を知るために個人資格でポーランドを訪問したいという希望を語ったと報告されている。報告書は、ワルシャワの国際問題研究所からの招請にしたらどうだろうかと注意深く提案した[30]。

ポーランドの権力機関だけでなく、カトリック教会内部でも大きな反響が巻き起こった。司教団の中で真っ先に白書へ目を向けたのはコミネクだった。ドイツ語とドイツ文化に精通していたコミネクは後日、『東方白書』が司牧書簡を書く契機だったと告白している[31]。最大のポイントは、オーデル・ナイセ線を現実のものと認めたことにある。ポーランド共産党書記長のゴムウカですら、西ドイツが新たな国境線を認めるなら国交正常化と和解も問題ないと考えていた。『東方白書』が両国和解の契機を作ったのも同然だった。ソ連に対して独自路線を取った民族共産主義者ゴムウカは、中欧の調停者役を自任するソ連の干渉と介入を防ぐ先制措置としてドイツとの和解を切実に欲していた[32]。

ドイツ・プロテスタントの進歩陣営は既に１９６１年の『テュービンゲン白書』で西ドイツの核武

装に反対し、ポーランドとの新たな国境線を公式に認めるよう西ドイツ政府に求めていた。著名なプロテスタントの学者や科学者計8人が署名し、1961年11月6日に何人かの連邦議員に送られたこの文書は、1962年2月に公表されて西ドイツ社会で激しい論争を巻き起こした。被追放者は辛辣に非難した。共産主義に反対する東ドイツと東欧の人民の政治的な自決権を無視し、否定と暴力を称揚する共産主義に同調したというのだった。この時に噴き出した被追放者の声は考えられていたよりも大きく、西ドイツ社会はまだ新たな国境線を認める準備ができていなかった。この7年後に「東方政策」として『テュービンゲン白書』の主張を政策に移したSPDも、この時には「愛国心のない連中」というレッテル張りを恐れて公に支持できなかった。東方政策の立案者だったブラントですら、党の公式な立場は白書に基づいているわけではないと考えるほどだった。[33]

そうした雰囲気が、『東方白書』と司牧書簡が相次いで公表された1965年10~11月までに大きく変わっていたと見るのは難しい。加害者ドイツを赦し、さらには加害者に赦しを請うというポーランド司教団の司牧書簡は、そうしたもどかしい膠着状態を打ち破り、一気に状況を好転させうるメガトン級の爆弾だった。両国文化の混じる国境地帯で育ったというコミネクの個人史は、自国中心主義から抜け出す書簡の作成を可能にした。司牧書簡は用語の選択から、共産党の偏狭な民族・共産主義的な歴史解釈と大きく異なった。第2次大戦後にドイツから割譲された領土について「もともとのポーランド領」「取り戻した領土」といったポーランド中心的な表現を排除し、代わりに「ポツダム条約で認められた西部領土」のような中立的用語を使った。さらに旧ドイツ領から追放されたドイツ人の痛みに共感するという趣旨で、西ドイツの記憶文化で一般的な「避難民」「被追放者」などの用語を使った。[34] 東ドイツやポーランドで使われていた「移住者」が痛みの歴史が消された中立的な言葉である一方、西ドイツの用語は追放された人々の痛みを込めたものである。こうした西ドイツ式の表現はポーランドの記憶文化においてタブーだった。ささいなことのように見えるが、この用語の違いは後に司牧書簡が共産党から攻撃される重要な理由ともなった。

書簡は、ポーランド・カトリックの聖地チェンストホーバにある「ヤスナグラ修道院」で1966年5月に予定されていたカトリック受容1000周年記念行事への招待で始まる。そして、ポーランドがギリシャ正教ではなくカトリックを受け入れたのは「オットー大帝」のおかげだと感謝の意を表す。また中世以降にドイツの聖人、建築家、芸術家、移住民が西欧文化とポーランドを結ぶ文化の掛け橋となり、使徒と聖人のほとんどがドイツをはじめとする西欧から来たという歴史的事実も淡々と認めた。ドイツのマクデブルク都市法が、ポーランドの都市に自由な空気をもたらし、自由都市の成長に寄与したと述べることにもためらいは見られない。書簡は、芸術家や建築家といったドイツからの移住者たちがポーランドの民族文化の発達に与えた影響や、両国間の文化と芸術の交流について、民族的な優越感や劣等感なしに描写した[35]。両国の文化がローマ・カトリックを基盤とした共通点を持つという主張の行間には、ポーランド文化がギリシャ正教の東欧より西欧に近いのだという歴史的な暗示が隠れている。両国間の民族的な敵対感より、カトリックと欧州という共通の価値でくくられた「我々」という思いを前面に出したのだ。そこからは、東のソ連によって強要された共産主義は「他者」だという暗黙のメッセージを読み取ることもできる[36]。

歴史方法論から見ても、司牧書簡に込められた歴史観は当時としては非常に進んだものだった。書簡は、ポーランド文化へのドイツの影響をためらいなく認めているように見える。だからといって、ドイツの植民地主義史観を認めたわけでは決してない。西欧のカトリック文化とポーランドを結ぶ掛け橋としてのドイツの役割は、今日の植民地主義とは明確に異なるものとされた。書簡の歴史観は、ポーランドの歴史的領域内における異質な外来の歴史の痕跡を一切認めない民族主義史観の「領土純血主義（autochthonism）」とも距離を置いたものだ[37]。辺境史（border history）やグローバル・ヒストリー、トランスナショナル・ヒストリー、絡み合う歴史（entangeld history）、重なり合う歴史（overlapping history）といった歴史学の新たな方法論が登場するのは、このずっと後のことだ。一国史（national history）の叙述と方法論が圧倒的だった当時の歴史叙述を考えれば、司牧書簡の歴史観は驚くほど先進的だった。両国の美術史家たちがワルシャワとベルリン、ドレスデンなどで「共同の遺産」という展示を初めて開いたのは２０００年になってからのことであり、時代に先駆けた書簡の先見性はいくら強調しても足りない[38]。

書簡の歴史観において「兄弟民族を食い物にする代わりに、神の意に従って自らの貴重な資産である文化を伝えるカトリックの聖人たち」は、真にキリスト教を布教する使命と植民地主義との間に明確な線を引いている。書簡は、１４１４年のコンスタンツ公会議で異教徒の人権を強調し、銃と刀の代わりに宗教的な寛容をもって布教しなければならないと力説したヤギェウォ大学総長パヴェウ・ヴウォドコヴィチを代表的な例として引き合いに、力ずくで異教徒を改宗させようとしたチュートン騎士団を厳しく批判する[39]。その結果、チュートン騎士団は欧州のキリスト教にとっての重荷で、ポーランド人には屈辱的な悪夢として残ったというのだ[40]。書簡は、チュートン騎士団に対して極めて批判的である。好戦的な植民地主義の欲望がキリスト教の平和な布教を飲み込んでしまったチュートン騎士団の伝統が後にプロイセンのフリードリヒ大王、ビスマルク、ヒトラーへと続き、ポーランドは第２次大戦に至って、強制収容所で遺体を焼く焼却炉の煙突が昼夜を分かたず煙を吐き出す死の地へと転落したというのだ。ユダヤ系を含めた「600万人」のポーランド人犠牲者の中には、2000人の司祭と5人の司教も含まれていた。たとえばヘウムノ司教区だけで、開戦初期に司祭の47％に当たる278人の神父が即決処刑された。こうした例は枚挙に暇がない。第2次大戦時のナチによる終末論的破壊は、壊れた建物の残骸と破片、貧困と病気、涙と死だけをポーランドに残した[41]。

司牧書簡を起草したコミネクは、ポーランド人の抱く西部国境への思いをドイツの兄弟たちも十分に理解できるはずだと期待した。西の隣国ドイツを信じることができず、なぜそれほどまでにオーデル・ナイセ線を重視するのかという理由についてだ。書簡は、オーデル川とナイセ川を両国の国境とする現実を認めなければならないという前提を明確にした。戦勝国の一員とはいえ、ナチの大量虐殺と意図的な破壊によって極度に疲弊した状態で終戦を迎えたポーランドは、シロンスクとポモージェなど西部の領土を切実に欲していた。それは、アーリア人のためにより広い「生活空間」を求めて東欧に侵攻したナチの植民地主義的な要求とは全く違うというのが書簡の要旨だった。ドイツの被追放者の犠牲とポーランド人の犠牲の間にある非対称性を指摘し、ユダヤ人のホロコースト犠牲者とドイツ人の犠牲者を同列に並べる歴史的な脱脈絡化に反対すると明確にしたのだ。書簡はまた「君たちの自由、私たちの自由」というスローガンの下、自民族の解放だけでなく隣接民族の解放まで夢見た19世紀ポーランドの民族解放運動の伝統を呼び起こし、ポーランドの安全と平和はドイツに安全と平和をもたらすと暗示した。ポーランドとドイツの自由は絡み合っているというのだった[42]。

書簡は、東プロイセンからの被追放者やナチ統治下でドイツ人が経験した「良心の痛み」への温かい共感も表明した。それは、19世紀的伝統の文脈からのことだった。書簡はさらに、ドイツ国内で行われた非暴力の反ナチ運動である「白バラ」やヒトラーの暗殺を試みたドイツの反ナチ運動への敬意を示し、少なくない数のドイツ人がナチの強制収容所でポーランド人と運命を同じくしたと指摘した[43]。そして、公会議で向かいのベンチに座っていたドイツ司教団に和解の手を差し伸べながら、「汝に赦しを施し、また汝の赦しを請う」と締めくくった[44]。この一節は、古代ローマの詩人ホラティウスの「この特権を私たちは求めることもあれば与えることもある」を借用したものだ。1963年10月17日に当時の教皇パウロ6世がキリスト教諸派の争いをやめ、世界教会一致運動の促進を呼びかけながら引用してもいる。紛争中の国や地域の聖職者たちが書簡をやり取りしながら対立を解消し、和解の糸口をつかむことは、3～4世紀のローマ帝国時代から続くキリスト教の伝統でもあった[45]。

ポーランド司教団の司牧書簡の形式や主張が、キリスト教の歴史において前例のないものだとか、とりわけ型破りだったとは言えない。それでも「和解のアヴァンギャルド」という評価でも足りないくらい、時代を先取りしたものだった。書簡の作成者は、ドイツとポーランドの痛みが同じだというのではなく、どれほどのものだったかとは関係なく痛みは痛みなのだという姿勢を取った。そして、それぞれの痛みの持つ政治的な意味は違っても、痛みと悲しみを語ること自体が正義であるという信念の上に立っていた[46]。ドイツの被追放者が自分たちの犠牲を絶対化してポーランド人を加害者だと決め付け、自分たちをホロコーストのユダヤ人犠牲者と同列に置いた態度に比べれば、司牧書簡は節度のある犠牲者意識と合わせ、はるかに成熟した和解と赦しの倫理を見せた[47]。より大きな犠牲を被った人が、危害を加えた加害者でありつつ、より小さな犠牲を被りもした人々に手を差し伸べたことは、犠牲者の間でのヒエラルキーを拒否する断固たる道徳的決断だった。『ヴェルト』紙が書いたように、少なくないドイツ人が司牧書簡に感動したのは、犠牲者であるポーランドが初めてドイツの被追放者の痛みを認め、彼らに正義を取り戻させようとするメッセージを読み取ったからだ。犠牲の非対称性を根拠にドイツ人の犠牲を否定するのではなく、彼らの苦難に温かい共感を示したことは、加害者ドイツと被害者ポーランドという集合的罪の意識を乗り越えたからこそ可能だった。

和解の扉を開くことがドイツの教会の義務だと考えつつ、ポーランド司教団がまず和解の司牧書簡を送ったことは、加害者と被害者という古い固定観念を乗り越えた貴重な成果だった。戦後ポーランドの記憶文化で長年のタブーだったドイツ人被追放者の痛みを認めるのは、かなりの勇気を要した。ドイツ人がポーランドに犯した罪より、被追放者に対して犯したポーランドの罪のほうが大きいと考えるドイツ人が多数派だった時代状況を考えれば、それは勇気というより賭けだと言えた。西ドイツの教会が自らを支える中心勢力だった被追放者に配慮し、ポーランドとの和解に消極的だったことと比べてみれば、書簡の先導性はさらに際立っている[48]。書簡は、自らのより大きな犠牲を強調するために相手の犠牲を否定したり、反論の根拠として犠牲の非対称性を持ち出したりする「犠牲のゼロサムゲーム」を超越した[49]。自分たちの痛みと犠牲を正当化するために他者の不幸と犠牲を否定する犠牲者意識ナショナリズムが支配的な記憶文化において、ポーランド司教団の書簡が見せた「和解」の先導性が光るのもこのためだ。超国家的な和解という観点から見れば、この司牧書簡はキリスト教的な赦しの倫理を通じて膠着状態に陥っていた両国の歴史的和解を試みたことに意味があった。

ドイツ司教団の返書と垂直的和解

伝統神学では神が人間を赦す垂直的な赦しが支配的である。ゆえに和解も、神と人間の間での垂直的な和解が中心となる。垂直的な和解を超えた人間同士の水平的な和解は、「世界教会協議会（ＷＣ

C)」の世界教会一致運動（エキュメニズム）の神学が主導した。全ての被造物の間における平和な関係を追求するエキュメニズム神学の傾向を見ると、人間同士の水平的な和解を追求するのは当然だった。[50] 福音派の参加によってWCCが保守化したことで水平的な和解に傾ける熱気は冷めたものの、それは依然として議題であり続けている。他方、福音派の世界宣教ネットワークであるローザンヌ運動の中でも水平的和解への関心は高まった。1990年代半ば以降、9・11テロやパレスチナ・イスラエル紛争、旧ユーゴスラビア内戦とバルカンでの民族浄化、ルワンダでのジェノサイドなど人種・民族・種族間の衝突が激化した現実は、キリスト教にとって無視するわけにはいかなくなっていた。ローザンヌ運動は、種族間暴力の実例として人種主義や黒人奴隷制、ホロコースト、民族浄化、植民地主義ジェノサイドなどを挙げ、建設的な形で和解に寄与するようキリスト教徒に求めた。その上で、「迫害者を赦すとともに、他者のため不正に異議を唱える勇気を持つ」「紛争の相手方にいる隣人に援助を差し伸べ、親切なもてなしを提供する」「破壊や復讐の行為に参加するよりはむしろ、苦しみ、死ぬことさえもいとわないこと」などを柱とする「和解のライフスタイル」を身に付けるよう強調した。[51] しかし、これもまた実践より修辞の領域にとどまる側面が強いものであった。

21世紀の進歩的キリスト教運動であっても水平的和解への道は険しいものだ。その現実を目にすれば、被害者が加害者に赦しを請うた1965年の司牧書簡がいかに時代を先取りしたものだったかわかるだろう。世俗的な通念を覆した果敢な赦しの倫理は、犯された悪と実行者である罪人を区別することで可能となった。過ちを犯した主体と罰を受けねばならない主体に分けると、悪を懲らしめつつも、悪を犯した人間は赦すことができた。ポール・リクールの論理を借りれば、罰を受けねばならない主体の運命は神の慈悲に任せる代わりに、被害者が加害者を赦すことができるようになったのだ。

この赦しを通じてポーランド人はドイツに対する復讐の欲望を振り払い、自らがまた別の悪を犯す危険から抜け出した(52)。そこには、反植民地主義を乗り越えた脱植民地主義的な問題意識の芽を見て取ることができる。書簡は、第2次大戦時の加害者・被害者の記憶を両国の犠牲者意識ナショナリズムから助け出し、歴史的和解とキリスト教的赦しの道へと導こうとする意思の表れだった。罪人が和解を前提に神の前で赦しを請い、神は悔い改めた罪人を赦すという垂直的和解とは違い、人間同士の水平的和解はもっと柔軟になりうる。まず赦しを施すことで悔悟を引き出すという逆順の和解も可能なのである(53)。

ポーランド司教団がドイツ人の悔悟と自責を待たずに赦しを施そうと決断したのは、斬新な逆転の発想に基づくものだった。道徳的プレッシャーにさらされるドイツ人が懺悔と謝罪の道へ歩を進め、ポーランド人に赦しを請うようになると考えたのだ。この発想が効力を発揮するためには、書簡を受け取ったドイツ司教団の対応が重要だった。和解と赦しの行為そのものが既に超国家的行為だった。赦しの対象である加害者集団が被害者に受け入れられるくらい十分に悔い改める意思を見せないのなら、被害者が施した赦しの意味は半減せざるをえない。当時はまだ、ポーランド人に対する人種的・民族的な偏見がドイツ人の間に強かった。加害者であるドイツ人が十分に悔い改め、罪を償おうとしていない状況で、被害者であり、弱者でもポーランドの司教団がドイツ人を赦すだけでなく、彼らに赦しを請うたのだ。世俗の平凡なポーランド人には、政治的にドイツに屈したように見えただろうし、赦しの濫用だと感じられただろう。これに比べれば、ドイツを同等な相手と考え、場合によっては自らのほうが文明的に優位であると考えるフランスによる赦しと和解はより容易だった(54)。不幸にも、ドイツ司教団からの返書は「赦しの濫用」だったという印象を強めるようなものだった。返書は冒頭で、ドイツ人がドイツ民族の名の下にポーランド民族に加えたテロを認め、ポーランド司教団がドイツ人の痛みに言及したことへの感謝を述べた。だが、はるかに多くの分量を割いたのは強制追放されたドイツ人の痛みについてだ。東プロイセンにいたドイツ人は中世以来、征服者として移民したのではなく、その地域を治めていたスラブ人に招かれた人々なのだという。正しく生きてきた彼らには侵略の意図などなく、被追放者が故郷に戻る権利は尊重されねばならないというのが主たる論旨だった。ポーランド情報機関の収集した情報によれば、ドイツ司教団は、チュートン騎士団とビスマルクに対するポーランド側の批判的解釈を変更してほしいという非公式な要請までしていた[55]。

ただ歴史解釈の違いは重要ではあるものの、あくまで副次的な問題だった。最も本質的な問題は、オーデル・ナイセ線という新たな国境を認めるかどうかであった。被追放者が故郷に戻る権利を強調したドイツ司教団の返書は、要するに認められないというものだった。ポーランド側の書簡が両国間における人間同士の水平的和解に焦点を置いた一方、ドイツ側は神と人間の垂直的和解を強調した。人間による全ての不当な行いは何よりもまず神に対する罪であるのだから、人間より神にまず許しを請わねばならないということだ。しかる後にやっと隣人である人間に許しを請うことができるというのだった[56]。水平的和解を求めるポーランド側に垂直的和解で答えることによって、歴史和解に消極的な姿勢を見せたことになる。エキュメニズム神学の観点から見ると、もどかしいほど保守的な歩みだった。ドイツ側の返書が公開されると、ポーランドの枢機卿ヴィシンスキは不満を隠せなかった。ヴィシンスキはドイツの枢機卿デプフナーに宛てた手紙で、プロテスタントの『東方白書』に比べてあまりに現実離れした認識を示した返書への失望感をぶちまけた。「ドイツ司教団の返書はあまりにも抑制され、前向きでない」ということだ[57]。

ポーランド司教団の司牧書簡は、ドイツ人被追放者らの犠牲に沈黙してきた自国社会のタブーを果敢に破り、赦しの新たな道徳律を提示した。それに比べてドイツ司教団の返書は、あまりにも貧弱だった。デプフナーは後日、カトリック教徒である多くの被追放者のことを考えると仕方なかったと弁明しつつ、「もっと温かく応じることもできた」と後悔した。犠牲者意識を強く持つ西ドイツではポーランドの罪のほうがドイツより重いと考える人が多く、国民の大多数はポーランドとの和解を切実に望んでもいなかった。彼らは「赦しを請う」という司牧書簡の最後のくだりを、ポーランド人がようやく自分たちの罪を認めたと受け止めた。そのような状況でドイツのカトリック教会がオーデル・ナイセ線に関するポーランドの立場を認めるなら、西ドイツに定着した700万人超の被追放者からの支持を失うことになった。カトリックの政治的基盤であるCDUやキリスト教社会同盟（CSU）との関係も難しくなるという政治的配慮も働いた[58]。ドイツ・カトリックの「ベンスベルガー・グループ（Bensberger Kreis）」も1968年3月の『ベンスベルガー白書』で、不十分な返書だったと批判した。『東方白書』のようにオーデル・ナイセ線を明確に認め、ポーランド人の不安と恐怖を和らげねばならなかったという批判だった[59]。バルトシェフスキやマゾビエツキらポーランドのカトリック知識人は歓迎したが、既に手遅れだった。オーデル・ナイセ線を認められないというドイツ司教団の返書が、ポーランド人を激怒させていた。

ポーランド内務省情報局は返書を素早く翻訳し、党指導部に報告した。党の宣伝媒体は、恣意的な翻訳と解釈に基づく大々的な反カトリック・キャンペーンを展開した。彼らは、ドイツの反ポーランド集団（帝国主義政治家や保守的な被追放者団体など）が司牧書簡に大喜びしている証拠としてこの返書を取り上げた。実際に、ドイツの保守メディアは司牧書簡の歴史解釈への不満を書き立てたり、ポーランド司教団がオーデル・ナイセ線を否定したという身勝手な解釈をしたりしていた。「故郷への権利は今も続く」という『ヴェルト』のカバーストーリーのようなドイツ・メディアの自己中心的な報道態度は、ポーランド共産党の反カトリック・キャンペーンを後押しした[60]。ドイツの司教団は国益を擁護するのに、ポーランドの司教団は逆さまだという党の宣伝が受け入れられた。ポーランドの司教団には、民族の利害を西ドイツの帝国主義者に売り渡した裏切り者だという悪意に満ちた非難が殺到した。党機関紙『トリブナ・ルド』は、両国の司教団がドイツ人避難民とホロコーストの犠牲者を並べ、ナチに殺された600万のポーランド人とドイツ人被追放者の痛みを同一視したと憤った。ドイツ被追放者連盟の会長ヴェンツェル・ヤークシュが司牧書簡を自らの業績であるかのように宣伝するのを見れば、西ドイツの帝国主義者と妥協するのがどれほど危ないかを見せてくれるというのだった[61]。党の宣伝媒体は、被追放者のコンプレックスと無縁で、ナチの国粋主義の伝統とも決別した東ドイツを差し置いて、西ドイツの帝国主義者と妥協する教会への警告も忘れなかった。

冷戦真っただ中だった時期に、東ドイツとポーランドで公認された歴史用語の「移住者」ではなく、西ドイツ保守派の用語である「被追放者」を使ったのも大胆な決断だった。戦後に再編されたポーランド西部領土を不可侵なものだと主張したとはいえ、「ポツダム条約で認められた西部領土」という表現にも「汚染された」用語を使ったという批判が殺到した。西ドイツの帝国主義者と歴史修正主義者の用語だというのだ[62]。ヴィシンスキは、「取り戻した領土」の住民を中心とした抗議の手紙にも悩まされた。多くの手紙が枢機卿を「ポーランドの裏切り者。嘆かわしい資本主義の手先だ」と難詰するものだった。「加害者であるドイツ人が赦しを請わないのに、なんで我々の司教たちがドイツ人に赦しを請うのか」「枢機卿は本当にポーランド人なのか」という反感が噴き出し、という挑発的な問いかけまでされた。それでもヴィシンスキは揺らがなかった。猛烈な批判にさらされながらも、司牧書簡こそが「私たちの輝かしいカトリック精神の証拠であり、1000年を超すカトリック史の成熟を示すものだ」という信念を曲げることはなかった。[63]

党からの政治的な非難は、意図的な曲解に基づくものが大部分だった。政府首脳の書いた手紙からは、世俗権力である国家の領域に属する外交に霊的権力である教会が手を出してきたことへの反発が特にエリート層に強かったことがわかる。[64] 司教団が書簡をドイツ語だけで作成し、ポーランド語に翻訳しておかなかったことも失策だった。共産党に恣意的な翻訳をさせ、攻撃の口実を与えたのだ。だが、個々の犠牲者を代弁して加害者を赦すなどという権利が教会にあるのかという問いかけが、教会にとっては最も痛い批判だった。民族を代表する権利など誰も司教たちに与えていないという党の非難にも一理あった。カトリック教徒以外のポーランド人まで教会が代弁できるものではなかった。カトリック内部に目を向けても問題はあった。いまだ赦す準備ができていないポーランドの犠牲者個人に代わって、悔い改める準備のできていないドイツ人を教会の名前で赦すと宣言したのである。加害者ドイツに贖罪の意思を確かめ、ポーランドの犠牲者に赦しの倫理を説得するプロセスが省略されていたのだ。ポーランド司教団の書簡が両国間に超国家的和解の礎石を置いたと評価される一方で、赦しを濫用したと批判されるのもこのためである。[65]

カトリックの兄弟愛と東アジアの平和

1995年2月25日、日本カトリック司教団は終戦50年を記念して「平和への決意」という声明を採択した。声明は「日本軍は、朝鮮半島で、中国で、フィリピンで、その他のさまざまな地域で人々の生活を踏みにじり（中略）、人々の人間としての尊厳を無視し、その残虐な破壊行為によって、武器を持たない、女性や子どもを含めた、無数の民間人を殺害した」と率直に認めて謝罪した。加害者である日本人には「今なおアジアの人々に負わされている傷を償っていく責任」があり、その責任は戦後世代の日本人も引き継がねばならないと強調した。[66] 姜禹《カンウ》一《イル》司教の言うように、この声明に見られた「日本司教団の真心のこもった懺悔と贖罪の告白は、韓国との関係において、まずは教会内部での赦しと和解の旅程を可能にした重要な第一歩となった」。声明は両国司教団による交流会開催につながり、１９９６年の第1回交流会で「教科書問題」を討論した。司教交流会はその後も、「関東大震災での朝鮮人虐殺の教訓」（２００３年）や「東アジアの脱原発」（２０１２年）など敏感なイシューを取り上げつつ、両国間の歴史和解と平和に向けたカトリック教会の役割が次第に重要なものとなった。歴史和解に向けた旅程において重要なもう一つの文書は、２０１９年8月15日の聖母被昇天の祝日に発表された「日本カトリック正義と平和協議会」の勝谷太治会長談話だった。談話は和解を妨げる障害として、「植民地支配への加害責任を認めようとしない日本政府の姿勢と、それに憤る被害国・韓国の人々の思いとの間の溝」を挙げた。

　談話は、１９６５年の日韓請求権協定にもかかわらず、戦争被害賠償に関連した個人請求権は消滅していないというのが日韓両政府の一致した判断とされてきたことを改めて指摘した。さらに、「明確な『植民地支配の清算』を含んだ新たな法的な枠組みを作ること」にも言及した。注釈として、中国人強制連行では日本企業が責任を認めて謝罪し、被害者救済が図られたことなどを付言し、多くの人が強制的に日本に連行されてきた韓国人徴用工の問題の解決にも取り組むよう促した。これは、日本帝国による非人道的行為の被害者に対する個人賠償の歴史的・道義的な正当性を強調したものだ。談話は併せて、日本政府による輸出規制強化によって韓国で日本製品不買運動が起きていることや、日本で予定された公立美術館での慰安婦を象徴する「平和の少女像」展示が首長の嫌悪発言と共に取り消されたことに触れ、対立の激化への日本側の責任を厳しく問うている。[67]談話に呼応し、韓国司教会議の正義平和委員長を務める裵基賢《ベギヒョン》は「言語と国、甚だしくは慣習まで奪われた韓民族にとって、日本の経済制裁は新たな暴力であり、心からの反省と省察に背を向けた行いだ」と指摘しながらも、「日本カトリック正義と平和協議会の共に祈ろうという招待に兄弟的な愛で一致し、連帯する」という考えを示した。[68]韓国司教会議はこれに先だって、2019年3月1日に100周年を迎えた日本の植民地支配からの独立運動である3・1運動の記念日に合わせた談話を発表した。民族の苦難と痛みに背を向けて日本帝国の侵略戦争に協力し、神社参拝を勧めるなど植民地時代のカトリック教会が犯した過ちを省察し、反省する内容だった。[69]日本の正義と平和協議会はこれに、「日本のカトリック教会は、植民地時代の韓国カトリック教会に大きく関与しましたし、日本の侵略戦争への協力を信者に促したことについても責任があります」という会長談話で応じた。[70]

両国間の歴史的和解が膠着状態に陥った現在、韓国のカトリック司教会議と日本のカトリック正義と平和協議会による3・1運動100周年談話は、制度としての教会に対する自己批判と批判的な歴史理解がうまく調和しているという点で貴重な文書である。また政治と市民社会の対話チャンネルがほぼ機能しない現状において、和解と平和のための歴史的行為者、あるいは超国家的な記憶主体としてのカトリック教会の役割がさらに重要になったことを示すものでもある。それだけに二つの談話に対しては、植民地時代の過去に対する日本の一方的反省と謝罪という次元を乗り越えられればよかったのにと残念に思う点も大きい。加害者である日本の悔悟と反省、謝罪は和解の必要条件ではあるが、必要十分条件まで満たしてはいない。教会は超国家的な記憶主体として日本社会に悔悟と反省を促すと共に、韓国社会の犠牲者意識ナショナリズムに対しては脱植民地主義的な批判をすることができる。犠牲者が加害者を赦すというのは、加害者に復讐しようとする欲望を捨てることだけを意味しない。自分たちが加害者でなく被害者に、支配する側でなく支配される側になってしまったことを悔しがる気持ちを振り払う契機にもなるのだ。加害者が被害者に、支配者が被支配者へと立場を逆転させるだけでは、抑圧と不義が続くだけだ。その連鎖を止めない限り、植民地主義の不義は再生産されてしまう。こうした問題意識から見ると、脱植民地主義の省察より反植民地主義的な憤りを上位に置いてしまっているのが韓国カトリック教会の現実ではないか。韓国の教会がポーランドのように、加害者にまず赦しを施すことで加害者の謝罪と悔悟を引き出す逆転の発想力を見せるためには、まず犠牲者意識ナショナリズムの理念的・感情的なくびきから脱しなければならない。

2000年以上かけて形成されたカトリック教会は、世界史における歴史的行為者の中で代表的な超国家的主体の一つだ。韓国と日本のカトリック教会に東アジアの歴史和解を主導する超国家的な記憶主体としての役割を期待するのも、そのためである。過去の出来事を巡って民族主義的な反目と対立がますます先鋭化している東アジアの現実において、世俗的な通念を覆して犠牲者が加害者に赦しを請うたポーランド司教団の司牧書簡のような発想の転換はさらに切実なものとなっている。「それぞれの民族主義的な物語《ナラティブ》の中に閉じこもったまま、互いに聞こえもしないし、共感を呼ぶこともできない和解の物語が展開されている」[71] 東アジアの対話方式から抜け出し、突破口を作る超国家的な記憶主体の役割を期待するのだ。加害者に痛みなどなく、被害者には罪がないという「強圧的な二分法」

から抜け出す時、和解と赦しの言説は民族主義の人質から解放されて「悲しみの普遍性」に注目できるだろう[72]。

罪と痛み、加害と被害、懺悔と赦し、謝罪と和解という二者択一を超える超国家的な和解と赦し、その東アジア的な道は何だろうか。ポーランド司教団の司牧書簡が見せた逆転の発想力が21世紀の東アジアでも「和解のアヴァンギャルド」のような動力となりうるのか。歴史的和解と赦しのために東アジアのカトリック教会ができる役割は何か。日本のカトリック教会が作る日本版『東方白書』は、朝鮮半島の痛みを理解し、共感するために何をさらに悩むのか。韓国のカトリック教会の「司牧書簡」は、アジア太平洋戦争で日本人が経験した不幸と痛みをどのように受け入れ、理解するのか。歴史的に脈絡化された記憶の政治と、和解と赦しに対するキリスト教の普遍的倫理はどのように結合し、衝突するのか。東アジアの超国家的な和解へ向け、この質問は依然として相互に矛盾した複数の答えに開かれたまま残っている。

終　章　記憶の連帯へ向けて

互いに競い合う記憶の連帯とは、
特定のものを頂点に記憶を序列化して並べるようなものではない。
互いに異なる記憶が
地球規模の記憶構成体で出会い、絡み合えば、
不協和音を醸し出すものだ。
犠牲の記憶を脱領土化して「ゼロサムゲーム」的な競争体制から抜け出す時、
あるいは記憶の再領土化（自民族の犠牲を絶対化し、
他者の痛みを自分たちの下に並べる営み）から抜け出す時、
そうして犠牲者意識ナショナリズムを私たちの未来のため犠牲にする時、
記憶の連帯を阻んでいる壁は崩れるだろう。
地球規模の記憶構成体はその時、
ギシギシときしみながらも
多様な記憶が集まって流れる連帯を試す場となるのだ。

1980年代半ばに東アジアを熱くした歴史と記憶の論争は形成されつつあった東アジアの記憶構成体を背景にして可能となったものであり、他方で過熱した記憶の戦争は東アジアの記憶構成体をより確固たるものとした。国境を超えて「絡み合う記憶」は国家主権の境界を超え、当事者の声に耳を傾けねばならないという新たな自覚が生まれた。写真は、サンフランシスコに建てられたトランスナショナルな慰安婦記念碑。

Ⓒ 林志弦

韓国の新聞が、日本の首相による靖国神社参拝を初めて報じたのは1978年8月28日付『東亜日報』だった。[1] それ以前には、1971年に『朝鮮日報』の対談記事で池明観《チミョングァン》が靖国神社と日本の右傾化に軽く触れた程度だ。ただ、この時にはアジア・太平洋地域での自らの代理人として日本の役割拡大を進めようとする米国の対外政策への憂慮のほうが強く語られていた。[2] 首相の靖国参拝を初めて報じた時の『東亜日報』は、首相の福田赳夫と官房長官の安倍晋太郎による靖国神社参拝に対する日本社会の論争を冷静に紹介する東京発の記事を3面に載せた。記事は、遺族会の政治的圧力や帝国の過去に対する日本社会の郷愁、ソ連の脅威に対する被害意識などを理由に、「日本社会が右傾化の誘惑を払いのけるのは難しいだろう」と見通していた。福田は、「私人としての参拝」を強調したものの「内閣総理大臣」という肩書きで記帳した。事実上の公式参拝であることを示唆するものだ。ただ、『東亜日報』の論調は批判的ではあるものの、思ったよりおとなしい。同じ日の1面は、韓国への経済支援が必要だという駐韓大使、須之部量三の共同通信とのインタビュー内容を伝えていた。「対日貿易赤字」や日本の「対韓経済援助」といった経済関係が、靖国参拝よりもっと重要な懸案だったことが窺える。[3]

1977年11月10日付の『東亜日報』は、小見山という日本人詩人のインタビューを掲載した。植民地朝鮮人の戦死者を慰霊し、戦犯の釈放運動をしてきた足跡を好意的に紹介する記事だ。彼が1953年9月に靖国神社で挙行した朝鮮人戦死者の鎮魂祭にも拒否感を示すことなく、両国の精神的和解へ向けた取り組みだと肯定的に見ている。[4] 靖国神社の朝鮮人慰霊祭は、志願か、徴兵かとは関係なく、植民地出身者の非業の死を日本帝国のための神聖な死だったとみなすものだ。だが、記事にそうした問題意識は見られない。1980年代半ば以降、中曽根康弘ら歴代首相の靖国参拝と朝鮮人戦死者の合祀に激しい抗議と憤りが示されるようになったことに比べると、この記事は靖国神社での朝鮮人慰霊祭について驚くほど好意的である。(5) 1980年8月16日付『東亜日報』は前日に靖国神社を参拝した首相の鈴木善幸がお神酒を受けている写真を載せたが、きちんとした記事はなくキャプションを付けて終わりだった。ただ他紙には、その程度の記事すらなかった。首相だった安倍晋三が周辺国の批判的世論を意識して参拝せず、玉串料を出したことすら、ほぼ全メディアが批判的に報じた2018年8月15日の論調と比べると隔世の感がある。

振り返ってみれば、1982~85年ごろが分水嶺だった。アジア太平洋戦争での日本の侵略行為に関する表現を弱めようとした1982年に問題となった教科書検定もそうだが、1985年には中曽根康弘が戦後の首相として初めて靖国神社に公式参拝し、文部省は初めて、公立小中高校の入学式・卒業式での日の丸掲揚と君が代斉唱の徹底を求める通知を出した。通知は「事実上の義務化」だという反発を呼んだ。1986年には防衛費の国民総生産（GNP）比1％枠も撤廃された。中曽根内閣による「戦後政治の総決算」路線への支持が強まり、日本の右傾化が目に見えるようになってきたのだ。(6) そして1986年には文相だった藤尾正行による朝鮮支配や南京虐殺の責任を回避するような問題発言や自民党政治エリートの皇国史観が問題となり、歴史教科書の検定問題も再び火を噴いた。これに対して韓国と中国、ソ連の批判が強まるなど、日本の帝国主義的侵略とアジア太平洋戦争の記憶を巡る緊張が高まった。(7) こうした緊張は基本的に、日本の右傾化によって引き起こされた。日本の首相による靖国参拝を韓国メディアが初めて報じた1978年からの10年弱という短い期間に起きた日本の右傾化は憂慮されるものだった。しかし日本の首相の靖国参拝に対する韓国メディアと東アジア諸国からの鋭敏な反応は、日本の右傾化に起因するとばかりは言えなかった。それは、韓国と中国の社会における日本の記憶文化への感受性がそれだけ高まったことの反映であり、東アジア記憶構成体が作られてきたことの証拠だった。1970年代までの東アジアでは、隣国がどのような歴史教科書を使っているのか、どのような記憶文化が支配的なのかということに強い関心など持たれていなかった。だが1980年代に入り、隣国の記憶文化と歴史政策に対する関心が高まり始めたのだ。日本の公式記憶は依然として一国史的だったが、アジアの隣人たちの歴史的感受性はいち早く国境を超え、動いていた。

日本の教科書の右傾化は特に新しい現象ではなかった。既に1950年代半ばに始まっていたことだ。1955~1956年の教科書検定では、日本に否定的な記述をしないようにという検定意見が付けられた。米軍占領下で使われた歴史教科書は日本に否定的な偏見を持たせ、愛国心を養うのに全く助けにならなかったという認識からのことだ。「太平洋戦争」は、西欧の植民地主義から独立する機会をアジア諸民族に提供したという前提の下、アジアの隣人に対する日本の「侵略」は「進出」に代わり、南京虐殺の記述は消えた。総力戦体制時の国定歴史教科書を思わせる変化だった(8)。しかし、韓国メディアが1950年代にこれを批判した記事は一本も見つけられない。日本の歴史教科書は家永裁判を経ながら、1970年代には南京虐殺と朝鮮人強制徴用、沖縄での集団自決などを記述するようになった。だが、こうした変化もまた、韓国社会から関心を持たれなかった。日本の教科書に韓国が強い関心を見せるのは1982年以降である。中国大陸への「侵略」が「進出」に書き換えさせられ、3・1独立運動が「暴動」と表記されたなどと報じられたことで中韓両国が反発し、外交問題に発展した時からということだ(9)。1950年代の教科書と大差ない記述だったが、この時はアジア諸国の憂慮と批判が殺到した。戦後日本の記憶文化と歴史教科書はもはや日本の国内問題ではなく、東アジアの共通関心事になったということだ。外交問題化したことへの対応として1982年に「近隣諸国条項」が検定指針に追加されたことは、そのことを示すシグナルだった[10]。

1980年代半ばに東アジアを熱くした歴史と記憶を巡る論争は、徐々に形作られつつあった東アジアの記憶共同体を背景にしてこそ可能だった。そして過熱した記憶の戦争は、東アジアの記憶共同体形成をさらに促進した。中曽根政権は、教科書検定に対する批判に「内政干渉」だと反発した。歴史教科書は日本の主権の問題であり、教科書批判は内政干渉だということだ。1986年には右派議員の集まりである国家基本問題同志会の亀井静香が駐日韓国大使の李奎浩《イギュホ》を訪ね、韓国や中国が日本の歴史教科書や靖国参拝などへの内政干渉をやめなければ、いつか戦争になるかもしれないと警告することまであった。亀井は、日本の歴史教科書に対する近隣国の批判と修正要請を「内政干渉」だと表現した。それは、東アジア各国の記憶が互いに参照し合い、干渉しながら絡み合い始めたことを示すものであった。国境を超えて「絡み合う記憶」は国家主権の境界を超え、関係性を持つ当事者の声が反映されねばならないという新たな自覚を作った。1980年代半ばにはよちよち歩きの段階にあった東アジアの記憶構成体はその後、誰もがその実体を認識できるほどの速さで成長した。東アジアの近代を動かした国民主権の原則は、神聖不可侵のように考えられてきた。しかし実際には、記憶は国民主権の及ぶ国境を軽々と超え、東アジアの記憶構成体を形成したのだった。

「新しい歴史教科書をつくる会」の修正主義的な教科書は、日本の植民地主義を美化し、愛国心に富む国民作りを目指した。だが、東アジア記憶構成体の圧力から完全に逃れることはできなかった。1957年から1970年代初めの歴史教科書に比べれば、むしろ一歩前進という印象を受ける部分が少なくないのだ。それは、▽関東大震災時の自警団による社会主義者および朝鮮人虐殺に対する記述、

▽南京「虐殺」ではなく「事件」だと記しながらも「日本軍が多くの中国人民衆を殺害した」とする記述、▽中国をはじめとする「アジア各地域の人々に大きな被害と苦痛を与えた」と認め、日本語教育と神社参拝などを「強要」したという表現——などである。もちろんアジア太平洋戦争初期の日本の勝利がアジアの民衆に独立の希望を与えたとか、「大東亜共栄圏」がアジア各国の自主独立と経済繁栄、人種差別撤廃という名分を掲げたと主張するなど、日本の植民地主義と侵略を擁護する傾向は依然としてある。それでも日本帝国と戦争を公然と擁護していた1960年代の教科書に比べれば、少なくとも悪くなってはいなかった。[11] しかし、日本の歴史教科書に対する中国や韓国などの批判はより厳しくなっていった。1982年の教科書問題で始まり、21世紀に入ってより先鋭になってきた東アジアの「記憶の戦争」は、日本の記憶文化が後退したというより、東アジア共通の記憶に対する「近隣各国」の関心と感受性が前例のないほど鋭敏になった結果だった。

戦後ドイツの記憶文化も、地球規模の記憶構成体の影響から抜け出すことはできなかった。ナチズムとホロコーストに対する根源的な批判にもかかわらず、国家という境界の内に閉じこめられたドイツの記憶文化は予期せぬ問題を引き起こした。ナチの加害者に対するドイツ人専門家の研究は、仮借なき批判と完璧さに定評がある。しかしそうした徹底的な研究は一方で、ナチに占領された近隣国がホロコーストを傍観したり、手伝ったりした自国民の過去に無関心でいることを正当化した。東欧諸国の共犯性にも関心を持つべきだと求めれば、ドイツ人の責任を他国に押し付ける修正主義的な観点だと批判されかねない。そう考えるドイツ人研究者は、慎重にならざるをえなかった。ドイツの外相ハイコ・マースとミュンヘン現代史研究所長のアンドレアス・ヴィルシングは終戦から75年たった2020年5月、連名のエッセーを『シュピーゲル』に寄稿した。彼らは「ドイツはポーランド侵攻で第2次大戦を始め、ホロコーストという非人間的な犯罪に対する全面的な責任を負う。その点を疑ったり、加害者の役割を他の民族に押し付けたりするようなことは、犠牲者に対して不義を働くことだ」と書いた。それは「歴史を道具化し、欧州を分裂させる」というのが、彼らの判断だった。エッセーは、ドイツの地で再び戦争や人間性の破壊を許してはならないというドイツ外交政策の原則を再確認し、団結したEUへの参加と人間の品位を守る普遍的人権に対する尊重など国際社会に対するドイツの貢献を強調した[12]。

ポーランドの共犯たちについての本格的な研究書を出したグロボフスキは、このエッセーの自己批判を尊重はするが、同意はしないと表明した。彼はポーランド人のホロコースト史研究者として、ホロコーストの責任を単独で負っていくというドイツ人研究者たちの善意と政治的な正しさから生じる不都合を指摘した。それは、ポーランドやウクライナ、ハンガリー、リトアニアなどの公式記憶によるホロコーストの歪曲に加担することになりかねないというのだった。ユダヤ人の除去を意図する反ユダヤ主義(eliminationist antisemitism)をドイツ固有の現象だとするドイツ人歴史家たちの自己批判的な善意は、東欧の人々がホロコーストの共犯だった事実を覆い隠す結果を生むというのだ。グロボフスキは、ポーランドで犠牲になったユダヤ人300万人のうち約20万人はポーランドの職業的密告者や隣人たちの密告によって犠牲になったという研究でポーランド社会に衝撃を与えた人物だ。彼の憂慮は、ホロコーストに関するドイツ史の「特有の道」論とドイツだけの責任だとする考えが東欧での共犯の記憶にとって「隠蔽記憶」として作用しうるというものだ。その考えが妥当であることは、彼の研究が既に立証している[13]。

「ホロコーストは我々の地で起きたが、我々の手はきれいだ」という東欧民族主義者たちの責任回避論と、ホロコーストに対するドイツ民族の唯一責任論――。両者による「記憶の共謀関係」を直視するのは気まずいものだ。実際にポーランドとハンガリーなどでは、自民族がホロコーストに手を貸したという共犯性を認める研究を民族への名誉棄損罪で処罰しようとする「記憶法」の制定が進む。そうした状況では、自分たちだけで責任を負おうとするドイツの歴史家たちの善意はホロコーストの歴史を歪曲し、責任回避を図る東欧の民族主義弁護論を正当化する。ドイツの民族的記憶を超えて東欧のトランスナショナル記憶の場へと身を移して考えるなら、マースとヴィルシングの善意こそ歴史を道具化し、欧州を分裂させるものだ。グロボフスキは、こうした考えをつづって『フランクフルター・アルゲマイネ』や『シュピーゲル』などに投稿したが、ドイツのメディアはすべて掲載を拒否した。仕方なくドイツ語で書いたものを英語に翻訳し、イスラエルの進歩系紙『ハーレッツ』に寄稿したという。[14]

ほぼ同じ時期に起きたカメルーン出身の脱植民地主義の理論家ムベンベを巡る「反ユダヤ主義者」論争は、ドイツの記憶文化が地球規模の記憶構成体の一部分であることを如実に見せるものだった。第3章で見たように、一部のユダヤ系がムベンベについて、イスラエルのパレスチナ占領と南アフリカのアパルトヘイトを「同一視」した反ユダヤ主義者だと非難した。ムベンベはルール・トリエンナーレでの開幕スピーチを依頼されていたが、この非難を受けてドイツの保守政党である自民党所属の地方政治家ドイチュが招請を取り消すよう主催者に圧力をかけたことで論争となった。問題とされた著書でのムベンベの言葉を借りれば、アパルトヘイトとホロコーストは「(ホロコーストのほうが極端ではあるものの) 互いに違う構図において人種を物理的に分離させるという幻想を象徴的に具現した二つの具体例である」。ムベンベは、ホロコーストと植民地主義/奴隷制の人種主義的暴力の関係について思索してきた思想家で、彼の文章のどこにもホロコーストとアパルトヘイトを「同一視」した痕跡はない⑮。

実際にムベンベは、反ユダヤ主義をはじめ全ての植民地主義と人種差別主義などに反対している。植民地主義と人種主義に対する的を射た批判は、ホロコーストの相対化とは何の関係もないという点を明らかにもした⑯。それでもドイツ社会の一角では、ムベンベを反ユダヤ主義者だとする批判が出た。ホロコーストと植民地主義的暴力の比較がホロコーストの意味を矮小化し、自分たちの犯罪行為に対するドイツ人の責任意識を薄めるのではないかという憂慮が大きかったからだ。ドイツ人のこうした憂慮は、ホロコーストの歴史的意味を「人類に対する罪」から「反ユダヤ主義的な罪」へと縮小する傾向がある。ムベンベを巡る論争は基本的に、ホロコーストに関しての世界人権宣言（１９４８年）とイスラエル建国宣言（１９４８年）の対立を反映したものだ⑰。地球規模の記憶構成体の観点から見れば、この対立は、ホロコーストを普遍的な人権問題として特定国家から切り離して脱領土化する記憶と、イスラエルの国家理性として占有を図る再領土化する記憶の葛藤だと言える。

だが、ホロコーストの普遍性を強調したムベンベを反ユダヤ主義者だと非難するのなら、そうした非難こそ「新たなマッカーシズム」だという批判を免れないだろう⑱。ホロコーストの責任を自分たちだけで引き受けようというドイツ人歴史家たちの善意は、ドイツの記憶文化を自己批判の軌道から外れないようにさせるものである。だが同時に、西欧植民地主義とつながった地球規模の記憶構成体に配置されれば、記憶の再領土化へとつながりもする。自己批判的なドイツの記憶文化が、自己弁護的な日本の記憶文化と同じように地球規模の記憶の連帯を阻むのだ。この矛盾した状況が示唆することは明らかである。一つの国という単位の記憶空間の中で弁明的記憶と批判的記憶を分け、その間合いを正面から見つめることも重要だ。だがそれ以上に、地球規模の記憶構成体の中に置いてみて、記憶の脱領土性と再領土性を超国家的な観点から再検討しなければならないのだ。東アジアの歴史論争であれ、ドイツと東欧のホロコースト論争であれ、そしてイスラエルとパレスチナの占領地入植論争であれ、論争があることは基本的に沈黙より望ましい。国境の内に閉じこめられていた記憶が国境を超えながら引き起こす騒ぎは、自他の記憶を自覚することから出る健康な緊張のシグナルでもある。

互いに競い合う記憶の連帯とは、特定のものを頂点に記憶を序列化して並べるようなものではない。互いに異なる記憶が地球規模の記憶構成体で出会い、絡み合えば、不協和音を醸し出すものだ。記憶の連帯は、それを批判的な緊張関係として維持することから始まっていく[19]。犠牲の記憶を脱領土化して「ゼロサムゲーム」的な競争体制から抜け出す時、あるいは記憶の再領土化（自民族の犠牲を絶対化し、他者の痛みを自分たちの下に並べる営み）から抜け出す時、そうして犠牲者意識ナショナリズムを私たちの未来のため犠牲にする時、記憶の連帯を阻んでいる壁は崩れるだろう。地球規模の記憶構成体はその時、ギシギシときしみながらも多様な記憶が集まって流れる連帯を試す場となるのだ。犠牲者意識ナショナリズムを犠牲にしなければ、犠牲者たちが記憶の連帯をなすことは難しいというのが本書の結論だ。

補論　記憶の歴史

犠牲者意識ナショナリズムに対する憂慮は、既に現実である。
それは、自民族の道徳的名分を確保しようと
加害者と犠牲者を恣意的に分類するだけではない。
自分たちのほうがより多くの犠牲を払ったのだし、
自分たちの犠牲は特別なのだと主張する競争を激化させたのだ。
イスラエルとパレスチナのグループ対話の経験は、それを物語る。
人権に関して敏感になることは、
国境を超えた連帯と人権を基盤とする道徳的な振る舞いには必ずしもつながらない。
むしろ、自民族の結束を固めることで人種的な境界をより明確にした。
記憶の専制は、犠牲者だけが過去を正確に記憶し、
評価できるという「当事者主義」を生む。
それは、外部からの批判的アプローチを拒むことによって
犠牲者意識ナショナリズムの排他性を擁護する認識論的な武器となる。

米ニュージャージー州バーゲン郡の裁判所前庭にある「記憶の島（Memorial Island）」に立つ記念碑は、記憶のグローバル化を象徴する。米国の奴隷制、英支配下でのアイルランド大飢饉、アルメニア・ジェノサイド、ホロコーストの記念碑があったここには、国際女性デーだった2013年3月8日に慰安婦の記念碑が追加された。

民族主義のグローバル・ヒストリー

20世紀後半のグローバル化とは想像力のグローバル化だった。それは、世の中を認識し、実践する私たちの生き方を変えてしまった。人間の想像力が民族の境界から解放されると「方法論的ナショナリズム（methodological nationalism）」（訳注：国民国家を基礎的な単位とし、国境線の内側か外側かを基準とする分析枠組み）への疑念が台頭し、国民国家の自然法的地位は揺らいだ[1]。トンネルの中から外をのぞくような方法論的ナショナリズムの固定観念から抜け出すと、国境を超える民族主義の国際的性格が現れた。民族とは遠い過去からの歴史を持つ社会の中で自然に形成され、アイデンティティを共有しながら独自に発展したものであり、それぞれの民族が集まって国際社会を構成するという一般に持たれている常識は、民族主義が作った幻想だった。現実の因果関係は、その反対だ。民族の固有性に対する民族主義的な想像は、他民族と比較してこそのものだ。遠い過去から続く永続的な実態のように感じる共感の民族共同体は、国境を超えるトランスナショナルな歴史的想像力があってこそ可能だった[2]。民族主義は当然に民族的だという考えは、民族主義に対する最もありふれた誤解である。

民族主義は、一国だけでは構成されえない。英語の用例を見るなら、「インターナショナル」という用語が広まった後に「ナショナリズム」という用語が登場した[3]。民族主義は、国境を超えるトランスナショナルな国際政治とグローバリゼーションの申し子だった。主権と領土を持つ近代的主権国家を誕生させた1648年のウェストファリア条約に始まり、1760～1820年の南米クレオール民族主義、大英帝国に反旗を翻した1776年の米国の抵抗民族主義、1789年のフランス・ジャコバン派の共和主義的民族主義、フランス革命を普遍化した1791年のハイチ「ブラック・ジャコバン」の解放民族主義、1848年革命当時の中東欧を席巻した民族的ロマン主義、19世紀を貫く「青年イタリア党(La Giovine Italia)」「青年アイルランド党(Éire Óg)」「青年トルコ(Genç Türkler)」などの大衆的民族主義、第1次大戦を前後したレーニンとウィルソンの民族自決主義、「第三世界」の反植民地抵抗民族主義と1955年のバンドン体制、帝国に対する憂鬱な郷愁の上で21世紀に表面化した米国のトランプ主義と欧州連合(EU)離脱を選択した英国のブレグジット孤立主義、日本のひきこもり民族主義に至るまで、それは変わらない[4]。発生論的にも、認識論的にも、民族主義は国境を超えたものになるしかないという「非常識」な常識が本書の出発点だ。

「犠牲者意識ナショナリズム」も、そうした「非常識」な常識の例外ではない。国境の向こう側に加害者民族がいなければならないからだ。犠牲者意識ナショナリズムは、犠牲となった前世代の経験と地位を次世代が世襲し、それによって現在の自分たちの民族主義に道徳的正当性と政治的アリバイを持たせる記憶政治の理念的形態だ。加害者のいない犠牲者を考えるのが難しいように、加害者民族のない犠牲者民族は想像しがたい。両者による「負の共生(negative symbiosis)」は、20世紀の犠牲者意識ナショナリズムのグローバル・ヒストリーを構成する鎖の環である。第2次大戦後にドイツ人とイスラエル人が集団的アイデンティティを構築した過程は、ホロコーストの加害者と被害者という負の共生の枠組みを外れては考えにくい[5]。その枠組みは、イスラエルとパレスチナの間でも繰り返される[6]。朝鮮を植民地化した日本帝国主義と戦後韓国の犠牲者意識ナショナリズムもやはり、負の共生関係にある。1853年の黒船来航以来、西洋帝国主義の犠牲者だったという日本の集合的記憶は、日本の帝国主義に対抗した植民地朝鮮の抵抗民族主義と記憶のコードを共有する。英国の植民地主義とインドの反英民族運動は政治的に敵対しながらも、植民地主義のゲーム規則を共有する「親密な敵(intimate enemy)」であった(7)。

加害者と犠牲者による負の共生関係は、終わりのない鎖のようだ。帝国主義と民族主義、宗主国と植民地、加害者と被害者、西洋と東洋。こうした言説が国境を超えて併置される時、認識論的な共謀関係としての負の共生はより明確になる。「東洋研究(Ostforschung)」としてポーランドを植民地主義的に研究したドイツ版オリエンタリズムと、ドイツ研究を「西洋研究(Studia Zachodnie)」と呼んだポーランド版のオクシデンタリズム(訳注:西洋世界を見るコンプレックスを含んだ視線)を一緒に並べると負の共生関係がよく表れる(8)。日清・日露戦争を経てアジアの隣人をオリエント化した日本帝国の知識権力である「東洋史」「植民地政策学」は、それに対抗して固有のアイデンティティと内在的発展論を構築した朝鮮の「国史」「国学」と切り離せない(9)。人々が世界をどう理解するか導く影響力において西洋のオリエンタリズムは東洋のオクシデンタリズムより大きな影響力を持つが、認識論的には共生関係にある。両者の共謀によって「心象地理」でしかないものを本質的なものに変え、言説としての存在だったはずの西洋と東洋の境界を「地理的事実」にするのだ。犠牲者意識ナショナリズムの想像と言説もまた、犠牲者民族だけでは構成できない。犠牲者意識ナショナリズムを適切に把握するためには、帝国と民族、グローバル化と逆向きの動きである国民化、歴史の流れから離れて一般論にしてしまう脱歴史化と歴史を都合よく振り回す過剰歴史化、批判と擁護、「集合的有罪」と「集合的無罪」、赦しと和解、否定と連帯の物語《ナラティブ》が水面下で交錯する複雑なメカニズムを理解する必要がある。加害者民族と被害者民族の絡み合う歴史を同じテーブルの上に並べて分析する視点が欠かせない。

本書は、韓国と日本、ポーランドとドイツ、ドイツとイスラエル、ポーランドとイスラエルそれぞれの国境を超える関係の中で犠牲者意識ナショナリズムを分析する。注意深く見れば、犠牲者意識ナショナリズムの歴史は加害者民族と被害者民族という一対の関係を超え、グローバル・ヒストリーの次元へと広がっている。第2次大戦後の東アジアと東欧で犠牲者意識ナショナリズムが展開された様相を追ってみれば、加害者と被害者という単純なペアの関係を超えた、複合的で高次元のアプローチが必要だと悟るようになる。東アジアの犠牲者意識ナショナリズムを理解するためには、重要な国家アクターである米国とロシアはもちろん、東南アジアを植民地化したオランダと英仏などの欧州植民地主義国家も視野に入れなければいけない。ドイツ・ポーランド・イスラエルの犠牲者意識ナショナリズムも似たようなものだ。当事者である三カ国以外にも米国とソ連、NATOとワルシャワ条約機構、旧植民地、特にアラブ・アフリカの民族解放運動と非同盟運動などが、歴史的なアクターとして深く関わっている。アジアとアフリカを先に支配した西欧植民地主義と、枢軸国の後発植民地主義による植民地主義のグローバル競争体制、ナチのホロコーストとスターリンの政治的ジェノサイド、共産主義陣営と反共陣営、非同盟運動、反植民地主義と脱植民地主義間の葛藤につながった植民地主義と冷戦の世界史が、犠牲者意識ナショナリズムの展開過程と複雑に絡み合っている。

アパルトヘイトと米国の奴隷制、ナミビア先住民に対するドイツ帝国の植民地主義的虐殺とナチのホロコースト、アルメニア・ジェノサイドとホロコースト、ベトナム戦争とアルジェリア独立戦争、ルワンダのツチ族虐殺と旧ユーゴスラビア内戦での民族浄化、慰安婦と旧ユーゴ内戦の組織的性暴力、ナチ強制収容所での強制性売買とイスラム国（ＩＳ）の性奴隷制、スターリン主義と中南米軍部独裁の政治的ジェノサイド、アジア・アフリカの開発独裁の政治暴力と集団虐殺、開拓期の米国やオーストラリアでの白人入植者による先住民ジェノサイドの記憶――。それらが絡み合って構成された犠牲者中心のグローバルな記憶文化は、厳然たる現実だ[10]。それは、犠牲者意識ナショナリズムが世界史的現象として登場し、作動するための議論と実践の土台となった。犠牲者意識ナショナリズムは、記憶のグローバル化という21世紀の歴史的条件の中で民族主義がどのように変身しようとしているのかを見せてくれる。犠牲者意識ナショナリズムのグローバル・ヒストリーは、歴史を見る観点を超え、実証研究の次元からも不可避な選択だった[11]。

国境を超える記憶構成体の形成

21世紀のグローバル化論の特徴は、想像力から記憶へと軸が移動していることだ[12]。「記憶のグローバル化」時代に入ったのである。第2次大戦が終わり、多くの避難民が国境を超えて移住した時、彼らの荷物には固有の記憶が必ず含まれていた。国境と海を超えた見知らぬ地で移民の記憶同士が思いがけず出会い、絡み合ったことが「記憶のグローバル化」へ向けた第一歩だった。東西両陣営のイデオロギーが集合的記憶を縛る冷戦体制の閉幕によって、記憶のグローバル化はさらに加速した。グローバル化した記憶の景観は、きわめてダイナミックな絵となる。ホロコーストは大西洋をまたがる奴隷貿易と植民地での虐殺の記憶を呼び覚まし、植民地主義的暴力の記憶は再びホロコーストの記憶を呼び戻す。慰安婦問題が強制収容所や東部戦線でのナチによる性暴力の記憶を呼び出すかと思えば、旧ユーゴ内戦でのボスニア系イスラム女性への組織的な性暴力は逆に日本の慰安婦問題に対するグローバルな市民社会の感受性を強めた。記憶のグローバル化は、西欧中心の記憶研究から抜け出す契機でもあった。植民地主義的暴力とジェノサイド、戦時性暴力などに対するアジア・アフリカ・中南米の集合的記憶が西欧中心の記憶文化を超えるという非同盟運動にも似た記憶の「バンドン体制」が作られたのだ。地球規模の記憶空間で異なる記憶が出会い、競争し、葛藤し、妥協し、連帯しながら肩を並べるのは見慣れた光景となった。「絡み合う歴史（entangled history）」ではなく、「絡み合う記憶（entangled memory）」の観点から犠牲者意識ナショナリズムを考察しなければならない理由もここにある[13]。

21世紀の記憶のグローバル化は、「地球規模の記憶構成体（global memory formation）」を出現させた[14]。本書では、「社会構成体」から着想を得た「記憶構成体」という概念を提示する（訳注：社会構成体はマルクス主義の社会構造論。生産力の発展段階に見合う生産関係が社会の下部構造をなし、その上に政治的、法律的、宗教的などの社会的意識の諸形態が形成されるとする）。社会構成体が多様な経済的・政治的・社会的関係によって作られたものだとすれば、記憶構成体は、集合的記憶を構成し、規律する理論的かつ実践的な関係の総合である。記憶構成体は、政治・社会・経済・文化・言語・宗教などが結びつく様相によって異なる性格を見せる。それは、実在と認識、事実と記憶、過去と現在の間の矛盾を反映した網のようなものだ。過去をどのように記憶するかによって、未来に向けた実践方式は変わる。その意味において、記憶構成体は現実を動かす力を持つ。しかも記憶には人の心と感性を動かす情動的（affective）な性格があり、どんな理論や言説よりも実践的効果が大きく、破壊力も大きい[15]。慰安婦問題などをめぐる東アジアの記憶の戦争、東欧でのスターリン主義の犯罪とホロコースト論争、ドイツ・イスラエル・アフリカをつなぐ植民地主義に基づくジェノサイドと反ユダヤ主義論争は記憶の破壊力を如実に見せてくれた。２０２０年の「黒人の生命は大切だ（Black Lives Matter）」運動が大西洋を渡って欧州でも一気に広がり、奴隷制と植民地主義を象徴する銅像を撤去させたことは、一瞬にして人々の感情を沸き立たせる情動的記憶の力を改めて見せつけた。

記憶は本質的に、固定された過去を確認するという受動的な学びではなく、流動的であり続ける過去をどう捉えるかという積極的認識の過程だ。過去に関する記憶がいま作られているという点で、記憶とは「現在」の歴史である。「何を覚えているのか」という問いを「誰が覚えているのか」という問いに置き換えようという、リクールの「記憶の現象学」に対する提案はこの点で注目される。[16] 記憶は単純な過去の事実の反映ではなく、過去を再構成する能動的な認識作用だ。誰が、どんな枠組みで記憶し、認識するかによって過去は変わる。科学的唯物論に従う未来予測は可能だが、過去は無理だという旧ソ連のアネクドート（風刺小話）は、記憶の現象学のポイントを鋭く突いている。21世紀の記憶のグローバル化は、集合的記憶を民族から解き放った点で大きな意味がある。国民国家の境界内に閉じこめられていた多様な記憶が国境を超えてぶつかるグローバル化の進展とともに、集合的記憶の主体として国民国家が持っていた独占権は著しく弱まった。脱植民地主義あるいは脱民族主義のパラダイムが登場し、記憶の保管所やキュレーター、目的地として国民国家が持つ特権は揺らいだ。しかし、それはグローバルな記憶が民族の記憶を代替する二者択一の変化ではなかった。かつては違う見解として併存していた地方・国家・世界という異なる次元の記憶が収斂し、単一のグローバルな記憶が誕生したというのではない。そうではなく「重層的な声（multivocality）」が、非対称で不平等な形ではあるものの地球規模の記憶構成体の中に定着し始めたと見るのが正しいだろう。[17]

記憶のグローバル化は21世紀に突然現れた現象ではなく、第２次大戦直後から徐々に進んできたものだ。戦後に避難民や強制移住者、失郷民、脱走者、被追放者という移民集団がかつてない規模で見知らぬ土地に移住し、植民地主義や戦争、ジェノサイドに関する彼らの記憶も一緒に持ち込まれた。実際の歴史では無関係だった犠牲者の記憶同士が互いを模倣したり、取り込んだり、参照したりしながら絡み合うことで、地球規模の記憶構成体を形成し始めた[18]。地球の反対側で起きた事件を通じて自分たちの過去を見つめ直し、互いに絡み合っていることを認識し始めたのだ。地球規模の記憶構成体の登場は「この恐ろしい歴史は他人ごとではないかもしれない」という自覚をもたらし、歴史的感受性をグローバルな次元に広げた。さらに「私だって残忍な行為をしでかすかもしれない」という自覚は、道徳的省察の警鐘を鳴らした。平凡な人間は誰でも特定の条件の下に置かれさえすれば、ホロコーストやジェノサイド、民族浄化の罪なき犠牲者にだけではなく、おぞましい加害者にもなりうる。その自覚は、地球規模の記憶構成体の黙示録的予言だった[19]。ホロコーストの記憶が人類共通の道徳的・政治的規範を示す「グローバル市民宗教（global civil religion）」となった背景には、黙示録的な予言を防がねばならないという切迫感があった[20]。

地球規模の記憶構成体は理論と実践を規律する知識権力の網であり、覇権を競う場でもある。政治・経済・社会体制の構造的変化を超え、記憶構成体の変化が重要なのもそのためだ。民族主義的な区画である国境の内側に閉じこめられ、領土化された記憶文化をそのままにして変革を試みる国際政治の戦略は歴史的破産を宣告された。いま東アジアと東欧で特に深刻化している記憶の戦争は、個々の国家や政権という次元ではなく、地球規模の記憶構成体という次元で考えなければならない。歴史の事実が究明されて真実が明らかになれば、国際紛争が解決されるわけではない。そんな考えはナイーブすぎる。真実と事実が食い違うアウシュヴィッツのアポリア（難題）が示すように、多くの場合、問題は歴史的事実ではなく過去に対する記憶なのだ[21]。全ての人が正確な過去の事実を認識できたとしても、紛争の当事者全てが同意する客観的解釈を期待するのは難しい。本書が、過去の事件について事実かどうかを質す考証の方法を超え、事実として信じることの底流にある記憶文化と記憶政治の問題を扱うのもこのためだ。各国における過去の清算の大部分は、自民族の未来を描くために過去を再構成する国家的プロジェクトだ。そこでは記憶は主に、国民国家の境界内で生産・流通・消費される情緒的な財物だった。

犠牲者意識ナショナリズムは、国家権力の押し付ける公式記憶（official memory）だけでは影響力を発揮できない。公式記憶と市民社会の多様な集団が作り出す民間記憶（vernacular memory）、個人の記憶（personal memory）が作用し合う時、犠牲者意識ナショナリズムは力を持つようになる[22]。これらの記憶には優劣を付けられない。文脈によって重要性を異にしながら記憶文化を一緒に構成する。犠牲者意識ナショナリズムの説得力と破壊力は、支配権力の公式記憶と下位主体の草の根記憶が一国の中で絡み合って作り出す緊張関係から生まれる。「国民的アイデンティティ」の構築によって既存の国家秩序を再生産しようとする上からの政治的意図と、歴史の「犠牲者」と認められることで自らの存在論的安定性を確保しようとする下位主体の生存戦略が相互作用を起こした時に力が生まれるのである。公式記憶が民間記憶と必ずしも矛盾するわけではなく、民間記憶が公式記憶より常に健全で望ましいわけでもない。記憶政治における犠牲者意識ナショナリズムは、社会の集合的記憶における支配と共謀、強制と同意、服従と抵抗の間の境界をぼやけたものとする。公式記憶と草の根記憶との境界は、思ったほどはっきりしていない場合が多い。普通の人々の「心を動かす記憶（affective memory）」としての犠牲者意識ナショナリズムがどのように記憶文化を規律し、どのようなヘゲモニー（覇権）的効果をもたらすのかを理解しなければならない。論理を超えて心の琴線に触れる「犠牲」の記憶が人々の心と感情を動かすという点で、犠牲者意識ナショナリズムの情緒に訴える力はこの上なく大きい[23]。

国際政治の力学も、犠牲者意識ナショナリズムの進路に大きな影響を及ぼした。冷戦体制の制約の下で各国は、自国の属する陣営のイデオロギー的性向に従ってナチズムとスターリン主義どちらかの犯罪に焦点を当てて第2次大戦の記憶を管理した。西欧のNATO諸国はナチス・ドイツの犯罪行為に目をつむって西ドイツに手を差し伸べ、東欧の社会主義諸国はソ連が犯した赤色テロの記憶を消し去った。記憶は選別的だった。国家の公式記念行事で同盟国の犯罪を記憶する行為はタブーだったし、敵対陣営の非人道的犯罪は強調された。NATO陣営がスターリンの反ユダヤ主義に焦点を当てて同盟国・西ドイツのホロコーストと相殺しようとすれば、ソ連・東欧の共産陣営はホロコーストを独占資本主義の原罪だと規定した。社会主義の東ドイツは、資本主義的犯罪であるホロコーストに罪の意識を持たなかった。西ドイツもまた、敗戦で失った領土から追放されたドイツ民間人へのソ連とポーランド、チェコスロバキアなど社会主義の隣国による虐待を声高に語った。

マッカーシズムを支えた米国の反共主義大衆文化は、ボリシェヴィズムのアジア的野蛮性から西欧文化を守るために第2次大戦でソ連と戦ったドイツ軍の英雄的犠牲と超人的な勇気を強調し、ドイツ軍がホロコーストの共犯だったことを記憶から消し去った[24]。核兵器に関する機密をソ連に渡したとしてユダヤ系米国人の技術者ローゼンバーグが摘発されたスパイ事件以降、米国のユダヤ系社会にとっては共産主義者だという疑惑から逃れることのほうがホロコーストの記憶よりも大事だった。共産陣営の公式記憶もまた、ホロコーストのユダヤ人犠牲者を第2次大戦時の国籍を基準にソ連市民やポーランド人民だったと規定して犠牲者像を画一的なものとした[25]。記憶の国民化を図る戦略だった。プロレタリア国際主義はブルジョアのコスモポリタニズムに対するアンチテーゼであると同時に、民族共産主義者たちの反ユダヤ主義を隠蔽するイデオロギーでもあった。1989年にベルリンの壁が崩れ、1991年にソ連が解体されるまで、第2次大戦の記憶は穴だらけだった。集合的記憶の国民化に冷戦体制が影響を及ぼしたことは明らかだが、国民国家が公式記憶を国民に浸透させるため冷戦体制を利用した側面もあった。

冷戦体制の崩壊は記憶のグローバル化を促進し、記憶の主体は一段とその幅を広げた。ポスト冷戦期の地球規模の記憶構成体では、ホロコーストと植民地主義ジェノサイド、スターリンの政治的ジェノサイドに対する記憶が互いに絡み合い始めた[26]。米東部ニュージャージー州バーゲン郡の裁判所前の庭園にある「記憶の島」に建つ記念碑は、記憶のグローバル化を象徴する。国際女性デーだった2013年3月8日に慰安婦の記念碑が加わったことで、ここでは米国の奴隷制、英支配下でのアイルランド大飢饉、オスマントルコ帝国によるアルメニア・ジェノサイド、ホロコースト、慰安婦の犠牲者たちが一緒に追慕されることとなった[27]。記憶の島は、米国に移住したさまざまな犠牲者の記憶が連帯する象徴である。これらの犠牲者たちは、新大陸・米国で自らの痛みを追慕されることによって初めて顔を合わせたわけだ。太平洋と大西洋に阻まれていた歴史が米国という異郷で移民の記憶として出会い、絡み合いながら地球規模の記憶構成体の一部となった。時間・空間的に孤立していたバラバラの記憶たちが国家と大陸、大洋を越えて移住した異郷で出会い、絡み合ったのだ。「歴史」そのものではなく、「記憶」の絡み合いがこの新たな現象を理解する鍵だ。国境を超えて絡み合う記憶の中で、犠牲者意識ナショナリズムはより複雑なものとなった。

内面的グローバル化と覇権的記憶

地球規模の記憶構成体は、植民地主義や戦争、ジェノサイドといった様々な記憶が国境を超えて予期せぬ地で出会い、互いに競合したり、和解や激励をしたりしながら記憶の場を共有することで形成された。それは各国の記憶を単純に足し合わせたものではなく、超国家的記憶という新しい実体を作り出した。「内面的グローバル化（internal globalization）」とでも呼ぶべきものだ[28]。一国にとどまる記憶文化から地球規模の記憶文化への移行は、内面的グローバル化の核心だった。物質的インフラに関する社会・経済的なグローバル化とは違い、記憶のそれは人間が内面に持つ集団心理をグローバル化する。記憶のグローバル化は、遠く離れた他者の痛みに共感する道徳的感受性を強める契機となったものの、他方で集合的記憶の民族主義的な競争を地球規模に拡大し、深刻化させるという副作用も生んだ。犠牲になった経験を持つ国家や民族の間で、「誰の犠牲がより大きかったかを巡るギクシャクした競争」を引き起こしたのである[29]。地球規模の記憶構成体は民族・国家・人種・血統の境界を超えて、脱領土化された記憶が連帯する場であると同時に、記憶の国際的競争を激化させ、自民族の記憶を特権的なものにする再領土化の場でもあった。脱領土化と再領土化、グローバルな記憶と民族的記憶の間の緊張と葛藤が、地球規模の記憶空間に躍動性を吹き込んだ。

ホロコーストが地球規模の記憶構成体の模範答案として定着する過程もまた、脱領土化と再領土化の両面性をよく示している。「地球規模の記憶空間（global memory space）」「トランスナショナル記憶文化（transnational memory culture）」「コスモポリタン記憶（cosmopolitan memory）」「多方向的記憶（multidirectional memory）」などの多様な議論は、犠牲者意識の記憶がどのように脱領土化し、脱民族化するかをよく示す例である。[30] しかしそれを「グローバル記憶命令（global memory imperative）」というイマヌエル・カント的用語で説明するのはまだ早い。地球規模の記憶構成体の中で「物語の標準（narrative template）」となったホロコーストは他集団の犠牲者記憶を刺激し、犠牲者意識ナショナリズムを育てる培地となった。特に、冷戦終結でイデオロギー的タブーがなくなった1990年代以降は、自らの犠牲者意識を正当化するために、遠隔地で起きた虐殺と痛みに対する他者の記憶を恣意的に解釈して取り込む傾向が強くなった。ホロコーストはもちろん、米国の奴隷制、植民地主義ジェノサイド、政治的ジェノサイド、慰安婦、アパルトヘイト、ルワンダと旧ユーゴの民族浄化に関する記憶が地球規模の記憶空間の中で複雑に解釈され、民族的な記憶の競争が先鋭化した。記憶の脱歴史化と過剰歴史化がしばしば目につくのもこのためだ。

地球規模の記憶構成体は国境を超える連帯だけでなく、誰がより大きな犠牲者だったかを巡る犠牲者意識ナショナリズムによる覇権競争の痕跡に満ちている。[31] グローバル市民社会が普遍的人権の意味を強調し、世界各地で人権を守ろうという声が高まる中、民族の物語も英雄主義から犠牲者意識に移り始めた。社会的徳目としての人権は、個々人が階級・人種・性別を超えて他者の痛みに共感できるようになり、野蛮さと残忍さを嫌悪する感情を共有する時に発展した。不正義に苦しむ他者の痛みを分かち合える共感能力が人権の基礎ということだ。[32]「人類の良心を踏みにじった野蛮行為」を経験した第2次大戦への反省として国連が「世界人権宣言」（1948年）と「ジェノサイド条約」（1948年）を採択したことで、他者の痛みへの共感能力はより重要な徳目となった。人々が人権に敏感となったことは、民族の物語が英雄から犠牲者に移り、犠牲者意識ナショナリズムが出現する道徳的背景となった。国境を超えた民族の英雄は、他民族にとってはテロリストや加害者であることが多く、普遍的人権という観点からは共感を得にくかった。21世紀の地球規模の記憶構成体における民族主義の道徳的資産は、英雄ではなく犠牲者である。

人権意識の発展と軌を一にする「記憶のグローバル化」は、大規模な人権蹂躙を国際社会がどのように記憶するかに関する道徳的基準を新たに提示した。「道徳的記憶（moral remembrance）」と呼ばれる記憶文化は、犠牲者に対する共感を重視する。[33] 記憶を作り、記念するプロセスに関する2014年の国連報告書は「記憶するプロセスは不正義と戦い、和解を促す手段だ」という原則を明確にした。記憶と記念の意味は、過去の事件を記憶し、犠牲者に思いをはせるだけでなく、教育と意識化を通じて、未来に起こる暴力を未然に防ぐことにあるということだ。報告書は集合的記憶について、自己憐憫の犠牲者意識と復讐、殉教をあおるメッセージを生む場合が非常に多いという点も指摘した。犠牲者中心の記憶は人権に基づく記憶の核心の一つだが、それが「記憶の専制（memorial tyranny）」に陥らないようにすべきだという警告だ。[34] 自民族を正当化するために加害者と犠牲者を恣意的に分け、犠牲者の間にヒエラルキーを作って競争を激化させるという、記憶の戦争に関する報告書の憂慮は既に現実となった。実際に、イスラエルとパレスチナによるグループ対話に関する研究からは、人権に関して敏感になることが、逆説的ではあるが、むしろ自民族の結束強化につながり、人種的境界をより明確にすることを示した。[35] 記憶の専制は、犠牲者だけが過去を正確に記憶して評価できるという「当事者主義」を生む。そして当事者主義は外部からの批判的アプローチを阻むことで、犠牲者意識ナショナリズムの排他性を擁護する認識論的武器となる。

普遍的という言葉によって人権を理想化する傾向は警戒すべきだ。時に人権は、社会的正義に鈍感な世俗的自由主義に立つ保守陣営の理念的道具となり、共産主義と物質的正義に対する要求を黙殺するキリスト教保守主義を合理化する仕組みでもあった。大国による軍事介入を正当化する帝国の論理として働きもした。権力に対する批判的概念だった人権が、抽象化され、事物化されたことで権力構造の一部に組み込まれたという評価も一理ある。(36)犠牲者意識ナショナリズムは犠牲の記憶を召喚し、外部からの批判を帝国主義的な内政干渉だと決め付けることによって、内部の人権弾圧を隠蔽する仕組みともなる。しかし、人権弾圧に対する外部からの問題提起を、帝国主義的な内政干渉や人種主義的攻撃だと決め付けるのも問題だ。(37)イデオロギーとしての人権が問題を抱えているからといって、基本権としての人権が記憶の民主化に与えた肯定的影響を否定することはできない。国連を中心としたグローバル人権体制の登場と多様な人権キャンペーンは、他者の痛みに対する共感と感受性を啓発し、証言という形で伝えられる個々人の話は次第に重要度を増していった。ホロコーストと植民地主義ジェノサイド、慰安婦などの犠牲者たちの証言は、公式文書に記録されない過去を蘇らせて記憶する重要な材料であり、犠牲者のトラウマを癒やす第一歩だった。それは人権侵害を地球規模の記憶空間に知らしめ、抽象的な存在でしかなかった痛みに人間の顔を取り戻した。おかげでグローバルな「聞き手の共同体」は国境を超え、他地域での人権侵害や暴力の二次的な証人になることができた。(38)文書中心主義から証言重視への認識論的転換なしに、犠牲者中心的な記憶の出現はなかった。犠牲者意識ナショナリズムに対する本書の分析と記述もまた、文書中心の「正統的」歴史方法論を超えて、個々人の内なる経験と証言を重視する記憶研究に移った。記憶の持つ犠牲者中心的な視点ゆえのことだ。

歴史叙述と記憶文化

本書は、犠牲者意識ナショナリズムに対する「記憶の歴史」を考える。「記憶の歴史」の方法論は未完成であり、多くの先行研究に依拠することとなる。まずモーリス・アルヴァックスの「集合的記憶（collective memory）」とヤン・アスマンの「文化的記憶（cultural memory）」を挙げないわけにはいかない[39]。個々の人間は家族・地域共同体・学術機関・国民国家のような制度化された回路を通じて過去を認知するというアルヴァックスの古典的な「集合的記憶」の概念は、本書の立論に重要な方法論的枠組みを提供する。私は、個人と集団、私的記憶と公式記憶、過去と現在を分けるアルヴァックスの二分法には懐疑的であるものの、「集合的記憶」に対する彼の洞察はこの上なく貴重だと考える。アスマンは、それぞれの社会や国において構造化された「文化的記憶」を主張した。それは、テクストや儀礼、記念碑などの文化的構成物と記憶を遂行する制度化されたコミュニケーション方式が作り出す、安定的で持続的な「記憶の形象（figures of memory）」によって構成される。アスマンによると、文化的記憶は日常に根差した個人の記憶から離脱し、独自の経路を進んでいく。本書は、犠牲者意識ナショナリズムの「文化的記憶」を主たる研究対象とする[40]。社会の文化的記憶と個人の日常的記憶をどこまで区別すべきなのかは依然として難しい問題だが、アスマンの文化的記憶はアルヴァックスの集合的記憶とともに、記憶の歴史を把握するに当たって多いに助けとなる。

日常の経験に基づく個人的記憶と市民社会の民間記憶と違い、国家の公式記憶はヘゲモニー（覇権）的叙事を志向する。つまりは公式の物語を押し付けようとする。それらは対立しあうことが多いが、重なり合うことも少なくない。草の根の記憶が加工・変形されて公式記憶に編入されることもあるし、公式記憶と食い違うため私的領域に後退して姿を隠し、消えていく経験記憶も多い。草の根記憶のほうが公式記憶よりも露骨に民族主義的な排他性を見せる時もある。「草の根記憶が犠牲者意識ナショナリズムを構成し、強化するのか、それとも犠牲者意識ナショナリズムが個人的記憶を覇権的なものへと再構成するのか」という質問の前で、集合的記憶と個人記憶の二分法は無力だ。本書は「記憶の領域」を4つに分類したキャロル・グラックの精緻な手法に注目し、それぞれの領域で犠牲者意識ナショナリズムに関する記憶の歴史を追う。4つとは、国家の公式な領域と、映画や小説、メディアを含む民間の領域、体験に基づく個人の記憶、公の論争を通じて知ることになるメタ・メモリー（meta-memory）である。[41] だが4つの領域を機械的に平等扱いはしない。それは可能でもないし、望ましいことでもない。本書はまず、これらの領域の記憶が複雑に絡み合って相互作用を起こす地球規模の記憶構成体において、犠牲者意識ナショナリズムがどのように規定され、構造化され、覇権を競うようになったのかという記憶の歴史を追跡した。

犠牲者意識ナショナリズムに対する記憶の歴史を構築する作業の前提は、証言や記憶の資料的価値を重視することだ。それは、文書資料の補完にとどまるものではない。「集合的記憶」と同様に、個人の記憶も社会の価値体系や歴史叙事の変化によって絶えず揺れ動く。特定の証言や記憶が正しいかどうかという事実性の問題ではなく、どのような記憶が犠牲者意識ナショナリズムを生むのか、それは誰が、いつ、どこで、どのようにして、なぜ構成したのかを問い、その政治的意図と、当代または後代に持つ政治的効果を追究することが本書の主要課題だ。文献資料を重視する実証主義的な立場を取る伝統的歴史学からは、記憶研究に対する批判がある。本書はそれに対して、「記憶は文書資料に劣らない」と抗弁するだけの消極的姿勢を取らない。むしろ記憶とは過去を再現し、いままさに歴史を作る認識論的政治の一部なのだという反省から出発する。[42]記憶が、文献資料に劣らず過去をリアルに再現するのかという質問は、本書の関心事ではない。それよりも、国家・市民社会・個人の各レベルで作動する記憶文化または文化的記憶のコードの下にある権力関係と政治的メッセージは何なのか。それは、どのような経路で大衆に伝えられ、大衆はそれをどのように消費し、わが物とするかを問題にする。

犠牲者意識ナショナリズムに対する記憶の歴史を叙述するため、本書で選んだ具体的な方法論は次の通りである。

第一に、この本は「既存の学問の枠組みを超えた脱学制的（transdisciplinary）」な記憶研究の立場をとる。文化的記憶の生産と流通、消費に関わるなら、歴史学だけでなく、文学、映画、美術、演劇、コミュニケーション、メディア研究、文化研究、トラウマと心理分析、記憶法、フェミニズムなどジャンルを問わず、全てが関心の対象となる。もちろん、記憶政治を構成する社会全般の文化現象の全てを一冊の本に盛り込むことは不可能だ。本書では、犠牲者意識ナショナリズムに関する全ての火種を詳しく扱うより、それらを規律し、構造化する覇権的言説としての「文化的記憶」あるいは「記憶文化」の深層で犠牲者意識ナショナリズムを扱った。[43]権力が押し付ける文化的記憶は記憶を語る際の標準となるが、必ず受け入れられるわけでもない。市民社会の民間記憶と個人の経験記憶が文化的記憶を受け入れたり、反発したりする多様な相互作用がある。それを通じたヘゲモニー的記憶の形成過程がよくわかるテクストなら、ジャンルを問わず取り上げるだろう。

第二に、「絡み合う記憶」に注目する。民族単位での加害者と犠牲者を前提とする犠牲者意識ナシヨナリズムの記憶は、国境を超えるトランスナショナルなものにならざるを得ない。「絡み合う歴史」のトランスナショナルな観点と問題意識を記憶研究に適用した「絡み合う記憶」は、本書の二つ目の方法論的特徴である。それは国民国家の枠組みにこだわる「方法論的ナショナリズム」を批判する作業でもある。しかし国境を超えた絡み合いが生じたとしても、それは必ずしも記憶の脱領土化を意味しない。その点には注意が必要だ。地球規模の記憶構成体はむしろ、記憶を再び領土化する豊かな土壌かもしれない。21世紀に入って犠牲者意識ナショナリズムが幅を利かせている独特な様相は、そのことを暗示する。「絡み合う記憶」の観点は、過去の犠牲に対する文化的記憶が犠牲者意識ナショナリズムをどのように構成するのか理解させてくれる。さらに、地球規模の記憶空間で橋頭堡を確保しようと犠牲者意識ナショナリズム同士が競争し、葛藤する姿を立体的に把握できるようにもしてくれるだろう。記憶は、加害者と犠牲者の間だけでなく、加害者と加害者、犠牲者と犠牲者の間でも複雑に絡み合っている。

第三に本書は、「絡み合う記憶」に対する「グローバル・ヒストリー」の叙述を試みる。国家や地域の境界に閉じこめられて分節化し、バラバラになった記憶が地球規模の記憶空間で出会い、互いに競合して妥協し、連帯する記憶のグローバル化現象を扱うには、グローバル・ヒストリーとして見ることが望ましいだけでなく、不可避である。同じ内容の記憶といえども、地球規模の記憶構成体に配置されて国境を超えると全く異なる政治的効果を生むことがあるし、国外で政治的に再構成された記憶は本国に逆輸入されて予期せぬ緊張をもたらす。地球規模の記憶構成体を形作る記憶は、単純かつ機械的に比較されるだけではない。記憶の多方向な相互作用をもたらす批判的併置（critical juxtaposition）や相互参照（cross-referencing）、免罪的相対化（exculpatory relativization）、批判的相対化（critical relativization）などを通じて密接に絡み合っている。ロスバーグが提示した「多方向的記憶」は、地球規模の記憶構成体の重要な特徴である。「経験記憶」を持たない後の世代が当事者の記憶を受け継ぐ「ポストメモリー」の時代に入っても、「絡み合う記憶」の結び目はさらに絡み合っていく。私が「地球規模の記憶構成体」と呼ぶさまざまな記憶のアンサンブルは、ますます多面的となり、広がり、強固なものとなる。

記憶研究の観点とグローバル・ヒストリーの展望は、本書で扱う資料の取捨選択にも大きな影響を及ぼした。歴史専門家の著作や歴史教科書を超えて、映画や歴史小説、テレビドラマ、博物館、美術館、漫画、ネットゲーム、ブログなどのソーシャルメディア、ネット書店の読者レビューなど、記憶文化の生産・流通・消費に介入して「記憶体制」を作り、拡大再生産する日常の文化的行為が本書の検討対象である。一度も会ったことのない人々の間に新聞や小説などの印刷資本主義が国民的一体感を醸成したように、ソーシャル・ネットワーキング・サービス（ＳＮＳ）などの電子メディアは地球の反対側に住む人々の生活を自分と密接な関係を持つものと感じさせ、地球規模の記憶構成体の凝集力を強める。公式記憶と民間記憶が互いに影響し合い、相互作用を通じて構成する記憶文化を理解するために、印刷資本主義からソーシャルメディアに至るまで、文化的記憶を構成する多様なレイヤーと領域を扱う。終わりのない資料の海における取捨選択の基準は、個人や集団の記憶を規律し、構造化する犠牲者意識ナショナリズムの「物語の標準」の生産と消費に関わっているかどうかだ。犠牲者意識ナショナリズムは、単なるイデオロギーを超える。それは第2次大戦後の現代史を規律する強力で構造化された文化的ネットワークであり、覇権を競うヘゲモニー的な社会運動だ。運動としての犠牲者意識ナショナリズムを理解するためには、歴史専門家の言説を超え、記憶活動家《メモリーアクティヴィスト》の情動的記憶に至るまで、記憶文化のヘゲモニーを構成する仕組みに対する多元的な理解が必要である。

　本書は1945年の終戦から現在までを取り上げつつ、主としてベルリンの壁崩壊後のポスト冷戦期に焦点を合わせる。植民地主義ジェノサイドとホロコースト、スターリン主義のテロという3種類の異なる犠牲者意識が、地球規模の記憶空間で本格的に合流し始めたのはベルリンの壁の崩壊後だった。冷戦のイデオロギー的な壁が崩れ、自由な記憶を遮る障害物がなくなると、水面下で徐々に形成されていた地球規模の記憶構成体が一瞬にして姿を現した。東欧では共産党が押さえつけていたスターリン主義のテロやナチへの自発的協力などの記憶が首をもたげ、先鋭な「歴史家論争」を巻き起こした。西欧の「自由民主主義」国家もまた、「アジア的野蛮」である共産主義に対抗するという名分で隠してきた植民地主義の加害者という自らの過去を覆い隠せなくなった。東アジアでは冷戦体制の崩壊が、植民地主義の記憶を解き放つ契機となった。西欧／日本とアジアの旧植民地を無理やりまとめていた反共同盟が国際政治上の意味を失い、両者の記憶は分裂し始めた。ソ連の共産主義に対抗するため旧宗主国との協力と親善を強要された旧植民地は、そうする必要性を感じなくなった。本書は、冷戦のイデオロギー的束縛から解放されて記憶の百家争鳴状態となった時代に、地球規模の記憶空間がどのようにして犠牲者意識ナショナリズムの競い合う場になったかを追ったものだ。(44)

　空間的には、ヨーロッパと東アジアに焦点を合わせる。そこでは、植民地主義とホロコースト、スターリン主義のテロに対する記憶が合流し、絡み合っている。緊密に絡み合う地球規模の記憶空間としてのポーランド・ドイツ・イスラエル・韓国・日本が主な分析対象である。冷戦体制の崩壊後、これらの国の記憶文化は大きく動揺した。冷戦時代の西欧は、ナチを悪魔化することで自分たちの自由民主主義を正当化した。(45) ホロコーストの記憶につながるドイツ史の「特有の道（Sonderweg）」という歴史叙事は、ナチズムの問題をドイツ史の半封建的な前近代性に押し付けることによって西欧的近代性の権威を確立した[46]。東欧社会主義が没落し、スターリン主義の犯罪の記憶が堰を切ったように溢れ出ると、それは再び「アジア的ボリシェヴィズム」との比較で西欧的近代性と自由民主主義を正当化する論拠とされた。他方では、脱植民地主義の観点から植民地主義とホロコーストを西欧的近代性の帰結と見なし、二つの記憶を結び付けようとする流れがあった[47]。ナチの残虐な東欧占領政策も植民地主義的暴力の延長と理解され得るものだった。ナチのイデオローグをはじめとするドイツの植民地主義者たちにとって、東欧とは西欧から見た東洋であり、発展から取り残された場末だった[48]。第2次大戦に対する東欧の記憶が合流すると、ホロコーストと脱植民地主義の記憶は新たに連帯し、競合した。植民地主義とホロコースト、スターリン主義という三重の犠牲者意識が絡んだ記憶の観点から、5カ国の犠牲者意識ナショナリズムのグローバル・ヒストリーを語れば、ポスト冷戦期の地球規模の記憶構成体の移行期的特性がよりよく表れるだろう。

注

はじめに

（1）「犠牲者意識ナショナリズム」を初めて概念化した論文としては、以下を参照。これらの論文から、本書は始まった。林志弦「犠牲者意識ナショナリズム」『批評』15号、2007年（韓国語）；林志弦「犠牲者意識の民族主義（特集シンポジウム グローバル化時代の植民地主義とナショナリズム）」『立命館言語文化研究』20巻3号、2009年2月、57～62頁；Jie-Hyun Lim, "Victimhood Nationalism in Contested Memories-National Mourning and Global Accountability," *Memory in a Global Age: Discourses, Practices and Trajectories*, Aleida Assmann and Sebastian Conrad eds., Basingstoke: Palgrave Macmillan, 2010, pp.138-162; Jie-Hyun Lim, "Narody-ofiary i ich megalomania," *Więź*, no.616-617, Marek Darewski trans., 2010, pp.22-34; Jie-Hyun Lim, "Victimhood Nationalism and History Reconciliation in East Asia," *History Compass*, vol.8 no.1, 2010, pp.1-10.

第1章　系　譜

（1）このエッセーは1966年に小冊子となった。Jan Błoński, *Biedni Polacy patrzą na getto*, Kraków: Wydawnictwo Literackie, 1996.

（2）Jerzy Turowicz, "Ethical Problems of the Holocaust: Discussion held at International Conference on the History and Culture of Polish Jewry in Jerusalem on Monday, 1 February 1988," *My Brother's Keeper? Recent Polish Debates on the Holocaust*, Antony Polonsky ed., London: Routledge, 1990, p.215.

（3）Jan Błoński, "The Poor Poles Look At The Ghetto," *Strona Główna*, 2010.12.14（電子版）.

（4）ポーランド人の日常生活で「原罪（grzech）」もしくは「原罪的（grzeszny）」という言葉は、宗教の次元を超えて使われる。たとえば恋人や夫婦の間で信頼に反した時のように、良心がとがめたり、道徳的な罪の意識を感じたりする日常的な行為を指す時に多く使われる。

（5）ブウォンスキのエッセーと彼に関する論争を英語に翻訳して刊行された本の書名が『私の弟の番人（My Brother's Keeper）』ということも意味深長だ。

（6）Richard Bernstein, "An Epic Film about the Greatest Evil of Modern Times," *The New York Times*, 1985.10.20.

（7）Roger Ebert, "Shoah," 1985.11.24., rogerebert.com/reviews/shoah-1985（2019年3月18日アクセス）

（8）1985年のポーランド共産党の反応は、2020年にポーランド民族の名誉毀損に関する記憶法を制定しようとした政権与党「法と正義（P・i・S）」とキリスト教右派民族主義勢力の論理と酷似している。

（9） Lawrence Baron, "Kino w krzyżowym ogniu polemiki żydowsko-polskiej," *Polacy i Żydzi: kwestia otwarta*, Robert Cherry and Annamaria Orla-Bukowska eds., Warszawa: Więź, 2008, p.60.

（10） Claude Lanzmann, *Shoah: the complete text of the acclaimed holocaust film*, New York: De Capo Press, 1995, pp.77-79.

（11） Ibid., p.24.

（12） Ibid., pp.120-121.

（13） 当時のポーランド共産党の公式記憶と叙述については次を参照。Elizabeth Kridl Valkenier, "The Rise and Decline of Official Marxist Historiography in Poland, 1945-1983," *Slavic Review*, vol.44 no.4, 1985, pp.663-680; Joanna Wawrzyniak, *Veterans, Victims, and Memory: The Politics of the Second World War in Communist Poland*, Simon Lewis trans., Frankfurt am Main: Peter Lang, 2015; Janusz Żarnowski, "Wege und Erfolge der polnischen Historiographie 1945-1975," *Zeitschrift für Geschichtswissenschaft*, Jg.25, H.8, 1977; Jie-Hyun Lim, "'The Good Old Cause' in the New Polish Left historiography," *Science & Society*, vol.61 no.4, 1997/1998; Jie-Hyun Lim, "The Nationalist Message in Socialist Code: On Court Historiography in People's Poland and North Korea," *Making Sense of Global History: The 19th International Congress of Historical Sciences* (Commemorative Volume), Solvi Sogner ed., Oslo: Universitetsforlaget, 2001; 林志弦、ミハウ・シリヴァ「ポーランド社会主義運動史研究の反省と展望」『歴史批評』32集、１９９６年、２３０～２５１頁（韓国語）；林志弦「歴史のタブーと記憶の真正性：21世紀ポーランドの歴史学と『犠牲者意識』」『西洋史論』１１１号、２０１１年12月、１４７～１７４頁（韓国語）。

（14） A. Kemp-Welch, *Poland Under Communism: A Cold War History*, Cambridge: Cambridge University Press, 2008, pp.158-159; Dariusz Stola, "Fighting against the Shadows: The "Anti-Zionist" Campaign of 1968," *Anti-Semitism and its Opponents in Modern Poland*, Robert Blobaum ed., Ithaca: Cornell University Press, 2005, pp.285, 292; Dariusz Stola, *Kampania antysyjonistyczna w Polsce 1967-1968*, Warsaw: ISP PAN, 2000.

（15） Andrzj Walicki, *Trzy patriotyzmy*, Warszawa: Res Publica, 1991, pp.35-36.

（16） Adam Michnik, "Nationalism," *Social Research*, vol.58 no.4, 1991, p.759.

（17） Timoth Snyder, *Bloodlands: Europe Between Hitler and Stalin*, New York: Basic Books, 2010, p.406.

（18） ヤクブ・ベルマンの弟アドルフはナチ占領期にゲットーで「ユダヤ子供委員会」を組織し、戦後にはシオニズム政党「ポアレイ・ツィオン」左派グループの中心人物としてイスラエルに移住し、政治家と文筆家として活動した。彼については次を参照。Natalia Aleksiun, "Adolf Berman. W głównym nurcie historii. Żydowski Instytut Historyczny im. Emanuela Ringelbluma," *Żydowski Instytut Historyczny*, 2013.10.17., web.archive.org/web/20161005115834/http://www.jhi.pl/blog/2013-10-17-adolf-berman-w-glownym-nurcie-historii（２０２０年４月１日アクセス）

（19） Gniazdowski, Mateusz. "Losses Inflicted on Poland by Germany during World War II. Assessments and Estimates—an Outline," *The Polish Quarterly of International Affairs*, vol.16 no.1, 2007, pp.107-108, 116.

（20） Wojciech Materski and Tomasz Szarota eds., *Polska 1939-1945. Straty osobowe i ofiary represji pod dwiema okupacjami*, Institute of National Remembrance（IPN）, Warszawa, 2009, web.archive.org/web/20120323161233/http://niniwa2.cba.pl/polska_1939_1945.htm（２０２０年４月１日アクセス）

（21） ベラルーシとウクライナの犠牲者数について、21世紀に入って従来より大きな数字が発表されるようになった。特にスターリンによる強制的な農業集団化に起因した大飢饉の犠牲者を含めれば、ウクライナの犠牲者比率はポーランドを上回る。しかし、いま膨らんでいる死者数には自分たちの犠牲者数を多く算出しようとする「数字の政治学」が作用しており、正確な推計を知るにはもう少し時間が必要だ。たとえばウクライナの民族主義的叙述は同国における大飢饉の犠牲者数を６３０万人に引き上げたが、これは明らかにホロコーストの犠牲者６００万人より多いと強調するための叙事戦略だろう。

（22） ドイツ議会が２０２０年11月１日、第２次大戦のポーランド人犠牲者に捧げる記念碑をベルリン中心部のアスカン広場に建てることを与野党の合意で議決した。これは、ユダヤ人とロマの犠牲者以外の単一国民のために建てられる初めてのナチ犠牲者追悼記念碑であり、ポーランド人の犠牲の大きさを推し量らせるものだ。Stuart Dowell, "German parliament says 'Ja' to Polish war memorial," *The first News*, 2020.11.02（電子版）.

（23） 朝鮮人犠牲者を始めとするアジア太平洋戦争でのアジア各国の犠牲者統計については、次を参照のこと。United Nations, Economic and Social Council, 2nd Year, 4th Session, *Report of the Working Group for Asia and the*

Far East, Supplement no.10, 1947; John W. Dower, *War Without Mercy: Race and Power in the Pacific War* (7th edition), New York: Pantheon Books, 1993, pp.295-299;「異域から帰らざる客となった七万英霊に慰霊祭」『東亜日報』1946年1月16日付（韓国語）。日本の研究者、吉田裕は、戦死者と民間人を含めたアジア太平洋戦争での朝鮮人死者総数を20万人と推算している。これは台湾の3万人、マレーシアとシンガポールの10万人よりは多いが、死者が100万人以上のインドネシアやベトナム、フィリピンなどに比べれば、かなり少ない数字だ。吉田裕『日本軍兵士』中公新書、2017年、24頁。

(24) Dower, *War Without Mercy*, pp.296-297.

(25) Gniazdowski, "Losses Inflicted on Poland by Germany during World War II. Assessments and Estimates—an Outline," pp.103-104. ドイツに新たな賠償を求めるためポーランド議会特別委員会が2018年に推計したところによると、ポーランド人の死者は300万人のユダヤ系を含む計510万人、物的被害は540億ドルに達している。正確な統計を出すのが難しい点を考慮すれば、500万人を上回る死者と500億ドル内外の物的被害額はおおむね納得できる統計ではないだろうか。ポーランド議会の対独賠償請求特別委員会も2018年に死者500万人と被害額540億ドルと公表したことがある。"Poland totals WWII occupation's cost amid Germany claim talk," *AP News*, 2018.09.01（電子版）.

(26) Jan T. Gross, *Fear: Anti-Semitism in Poland After Auschwitz*, New York: Random House, 2006, pp.98, 121-122, 126.

(27) もちろん19世紀の犠牲者意識は特定の民族主義的な知識人の専有物だったという点で、大衆が広く共有する20世紀の犠牲者意識ナショナリズムとは区別される。十字架にかけられたイエスのイメージは、民族が人類のための犠牲者へと昇華する時によく使われるメタファーだった。松岡洋右は、脱退前年に行った国際連盟での演説で日本を世界のメディアによって十字架にかけられたイエスだとたとえて世界を驚かせた。イアン・ブルマ『近代日本』チェ・ウンボン訳、ウルユ文化社、2004年、98頁（韓国語）。

(28) Joanna Szczesna, "25 lat sporów o 'Shoah'," *wyborcza.pl*, 2010.03.24（電子版）. こうした行動は、ユダヤ系への冷たい視線を意識して取られた可能性がある。

(29) これはポーランドだけでなく、オーストリアやフランス、オランダなど西欧各国でも広範に見られた現象だ。底流にはユダヤ人の財産を狙った経済的な動機も大きかった。ホロコーストのおかげでポーランドでも資本の本源的蓄積が可能となり、第三身分が誕生したというシニカルな評価も同一線上にある。ハリー・ハルトゥーニアンは最近の自叙伝でアルメニア・ジェノサイドを「奪取（dispossession）」という文脈で語っている。Harry Harootunian, *The Unspoken as Heritage: The Armenian Genocide and Its Unaccounted Lives*, Durham: Duke University Press, 2019, pp.98-113.

（30）フェリックス・ティフ「民族問題とポーランド共産主義体制の戦術：ユダヤ人政策」『大衆独裁Ⅱ：政治宗教とヘゲモニー』林志弦・金容右編、チェクセサン、２００５年、３０６頁（韓国語）。

（31）Gross, *Fear*, pp.47, 98, 120 and passim. スターリンによって解体されたポーランド共産党（ＫＰＰ）の後身であるポーランド労働者党（ＰＰＲ）は１９４８年、ポーランド社会党（ＰＰＳ）と統合してポーランド統一労働者党（ＰＺＰＲ）となり、共産主義ポーランドを支配した。

（32）アントニ・ポロンスキーは、オックスフォードのサマーヴィル・カレッジで１９８４年６月に開かれたポーランドとイスラエルの知識人会合の場で自ら詩を朗読したミウォシュと、発表と討論を熱心に書き留めていたブウォンスキの姿を懐古している。ミウォシュとブウォンスキは個人的に親交があっただろう。Konrad Matyjaszek and Antoni Polonsky, "'You need to speak Polish'. Antoni Polonsky interviewed by Konrad Matyjaszek," *Studia Litteraria et Historica*, 6, 2017, pp.25-26.

（33）Błoński, *Biedni Polacy patrzą na getto*, pp.26-27.（訳注：詩の日本語訳は西成彦訳「哀れなクリスチャンがゲットーをみつめる」『チェスワフ・ミウォシュ詩集』関口時正・沼野充義編、成文社、２０１１年より引用した）

（34）Ibid., p.18.

（35）"BENJAMIN（BEN）MEED DESCRIBES THE BURNING OF THE WARSAW GHETTO DURING THE 1943 GHETTO UPRISING," UNITED STATES HOLOCAUST MEMORIAL MUSEUM, encyclopedia.ushmm.org（２０２０年11月7日アクセス）

（36）Błoński, *Biedni Polacy patrzą na getto*, pp.24-26.

（37）「良き兄弟たち」という意味の Bonifraterska という通りの名前は皮肉だ。

（38）Lanzmann, *Shoah*, p.184.

（39）Ewa Berberyusz, "Guilt by Neglect," *My Brother's Keeper?*, pp.70-71.

（40）Błoński, *Biedni Polacy patrzą na getto*, p.12.

（41）Ibid., pp.13-14.

（42）Stanisław Salmonowicz, "The Deep Roots and Long Life of Stereotypes," *My Brother's Keeper?*, pp.55-56, 58.

（43）Władysław Siła-Nowicki, "A Reply to Jan Błoński," *My Brother's Keeper?*, pp.61-62, 67.

（44）Berberyusz, "Guilt by Neglect," p.70.

(45) Teresa Prekerowa, "The Just and the Passive," *My Brother's Keeper?*, p.75.

(46) Jerzy Turowicz, "Polish reasons and Jewish reasons," *My Brother's Keeper?*, p.141.

(47) Elie Wiesel, "Freedom of Conscience: A Jewish Commentary," *Journal of Ecumenical Studies*, vol.14 no.4, 1977, p.639.

(48) Jerzy Jastrzębowski, "Differing Ethical Standpoints," *My Brother's Keeper?*, pp.119-120.

(49) Zygmunt Bauman, "On Immoral Reason and Illogical Morality," *Polin: A Journal of Polish-Jewish Studies*, vol.3, 1988, p.296.

(50) Ibid., p.298.

(51) Jan Gross, *Sąsiedzi: Historia zagłady żydowskiego miasteczka*, Sejny: Pogranicze, 2000. 英語版は２００１年にプリンストン大学出版会から刊行された。Jan Gross, *Neighbors: The Destruction of the Jewish Community in Jedwabne*, Princeton: Princeton University Press, 2001.

(52) １６００人はグロスの推計。ポーランドの国民記憶院（ＩＰＮ）は２００１年に虐殺現場である納屋で遺骨を発掘し、３４０人を若干上回ると推計した。Radoław J. Ignatiew, "On final findings of investigation S 1/00/Zn into the killing of Polish citizens of Jewish origin in the town of Jedwabne, on 10 July 1941, i.e. pursuant to Article 1 point 1 of the Decree of 31 August 1944," http://ipn.gov.pl/eng_konf_jedwabne_press.html（２０２０年11月４日アクセス）。正確な犠牲者数を把握するためにはさらに精密な遺骨発掘が必要だが、ポーランド政府は２０１９年３月、更なる遺骨発掘は必要ないという結論を下した。現在では犠牲者数３４０人が定説として認められたように見える。

(53) ポーランドの放送局２ＴＶＰで放送された際の原題は、ヤン・グロスの本と同じ『隣人たち』だったが、その後『私の長男カインはどこにいるのか?』に変更された。制作は１９９８年、ポーランドで放送されたのは２００１年だ。Tadeusz Sobolewski, "'Sąsiedzi' Agnieszki Arnold: Każdy ma swoje Jedwabne," *Gazeta Wyborcza*, 2001.04.02（電子版）.

(54) Paweł Machcewicz, "In the shadow of Jedwabne," *Thou Shalt Not Kill: Poles on Jedwabne, Jacek Borkowicz and Israel Gutman*, Warszawa: Więź, 2001, p.141.

(55) Anna Bikont, *The Crime and the Silence: Confronting the Massacre of Jews in Wartime Jedwabne*, Alissa Valles trans., New York: Farrar, Strauss and Giroux, 2015, p.9.

(56) イェドヴァブネ論争の歴史学的意味については次を参照。林志弦「歴史のタブーと真正性」『西洋史学』１１１号、２０１１年、１４７〜１７４頁（韓国語）。

(57) "Idzie po nas Ida czyli film zrobiony z nienawiści. Przypominamy poruszający felieton prof. Aleksandra Nalaskowskiego z tygodnika 'w Sieci'," *Polityka*, 2014.12. 26（電子版）.

(58) Joanna Kurczewska, "From the Editor," *Polish Sociological Review*, vol.137 no.1, 2002, p.4.

(59) "Jej dokument ujawnił prawdę o Jedwabnem," *TOK FM*, 2017.07.07. https://www.tokfm.pl/Tokfm/7,103454,22035601,jej-dokument-ujawnil-prawde-o-jedwabnem-mam-poczucie-porazki.html（２０２０年11月7日アクセス）

(60) Ireneusz Krzemiński, "Polish-Jewish Relations, Anti-Semitism and National Identity," *Polish Sociological Review*, vol.137 no.1, 2002, p.45.

(61) Marek Ziółkowski, "Memory and Forgetting after Communism," *Polish Sociological Review*, vol.137 no.1, 2002, pp.19, 22.

(62) Marek Jan Chodakiewicz, *The Massacre in Jedwabne July 10, 1941: Before, During, and After*, Boulder: East European Monographs, 2005, p.12; Paweł Machcewicz, "Wokół Jedwabnego," *Wokół Jedwabnego: Studia*, vol.1, Pawet Machcewicz and Krzysztof Persak eds., Warszawa: IPN, 2002, pp.55-59.

(63) *Thou Shalt Not Kill: Poles on Jedwabne*, Warszawa: Więź, 2001; A. Polonsky and J. A. Michlic eds., *The Neighbors Respond*, Princeton: Princeton University Press, 2004 に載ったアントニ・マチェレヴィチやヤン・ノヴァク＝イェジョランスキらが極右的な解釈を代弁する。もう少し学術的でありながら保守的なものとしては、この2冊へのトマシュ・ストゥシェンボシュとボグダン・ムシャウの寄稿がある。

(64) 現在のポーランド与党「法と正義（P・i・S）」の基本的立場も同じだ。虐殺の責任は全面的にドイツにあり、これを否定し、ポーランドに責任を押し付ける解釈はポーランド的な価値と伝統、民族的正統性に対する攻撃であり、ポーランド民族の名誉を毀損しようとする陰謀だと見なす。ポーランド右翼のイェドヴァブネ虐殺に関する歴史認識と立場は次を参照のこと。Joanna Beata Michlik, "'At the Crossroads': Jedwabne and Polish Historiography of the Holocaust," *Dapim: Studies on the Holocaust*, vol.31 no.3, 2017, pp.296-306; Jörg Hackmann, "Defending the "Good Name" of the Polish Nation: Politics of History as a Battlefield in Poland, 2015-18," *Journal of Genocide Research*, vol.20 no.4, 2018, pp.587-606. ポーランドの民族主義右派が批判的歴史学を攻撃する時に使う「羞恥の教育（pedagogika wstydu）」という言葉は、日本の極右派が使う「自虐史観」と驚くほど似ている。

(65) Zygmunt Bauman, "Afterwards to the 2000 Edition," *Modernity and the Holocaust*, Ithaca, New York: Cornell University Press, 2000, p.236.

(66) 林志弦「ジグムント・バウマンのインタビュー：悪の平凡性から悪の合理性へ」『当代批評』21号、２００３年春、12～32頁（韓国語）。

(67)「批判と連帯のための東アジア歴史フォーラム」については次を参照。林志弦「東アジア歴史フォーラム」『植民地近代の視座：朝鮮と日本』宮嶋博史・李成市・尹海東・林志弦編、岩波書店、２００４年、３０３～３１４頁。

(68) 林志弦「『世襲的犠牲者』意識と脱植民地主義の歴史学」『東アジア歴史対話：国境と世代を越えて』三谷博・金泰昌編、東京大学出版会、２００７年、１６７～１８６頁。

(69) Kazimierz Wóycicki ed., *Ofiary czy Współwinni: nazizm i sowietyzm w świadomości historycznej*, Warszawa: Volumen, 1997.

(70) 林志弦・金容右編『大衆独裁Ⅰ：強制と同意の間で』チェクセサン、２００４年（韓国語）；林志弦・金容右編『大衆独裁Ⅲ：日常の欲望と迷妄』チェクセサン、２００７年（韓国語）; Paul Corner and Jie-Hyun Lim eds., *The Palgrave Handbook of Mass Dictatorship*, London: Palgrave Macmillan, 2016; Jie-Hyun Lim, Barbara Walker and Peter Lambert eds., *Mass Dictatorship and Memory as Ever Present Past*, Basingstoke: Palgrave Macmillan, 2014.

(71) ここでは『朝鮮日報』『東亜日報』『中央日報』『ハンギョレ新聞』『聯合ニュース』を参照した。

(72)「12歳の日本人少女が経験した戦争」『朝鮮日報』２００５年５月６日付（電子版、韓国語）。

(73) この後の改訂版では、編集者の序文という形で日本の植民地主義と、満州と朝鮮半島支配に対する簡単な記述が追加された。

(74) テッサ・モーリス・スズキ『日本のアイデンティティを問う』パク・クワンヒョン訳、サンチョロム、２００５年、56頁（韓国語）。

(75) 厚生省社会・援護局援護50年史編集委員会監修『援護50年史』ぎょうせい、１９９７年、11、17、28、32頁。38度線以南の朝鮮にいた民間人は米軍政庁による。Lori Watt, *When Empire Comes Home: Repatriation and Reintegration in Postwar Japan*, Cambridge, Mass: Harvard University Press, 2009, p.39.

(76) 厚生省援護局編『引揚げと援護三十年の歩み』ぎょうせい、１９７８年、６９０頁。

(77) 山田陽子『図説　満洲：日本人の足跡をたどる』梅田出版、２０１１年、80～98頁。

（78） James Orr, *The Victim as Hero: Ideologies of Peace and National Identity in Postwar Japan*, Honolulu: University of Hawaii Press, 2001, p.161.

（79） 洪郁如・田原開起「朝鮮引揚者のライフ・ヒストリー：成原明の植民地・引揚げ・戦後」『人文・自然研究』10号、2016年、160〜175頁。

（80） 記憶装置の観点から見れば、犠牲者の地位が揺らぐことからくる存在論的な不安感は、記憶文化の不安感を生む。力学関係とは異なる次元でこのような存在論的不安感、あるいは記憶文化の不安感は犠牲者意識ナショナリズムの集団心理的な背景であり、国家間の歴史和解を妨げる障害物だ。これについては、Maria Mälksoo, "'Memory must be defended': Beyond the politics of mnemonical security," *Security Dialogue*, vol.46 no.3, 2015などを参照。

（81） イ・クワンス『日本の歴史歪曲　第1編：ヨーコ物語の真実を探れ』（改訂版）、キネマイン、2010年、52〜57頁（韓国語）。

（82） 前掲書、173〜786頁。リポートと原稿用紙を本に入れる慣行は、1970年代に教材を売るために使われた典型的な戦略だ。

（83） ヨーコ・カワシマ・ワトキンズ『竹林はるか遠く：日本人少女ヨーコの戦争体験記』都竹恵子訳、ハート出版、2013年。

（84） 『竹林はるか遠く』amazon.co.jp.

（85） J-H Lim, "Victimhood Nationalism: compelling or competing?," *Korea Herald*, 2007.04 29.

（86） クレオール民族主義については次を参照。Joshua Simon, *The Ideology of Creole Revolution: Imperialism and Independence in American and Latin American Political Thought*, Cambridge: Cambridge University Press, 2019, pp.1-2.

（87） Jie-Hyun Lim, "Triple Victimhood: On the Mnemonic Confluence of the Holocaust, Stalinist Crime, and Colonial Genocide," *Journal of Genocide Research*, 2020.04.

第2章　昇　華

（1） 「顕忠歌」コン・システムコミュニケーションズ、2013年6月6日（電子版、韓国語）。

（2） 「制憲節の歌」コン・システムコミュニケーションズ、2013年6月6日（電子版、韓国語）。

（3） Benedict Anderson, *Imagined Communities Reflections on the Origin and Spread of Nationalism* (revised ed.), London: Verso, 1991, p.145.

（4） ペ・ミョジョン「歌うことの政治学：『あなたのための行進曲』の斉唱・合唱を巡る議論に対する遂行的観点の分析」『西江人文論集』第59集、2020年、205〜24

2頁（韓国語）。

（5） Jie-Hyun Lim, "Transnational Memory Activism and the Performative Nationalism," *Handbook of Memory Activism*, Yifat Gutman and Jenny Wüstenberg eds., Oxford: Oxford University Press, 2021.

（6） エルネスト・ルナン『民族とは何か?』シン・ヘンソン訳、チェクセサン、２００２年、81頁（韓国語）。

（7） 政治宗教、市民宗教、世俗宗教の定義については次を参照。Emilio Gentile and Robert Mallett, "The Sacralisation of Politics: Definitions, Interpretations and Reflections on the Question of Secular Religion and Totalitarianism," *Totalitarian Movements and Political Religions*, vol.1 no.1, 2000; Emilio Gentile, *The Sacralization of Politics in Fascist Italy*, Keith Botsford trans., Cambridge: Harvard University Press, 1996. しかし私は、「独裁イコール政治宗教」「民主主義イコール市民宗教」というエミリオ・ジェンティーレの二分法には懐疑的だ。大衆独裁の観点からは、独裁と民主主義の二分法自体が西欧中心主義の政治的ヘゲモニーを維持する枠組みであると見るからだ。本書では、文脈と修辞に従って「政治宗教」「市民宗教」「世俗宗教」を特に区別せず使用した。独裁と民主主義の二分法に対する大衆独裁の批判的観点については次を参照。林志弦「独裁は民主主義の反義語なのか？　大衆独裁の矛盾語法と民主主義の民主化」『西洋史論』１１６号、２０１３年、39～63頁（韓国語）; Jie-Hyun Lim, "Series Introduction: Mapping Mass Dictatorship: Towards a Transnational History of Twentieth-Century Dictatorship," *Gender Politics and Mass Dictatorship: Global Perspectives*, Jie-Hyun Lim and Karen Petrone eds., New York: Palgrave Macmillan, 2011.

（8） 前近代東アジアの戦死者儀礼の「解怨」的性格については次を参照。カン・インチョル『戦争と犠牲：韓国の戦死者崇拝』歴史批評社、２０１９年、76～80頁；イ・ウク「朝鮮前期儒教国家の成立と国家祭祀の変化」『韓国史研究』１１８集、２００２年、１６１～１９３頁；西村明「慰霊と暴力：戦争死亡者に対する態度理解のために」イ・セヨン訳『宗教文化批評』２号、２００２年、２５１～２５３頁（全て韓国語）。

（9） Thucydides, "History of the Peloponnesian War" 2.42, Perseus Digital Library.

（10） Detlev Peukert, "Youth in the Third Reich," *Life in the Third Reich*, Richard Bessel ed., Oxford: Oxford University Press, 1987; Georgi Schischkoff, *Die gesteuerte Vermassung*, Meisenheim am Glan: Anton Hain, 1964, pp.120-121.

（11） George L. Mosse, *The Nationalization of the Masses*,

New York: Howard Fertig, 1975.「大衆の国民化」は、ヒトラーの『わが闘争』からジョージ・L・モッセが引いた文句だ。モッセがその後に書いた本が戦死者崇拝に対する本だという点は意味深長だ。George L. Mosse, *Fallen Soldiers: Reshaping the Memory of the World Wars*, Oxford: Oxford University Press, 1990.

(12) Anthony D. Smith, "Neo-Classicist and Romantic Elements in the Emergence of Nationalist Conception," *Nationalist Movements*, Anthony D. Smith ed., London: Macmillan, 1976, pp.77-79.

(13) K. R. Minogue, "Naitonalism and the Patriotism of City-States," *Nationalist Movements*, p.64.

(14) マーティン・バナール『黒いアテナ：西洋古典文明のアフロ・アジア的ルーツ』オ・フンシク訳、ソナム、2006年、6～7頁（韓国語）。

(15) George L. Mosse, *The Fascist Revolution*, New York: Howard Fertig, 1999, pp.71, 83-86.

(16) Chris K. Huebner, "Between Victory and Victimhood: Reflections on Culture and Martyrdom," *Direction: A Mennonite Brethren Forum*, vol.34 no.2, 2005, pp.228-240.

(17) フランスのジャック・シラク大統領が2005年、第1次大戦の最後の参戦勇士はパンテオンのような特別な地に葬ると表明したところ、最後の生存者の一人だったロザル・ポンティチェリは「私が最後だったら断る。それは、何の名誉も受けられずに私より先に死んだ全員を辱めることになる」と応じた。参戦勇士の中で広がった「死の民主化」概念の好例ではないだろうか。Margaret MacMillan, *Dangerous Games: The Uses and Abuses of History*, New York: The Modern Library, 2008, p.18.

(18) Oded Wolkstein and Dror Mishani, "Interview with Slavoj Žižek: The World Is a Disaster Area," *Haaretz*, 2006.06.10（電子版）.

(19) Yael Zerubavel, "The Death of Memory and the Memory of Death: Masada and the Holocaust as Historical Metaphors," *Representations*, no.45, 1994, p.87.

(20) Amos Goldberg, "Forum: On Saul Friedländer's *The Years of Extermination*-2. The Victim's Voice and Melodramatic Aesthetics in History," *History and Theory*, vol.48 no.3, 2009.10., pp.225-226, 232, 233.

(21) Ibid., p.234.

(22) Laura Jeffery and Matei Candea, "Introduction: The Politics of Victimhood," *History and Anthropology*, vol.17 no.4, 2006, pp.289, 292.

(23) Lea David, *The Past Can't Heal Us: The Dangers of Mandating Memory in the Name of Human Rights*, Cambridge: Cambridge University Press, 2020; William F.

S. Miles, "Third World Views of the Holocaust," *Journal of Genocide Research*, vol.6 no.3, 2004, pp.371-393.

(24) Jie-Hyun Lim, "Victimhood Nationalism in Contested Memories-National Mourning and Global Accountability," *Memory in a Global Age*, Assmann and Conrad eds.; Jie-Hyun Lim, "Victimhood Nationalism and History Reconciliation in East Asia," pp.1-10.

(25) ポーランドの自由主義カトリックの雑誌『絆』は「victimhood nationalism」に関する私の論文を掲載した時、「nacjonalizm ofiarności」と直訳する代わりに「民族たち・犠牲の誇大妄想」という意訳をした。これも、英語とポーランド語の用例が異なるためだ。訳者、編集者とポーランド語での表記に関してずいぶん悩んだけれども、結局は満足できる翻訳語を探すことができなかった。「ofiara」の意味が二面的だという点もあったが、ポーランド語の「nacjonalizm」の用例が極めて否定的だという点も大きな原因だった。Jie-Hyun Lim, "Narody-ofiary i ich megalomania," pp.22-34.

(26) 戦後のドイツ、特に西ドイツでは「Opfer」が大義のための積極的な犠牲よりは受け身の被害者という意味で使われ、「victim」により近い傾向も見せた。敗戦後、ドイツ人の苦痛を強調するためだ。Robert G. Moeller, "Responses to Alon Confino," *Cultural Analysis* ,4, 2005, p.67.

(27) 日本語への翻訳では「犠牲者意識」ではなく「犠牲者性」はどうかという提案もあったが、「犠牲者意識」という用語を固守することとした。第三者が犠牲者の性格を付与する面もあるが、被害者本人や子孫が自分たちを犠牲者だと考える主観的側面と文化的記憶を構成する歴史意識もまた感情を動かす記憶だという側面を考慮した。林志弦「グローバルな記憶空間と犠牲者意識」『思想』２０１７年４月号、55〜73頁；林志弦「犠牲者意識の民族主義」『立命館言語文化研究』20巻3号、57〜62頁。水野博子が最近、オーストリア政治を分析した本の書名に「犠牲者ナショナリズム」を使ったが、この場合にも「犠牲者意識ナショナリズム」とする方が妥当だろう。

(28) Zuzanna Bogumił and Małgorzata Głowacka-Grajper, *Milieux de mémoire in Late Modernity*, Geschichte-Erinnerung-Politik 24, Philip Palmer trans., Frankfurt am Main: Peter Lang, 2019, p.33.

(29) Søren Kierkegaard, *The Journals of Kierkegaard*, Alexander Dru trans., New York: Harper Torchbooks, 1959, p.151.

(30) エミール・デュルケームの「利他的自殺」については次を参照。Steven Stack, "Émile Durkheim and Altruistic Suicide," *Archives of Suicide Research*, vol.8 no.1, 2004, pp.9-22; Lung-chang Young, "Altruistic Suicide: A

Subjective Analysis," *Sociological Bulletin*, vol.21 no.2, 1972, pp.103-121.

(31) Ami Pedahzur, Arie Perliger and Leonard Weinberg, "Altruism and Fatalism: The Characteristics of Palestinian Suicide Terrorists," *Deviant Behavior*, vol.24 no.4, 2003, pp.405-423.

(32) Lori Allen, "There Are Many Reasons Why: Suicide Bombers and Martyrs in Palestine," *Middle East Report*, no.223, 2002, p.36.

(33) Mosse, *Fallen Soldiers*, p.25.

(34) Ibid., pp.29-32.

(35) Ibid., pp.74-76.

(36) Ibid., p.8.

(37) Gentile, *The Sacralization of Politics in Fascist Italy*, p.18.

(38) ポーランド民族に「市民宗教」を打ち立てろといったルソーの有名な忠告については次を参照。Jerzy Robert Nowak, *Myśli o Polsce i Polakach*, Warszawa: Wydawnictwo Unia, 1993, p.81.

(39) Mosse, *The Fascist Revolution*, p.70.

(40) Mosse, *Fallen Soldiers*, pp.18-19.

(41) 祖国のために命を捨てた者をキリスト教の殉教者と認めるかどうかを巡って繰り広げられたベルギーのメルシエとフランスのヴィヨという二人の枢機卿の論争は、殉教が殉国に変じた時の知的緊張を見せてくれる。Ernst H. Kantorowicz, "*Pro Patria Mori* in Medieval Political Thought," *The American Historical Review*, vol.56 no.3, 1951, pp.472-473.

(42) Mosse, *Fallen Soldiers*, p.78.

(43) Anderson, *Imagined Communities*, p.8.

(44) Tzvetan Todorov, "Totalitarianism: Between Religion and Science," *Totalitarian Movements and Political Religions*, vol.2 no.1, 2001, p.41.

(45) Anderson, *Imagined Communities*, pp.10-12.

(46) Ibid., pp.251-252.

(47) Robert Mallet, "Forward," *Totalitarian Movements and Political Religions*, vol.1 no.1, 2000, p.ix.

(48) Jay Winter, *Sites of Memory, Sites of Mourning: the Greatest War in European Cultural History* (Canto edition), Cambridge: Cambridge University Press, 1998, pp.15-17.

(49) Ibid., pp.23-24.

(50) エリアス・カネッティ『群衆と権力』カン・ドゥシク、パク・ピョンドク訳、パダ出版、２００２年、１９１〜１９５、３５１頁（韓国語）。

(51) Michał Łuczewski, *Kapitał moralny. Polityki*

historyczne w późnej nowoczesności, Kraków: Ośrodek Myśli Politycznej, 2017, p.97. ミハウ・ウツエフスキは、後期近代の特徴として道徳的資本を強調しているが、再呪術化が脱呪術化と共に近代の両面であることを強調したマックス・ウェーバーを想起すれば、必ずしも後期近代の現象だと決め付ける必要はない。実際に政治宗教の起源は、「理神論（Deism）」を作って脱呪術化に努めたフランス革命でのジャコバン派支配の時代にさかのぼる。

(52) Rey Chow, "Sacrifice, Mimesis, and the Theorizing of Victimhood," *Representations*, vol.94 no.1, 2006, p.134.

(53) モッセが「戦争の平凡化」と呼んだこの現象は、戦争の日常化という表現の方が適切ではないかと思われる。Mosse, *Fallen Soldiers*, pp.126-156.

(54) Gentile, "The Sacralisation of Politics," pp.41-43; Michael Burleigh, "National Socialism as a Political Religion," *Totalitarian Movements and Political Religions*, vol.1 no.2, 2000, pp.3-11.

(55) Gentile, *The Sacralization of Politics in Fascist Italy*, pp.ix, x, 1, 4-18, 34-38.

(56) Michael Burleigh, "Political Religion and Social Evil," *Totalitarian Movements and Political Religions*, vol.3 no.2, 2002, p.2.

(57) Gentile, *The Sacralization of Politics in Fascist Italy*, p.22.

(58) 高橋哲哉『国家と犠牲』日本放送出版協会、２００５年、１７４〜１７５、１９０〜１９１頁。

(59) 高橋哲哉『靖国問題』ちくま新書、２００５年、59頁。

(60) 前掲書、１９９〜２００頁。

(61) Gentile, *The Sacralization of Politics in Fascist Italy*, p.14. ジョン・F・ケネディ大統領の就任演説を市民宗教のテキストと読み、独裁国家だけでなく米国のような民主主義社会においても市民宗教が機能すると主張して政治宗教研究の里程標を打ち立てた宗教社会学者、ロバート・N・ベラーが徳川時代の宗教の専門家だという点も興味深い。Robert N. Bellah, "Civil Religion in America," *Daedalus*, vol.96 no.1, 1967, pp.1-21.

(62) 高橋哲哉『国家と犠牲』、１７４〜１７５頁。

(63) ナチ親衛隊の司令官で、ソビブルとトレブリンカなどで強制収容所の所長を務めたフランツ・シュタングルはギッタ・セレニーのインタビューで、ナチ党の幹部に任命された時、「私は神を信じていたが、今後は教会との関係を断つことを確認する」という文書に署名しなければならなかったと証言した。ナチが自らを教会と競合する世俗宗教だと考えていたことを示す興味深い証言だ。Gitta Sereny, *The German Trauma: Experiences and Re!ections, 1938-2001*, London: Penguin Books, 2001, p.102. ヒトラー・ユーゲントがよく歌った『ホルスト・ヴェッセルの歌』もまた、キリスト教的な美徳をヒトラーに対する忠誠に置き換え、伝統宗教であるキリスト教と世俗宗教であるナチズムの対立構図を示している。

(64) カン・インチョル『戦争と犠牲』、１１３～１１４頁（韓国語）。

(65) Akiko Takenaka, *Yasukuni Shrine: History, Memory, and Japan's Unending Postwar*, Honolulu: University of Hawaii Press, 2015, pp.46-48.

(66) Ibid., pp.11-13, 57-71, 132-135.

(67) オリンポス競技場を建てることはできなかったが、現在の千鳥ヶ淵戦没者墓苑と武道館、昭和館、科学技術館、近代美術館などが靖国神社の周囲に集まっており、政治宗教的な複合空間としての靖国神社に対する黒板の提案はある程度実現したと見ることができる。

(68) 李成市「植民地文化政策の評価を通してみた歴史認識」三谷博・金泰昌編『東アジア歴史対話：国境と世代を越えて』東京大学出版会、２００７年、１８７～２０６頁。

(69) 坂井久能編著『名誉の戦死：陸軍上等兵黒川梅吉の戦死資料』岩田書院、２００６年、１、70～96、３５４～３５５頁。植民地朝鮮人で１９３２年に満州で戦死した一等憲兵補「チェ・ダルモク」の葬儀も多少の簡略化はあっても似たようなものだった。吉林憲兵隊が満州の現地で主管した官民合同の「告別式」と遺骨が京城に到着してからの京城憲兵隊主管の「慰霊祭」が確認される。カン・インチョル『戦争と犠牲』、96～97頁（韓国語）。

(70) 坂井久能編著『名誉の戦死』、１０７～１０８、３１０、３１２～３１５頁。Akiko Takenaka, "Mobilizing Death: Bodies and Spirits of the Modern Japanese Military Dead," *The Palgrave Handbook of Mass Dictatorship*, Paul Corner and Jie-Hyun Lim eds., London: Palgrave Macmillan, 2016, pp.356-357.

(71) 高橋哲哉『国家と犠牲』、85～87頁。

(72) イ・ヨンジン『死とナショナリズム』、10～11頁。

(73) イ・ヨンジン『死とナショナリズム』、１８４～２０５頁：Emiko Ohnuki-Tierney, *Kamikaze, Cherry Blossoms, and Nationalisms: The Militarization of Aesthetics in Japanese History*, Chicago: the University of Chicago Press, 2002, ch.6.

(74) 中野敏男『大塚久雄と丸山眞男：動員、主体、戦争責任』青土社、２００１年。

(75) カン・インチョル『戦争と犠牲』、１７１～１７３頁。

(76) 前掲書、１８４～１８５、２００、２０２頁。

(77) 前掲書、２００頁。

(78) 前掲書、１２９～１３３頁。

(79) 『追悼巡礼』日帝強制動員被害者支援財団、fomo.or.kr/

kor（２０２０年６月15日アクセス。韓国語）。

（80）「十勇士の壮烈な戦闘経過　肉弾で陣地粉砕」『東亜日報』１９４９年５月21日付；「祖国守護の精華　李総理が肉弾十勇士讃揚」『京郷新聞』１９４９年５月21日付；「立派だ！不滅の霊魂十勇士・戦没将兵葬儀厳修」『京郷新聞』１９４９年５月29日付；「十勇士に慰問金集まる」『朝鮮日報』１９４９年５月24日付；「戦友の弔砲も粛然!!　忠魂の冥福祈願」『東亜日報』１９４９年６月７日付（全て韓国語）。

（81）Takenaka, *Yasukuni Shrine: History, Memory, and Japan's Unending Postwar*, p.127.

（82）小熊英二『民主と愛国：戦後日本のナショナリズムと公共性』新曜社、２００２年、34頁。

（83）Fritz Wüllner, *Die NS-Militarjustiz und das Elend der Geschichtsschreibung: ein grundlegender Forschungsbericht*（2nd ed.）, Baden-Baden: Nomos, 1997, p.168.

（84）Ariel Merari, Jonathan Fighel, Boaz Ganor, Ephraim Lavie, Yohanan Tzoreff and Arie Livne, "Making Palestinian "Martyrdom Operations"/"Suicide Attacks": Interview With Would-Be Perpetrators and Organizers," *Terrorism and Political Violence*, vol.22 no.1, 2009, pp.102-119.

（85）Bethany Bell, "Austria unveils World War Two deserters' memorial," *BBC News*, 2014.08.24（電子版）.

（86）"Denkmal für die Verfolgten der NS-Militärjustiz in Wien," *deserteursdenkmal.at*.

（87）「ギュンター・グラス」『朝日新聞』１９９５年５月17日付；「大江健三郎」『朝日新聞』１９９５年５月18日付。

（88）Michael Hardt and Antonio Negri, *Empire*, Cambridge, Mass: Harvard University Press, 2000, p.205.

（89）Steven R. Welch, "Commemorating 'Heroes of a Special Kind': Deserter Monuments in Germany," *Journal of Contemporary History*, vol.47 no.2, 2012.04., pp.370-376.

（90）Peter Taylor-Whiffen, "Shot at Dawn: Cowards, Traitors or Victims?," *BBC*, 2011.03.03（電子版）.

（91）チャールス・アームストロング「家族主義、社会主義、北朝鮮の政治宗教」『大衆独裁Ⅱ：政治宗教とヘゲモニー』林志弦・金容右編、チェクセサン、２００５年、１６８〜１８９頁（韓国語）。

（92）Mosse, *Naitonalization of the Masses*, pp.215-216.

（93）「国旗に対する誓い、こう変わる」『マネー・トゥデイ』２００７年７月６日；「国旗に対する誓いなくそう」『ハンギョレ21』２００６年１月３日（全て電子版、韓国語）。

（94）Goldberg, "Forum: On Saul Friedlaender's *The Years of Extermination 2*. The Victim's Voice and Melodramatic Aesthetics in History," pp.225-226.

(95) Tzvetan Todorov, *Facing the Extreme: Moral Life in the Concentration Camps*, Arthur Denner and Abigail Pollack trans., London: Weidenfeld & Nicolson, 1999, pp.11, 15, 20.

第3章　グローバル化

(1) Ian Buruma, *Year Zero: A History of 1945*, New York: The Penguin Press, 2013.

(2) "Declaration of the Stockholm International Forum on the Holocaust," holocaustremembrance.com.

(3) Ibid.

(4) Benoît Challand, "1989, Contested Memories and the Shifting Cognitive Maps of Europe," *European Journal of Social Theory*, vol.12 no.3, 2009, p.399.

(5) Jan Surmann, "Zwischen Restitution und Erinnerung. Die US-Restitutionspolitik am Ende des 20. Jahrhunderts und die Auflosung der Tripartite Gold Commission," *Universalisierung des Holocaust? Erinnerungskultur und Geschichtspolitik in internationaler Perspektive*, Moisel Eckel ed., Beiträge zur Geschichte des Nationalsozialismus, vol.xxiv, Göttingen: Wallstein, 2008, pp.135-155; Stuart Eizenstat, *Imperfect Justice: Looted Assets, Slave Labor and the Unfinished Business of World War II*, New York: Public Affairs, 2003.

(6) "Declarations of the Task Force For International Cooperation on Holocaust Education, Remembrance, and Research," *fcit.usf.edu*, 1998.12.03.

(7) Jean-Marc Dreyfus and Marcel Stoetzler, "Holocaust memory in the twenty-first century: between national reshaping and globalization," *European Review of History*, vol.18 no.1, 2011, p.70.

(8) Larissa Allwork, "Holocaust Remembrance as 'Civil Religion': The Case of the Stockholm Declaration" (2000), *Revisiting Holocaust Representation in the Post-Witness Era*, Diana I. Popescu and Tanja Schult eds., Basingstoke: Palgrave Macmillan, 2015, p.288.

(9) Dan Diner, "Memory and Restitution: World War II as a Foundational Event in a Uniting Europe," *Restitution and Memory: Material Restitution in Europe*, Dan Diner and Gotthart Wunberg eds., New York/Oxford: Berghahn Books, 2007, p.9; Alon Confino, *Foundational Past: The Holocaust as Historical Understanding*, Cambridge: Cambridge University Press, 2012, pp.5-6.

(10) Leszek Kołakowski, "Amidst Moving Ruins," *Daedalus*, vol.121 no.2, 1992, p.56.

(11) 人数は財団の最終報告書による。Michael Jansen and

Günter Saathoff, *A Mutual Responsibility and a Moral Obligation: the Final Report on Germany's Compensation Programs for Forced Labor and other Personal Injuries*, Basingstoke: Palgrave Macmillan, 2009, pp.25, 27. しかし最近では、東欧の占領地域から無断で強制動員された人まで含めれば最大で２０００万人になるともされている。

（12） 記憶・責任・未来財団のミハエル・ヤンセンとギュンター・ザトフとの２０１６年８月19日の著者によるインタビュー。

（13） 日帝強制動員歴史館の示す統計によれば、労働動員７５５万４７６４人、軍務員動員６万３３１２人、軍人動員20万９２７９人で計７８２万７３５５人となる。そのうち植民地朝鮮での仕事に動員されたのは約６５０万人になる。

（14） 「独、ナチ労働者１５０万人に賠償、１人に最高８００万ウォン」『東亜日報』２０００年７月12日付；「ナチ強制労働の国際補償協定に７カ国署名」『毎日経済新聞』２０００年７月17日付；「独〝ナチ賠償〟懺悔、世界が激賞」『文化日報』２０００年７月18日付；「独財界、ナチ労役被害の補償根拠できたと歓迎」『中央日報』２００１年５月23日付（全て韓国語）。

（15） 「〝ナチの過去〟補償が終了、〝日本と対照的〟」『京郷新聞』２００７年６月12日付（韓国語）。

（16） チョン・ヒョンベク、ソン・チュンギ「統一ドイツの過去清算：強制徴用された外国人労働者に対する賠償」*FES-Information-Series*、FES Korean Cooperation Office、２０００年、12頁（韓国語）。

（17） Judges of the Women's International War Crimes Tribunal on Japan's Military Sexual Slavery, "Transcript of Oral Judgment," *Women's Caucus for Gender Justice*, 2001.12.04., articles 16-26, 27-28, 30-31.

（18） Ibid., article 153.（訳注：判決文の日本語訳はVAWW-NET Japan編『女性国際戦犯法廷の全記録Ⅱ：日本軍性奴隷制を裁く─２０００年女性国際戦犯法廷の記録第６巻』緑風出版、２００２年から引用した）

（19） Daielle Paquette, "Turning Pain Into Hope: Rwanda's children of rape are coming of age—against the odds," *The Washington Post*, 2017.06.11（電子版）.

（20） Maki Kimura, *Unfolding the "Comfort Women" Debates: Modernity, Violence, Women's Voices*, Basingstoke: Palgrave Macmillan, 2016, pp.6-8; Rumi Sakamoto, "The Women's International War Crimes Tribunal on Japan's Military Sexual Slavery: A Legal and Feminist Approach to the 'Comfort Women' Issue," *New Zealand Journal of Asian Studies*, vol.3 no.1, 2001, pp.49-50.

（21） Carol Gluck, "Operations of Memory: "Comfort Women"

and the World," *Ruptured Histories, : War, Memory and the Post-Cold War in Asia*, Shelia Miyoshi Jager and Rana Mitter eds., Cambridge, Mass: Harvard University Press, 2007, pp.69, 74.

(22) Carol Gluck, "What the World Owes the Comfort Women," *Mnemonic Solidarity: Global Interventions,* Entangled Memories in the Global South Series vol.1, Jie-Hyun Lim and Eve Rosenhaft eds., London: Palgrave Macmillan, 2021, p.92ff.

(23) R. Charli Carpenter, "Surfacing Children: Limitations of Genocidal Rape Discourse," *Human Rights Quarterly*, 22, 2000, pp.428-477; Alison Desforges, *Leave None to Tell the Story: Genocide in Rwanda*, New York: Human Rights Watch, 1999, p.163.

(24) インドネシアでオランダが主管したバタビア戦犯裁判で、抑留されていたオランダ人女性を慰安婦にした加害者への起訴と処罰が行われた。ただ、女性に対する性的搾取と暴力を審判したというより、アジア人男性が白人女性に性的加害を加えるという人種的タブーを超えた行為に対する処罰という性格の方が強かった。Carol Gluck, "Operations of Memory: "Comfort Women" and the World," *Ruptured Histories*, Jager and Mitter eds., p.67.

(25) Melanie O'Brien, "'Don't kill them, let's choose them as wives': the development of the crimes of forced marriage, sexual slavery and enforced prostitution in international criminal law," *The International Journal of Human Rights*, vol.20 no.3, 2016, pp.386-387, 393-395.

(26) Dustin Lewis, "Unrecognized Victims: Sexual Violence against Men in Conflict Settings under International Law," *Wisconsin International Law Journal*, vol.27 no.1, 2009, pp.1-49; Sandesh Sivakumaran, "Sexual Violence against Men in Armed Conflict," *European Journal of International Law*, vol.18, no.2, 2007, pp.253-276; Sandesh Sivakumaran, "Lost in Translation: UN Responses to Sexual Violence against Men and Boys in Situations of Armed Conflict," *International Review of the Red Cross*, vol.92 no.877, 2010, pp.259-277. フィリピンのゲイ慰安婦ワルテリーナ・マルコヴァ（Walterina Markova）に対する興味深い伝記映画『マルコヴァ：ゲイ慰安婦（Markova: A Comfort Gay）』（２０００年）も参照。マルコヴァについては、西江大の学部生、イ・ソクヒョン君が教えてくれた。

(27) Gluck, "Operations of Memory," p.72.

(28) J. K. Yamamoto and Mikey Hirano Culross, "Comfort Women Monument Unveiled In Glendale," *The Rafu Shimpo: Los Angeles Japanese Daily News*, 2013.08.02（電

子版).

(29) 慰安婦についての間違った主張で韓国人が日本人の名誉を汚しているとして、少女像撤去を主張する日系米国人のホワイトハウス請願については、次を参照。petitions.whitehouse.gov/petition/remove-monument-and-not-support-any-international-harassment-related-issue-against-people-japan/FPfs7p0Q

(30) “About NCRR,” *Nikkei for Civil Rights and Redress.*

(31) 申琪榮「日本軍〝慰安婦〟問題：保守の結集とポスト冷戦の世界政治の間で」『脱戦後日本の思想と感性』趙寛子訳、博文社、２０１７年、２３７頁（韓国語）。

(32) J. K. Yamamoto and Mikey Hirano Culross, “Comfort Women Monument Unveiled In Glendale”（電子版）. シナンヤンは「日本という単語をトルコに、韓国人をアルメニア人に置き換えよう。そうすれば私の生きてきた経験に（重なる）。これは歴史的な事実だ」とも語っている。Rafu Staff Report, “Glendale Approves Comfort Women Memorial,” *Rafu Shinpo*, 2013.07.15（電子版）. シナンヤンは２０１９年6月にアルメニア政府から「ディアスポラ問題特命大使」に任命された。彼は、グレンデールのアルメニア人コミュニティの持つ重みを物語っている。

(33) Glendale Government Library, Art & Culture Department ReflectSpace, “ReflectSpace/City of Glendale,” glendaleca.gov.

(34) 牟田和恵「『慰安婦問題は #MeToo だ！』映像に対する攻撃を通じて見る日本」ホ・ユン・牟田和恵・富山一郎、クォンキム・ヒョニョン『戦争、女性、暴力：日本軍〝慰安婦〟をトランスナショナルに記憶する』（e-Pub）、西江大トランスナショナル人文学研究所国際学術会議発表文、２０１９年3月7〜8日、41頁（韓国語）。

(35) C. Sarah Soh, *The Comfort Women: Sexual Violence and Postcolonial Memory in Korea and Japan*, Chicago: University of Chicago Press, 2008, p.32.

(36) 牟田和恵「『慰安婦問題は #MeToo だ！』映像に対する攻撃を通じて見る日本」、45〜46頁。

(37) Gluck, “What the World Owes the Comfort Women,” p.117.

(38) ２０１５年12月28日の慰安婦問題に関する日韓合意発表の際、米ブルームバーグ通信は、慰安婦問題に対する同時代の関心と憂慮に基づいて国際社会がイスラム国やボコ・ハラムの性奴隷として拉致された女性たちのために行動するよう促すコラムを配信した。Noah Feldman, “Apology Isn't Justice for Korea's ‘Comfort Women’,” *Bloomberg Opinion*, 2015.12.29（電子版）.

(39) Christa Paul, *Zwangsprostitution. Staatlich errichtete Bordelle im Nationalsozialismus*, Berlin: Edition Hentrich,

1994.

(40) チョン・ヨンスク「ナチ国家の売春所と強制性売買：その実際と戦後の時代の記憶」『女性と歴史』29、２０１８年、３８５～３８７頁（韓国語）。

(41) 国連の人権機関に韓国側と共に慰安婦問題を提起してきた弁護士、戸塚悦朗は、日本から発信した人権問題の中で慰安婦問題ほど急速に注目された事例はなかったと回顧する。戸塚悦朗『歴史認識と日韓の「和解」への道』日本評論社、２０１９年、申琪榮「日本軍慰安婦問題」、２４７頁から再引用。

(42) "Louis Harap's Letter to W.E.B. Dubois. Feb.13, 1952," W. E. B. Du Bois Papers (MS 312) Special Collections and University Archives, University of Massachusetts Amherst Libraries.

(43) W. E. B. Dubois, "The Negro and the Warsaw Ghetto," *The Oxford W. E. B. Dubois Reader*, Eric. J. Sundquist ed., Oxford: Oxford University Press, 1996, p.470. デュボイスの経験は、マルコムXが１９６０年代にイスラム教巡礼をした際に出合った「白い」イスラム教徒に連帯感を覚えたことと似ている。マルコムXは「白い」イスラム教徒が自身に見せた連帯を通じ、「我々」と「彼ら」は必ずしも皮膚の色で分けられるのではないことを悟った。暗殺される直前のマルコムXが、黒人とユダヤ人の連帯を深刻に考えていた痕跡はいたる所にある。アレックス・ヘイリー『マルコムX』パク・チョンギュ訳、キウォンジョン、１９９３年（韓国語）。

(44) Dubois, "The Negro and the Warsaw Ghetto," p.471.

(45) Paul Gilroy, *The Black Atlantic: Modernity and Double Consciousness*, London: Verso, 1993, pp.207-208.

(46) Rebecca Wolpe, "From Slavery To Freedom: Abolitionist Expressions In Maskilic Sea Adventures," *AJS Review*, vol.36 no.1, 2012, pp.61-62.

(47) 作家のイシドール・センチュリーは6歳だった１９３２年、「スコッツボロ事件の少年たちを釈放せよ」と書かれたプラカードを持ってメーデーのデモ行列に参加したという。黒人少年9人が１９３１年に貨物列車内で白人女性を強姦したとして死刑判決を受けたのだが、でっち上げ事件だと見られていた。メーデーの行事でユダヤ系移民がスコッツボロの黒人少年釈放を求めるプラカードを掲げる風景は示唆する所が大きい。

(48) トニー・モリソン『見えないインク』イ・ダヒ訳、パダ出版社、２０２１年、１６０頁（韓国語）。

(49) Ann Curthoys and John Docker, "Defining Genocide," *The Historiography of Genocide*, Dan Stone ed., Basingstoke: PalgraveMacmillan, 2010, pp.16-21. 欧米と東欧、イスラエル、中東の左右の政治勢力がレムキンの理論

的遺産を政治的に誤用したり、濫用したりする様相については次を参照。James Loeffler, “Becoming Cleopatra: the forgotten Zionism of Raphael Lemkin,” *Journal of Genocide Research*, vol.19 no.3, 2017, pp.340-360.（訳注：米国の批准は結局、１９８８年になった。韓国は１９５０年に批准したが、日本は現在も批准していない）

（50） Dan Goldberg, “An Aboriginal protest against the Nazis, finally delivered,” *Haaretz*, 2012.10.10（電子版）。

（51） Shirli Gilbert, “Anne Frank in South Africa: Remembering the Holocaust During and After Apartheid,” *Holocaust and Genocide Studies*, vol.26 no.3, 2012, pp.366, 374.

（52） Gilbert, “Anne Frank in South Africa,” pp.374-376.

（53） Bernice L. McFadden, *The Book of Harlan*, New York: Akashic Books, 2016.

（54） 書評サイト「グッドリーズ（goodreads）」に載った読者評は感動的な小説だと高く評価しているが、歴史的事実の再現という観点での評価は低い。“The Book of Harlan,” goodreads.com.

（55） 「ラインラントの黒人」は、フランスとベルギーが１９２３～１９２５年にルール地方を占領した際、アフリカ植民地出身のフランス軍兵士と現地のドイツ人女性との間に生まれた子供たちを指す。

（56） イヴ・ローゼンハフト「ヒトラーの黒人犠牲者を想像する：多方向記憶と最近のホロコースト小説」ムン・スヒョン訳、『ドイツ研究』42号、２０１９年、１１８頁（韓国語）。

（57） “Mbembe‘s interview with RenAguigah: The Conviction and Conscience of Achille Mbembe,” *New Frame*, 2020.04.23.; “Call to replace Felix Klein as the Federal government Commissioner for the Fight against Antisemitism,” scribd.com/document/459345514/Call-on-German-Minister-Seehofer, 2020.04.30.

（58） Michael Rothberg, “On the Mbembe Affair: The Specters of Comparison,” Goethe Institut, goethe.de/prj/lat/en/dis/21864662.html

（59） Natan Sznaider, “The Summer of Discontent: Achille Mbembe in Germany,” *Journal of Genocide Research*, 2020.12., p.2.

（60） Rothberg, “On the Mbembe Affair”.

（61） 歴史家論争に関する批判的紹介としては次を参照。Geoff Eley, “Nazism, Politics and the Image of the Past: Thoughts on the West German Historikerstreit 1986-1987,” *Past & Present*, no.121, 1988, pp.171-208; Charles Maier, *The Unmasterable Past: History, Holocaust and German National Identity*（second edition with a new preface）, Cambridge, MA: Harvard University Press,

1997; Siobahn Kattago, *Ambiguous Memory: The Nazi Past and German National Identity*, Westport: Praeger, 2001, pp.56-62.

(62) 「多方向的記憶」と「批判的相対化」については、それぞれ次を参照。Michael Rothberg, *Multidirectional Memory: Remembering the Holocaust in the Age of Decolonization*, Stanford: Stanford University Press, 2009; Lim, "Triple Victimhood: On the Mnemonic Confluence of the Holocaust, Stalinist Crime, and Colonial Genocide".

(63) 戦後ドイツの記憶文化での植民地主義の忘却については Reinhart Kössler, *Namibia and Germany: Negotiating the Past*, Windhoek: University of Namibia Press, 2015, pp.49-50, 59-63、東欧へのナチの植民地主義的プロジェクトについては Kristin Kopp, *Germany's Wild East: Constructing Poland as Colonial Space*, Ann Arbor: The University of Michigan Press, 2012; Martin Winstone, *The Dark Heart of Hitler's Europe: Nazi Rule in Poland under the General Government*, London: I. B. Tauris, 2015, pp.4-30; Thaddeus Sunseri, "Exploiting the *Urwald*: German Post-Colonial Forestry in Poland and Central Africa, 1900-1960," *Past&Present*, vol.214 no.1, 2012, pp.305-342などを参照。

(64) Telford Taylor, *Nuremburg and Vietnam: An American Tragedy*, Chicago: Quadrangle Books, Inc., 1970.

(65) Berthold Molden, "Vietnam, the New Left and the Holocaust: How the Cold War Changed Discourse on Genocide," *Memory in a Global Age*, Assmann and Conrad eds., pp.79-96.

(66) Mark Mazower, "The Cold War and the Appropriation of Memory: Greece after Liberation," *The Politics of Retribution in Europe: World War II and Its Aftermath*, István Deák, Jan T. Gross and Tony Judt eds., Princeton: Princeton University Press, 2000, pp.224-225.

(67) 本多は英訳された著書の序文で自身の心境を明らかにしている。Honda Katsuichi, "Author's Preface to the U.S. Edition," *The Nanjing Massacre: A Japanese Journalist Confronts Japan's National Shame*, Karen Sandness trans., London: Routledge, 1998, p.xxvi.

(68) 日本の右派とは違う理由で毛沢東政権もまた、南京虐殺には無関心だった。中華人民共和国の主たる関心は、日本を再武装させようとする米帝国主義者の意図をくじくことにあった。南京虐殺に関心が集まりすぎることは、反米闘争の隊列を乱しかねないと見なされた。１９６０年代まで、中国人にとって南京は歴史的な階級闘争の地としてだけ記憶されていた。日本軍に虐殺された中国人よりは、国民党の「反動」勢力に虐殺された革命の殉教者に対する記憶が優先されていた。Daqing Yang, "The Malleable and the Contested: the Nanjing Massacre in Postwar China and Japan," *Perilous Memories: The Asia-Pacific War(s)*, Takashi Fujitani, Geoffrey M. White and Lisa Yoneyama eds., Durham: Duke University Press, 2001, pp.50-86.「第2次大戦での忘れられたホロコースト」という副題を付けて出版されたアイリス・チャンの『ザ・レイプ・オブ・南京』（1997年）が南京虐殺に関する世論を高めたのはずっと後のことだった。チャンはさまざまな講演で「太平洋のホロコースト」という表現も使い、米国メディアの関心を引こうとした。Iris Chang, *The Rape of Nanking: The Forgotten Holocaust of World War II*, New York: Basic Books, 1997.

（69）針生一郎「日本の68年」『環：歴史・環境・文明』vol.33、2008年、196～205頁。

（70）金容右「批評論文：植民の記憶、占領の記憶：1961年10月事件とモーリス・パポン裁判」『西洋史論』108号、2011年、187～211頁（韓国語）。

（71）Michael Rothberg, "Between Auschwitz and Algeria: Multidirectional Memory and the Counterpublic Witness," *Critical Inquiry*, vol.33 no.1, 2006, pp.158-160, 169-170; Michael Rothberg, "From Gaza to Warsaw: Mapping Multidirectional Memory," *Criticism*, vol.53 no.4, 2011, p.528.

（72）Ward Churchill, "American Holocaust: Structure of Denial," *Socialism and Democracy*, vol.17 no.1, 2003, pp.26, 30, 61. 同じ文脈で、ナイジェリア内戦時に現地のカトリック宣教師たちはビアフラの犠牲者を「ユダヤ人の犠牲者」にたとえた。ポルポトの虐殺にも「カンボジアのホロコースト」「アジアのアウシュヴィッツ」という言い方がされた。地球規模の記憶構成体において、ホロコーストは犠牲者たちの悲劇を強調する時に最も頻繁に呼び出されるメタファーだった。反ユダヤ主義の傾向が強いポーランドの民族主義者たちが、ナチのポーランド民族虐殺を強調するのに「忘れられたホロコースト」という用語を使うのも興味深い。中東でさえ、弱者の犠牲を強調する時にホロコーストという言葉が使われる。1980年代のアフガニスタンのムジャヒディンは、ソ連軍侵攻をナチのホロコーストよりも悪辣なものだと非難した。1991年の湾岸戦争を報じた西側メディアでは、イラクのサダム・フセインはヒトラーより悪い人間となった。サイモン・ウィーゼンタールセンターは、イラクの独裁者のためにドイツ企業が「ガス室」を作ったと暴露した。1992年にセルビア軍と民兵がボスニアのイスラム教徒を虐殺した時、あるイスラム教徒の大学生は自分たちをナチ治下のユダヤ人のようだとたとえた。スペイン内戦の研究に生涯を捧げた英国のポール・プレストンは、新刊に『スペイン・ホロコースト』というタイトルを付けた。一部のユダヤ系知識人はホロコーストが安売りされすぎだと不平を抱いているが、ホロコーストはあらゆるシチュエーションで使われるようになった。米国の宗教保守派にとって中絶の合法化は「米国のホロコースト」であり、動物愛護論者は毛皮農場で「動物ホロコースト」が行われていると興奮する。ゲイ運動家たちは、社会の無関心の中で「エイズ・ホロコースト」が起きていると警告した。銃所持の自由を主張する人々は、ユダヤ人のゲットー蜂起で使用された手製の銃を引き合いに出して、ナチス・ドイツで銃器所有が許されていたならホロコーストを防げたはずだという広告コピーを作った。愛煙家たちは厳しい禁煙政策が「喫煙者ホロコースト」の陰謀だと泣き落としを図った。記憶のグローバリゼーションの過程で、ホロコーストは俗なものとなり、戯画化されたという印象が拭えない。

(73) nwgenocide.omeka.net（2020年11月4日アクセス）

(74) Michael Mann, *The Dark Side of Democracy: Explaining Ethnic Cleansing*, Cambridge: Cambridge University Press, 2005, p.4.

(75) ロバート・パクストン『ファシズム：熱情と狂気の政治革命』ソン・ミョンヒ、チェ・ヒヨン訳、教養人、2005年、39頁（韓国語）。

(76) Zygmunt Bauman, *Modernity and Holocaust*, Ithaca, New York: Cornell University Press, 2000, p.243.

(77) Zeev Sternhell, Mario Sznajder and Maia Asheri, *The Birth of Fascist Ideology*, David Maisel trans., Princeton: Princeton University Press, 1994, p.3.

(78) 旧ユーゴ内戦で起きた民族浄化を「人類学者でもなければ理解できない原始的な部族葛藤だ」という英国の歴史家ジョン・キーガン（John Keegan）の言葉は、西欧中心主義的な記憶がどんなものかを端的に示している。John Keegan, "A primitive tribal conflict only anthropologists can understand," *Daily Telegraph*, 1993.04.15., quoted in Mark Mazower, *Dark Continent: Europe's Twentieth Century*, London: Allen Lane, 1998, p.xiv.

(79) Michael Rothberg and Yasemin Yildiz, "Memory Citizenship: Migrant Archives of Holocaust Remembrance in Contemporary Germany," *Parallax*, vol.17 no.4, 2011, pp.35, 37-38.

(80) Rothberg and Yildiz, "Memory Citizenship: Migrant Archives of Holocaust Remembrance in Contemporary Germany," pp.39-43.

第4章　国民化

(1) "Pierwszy dzień wolności …," *Dziennik Polski*, nr.24

(5908), Kraków, 1963.01.29.

（2） “Marsz Pokoju Hiroszima-Oświęcim, 1963” nr. ilustracji: 8611, 8612, 7631, 4994. Archiwum Eustachego Kossakowskiego. Museum of Contemporary Art in Warsaw.

（3） “Uczestnicy Marszu pokoju zwiedzają polski,” *Dziennik Łódzki*, nr. 26（5027）, Łódz, 1963.01.30.

（4） Ran Zwigenberg, “Never Again: Hiroshima, Auschwitz and the Politics of Commemoration,” *The Asia-Pacific Journal*, vol.13 no.3, 2015, pp.3-4; Ran Zwigenberg, *Hiroshima: The Origins of Global Memory Culture*, Cambridge: Cambridge University Press, 2014, p.176.

（5） Interview with Kuwahara Hideki, Hiroshima, 2010.07.02., quoted in Zwigenberg, *Hiroshima*, p.179.（訳注：ツヴァイゲンバーグは「Hideki Kuwahara」と表記しているが、正しくは「桑原英昭」）

（6） “Jan Frankowski,” *Słownik biograficzny katolicyzmu społecznego w Polsce: A-J*, Ryszard Bender ed., Lublin: Towarzystwo Naukowe Katolickiego Uniwersytetu Lubelskiego, 1994.

（7） Ariel Orzełek, “U genezy Chrześcijańskiego Stowarzyszenia Społecznego. Powstanie i rozpad pierwszego zespołu redakcyjnego tygodnika „Za i Przeciw”,” *Kwartalnik Historyczny*, vol.126 no.4, 2019, pp.723, 727-728, 730.

（8） 欧州の反核平和運動に対するソ連情報機関の執拗な介入の試みを考えれば、広島の平和運動へのフランコフスキの接近は驚くに値しない。

（9） HAP Newsletter I, p.10, quoted in Zwigenberg, *Hiroshima*, p.181.

（10） ２０１９年３月１日から５月12日までピースおおさか（大阪国際平和センター）は「カティンの森事件：２２０００人のポーランド人将校の行方」という特別展を開いた。駐日ポーランド共和国大使館が後援し、ポズナンの西洋研究所が資料を提供した。ナチス・ドイツの軍による現場での発掘や遺品の写真、独占領下のクラクフでナチが発行したポーランド語の新聞記事などだ。第２次大戦末期の大阪空襲の死者１万２６２０人と行方不明者２１７３人を追悼する中庭を抜けて、特別展の会場に入るようになっていた。ソ連の秘密警察に虐殺されたポーランド人将校と米軍の無差別爆撃で死亡した大阪の民間人犠牲者の記憶が、自然と交わる配置だった。私は、講演のために大阪を訪れた４月19日に特別展を見た。展示のタイミングや場所、展示資料のすべてが歴史的文脈から離れており、まとまりに欠けるという印象を受けた。「なぜ、その時に、そこで［特別展が開かれたのか］」という問いに対する答えは、まだ見つけられていない。一般論として言えるのは、日本とポーランドが日露戦争以来、ロシアという共通の敵のおかげで政治状況を超え、情緒的に親近感を覚えてきたことだろう。

(11) Zwigenberg, *Hiroshima*, pp.180-181. 犠牲が出た原因や様相を見れば、アウシュヴィッツよりドレスデンの方が広島との連帯にふさわしいのではないかと思われる。それでも行進の目的地はアウシュヴィッツとされた。犠牲者の悲劇的記憶を思い起こさせるアウシュヴィッツの象徴性はあっただろうが、冷戦の国際政治にも影響されたと見るのが妥当だろう。

(12) Zwigenberg, *Hiroshima*, pp.189-194.

(13) John W. Dower, *War Without Mercy: Race and Power in the Pacific War*, New York: Pantheon Books, 1986, pp.296-297. ジョン・ダワーは朝鮮人犠牲者を7万人としているが、吉田裕の最近の統計は20万人としている。

(14) 太平洋戦線での米軍による白人優越主義的で人種差別的な宣伝と軍事戦略については次を参照。Dower, *War Without Mercy*, pp.9, 14, 7, 38, 65 and passim.

(15) イアン・ブルマ『近代日本』チェ・ウンボン訳、ウルユ文化社、２００４年、54～55頁（韓国語）。

(16) Stefan Tanaka, *Japan's Orient: Rendering Pasts into History*, Berkeley: University of California Press, 1993, pp.4-60.

(17) Jordan Sand, "Subaltern Imperialists: The New Historiography of the Japanese Empire," *Past and Present*, vol.225 no.1, 2014, p.275.

(18) ジョージ・W・ブッシュ元大統領も、９・11テロの犠牲者を追慕する演説で３分の１に達する外国人犠牲者を省略し、米国民の犠牲を排他的に強調したことは興味深い。

(19) Yoneyama, *Hiroshima Traces*, pp.152-166.

(20) イアン・ブルマ『アウシュヴィッツと広島』キム・ヨンファン訳、ハンギョレ新聞社、２００２年、１１９頁（韓国語）。

(21) Takahashi Tetsuya, "The Emperor Shōwa standing at ground zero: on the (re-)configuration of a national 'memory' of the Japanese people," *Japan Forum*, vol.15 no.1, 2003, p.6.

(22) Sadako Kurihara, "The Literature of Auschwitz and Hiroshima," *Holocaust and Genocide Studies*, vol.7 no.1, 1993, pp.86-87.

(23) Fujimoto Hiroshi, "Towards Reconciliation, Harmonious Coexistence and Peace: The Madison Quakers, Inc. Projects and the Hibakusha's Visit to My Lai in March 2008," *Nanzan Review of American Studies*, vol.37, 2015, pp.14, 15, 20; "My Lai Survivors Gather to Pray for Victims, Peace 40 Years After Massacre," *Fox News*, AP,

2008.03.16（電子版）; MQI Vietnam, *Winds of Peace*, #1-#12, 1999.12~2005.10. mqivietnam.org/archives.

（24） Michael C. Steinlauf, *Bondage to the Dead: Poland and the Memory of the Holocaust*, Syracuse: Syracuse University Press, 1997, pp.63-74.

（25） Idith Zertal, *From Catastrophe to Power: Holocaust Survivors and the Emergence of Israel*, Berkeley: University of California Press, 1998, pp.217, 221.

（26） Dan Diner, "Cumulative Contingency: Historicizing Legitimacy in Israeli Discourse," *: Studies in Respresentation of the Past*, vol.7 no.1, Special Issue: Israel Historiography Revisited, Gulie Ne'eman Arad ed., 1995, pp.153, 155, 157.

（27） Peter Novick, *The Holocaust and Collective Memory*, London: Bloomsbury, 2001, pp.91, 98, 116, 121 and passim.

（28） Michael C. Steinlauf, "Teaching about the Holocaust in Poland," *Contested Memories: Poles and Jews during the Holocaust and its Aftermath*, Joshua D. Zimmerman ed., New Brunswick, NJ: Rutgers University Press, 2003, p.264.

（29） Steinlauf, "Teaching about the Holocaust in Poland," p.265.

（30） Barbara Engelking, *Holocaust and Memory*, London: Leicester University Press, 2001, pp.282-283.

（31） Lawrence Weinbaum, *The Struggle for Memory in Poland: Auschwitz, Jedwabne and Beyond*, Jerusalem: Institute of the World Jewish Congress, 2011, pp.15-16.

（32） Ibid., p.17. ポーランド当局の公式な立場は、アウシュヴィッツの犠牲者400万人の中で200万人がユダヤ人で、100万人がポーランド人というものだった。共産主義政権の崩壊後、アウシュヴィッツでの犠牲者数は110万人に修正され、うち90％がユダヤ人だと認定された。

（33） 戦間期ポーランドの第2共和制下では、ユダヤ系にも市民権が認められた。だが、土曜日を安息日とする伝統のために日曜休みの国家公務員や大企業などでは働けず、ユダヤ人が運営する中小企業に就職するか自営業者になるしかなかった。

（34） Iwona Irwin-Zarecka, "Poland after the Holocaust," *Remembering for the Future: Working Papers and Addenda*, Yehuda Bauer et al. eds., New York: Pergamon Press, 1989, p.147.

（35） ポーランド共産主義運動史と党史の民族化については次を参照。Jie-Hyun Lim, "The Nationalist Message in Socialist Code: On Court Historiography in People's Poland and North Korea," *Making Sense of Global History: The 19th International Congress of Historical*

Sciences Commemorative Volume, S. Sogner ed., Oslo: Universitetsforlaget, 2001, pp.373-380.

(36) Steinlauf, "Teaching about the Holocaust in Poland," p.266.

(37) Geneviéve Zubrzycki, *The Crosses of Auschwitz: Nationalism and Religion in Post-Communist Poland*, Chicago: University of Chicago Press, 2006, pp.4-5.

(38) Peter Steinfels, "Move By Vatican Applauded In U.S.," *The New York Times*, 1989.09.20.

(39) Zubrzycki, *Crosses of Auschwitz*, p.5.

(40) Ibid., p.112.

(41) "Auschwitz-Birkenau: Auschwitz Convent," *Jewish Virtual Library*; "A Polish Paper Accuses Jews From Bronx in Nuns' Attack," *The New York Times*, 1989.07.16., Section 1, p.14.

(42) John Tagliabue, "Strife Returns To a Convent At Auschwitz," *The New York Times*, 1989.07.27., Section A, p.3.

(43) John Tagliabue, "Cardinal in the Auschwitz Whirlwind," *The New York Times*, 1989.09.05., Section A, p.8.

(44) John Tagliabue, "Polish Prelate Assails Protests By Jews at Auschwitz Convent," *The New York Times*, 1989.08.11., Section A, p.4.

(45) Peter Steinfels, "Polish Cardinal Acknowledges Distress He Caused in 1989 Homily," *The New York Times*, 1991.09.21., Section 1, p.5.

(46) この十字架は１９８９年夏にヴァイスたちが抗議デモをした時には、既に修道院の前に建てられていた。ヴァイスは事件直後に『ニューヨークタイムズ』への投書で、修道院と共に十字架も撤去されねばならないと主張した。Avraham Weiss, "We Did Not Go to Auschwitz to Be Beaten," *The New York Times*, 1989.09.12., Section A, p.24.

(47) Zubrzycki, *Crosses of Auschwitz*, pp.8-9.

(48) Roger Cohen, "Poles and Jews Feud About Crosses at Auschwitz," *The New York Times*, 1998.12.20., section 1, p.3; "Świtoń Kazimierz. Konflikt na żwirowisku," https://wyborcza.pl/7,75248,139041.html

(49) Zubrzycki, *Crosses of Auschwitz*, pp.9-10.

(50) この点については、第7章「併置」で詳述する。

(51) Janine P. Holc, "The Remembered One: Memory Activism and the Construction of Edith Stein's Jewishness in Post-Communist Wrocław," *Shofar: An Interdisciplinary Journal of Jewish Studies*, vol.29 no.4, 2011, pp.78, 91.

(52) "Rabbis Call for Removal of Church at Auschwitz," *Reuters*, 2020.01.27（電子版）.

(53) Novick, *Holocaust and Collective Memory*, p.117.

(54) Levy and Sznaider, *Holocaust and Memory*, pp.60-63.（訳注：日記の一節の日本語訳は、アンネ・フランク『アンネの日記：増補新訂版』深町眞理子訳、文春文庫、２００３年を参考にした）

(55) Alvin H. Rosenfeld, "Popularization and Memory: The Case of Anne Frank," *Lessons and Legacies: The Meaning of the Holocaust in a Changing World*, Peter Hayes ed., Evanston, Ill: Northwestern University Press, 1991, p.265.

(56) ホロコースト記念館副館長、吉田明生への２０１２年８月７日のインタビュー。吉田によると、館長の大塚信はエルサレムを聖地巡礼で訪れた際、オットー・フランクと出会った。その後、彼の遺品と各種資料を譲り受け、記念館を作ることができた。プロテスタントの牧師がユダヤ人のための記念館を作り、運営するというのは、西欧のキリスト教やユダヤ教の観点では理解しがたいことだ。ユダヤ人の神学研究者であるスザンナ・ヘッシェルは、日本人牧師が運営するこの記念館についての私の話に半信半疑で、後で私が送った写真を見て初めて信じ始めた。

(57) 英語では「remember」と書かれている。

(58) 広島での被爆の後遺症で白血病となり、１９５５年に12歳で死亡した佐々木禎子は生前、病床で１０００羽以上の鶴を折った。折り鶴は純真で無垢な子供の犠牲に思いをはせる反戦平和の象徴となった。アンネ・フランクと佐々木禎子は、子供の戦争犠牲に対する日本のトランスナショナルな記憶の言説でよく一緒に持ち出されるようになった。

(59)「ホロコースト記念館」hecjpn.org（２０２０年11月４日アクセス）

(60) "Japanese retain fascination with Anne Frank," *Deutsche Welle*, 2015.03.02（電子版）.

(61) "Why Are the Japanese So Fascinated With Anne Frank?," *Haaretz*, Jan.22, 2014（電子版）. イスラエルの左派系紙『ハーレツ』のこの記事には日本人と見られる読者コメントが付いている。日本軍が第2次大戦中に2万人のユダヤ人を助けたことをイスラエルの人々は知らないのではないかという、クロカワという名の投稿は興味深い。記念館を訪れる韓国人観光客の反応もまた、日本人の過剰なまでのホロコーストへの関心と対照的だ。副館長の吉田によると、韓国人の団体観覧のほとんどは建築学科の大学生たちだ。彼らの関心は展示内容ではなく、建物の建築学的な特徴に集中しているという。注56のインタビュー。

(62) 金井元貴「永遠のロングセラーはどう生まれたか。みすず書房と『夜と霧』の60年」『新刊ＪＰ』２０１７年12月30日（電子版）。

(63) V・E・フランクル『夜と霧：ドイツ強制収容所の体験記録』霜山徳爾訳、みすず書房、1956年、1頁。（訳注：「出版者の序」は2002年の新版には収録されていない）

(64) Takashi Yoshida, "A Battle over History: the Nanjing massacre in Japan," *The Nanjing Massacre in History and Historiography*, Joshua Fogel ed. Berkeley: University of California Press, 2000, p.76.

(65) Yoshiko Nozaki, *War Memory, Nationalism and Education in Postwar Japan, 1945-2007: The Japanese history textbook controversy and Ienaga Saburo's court challenge*, London: Routledge, 2008, pp.20-25; 俵義文『戦後教科書運動史』平凡社新書、2020年、74〜79頁。

(66) 林房雄『大東亜戦争肯定論』中公文庫、2014年、7、20〜21、28〜29頁。

(67) 同書、19、149、228頁。

(68) 西川長夫「韓国の読者たちへ」『国民という怪物』ユン・デソク訳、ソミョン出版、2002年、6〜9頁（韓国語）。西川の指摘は、抵抗民族主義が国民国家の形成を急ぐ過程で、しばしば旧宗主国の最も反動的かつ極右的な言説と似ていく危険性への警告だと読み取れる。

(69) パンカジ・ミシュラ『帝国の廃虚にて：抵抗と再建のアジア近代史』イ・ジェマン訳、チェククヮハムケ、2013年、11〜20頁（韓国語）。

(70) 山室信一『キメラ：満洲国の肖像』中公新書、2004年、47〜51頁。

(71) ハ・ヨンジュン「日本帝国と汎アフリカ主義の〝トランス・パシフィックコネクション〟：W・E・B・デュボイスとC・L・R・ジェームズの東アジア言説を中心に」*Homo Migrans*、vol.18、2018年、166〜169頁（韓国語）。

(72) Yuichiro Onishi, "The New Negro of the Pacific: How African Americans Forged Cross-Racial Solidarity with Japan, 1917-1922," *The Journal of African American History*, vol.92 no.2, 2007, pp.199-200.

(73) 「『アンネの日記』子供読後感想文大会参加作」、Yes24『アンネの日記』図書ページ（韓国語）。大きな問題は、ほぼ全ての感想文が日本の植民地支配とアンネのホロコースト体験を同一視している点だ。

(74) 『アンネの日記』「Yes24 子供読後感」ページ、2020年9月14日（韓国語）。

(75) 『アンネの日記お楽しみ読後感』m.blog.naver.com/sbbamtol/220064081996、2014年7月18日：『アンネの日記』https://bookbugs.tistory.com/entry/안네의-일기-안네-프랑크-저、2013年6月8日：『アンネの日記』http://joungul.co.kr/after/after1/독후감52984.asp、2006年10月28日（全て韓国語）。

(76)「ユダヤ共和国」『朝鮮日報』1923年10月22日付：「回回教徒とユダヤ教徒のあつれき」『東亜日報』1936年4月24日付：「パレスチナで民族的闘争激化」『朝鮮日報』1936年4月24日付：「世界史に現れたユダヤ系の偉人」『東亜日報』1934年7月9日付など多数（全て韓国語）。「ネイバー・ニュースライブラリー」を検索すると、朝鮮で初の日刊紙『朝鮮日報』が創刊された1920年3月5日から1945年8月15日までの間に植民地朝鮮の日刊紙に掲載されたユダヤ人に関する記事は1622件に達した。

(77) この現象は、第3次中東戦争後のイスラエルの状況をホロコースト当時と同じくらい危険だと危機感を強め、犠牲者意識を呼び戻す言説がフランスのユダヤ系社会で強まったのと正反対であり興味深い。Joan B. Wolf, ""Anne Frank is dead, long live Anne Frank": The Six-Day War and the Holocaust in French Public Discourse," *History and Memory*, vol.11 no.1, 1999, p.106.

(78)「朴議長、晴耕雨読を残し…」『京郷新聞』1962年2月10日付：「1万坪開墾の農事革命」『京郷新聞』1962年2月10日付：「朴正熙議長、目をつむり祈祷」『東亜日報』1962年2月10日付：「農村のための朴議長の指示を見て…」『京郷新聞』1962年2月11日付（全て韓国語）。

(79)「イスラエルから1000ドル余りを再建運動に寄贈」『京郷新聞』1963年12月2日付（韓国語）。

(80)「朴大統領、カナン農軍修了式に農畜舎建設費など贈る」『東亜日報』1973年11月17日付（韓国語）。

(81) "Customer reviews of *So Far From the Bamboo Grove*," Amazon.com, 2021.03.30.

(82) "Compilation of news articles on Comfort Women Survivors and Holocaust Survivors' Meeting," kace. org, 2011.12.21（2021年1月17日アクセス）

(83) 私の印象では、そうした試みは韓国における政治的ジェノサイドの犠牲者の心を動かすより、むしろホロコーストに対する好奇心をかきたてる側面が大きい。

(84)「4・3抗争を盛り込んだイ・サンハ詩人の詩集『漢拏山』復刊」『オー・マイ・ニュース』2018年4月2日（電子版、韓国語）。

(85) 鄭賛の小説が、現代音楽の観点からホロコーストを音楽化したシェーンベルクよりグレツキを好むのも示唆に富んでいる。グレツキは、シェーンベルクによる19世紀ポーランド民族運動の愛国的な歌を取り入れるなど民族音楽の傾向の強い人物だ。

(86) 鄭賛『悲しみの歌』朝鮮日報社、1995年（韓国語）。

(87)「『監獄の扉は外から開けねば』…北韓・ホロコースト写真展開催」『ザ・ワードニュース』2021年4月13日（電子版、韓国語）。

(88) Alon Confino, "The Holocaust as a Symbolic Manual," *Marking Evil: Holocaust Memory in the Global Age*, Amos Goldberg and Haim Hazan eds., New York: Berghahn Books, 2015, p.56.

(89) Amos Goldberg, "Ethics, Identity, and Anfifundamental Fundamentalism," *Marking Evil*, p.21; Haim Hazan, "Globalization versus Holocaust," *Marking Evil*, p.31.

第5章　脱歴史化

(1) Hannah Arendt, "The Aftermath of Nazi Rule," *Commentary*, 1950.10., p.342. アーレントの記事は米英仏の占領に触れる一方でソ連占領地域への言及はないので、取材したのは西ドイツ地域だったと思われる。

(2) Ibid., pp.342-343.

(3) Ibid., pp.345, 347-349.

(4) Ibid., p.344.

(5) Ibid., pp.343-344. この「代贖」の感覚は、広島と長崎の被爆者の苦痛を慰労する道徳的・宗教的政治でもある。

(6) Tony Judt, *Postwar: A History of Europe Since 1945*, New York: The Penguin Press, 2005, pp.58-59.

(7) Maja Zehfuss, *Wounds of Memory: The Politics of War in Germany*, Cambridge: Cambridge University Press, 2007, pp.92-93.

(8) Peter Schneider, "Sins of Grandfathers," *New York Times*, 1995.12.03.

(9) Ian Buruma, *Year Zero: A History of 1945, The* New York: Penguin Press, 2013, p.280.

(10) Ibid., p.289.

(11) Katharina von Ankum, "Victims, Memory, History: Antifascism, and the Question of National Identity in East German Narratives after 1990," *History and Memory*, vol.7 no.2, 1995, pp.42, 45.

(12) Robert G. Moeller, *War Stories: The Search for a Usable Past in the Federal Republic of Germany*, Berkeley: University of California Press, 2001, pp.26-27. 賠償について交渉していた時、アデナウアーの西ドイツはイスラエルへの２００万ドルの国家賠償支払いを考えているとユダヤ系の新聞が書くと、イスラエルの首相ダビッド・ベングリオンは西ドイツへの宣戦布告を閣議に提案するほど激怒した。冷戦体制下で西側陣営を選ぶ以外になかったイスラエルにとっては、英米と同じように仏独との関係は重要だった。それにもかかわらず宣戦布告まで持ち出したことは、ベングリオンの怒りと挫折がどれほど大きかったをよく示している。Tom Segev, *The Seventh Million: The Israelis and the Holocaust*, Haim Watzman trans., New York: An Owl Book, 2000, pp.191, 200-201.

(13) Moeller, *War Stories: The Search for a Usable Past in the Federal Republic of Germany*, p.27. イスラエルとユダヤ人への賠償に反対した西ドイツ共産党の頑固さは、社会民主主義とファシズムを同一視した1930年代の「社会ファシズム論」の硬直性を連想させる。

(14) Jeffrey Herf, *Divided Memory: The Nazi Past in the Two Germanys*, Cambridge, Mass: Harvard University Press, 1997, pp.33-36.

(15) Bill Niven, "Introduction: German Victimhood at the Turn of the Millenium," *Germans as Victims*, Bill Niven ed., Basingstoke: Palgrave Macmillan, 2006, p.2.

(16) Herf, *Divided Memory: The Nazi Past in the Two Germanys*, pp.109-113.

(17) Walter Ulbricht, "Warum Nationale Front des demokratischen Deutschlands?," *Zur Geschichte des Deutschen Arbeiterbewegung: Aus Reden und Aufsätzen*, vol.3, Berlin: Dietz Verlag, 1954, p.491, quoted in Herf, *Divided Memory: The Nazi Past in the Two Germanys*, p.110.

(18) Herf, *Divided Memory: The Nazi Past in the Two Germanys*, pp.109-112.

(19) 強制収容所で力なくうなだれるユダヤ人を支える共産主義政治犯の姿を刻んだ記念碑がマイセンにある。解放者としての東ドイツ共産主義者のイメージをよく見せてくれる。

(20) Sarah Farmer, "Symbols that Face Two Ways: Commemorating the Victims of Nazism and Stalinism at Buchenwald and Sachsenhausen," *Representations*, no.49, Special Issue: Identifying Histories: Eastern Europe Before and After 1989, 1995, p.113.

(21) Takashi Fujitani, Geoffrey M. White and Lisa Yoneyama, "Introdcution," *Perilous Memories: The Asia-Pacific War(s)*, T. Fujitani et al. eds., Durham: Duke University Press, 2001, p.7.

(22) Carol Gluck, "Operations of Memory," p.51.

(23) 林房雄『大東亜戦争肯定論』中公文庫、2014年、7、19、149頁;テッサ・モーリス・スズキ『日本のアイデンティティを問う』パク・グワンヒョン訳、サンチョロム、2002年、55~56頁。

(24) John W. Dower, "'An Aptitude for Being Unloved': War and Memory in Japan," *Crimes of War: Guilt and Denial in the Twentieth Century*, Omer Bartov, Atina Grossmann, Mary Nolan eds., New York: the New Press, 2002, p.219.

(25) Ian Buruma, *The Wages of Guilt: Memories of War in Germany and Japan*, New York: New York Review of Books, 1994, p.224.

(26) Roger B. Jeans, "Victims or Victimizers? Museums, Textbooks, and the War Debate in Contemporary Japan," *The Journal of Military History*, vol.69 no.1, 2005, pp.157-159.

(27) James J. Orr, *The Victim as Hero: Ideologies of Peace and National Identity in Postwar Japan*, Honolulu: University of Hawaii Press, 2001, pp.2-3.

(28) Ibid., p.7.

(29) Dower, "'An Aptitude for Being Unloved': War and Memory in Japan," p.230.

(30) 親泊朝省「草莽の文」、小熊英二『民主と愛国』、155頁から再引用。

(31) 小熊英二『民主と愛国』、43～50、67～70頁。

(32) John W. Dower, "The Bombed: Hiroshimas and Nagasakis in Japanese Memory," *Diplomatic History*, vol.19 no.2, 1995, pp.278-279.

(33) Buruma, *The Wages of Guilt*, p.199. 藤尾は月刊『文藝春秋』1986年10月号のインタビューで、南京虐殺についても「広島、長崎の原爆と、一体どっちが規模が大きくて、どっちが意図的で、かつより確かな事実としてあるのか」と主張した。藤尾はこの問題で罷免された。藤尾正行「"放言大臣"大いに吠える」『文藝春秋』1986年10月号、122～133頁。

(34) David John Lu and Howard John Waitzkin, *Agony of Choice: Matsuoka Yōsuke and the Rise and Fall of the Japanese Empire, 1880-1946*, Lanham: Lexington Books, 2002, p.85.「國際聯盟總會に於ける松岡代表の演説」データベース『世界と日本』政策研究大学院大学・東京大学東洋文化研究所、https://worldjpn.grips.ac.jp/documents/

(35) イアン・ブルマ『近代日本』チェ・ウンボン訳、ウルユ文化社、2004年、13頁（韓国語）；Roy Tomizawa, "The Triumphant Tragedy of Marathoner Kokichi Tsuburaya Part 1: The Marathon Sprint that Broke the Hearts of the Japanese," *The Olympians*, 2017.05.03（電子版）.

(36) Roy Tomizawa, "The Triumphant Tragedy of Marathoner Kokichi Tsuburaya Part 4: A Suicide Note that Captures an Essence of the Japanese, and Endures as Literature," *The Olympians*, 2017.05.10（電子版）.

(37) 板垣竜太「東アジアの記憶の場としての力道山」『歴史批評』95号、2011年、127～160頁（韓国語）。

(38) 東日本大震災と津波、福島原発事故以降を戦後と重ね合わせて語るポスト3・11の言説も、同じ文脈で理解される。シム・ジョンミョン「3・11と戦後の終わり：無意味な死と哀悼の問題」『趙寛子編 脱戦後日本の思想と感性』博文社、2017年、64～65頁（韓国語）。

(39) 連合国の空襲に対する東ドイツの記憶については次を参

照。Dorothee Wierling, "Krieg im Nachkrieg: Zur fentlichen und privaten Präsenz des Krieges in der SBZ und frühen DDR," *Der Zweite Weltkrieg in Europa. Erfahrung und Erinnerung*, Jörg Echternkamp and Stefan Martens eds., Paderborn: Schöningh, 2007, pp.237-251.

(40) Max Seydewitz, *Die unbesiegbare Stadt. Zerstung und Wiederaufbau von Dresden*, Berlin: Kongress Verlag, 1956, pp.41, 183, 214-215, quoted in Bas von Benda-Beckmann, *A German Catastrophe? German historians and the Allied bombings, 1945-2010*, Amsterdam: Amsterdam University Press, 2010, pp.124-125.

(41) Bas von Benda-Beckmann, *A German Catastrophe?*, pp.159-160.

(42) Ibid., p.132. バス・フォン・ベンダ・ベックマンは『ドレスデンの地獄絵』を根拠にしている。第4章「国民化」でも見たように、1961年にはドレスデン市長ハンス・ボンは広島市長に姉妹都市提携を持ちかけていた。東西の境界を越え、台頭する軍事主義に立ち向かって平和を守る戦いを一緒にしようというものだった。東ドイツの公式の記憶文化でドレスデンと広島を併置する試みは1960年代初めから始まっており、キューバ危機などを経て、核戦争の脅威が高まるとさらに強化されたのではないかと思われる。

(43) Hofmann, "Als Dresden in Trmer sank," quoted in Bas von Benda-Beckmann, *A German Catastrophe?*, p.142.

(44) Bas von Benda-Beckmann, *A German Catastrophe?*, p.146.

(45) Ibid., pp.144-151.

(46) W・G・ゼーバルト『空中戦と文学』イ・ギョンジン訳、文学ドンネ、2013年、41頁（韓国語）。

(47) 前掲書、112頁。

(48) 前掲書、126～127頁。

(49) 前掲書、134頁。

(50) Jörg Friedrich, *The Fire: The Bombing of Germany 1940-1945*, New York: Columbia University Press, 2006, p.59.

(51) Tadeusz Olejnek, *Wieluń. Polska Guernika*, Wieluń: BWTN, 2004.

(52) Anthony Beevor, *The Second World War*, New York: Little, Brown and Company, 2012, p.337.

(53) Friedrich, *The Fire*, p.91. フリードリヒとは違い、ドレスデンで2011年に開館した「ドイツ連邦軍事史博物館(Bundeswehr Military History Museum)」は、ドレスデン爆撃の残骸を展示すると同時に、ドイツ軍のヴィエルン爆撃の写真と説明を付けてバランス感覚を見せている。

（54）Zehfuss, *Wounds of Memory*, p.94.

（55）Buruma, *The Wages of Guilt*, pp.92-98.

（56）Sakiko Masuda, "'Memory keeper' Yumie Hirano to visit Poland in May, convey survivors' experiences of atomic bombing," *The Chugoku Shimbun*, 2016.04.18（電子版）.

（57）Philip A. Seaton, *Japan's Contested War Memories: the memory rifts in historical consciousness of World War II*, London: Routledge, 2007, p.135.

（58）Ibid., p.82.

（59）John W. Dower, "'An Aptitude for Being Unloved': War and Memory in Japan," *Crimes of War: Guilt and Denial in the Twentieth Century*, Omer Bartov et al. eds., New York: the New Press, 2002, pp.219, 226.

（60）Buruma, *The Wages of Guilt*, p.98.

（61）「広島平和記念資料館からのメッセージ」https://hpmmuseum.jp/

（62）「常設展示」https://hpmmuseum.jp/

（63）Noma Field, "War and Apology: Japan, Asia, the Fiftieth, and After," *Positions*, vol.5 no.1, 1997.

（64）藤原帰一『戦争を記憶する：広島・ホロコーストと現在』講談社現代新書、２００１年、１０５～１０７頁。

（65）前掲書、１２４頁。

（66）John W. Dower, "Triumphal and Tragic Narratives of the War in Asia," *The Journal of American History*, vol.82 no.3, 1995, p.1125. 広島への原爆投下を観察した科学者ハロルド・アグニューは、終戦60年の２００５年に広島で被爆者と対談した。彼は、真珠湾攻撃によって始まった戦争で多くの友人を失ったと語るとともに、原爆投下を正当化し、謝罪することを強く拒んで対談した被爆者を失望させた。アグニューは謝罪を求める被爆者に対して、「謝罪は日本軍に求めるべきだ」と答えた。興味深いのは、韓国語字幕付きでこれを紹介した動画に付けられた1万３０００を超えるコメントだ。被害者のように振る舞う日本を批判する内容がほとんどで、原爆投下を謝罪できないという米国の立場に同調している。「広島被爆者たちに直球をぶつけた原爆開発者」『センセン日本ニュース』２０２０年８月６日、https://youtu.be/ufZym-LkkBw（韓国語）

（67）「原爆展の米上院決議へ憤り込め60行の詩　詩人・栗原貞子さん／広島」『朝日新聞』１９９４年11月19日付。

（68）Dower, "'An Aptitude for Being Unloved': War and Memory in Japan," p.230.

（69）Seaton, *Japan's Contested War Memories: the memory rifts in historical consciousness of world war II*, pp.34, 44.

（70）「平和記念公園の建設」https://hpmmuseum.jp/

（71）Lisa Yoneyama, *Hiroshima Traces: Time, Space, and*

the Dialectics of Memory, Berkeley: University of California Press, 1999, pp.1-3.

(72) Ibid., p.25.

(73) 吉田敏浩『反空爆の思想』日本放送出版協会、２００６年、１５１、１６４～１６５頁。

(74) Bauman, *Modernity and the Holocaust*, p.24.

(75) Seaton, *Japan's Contested War Memories*, p.83.

(76) 共同通信「サダコの折り鶴寄贈／ＮＹ、テロ追悼施設に」２００７年９月13日。

(77) Niven, "Introduction: German Victimhood at the Turn of the Millenium," p.15.

(78) 第２次大戦でのポーランドの被害とそれに対する戦後の記憶については次を参照。林志弦「歴史のタブーと記憶の真正性：21世紀ポーランド歴史学と〝犠牲者意識〟」『西洋史論』１１１号、２０１１年12月（韓国語）; Karolina Wigura, *Wina Narodów: Przebaczenie jako strategia prowadzenia polityki*, Gdańsk/Warszawa: Scholar, 2011; Joanna Wawrzyniak, Veterans, *Vicitims and Memory*, Frankfurt am Main: Peter Lang, 2015; Małgorzata Pakier and Joanna Wawrzyniak eds., *Memory and Change in Europe: Eastern Perspectives*, New York/Oxford: Berghahn, 2016, part IV; Janine Holc, *The Politics of Trauma and Memory Activism: Polish-Jewish Relations Today*, London: Palgrave Macmillan, 2018; Zusanna Bogumił and Małgorzata Głowacka-Grajper, *Milieux de mémoire in Late Modernity*, Frankfurt am Main: Peter Lang, 2019.

(79) 匿名の女性『ベルリンのある女人』ヨム・ジョンヨン訳、ヘト、２００４年（韓国語）。

(80) 19世紀以降、西側のフランスは対等なパートナーと認めつつ、東側のポーランドにはオリエンタリズム的な姿勢を取ったドイツの伝統的な歴史認識にも大きな責任があった。これについては次を参照。Jan M. Piskorski ed., *Historiographical Approaches to Medieval Colonization of East Central Europe*, Boulder & New York: Columbia University Press, 2002.

(81) ドイツ人の犠牲者意識と記憶文化については次を参照。Bill Niven ed., *Germans as Victims*; Robert G. Moeller, *War Stories: The Search for a Usable Past in the Federal Republic of Germany*, Berkeley: University of California Press, 2001; Herf, *Divided Memory*, 1997 など。

(82) Ian Buruma, *Year Zero: A History of 1945*, pp.94-95, 157. この収容所の歴史は複雑だ。１８７０年代からドイツ軍の捕虜収容所として使われ、第２次大戦ではソ連軍とポーランド軍の捕虜、特に１９４４年のワルシャワ蜂起に参加したポーランドのレジスタンスが捕虜として収容された。１９４５年夏から翌年秋まではドイツ人が収容された。

1990年代に入ってから、ポーランド・シロンスクに少数民族として住むドイツ系住民がドイツ人に対するポーランド人の犯罪を象徴する場所だと主張するようになり、注目された。Maren Roeger, "News Media and Historical Remembrance: Reporting on the Expulsion of Germans in Polish and German Magazines," *Mediation, Remediation, and the Dynamics of Cultural Memory*, Astrid Erll and Ann Rigney eds., Berlin: Walter de Gruyter, 2009, pp.194-196.

(83) Bill Niven, "Introduction: German Victimhood at the Turn of the Millenium," *Germans as Victims*, p.18.

(84) Moeller, *War Stories: The Search for a Usable Past in the Federal Republic of Germany*, pp.32-35; Norbert F. Pötzl, "Versöhnen oder Verhöhnen: Dauerstreit um die Stiftung 'Flucht, Vertreibung, Versöhnung'," *Die Deutschen im Osten Europas: Eroberer, Siedler, Vertriebene*, Annette Großbongardt et al. eds., München: Deutsche Verlags-Anstalt, 2011, pp.240-241.

(85) 歴史的な脱脈絡化と過剰脈絡化については次を参照。Jie-Hyun Lim, "Victimhood Nationalism in Contested Memories-National Mourning and Global Accountability," pp.140-141.

(86) 統一労働者党の第一書記ゴムウカの横で、党の対西ドイツ政策立案に決定的な役割を果たしたミェチスワフ・ラコフスキの回顧によれば、公的な場でゴムウカが見せた反独感情は形式的なものに過ぎなかった。ゴムウカは内心で西ドイツを潜在的なパートナーと見ており、西ドイツの強い経済力をバックに東西統一をすべきだという見解を示して東ドイツの同志たちを驚かせた。ポーランド司教団の書簡に対する党の大々的な非難キャンペーンとゴムウカの批判には、反独感情というよりむしろ、国民の心をつかもうとする枢機卿ヴィシンスキとのライバル関係の方が大きく作用したという。書簡については第9章「赦し」を参照。"Gespräch mit Mieczsław Rakowski: Wyszyński und Gomułka Kämpften um die Herrschaft über Die Seelen," *Wir Vergeben und Bitten um Vergebung: Der Briefwechsel der polnischen und deutschen Bischöfe von 1965 und seine Wirkung*, Basil Kerski, Thomas Kycia and Robert Zurek eds., Osnabruck: Fibre, 2006, pp.143, 145. ゴムウカがヴィシンスキとの会談後、側近に「この国で権力はいったいどこにあるのか」と不平を漏らしたというエピソードが1960年代ポーランド社会に広まった。

(87) Andrzej Grajewski, "Over the wall. The letter of the Polish bishops in the context of the Eastern policy of Vatican," *Confrontation and Cooperation: 1000 Years of Polish-German-Russian Relations*, vol.2 no.1, 2015, pp.4.

(88) 若槻泰雄『戦後引揚げの記録』時事通信社、１９９１年、２５２～２５３頁。

(89) 山田陽子『図説　満洲：日本人の足跡をたどる』梅田出版、２０１１年、80～98頁。

(90) Lori Watt, *When Empire Comes Home*, p.133.

(91) ギュンター・グラス『蟹の横歩き』チャン・フェチャン訳、ミンウム社、２０１５年（韓国語）。

(92) Frank Biess, "Between Amnesty and Anti-communism: The West German Kameradenschinder Trials, 1948~1960," *Crimes of War: Guilt and Denial in the Twentieth Century*, Omer Bartov, Atina Grossmann and Mary Nolan eds., New York: The New Press, 2002, pp.141-146, 149-152; Frank Biess, *Homecomings: Returning POWs and the Legacies of Defeat in Postwar Germany*, Princeton: Princeton Universtiy Press, 2006, pp.154-166.

(93) クリストファー・ブラウニング『とても平凡な人々：１０１予備警察大隊とユダヤ人虐殺』イ・ジンモ訳、チェクァハムケ、２０１０年、１０７、１１６頁（韓国語）。

(94) 米原万里『魔女の１ダース：正義と常識に冷や水を浴びせる13章』新潮文庫、２０００年、１０６～１０９頁。

(95) 米原万里『打ちのめされるようなすごい本』文藝春秋、２００６年、１２０頁。

(96) Buruma, *Year Zero*, p.140. 捕虜になってから復員してきた人たちに加え、在日朝鮮人や、総力戦を叫んできた指導層を焼け跡の闇市の悪党どもと結びつけるのは、戦後の文化的想像でよくあることだった。逆井聡人『〈焼跡〉の戦後空間論』青弓社、25、32、54、55頁、２０１８年。

(97) Lori Watt, *When Empire Comes Home*, pp.128-129, 136-137.

(98) Michael Burleigh, *The Third Reich: A New History*, New York: Hill and Wang, 2001, p.512.

(99) "Prisoners of War of the Japanese 1939-1945," forces-war-records.co.uk.

(100) 人数は少ないが、北朝鮮に拉致された日本人犠牲者についての記憶が騒がれるのも同じ流れで理解される。被爆者や引き揚げ者、捕虜と違い、拉致被害者は戦争や植民地主義の加害とは無関係の純粋な被害者なので、北朝鮮の拉致行為への怒りを思いのままに吐き出せるのである。

(101) Mirco Dondi, "The Fascist Mentality after Fascism," *Italian Fascism: History, Memory and Representation*, R. J. B. Bosworth and Patrizia Dogliani eds., New York: St. Martin's Press, 1999, p.141.

(102) Ruth Ben-Ghiat, "Liberation: Italian Cinema and the Facist Past, 1945~50," *Italian Fascism: History, Memory and Representation*, R. J. B. Bosworth and Patrizia Dogliani eds., New York: St. Martin's Press, 1999, p.84.

(103) Paul Corner ed., *Popular Opinion in Totalitarian Regimes: Fascism, Nazism, Communism*, Oxford: Oxford University Press, 2009, pp.122-123.

(104) Angela Giuffrida, "'Gifts for fascist friends': Mussolini's calendar comeback," *The Guardian*, 2018.12.27（電子版）. ムッソリーニ・カレンダーは、その後もアマゾンで購入可能だ。

(105) Matti Bunzl, "On the Politics and Semantics of Austrian Memory: Vienna's Monument against War and Fascism," *History and Memory*, vol.7 no.2, 1995, pp.11-13.

(106) Evan Burr Bukey, *Hitler's Austria: Popular Sentiments in the Nazi Era 1938-1945*, Chapel Hill: University of North Carolina Press, 2000, pp.43-44.

(107) Norman Lebrecht, "Beautiful music does not drown out shameful history of the past," *The Jewish Chronicle*, 2013.03.15（電子版）.

(108) Bunzl, "On the Politics and Semantics of Austrian Memory: Vienna's Monument against War and Fascism," pp.11-12, 24. 自分の家にもどったホロコースト生存者への態度は、ポーランド人も変わらなかった。ようやく生き延びた人々が、自宅を占拠したポーランド人と財産紛争の末に殺される事件が少なくなかった。Bożena Szaynok, "The Impact of the Holocaust on Jewish Attitudes in Postwar Poland," *Contested Memories: Poles and Jews during the Holocaust and its Aftermath*, Joshua D. Zimmerman ed., New Jersey: Rutgers University Press, 2003, p.240.

(109) Conrad Seidl, "Umfrage: 42 Prozent sagen "Unter Hitler war nicht alles schlecht"," *Der Standard*, 2013.03.08（電子版）. "Umfrage Zur Ns-Vergangenheit: Österreicher schocken mit Umfrage zur Nazi-Zeit," *Stern*, 2013.03.10（電子版）.

(110) Robert Moeller, "War Stories: The Search for a Usable Past in the Federal Republic of Germany," *AHR*, vol.101 no.4, 1996, pp.1009-1010.

(111) Niven, "Introduction: German Victimhood at the Turn of the Millenium," p.19; Moeller, "War Stories: The Search for a Usable Past in the Federal Republic of Germany," pp.1010-1013.

(112) Konrad H. Jarausch and Michael Geyer, *Shattered Past: Reconstructing German Histories*, Princeton: Princeton University Press, 2003, pp.37-45.

(113) James J. Orr, *The Victim as Hero: Ideologies of Peace and National Identity in Postwar Japan*, Honolulu: University of Hawaii Press, 2001, pp.7, 14, 15, 16.

(114) Ibid., 第４章「国民化」の教科書分析を参照。

(115) 丸山眞男『超国家主義の論理と心理』岩波文庫、２０１

5年、34頁。

(116) Sebastian Conrad, *The Quest for the Lost Nation: Writing History in Germany and Japan in the American Century*, Berkeley: University of California Press, 2010; Jie-Hyun Lim, "A Postcolonial Reading of the *Sonderweg*: Marxist Historicism Revisited," *Journal of Modern European History*, vol.12 no.2, 2014, pp.280-294.

(117) Michael Geyer, "There is a Land Where Everything is Pure: Its name is Land of Death," *Sacrifice and National Belonging in Twentieth Century Germany*, Greg Eghigian and Matthew Paul Berg eds., Arlington: Texas A&M University Press, 2002, pp.122-123.

(118) 吉田裕『日本軍兵士』中公新書、２０１７年、23～26頁。

第6章　過剰歴史化

（１） Anna Bikont, *The Crime and the Silence: Confronting the Massacre of Jews in Wartime Jedwabne*, Alissa Valles trans., New York: Farrar, Strauss and Giroux, 2015, p.10.

（２） Ibid., pp.16-17.

（３） M. J. Chodakiewicz, *Po Zagładzie. Stosunki polsko-żydowskie 1944-1947*, Warsaw: Instytut Pamięci Narodowej, 2008, p.58.

（４） Jan Gross, *Neighbors: The Destruction of the Jewish Community in Jedwabne*, pp.73-75; 全光鏞『カピタン李：全光鏞短編選』文学と知性社、２００９年（韓国語）。

（５） Gross, *Neighbors*, pp.72-73.

（６） Mikołaj Stanisław Kunicki, *Between the Brown and the Red: Nationalism, Catholicism, and Communism in 20th Century Poland-The Politics of Bolesław Piasecki*, Athens: Ohio University Press, 2012.

（７） Hannah Arendt, *Eichmann in Jerusalem: A Report on the Banality of Evil* (revised and enlarged edition), New York: Penguin Books, 1994, p.278.

（８） Ibid., pp.297-298.

（９） 冷戦期のポーランド人は、独占資本主義の最終段階の災厄がホロコーストであり、ポーランド民族に対するドイツ・ユダヤ資本の陰謀だと習った。冷戦終結後の１９９７年になっても、ポーランドで最も使われていた歴史教科書の記述はそうなっていた。Michael C. Steinlauf, "Teaching about the Holocaust in Poland," *Contested Memories*, Zimmerman ed., pp.264-266.

(10) Anna Cichopek, "The Cracow Pogrom of August 1945," *Contested Memories*, Zimmerman ed., p.221.

(11) Bożena Szaynok, "The Jewish Pogrom in Kielce, July 1946—New Evidence," *Intermarium*, vol.1 no.3. 2016.03.04 (電子版).

(12) キェルツェ・ポグロム以降、ポーランド当局は約10万人のユダヤ人を、国境線の調整によってドイツから割譲された「取り戻した領土」に移住させた。これは、彼らを反ユダヤ主義から保護するとともに、取り戻した領土のポーランド化を進めようとする苦肉の策だった。ポーランド西部や旧ドイツ領である取り戻した領土は、むしろ東部より反ユダヤ主義が強くなかった。Frank Golczewski, "Die Ansiedlung von Juden in den ehemaligen deutschen Ostgebieten Polens 1945-1951," *Umdeuten, verschweigen, erinnern: die spaete Aufarbeitung des Holocaust in Osteuropa*, Michal Brumlik and Karol Sauerland eds., Frankfurt a. Main: Campus Verlag, 2010, pp.93-104.

(13) Jan T. Gross, *Fear: Anti-Semitism in Poland After Auschwitz*, New York: Random House, 2006, p.118.

(14) 社会党と労働者党は１９４８年に合流して、支配政党のポーランド統一労働者党（共産党）となった。

(15) Ibid., p.225. ポーランドの副首相アンジェイ・レッペルがドイツの週刊誌とのインタビューでヒトラーを肯定的に評価したことも、広く見れば同じ文脈で理解できる。２００６年のヤン・ピスコルスキの公開書簡と私への電子メール。

(16) Gross, *Fear*, pp.120-121, 126.

(17) ホロコースト後の反ユダヤ主義はポーランドだけの現象ではなかった。１９４５年4月19日、パリ4区で約４００人の市民による「フランス人のためのフランス」というスローガンのデモが行われた。これはホロコーストを生き延びたユダヤ人の大家が、自分の家を占拠していたフランス人に退去するよう求めたことを契機に起きた反ユダヤ主義的なデモだった。ホロコーストから生還したネッティ・ローゼンフェルトがオランダのレジスタンスが運用するラジオ局に出した志願書は、公共放送にふさわしくない姓だと突き返された。第2次大戦の犠牲者に対するベルギーの国家補償政策では、ユダヤ人は排除された。政治的抵抗ではなく、ユダヤ人だという理由で犠牲になったからだという。Pieter Lagrou, "Victims of Genocide and National Memory: Belgium, France and the Netherlands 1945~65," *Past & Present*, 154, 1997, pp.182, 193, 198-199; Ian Buruma, *Year Zero: A History of 1945*, pp.134-135.

(18) Szewach Weiss, "To co pisze Gross, to nie są bzdury," *wiadomosci.gazeta.pl*. 2011.01.22（電子版）.

(19) Cited in Gross, *Fear*, p.129.

(20) Ibid., p.130.

(21) Adam Michnik, "Poles and Jews: How Deep the Guilt?," *The Neighbors Responded, The Neighbors Respond: The Controversy over the Jedwabne Massacre in Poland*, Antony Polonsky and Joanna Michlic eds., Princeton:

Princeton University Press, 2004, p.435.

（22） "Odezwa „Protest!" konspiracyjnego Frontu Odrodzenia Polski pióra Zofii Kossak- Szczuckiej, sierpień 1942 r.," zydziwpolsce.edu.pl/biblioteka/zrodla/r3_5d.html

（23） Yad Vashem, "I Am My Brother's Keeper: A Tribute to the Righteous Among the Nations. Paying the Ultimate Price. Jozef and Wiktoria Ulma," yadvashem.org.

（24） orka.sejm.gov.pl/opinie8.nsf/nazwa/1947_u/$file/1947_u.pdf（２０２０年11月４日アクセス）

（25） Zusanna Bogumił and Małgorzata Głowacka-Grajper, *Milieux de mémoire in Late Modernity*, Frankfurt am Main: Peter Lang, 2019, pp.188-189.

（26） Ibid., p.189ff.

（27） 記憶法については次を参照。"Dziennik Ustaw Rzeczypospolitej Polskiej," Warszawa, dnia 14 lutego 2018 r. Poz. 369. dziennikustaw.gov.pl/D2018000036901.pdf. この法律は国際社会の広範な非難に直面した。当時の国際的な議論については次を参照。Marc Santora, "Poland's 'Death Camp' Law Tears at Shared Bonds of Suffering With Jews," *The New York Times*, 2018. 02. 06.

（28） Aomar Boum and Daniel Schroeter, "Why Did Morocco Just Demolish a Holocaust Memorial?," *Haaretz*, 2019.09.22（電子版）.

（29） 杉原千畝のソ連に対するスパイとしての役割については次を参照。Hillel Levine, *In Search of Sugihara*, New York: The Free Press, 1996; Timothy Snyder, *Bloodlands: Europe between Hitler and Stalin*, pp.69-70, 117.

（30） 「ユダヤ人４０００人助けた〝中国版シンドラー〟がいた」『東亜日報』２０１５年７月21日付；「〝中国のシンドラー〟実話小説をプレゼント…習近平、ベルギー国王の心つかむ」『中央日報』２０１５年６月26日付（電子版、共に韓国語）。

（31） 「根っこのないコスモポリタニズム」は、ポーランド共産党が展開した反ユダヤ主義キャンペーンのスローガンの一つだった。グダニスクの第２次大戦歴史博物館を巡る論争については、博物館の設立準備委員長と初代館長を務めたパヴェウ・マフツェヴィチの記録を参照。Paweł Machcewicz, *The War that Never Ends: The Museum of the Second World War in Gdańsk*, Berlin: De Gruyter, 2019.

（32） ポグロムの傷を癒やし、ユダヤ人とポーランド人の歴史和解を図ろうと努力するキェルツェ在住のポーランド人カトリック教徒を追ったドキュメンタリー「ボグダンの旅」のカメラが、スキンヘッドのデモを捉えている。彼らがポーランド語で「キェルツェ虐殺（pogrom kielecki）ではなく公安機関虐殺（pogrom ubecki）」というスローガンを叫ぶ時、妙に韻を踏む調和はとても強く訴えかける力を持っている。

（33） Tomasz Pajączek, “Związki szefa wrocławskiego IPN z ONR. Nowe fakty,” *wiadomosci.onet.pl*, 2021.02.19（電子版）.

（34） グラボフスキの弁護士アレクサンドラ・クリシチンスキ・クラビアスとの２０２１年２月４日のオンライン対話で確認した事実と『ニューヨークタイムズ』記事を参照。Andrew Higgins, “A Massacre in a Forest Becomes a Test of Poland's Pushback on Wartime Blame,” *The New York Times*, 2021.02.08.

（35） Bikont, *The Crime and the Silence*, p.119.

（36） 無罪を主張するラウダンスキ兄弟の論法は、ナチの警察補助部隊員だったウクライナのジョン・デミャニュクを弁護する論理と酷似する。ソビブル絶滅収容所の警備兵だったデミャニュクが２０１２年３月17日に死亡すると、彼の息子は父親が「子供の頃から野蛮なソ連とドイツの犠牲になり…ドイツは、ナチの犯したことについて無実のウクライナ人捕虜に非難の矛先を向け、父を生け贄にした」という家族の見解を示した。Ofer Aderet, “John Demjanjuk Dies at 91, Taking His Secret to the Grave,” *Haaretz*, 2012.03.18（電子版）. デミャニュクは、ソビブルで悪名高かった「イワン大帝」だと疑われて米国からイスラエルへ引き渡され、裁判にかけられたが、「イワン大帝」ではないことが判明して釈放された。しかし、ソビブルの警備兵だったことでドイツでも裁判にかけられ、係争中にドイツの老人福祉施設で死亡した。家族と弁護人の側は、彼は警備兵ではなく、ソ連軍に服務していて捕虜になったと主張した。これについて詳細は次を参照。Lawrence Douglas, *The Right Wrong Man: John Demjanjuk and the Last Great Nazi War Crimes Trial*, Princeton: Princeton University Press, 2016.

（37） Joanna Kurczewska, “From the Editor,” *Polish Sociological Review*, vol.137 no.1, 2002, p.4.

（38） Ireneusz Krzemiński, “Polish-Jewish Relations, Anti-Semitism and National Identity,” *Polish Sociological Review*, vol.137 no.1, 2002, p.45.

（39） Marek Ziółkowski, “Memory and Forgetting after Communism,” *Polish Sociological Review*, vol.137 no.1, 2002, pp.19, 22.

（40） 安東源『世界一周記』太極書館、１９４９年、71～73頁、チャン・セジン『悲しいアジア：韓国知識人たちのアジア紀行（１９４５～１９６６）』青い歴史、２０１２年、68～69頁（韓国語）から再引用。

（41） Alexis Duden, *Troubled Apologies: Among Japan, Korea, and the United States*, New York: Columbia University Press, 2008, p.74.

(42) 高凰京『インド紀行』ウルユ文化社、1949年、71〜73頁、チャン・セジン『悲しいアジア』、72〜73頁から再引用（韓国語）。
(43) 25％という連合軍捕虜の死亡率はとても高いものだが、現地人労働者の死亡率はもっと高かった。しかし現地で開かれた戦犯裁判は捕虜虐待とそれに対する日本人・朝鮮人戦犯だけを記憶し、現地人労働者の記憶は消えてしまった。
(44) 内海愛子・村井吉敬『赤道下の朝鮮人叛乱』勁草書房、1980年、87〜88頁。
(45) 内海愛子『朝鮮人BC級戦犯の記録』岩波現代文庫、2015年、iv〜v頁。
(46) しかし、捕虜虐待と関連したどの数字も、ナチの捕虜収容所で命を落としたソ連軍捕虜300万人とは比較にならない。スラブ系を「下等な人間」と見るナチの人種主義が作用した結果だった。
(47)「半島人青年の光栄、米英人捕虜監視員に大量採用」『毎日新報』1942年5月23日付：「快消息に感激爆発。半島青年の栄誉である米英人俘虜の監視指導」『毎日新報』1942年5月23日付（すべて韓国語）。
(48) 内海愛子『朝鮮人BC級戦犯の記録』、108頁。
(49)「KBSパノラマプラス　戦犯になった朝鮮の青年たち」『KBS』2014年9月2日（電子版、韓国語）。
(50) 前掲番組。
(51) チョ・ゴン（調査1課）責任調査作成「朝鮮人BC級戦犯に対する真相調査：捕虜監視員の動員と戦犯処罰の実態を中心に」『対日抗争期強制動員被害調査及び国外強制動員犠牲者等支援委員会報告書』2011年、発刊登録番号11-1655026-000007-01、41、44、55頁（韓国語）。
(52) 前掲書、47頁。
(53) Zygmunt Bauman, *Modernity and the Holocaust*, pp.24-25.
(54) 内海愛子『朝鮮人BC級戦犯の記録』、312頁。
(55) 調査1課責任調査作成「朝鮮人BC級戦犯に対する真相調査」、ii頁。
(56) 前掲書、5頁。
(57) 内海愛子・村井吉敬『赤道下の朝鮮人叛乱』、45〜47、49〜50、123頁。
(58) 前掲書、4、17〜18、21、233、235頁。
(59) リットン調査団『リットン報告書』パク・ヨンソク訳、タムグダン、1986年、138頁（韓国語）。
(60) ユン・サンウォン「韓国歴史学界の万宝山事件研究動向と課題」『韓国歴史研究』51集、2016年、15頁（韓国語）。
(61) 呉基永「平壌暴動事件回顧」『東光』1931年9月号、10〜12頁（韓国語）。
(62) たとえば次の記事。「朝鮮と万宝山　両事件は無関係」『東亜日報』1931年7月29日付：「衝突事件の政府方針決

定」『朝鮮日報』1931年7月9日付：「中人襲撃事件第一次公判」『朝鮮日報』1931年8月13日付（すべて韓国語）。

（63）米チャールストン大学のホロコースト研究者が2021年5月31日、オクラホマ州タルサで100年前のこの日から始まったアフリカ系米国人の虐殺を人種暴動ではなく「ポグロム」と見るべきだと主張した。「万宝山事件」ではなく朝鮮華僑ポグロムと見ようという私の主張と似た流れである。Joshua Shanes, "The Tulsa massacre wasn't a 'race riot' — it was a pogrom," *Forward*, 2021. 05. 31.（電子版）.

（64）ユン・ヘドン「万宝山事件と東アジア記憶の場：韓国人たちの記憶を中心に」『サイ間ＳＡＩ』14号、2013年、495〜496頁（韓国語）。

（65）Gross, *Fear*, p.133.

（66）カン・ジナ、ソン・スンヒ、キム・チョル、キム・ジュニョンらを中心に、韓国と中国の労働者による競争、満州国の朝鮮人の代理植民地主義、華僑に対する植民地朝鮮の総体的な抑圧体制などを論じる研究者たちもいる。だが朝鮮での華僑虐殺についての韓国社会の公的記憶や草の根記憶で、彼らの研究は主流になれていない。彼らの使う「排華暴動」という用語は「万宝山事件」より一歩進んだものではあるが、華僑に対する民族的偏見と嫉み、競争意識などが複合的に働いた1931年の虐殺は、小規模な種族虐殺を意味する「ポグロム」と呼ぶのが妥当だと考える。Jin-A Kang, "The Enforcement of Immigration Control in Colonial Korea and the Rise of Nationalism in the Chinese Media," *Translocal Chinese: East Asian Perspectives*, vol.9 no.1. 2015, pp.142-169; カン・ジナ「満州事変前後の在韓華僑問題の様相：朝鮮総督府外事課と在韓中国領事館間の往復文書を中心に」『東洋史学研究』120号、2012年、262〜305頁；ソン・スンヒ「1931年植民地朝鮮の排華暴動と華僑」『中国近現代史研究』第41集、2009年、141〜165頁；ソン・スンヒ「近代韓中関係史の新しい始まりの模索：万宝山事件研究への適用可能性を中心に」『歴史学報』第202号、2009年、381〜408頁；キム・チョル「没落する新生：〝満州〟の夢と『農軍』の誤読」『尚虚学報』第9集、2002年、123〜159頁（以上、韓国語）などを参照。

（67）Suk-Jung Han, "The suppression and recall of colonial memory: Manchukuo and the Cold War in the Two Koreas," *Mass Dictatorship and Memory as Ever Present Past*, Jie-Hyun Lim et al. eds., Basingstoke: Palgrave Macmillan, 2014, p.168.

（68）Ibid., pp.172-174.

（69）「『原爆は神の懲罰』中央日報コラムに日本ざわつく」『京

郷新聞』２０１３年5月25日付（電子版、韓国語）。

（70）「被爆団体、『金璉コラム』に『韓国は2番目の原爆被害国』」『統一ニュース』２０１３年5月26日（電子版、韓国語）。

（71）Yahir Oron, *Jewish-Israeli Identity*, 1992, p.58, quoted in Tom Segev, *The Seventh Million*, 2000, p.516.

（72）Bauman, *Modernity and the Holocaust*, p.238.

（73）ポストメモリーについては次を参照。Marianne Hirsch, *The Generation of Postmemory: Writing and Visual Culture After the Holocaust*, New York; Columbia University Press, 2012. 不法に抑留された日系米国人犠牲者の子供のポストメモリーについては次を参照。Marita Sturken, "Absent Images of Memory: Remembering and Reenacting the Japanese Internment," *Perilous Memories:The Asia-Pacific War(s)*, Takeshi Fujitani, Geoffrey M. White and Lisa Yoneyama eds., Durham: Duke University Press, 2001, pp.34-47.

（74）Werner Weinberg, *Self-Portrait of a Holocaust Survivor*, Jefferson, NC: Mcfarland, 1985, p.152.

（75）Idith Zertal, *From Catastrophe to Power: Holocaust Survivors and the Emergence of Israel*, Berkeley: University of California Press, 1998, p.217.

（76）Segev, *The Seventh Million*, p.110.（訳注：日本語訳はトム・セゲフ『七番目の百万人：イスラエル人とホロコースト』脇浜義明訳、ミネルヴァ書房、２０１３年から引用した）

（77）Ibid., pp.179-180.

（78）Ilan Pappe, "Critique and Agenda: the Post-Zionist Scholars in Israel," *History and Memory*, vol.7 no.1, Special Issue: Israel Historiography Revisited, 1995, p.72.

（79）Zertal, *From Catastrophe to Power*, p.221.

（80）Quoted in Peter Novick, *The Holocaust and Collective Memory*, London: Bloomsbury, 2001, pp.35-36.

（81）Segev, *The Seventh Million*, p.18; Arendt, *Eichmann in Jerusalem*, pp.58-60.

（82）Novick, *The Holocaust and Collective Memory*, p.121.

（83）Ibid., pp.116, 122, 123.

（84）Ibid., pp.91, 98, 116, 121, 123.

（85）Annette Wieviorka, *The Era of the Witness*, Jared Stark trans., Ithaca: Cornell University Press, 2006, pp.48-49.

（86）Dan Diner, "Cumulative Contingency: Historicizing Legitimacy in Israeli Discourse," *History and Memory*, vol.7 no.1, Special Issue: Israel Historiography Revisited, 1995, pp.153-155.

（87）Uri Ram, "Zionist Historiography and the Invention of

Modern Jewish Nationhood: The Case of Ben Zion Dinur," *History and Memory*, vol.7 no.1, Special Issue: Israel Historiography Revisited, 1995, pp.110, 117.

(88) Elon Gilad, "The History of Holocaust Remembrance Day," *Haaretz*, 2014.04.27（電子版）.

(89) Yael Zerubavel, "The Death of Memory and the Memory of Death: Masada and the Holocaust as Historical Metaphors," *Representations*, no.45, 1994, pp.75-89.

(90) 第2章「昇華」で見たように、これは典型的な国民国家の文法である。

(91) Zeev Sternhell, *The Founding Myths of Israel*, David Maisel trans., Princeton: Princeton University Press, 1998, p.xii.

(92) ラビの子供としてフランスで生まれ、１９６０年代半ばにイスラエルへ渡ったミシェル・ワルシャウスキーの話は興味深い。彼は、ホロコースト生存者を見下す「小さな石鹸」という隠語が強くなれない人を指すのにも使われると知った時の衝撃を記録している。１９６０年代半ばでも、イスラエルにおいて弱さは欠点だった。Michel Warschawski, *On the Border*, Levi Laub trans., Cambridge, MA: South End Press, 2005, pp.153-154.

(93) "The Declaration of The Establishment of The State of Israel," *mfa.gov.il*, 1948.05.14.

(94) Segev, The Seventh Million, p.333.

(95) Gideon Hausner, *Justice in Jerusalem*, New York: Holocaust Library, 1977, p.291.

(96) Wieviorka, *The Era of the Witness*, p.71. マッカーシー旋風で職を失っていたハリウッドの伝説的撮影監督レオ・ホルウィッツが、世界に配信された裁判の中継で見せたカメラワークの巧みさも大きな役割を果たした。

(97) Marianne Hirsch and Leo Spitzer, "The witness in the archive: Holocaust Studies/Memory Studies," pp.152, 155.

(98) Idith Zertal, *Israel's Holocaust and the Politics of Nationhood*, Chaya Galai trans., Cambridge: Cambridge University Press, 2005, p.111.

(99) Segev, *The Seventh Million*, pp.121, 185, 186, 249 and passim.

(100) Ibid., p.328.

(101) Cited in Segev, *The Seventh Million*, p.389.

(102) Wieviorka, *The Era of the Witness*, p.105.

(103) Tadek Markiewicz and Keren Sharvit, "When Victimhood Goes to War? Israel and Victim Claims," *Political Psychology*, vol.42 no.1, 2021, pp.111-126.

(104) Cited in Segev, *The Seventh Million*, p.399.

(105) イスラエル政府は、ＣＮＮのアンカー、クリスティアン・

アマンプールがドナルド・トランプをナチと比較したと謝罪を要求した。その態度とネタニヤフの演説の間には大きな距離がある。"Netanyahu: Hitler Didn't Want to Exterminate the Jews," *Haaretz*, 2015.10.21（電子版）; Raphael Ahren, "Israel calls on CNN's Amanpour to apologize for comparing Trump to Nazis," *The Times of Israel*, 2020.11.16（電子版）.

（106） Segev, *The Seventh Million*, pp.299-301.

（107） Ibid., p.408.

（108） Bauman, *Modernity and the Holocaust*, p.152.

第7章　併　置

（1） Naoki Sakai, *Translation and Subjectivity: On 'Japan' and Cultural Nationalism*, Minneapolis: University of Minnesota Press, 1997, pp.40-71; Jie-Hyun Lim, "The Configuration of Orient and Occident in the Global Chain of National Histories: Writing National Histories in Northeast Asia," *Narrating the Nation: Representations in History, Media and the Arts*, Stefan Berger, Linas Eriksonas and Andrew Mycock eds., New York: Berghahn Books, 2008, pp.288-305.

（2） Susan Stanford Friedman, "Planetarity: Musing Modernist Studies," *Modernism/modernity*, vol.17 no.3, 2010, p.493.

（3） Yến Lê Espiritu and Diane Wolf, "The appropriation of American war memories: a critical juxtaposition of the Holocaust and the Vietnam War," *Social Identities: Journal for the Study of Race, Nation and Culture*, vol.19 no.2, 2013, pp.188-203.

（4） James W. Loewen, "The Vietnam War in High School American History," *Censoring History: Citizenship and Memory in Japan, Germany and the United States*, Laura Hein and Mark Selden eds., Armonk, NY: M. E. Sharpe, 2000, pp.150-172; David Hunt, "War Crimes and the Vietnamese People: American Representations and Silences," *Bulletin of Concerned Asian Scholars*, vol.30 no.2, 1998, pp.72-82.

（5） Laura Hein and Mark Selden, "The Lessons of War, Global Power, and Social Change," *Censoring History*, Hein and Selden eds., pp.36-37.

（6） Lea David, "Holocaust Discourse as a Screen Memory: the Serbian Case," *History and Politics in the Western Balkans: Changes at the Turn of the Millennium*, Srdan M. Jovanović and Veran Stancetic eds., Belgrade: The Center for Good Governance Studies, 2013, p.66.

（7） David, "Holocaust Discourse as a Screen Memory,"

pp.65, 67, 69, 71, 79.

(8) Jelena Subotić, *Yellow Star, Red Star: Holocaust Remembrance after Communism*, Ithaca: Cornell University Press, 2019, pp.65-66. ウスタシャに虐殺されたセルビア人は30万人超なので、セルビアにいたユダヤ人犠牲者の3万人超より多いことは事実だ。

(9) Ibid., pp.123-135.

(10) Martin Evans, "Memories, Monuments, Histories: The Re-Thinking of the Second World War since 1989," *National Identities*, vol.8 no.4, 2006, pp.318-321; "Gespräch zwischen Micha Brumlik und Karol Sauerland," *Umdeuten, verschweigen, erinnern: die spaete Aufarbeitung des Holocaust in Osteuropa*, Michal Brumlik u. Karol Sauerland eds., Frankfurt a. Main: Campus Verlag, 2010, pp.7-15, 375-390.

(11) Siobhan Kattago, "Agreeing to Disagree on the Legacies of Recent History Memory, Pluralism and Europe after 1989," *European Journal of Social Theory*, vol.12 no.3, 2009, p.382.

(12) Subotić, *Yellow Star, Red Star*, pp.6, 8, 9, 11.

(13) Grzegorz Rossoliński-Liebe, "Debating, obfuscating and disciplining the Holocaust: post-Soviet historical discourses on the OUN-UPA and other nationalist movements," *East European Jewish Affairs*, vol.42 no.3, 2012, pp.199-241; William Jay Risch, "What The Far Right Does Not Tell Us about the Maidan," *Kritika: Explorations in Russian and Eurasian History*, vol.16 no.1, 2015, pp.137-144.

(14) 他の東欧国家におけるホロコーストの記憶を民族主義的に使う様相については次を参照。Micha Brumlik and Karol Sauerland ed., *Umdeuten, Verschweigen, Errinnern: Die späte Aufarbeitung des Holocaust in Osteuropa*, Frankfurt: Campus Verlag, 2010; Aro Velmet, "Occupied Identities: National Narratives in Baltic Museums of Occupations," *Journal of Baltic Studies*, vol.42 no.2, 2011, pp.189-211.

(15) A. Dirk Moses, "Genocide and the Terror of History," *Parallax*, vol.17 no.4, 2011, p.91.

(16) 永井隆「ロザリオの鎖（ロザリオの鎖）」『永井隆全集（第三巻）』サンパウロ、2003年、162頁。

(17) 永井隆「ルルドの奇跡（如己堂随筆）」『永井隆全集（第二巻）』、103～104頁。

(18) 前掲書、105頁。

(19) この奇跡の「ルルドの泉の水」は、大浦天主堂から上がっていく坂道の入り口にある聖マキシミリアノ・コルベ記念館で今も販売されている。

（20） 永井が昏睡状態でコルベに会ったのは、まだコルベの殉教の知らせが伝えられる前だった。コルベがアウシュヴィッツで殉教したことは、本河内に残ったポーランド人の修道士すら知らずにいた。「敵性国の宗教」を信じる彼らは１９４５年8月2日の夜に阿蘇山の栃木温泉に移送されて軟禁状態に置かれ、長崎に戻れたのは終戦後だった。彼らがコルベの殉教を知ったのは、１９４６年9月21日にポーランドから届いた『聖母の騎士』を通じてだった。Immaculate Conception Province Conventual Franciscans of Japan『聖コルベ来日75周年記念誌』聖母の騎士社、２００５年、88頁。永井は、軟禁を解かれて本河内へ戻ったポーランド人修道士たちにいとこが見舞いに送ってきた大金の１００円を喜んで寄付した。永井隆「死床日記（ロザリオの鎖）」『永井隆全集（第三巻）』、１７０頁。

（21） 永井隆「微笑の秘訣」『聖母の騎士』１９８０年5月号、15頁。永井はまた、コルベが日本を離れた後の１９３７年夏から１９４０年2月まで第5師団医務将校として中国で服務しながら長崎の『聖母の騎士』誌に前線の消息を掲載した。

（22） 永井隆「亡びぬものを」『永井隆全集（第三巻）』、４６２～４６３頁。

（23） A. Dirk Moses, "The Holocaust and World History," *The Holocaust and Historical Methodology*, Dan Stone ed., New York: Berghahn Books, 2012, p.276.

（24） Susan Southhard, *Nagasaki: Life After Nuclear War*, New York: Penguin Books, 2016, pp.169-170.

（25） Rotem Kowner, "Tokyo recognizes Auschwitz: the rise and fall of Holocaust denial in Japan, 1989~1991," *Journal of Genocide Research*, vol.3 no.2, 2001, p.261.

（26） Gwyn Maclelland, "Guilt, Persecution, and Resurrection in Nagasaki: Atomic Memories and the Urakami Catholic Community," *Social Science Japan Journal*, vol.18 no.2, 2015, p.239.

（27） 本書では、１９４９年に出版された『長崎の鐘』に再録された弔辞が原本とかなり異なると主張した高橋眞司の批判を考慮して、永井隆の親筆手稿を台本とした。高橋眞司『長崎にあって哲学する』北樹出版、１９９４年、１０８頁。親筆手稿は、Konishi Tetsuro, "The Original Manuscript of Takashi Nagai's Funeral Address at a Mass for the Victims of the Nagasaki Atomic Bomb," *The Journal of Nagasaki University of Foreign Studies*, no.18, 2014, pp.55-68に写真として掲載されている。

（28） Konishi , Ibid., p.57.

（29） Ibid., p.58

（30） Ibid., pp.58-59.

（31） ワルシャワのユダヤ史研究所の所長を務めたフェリック

ス・ティフの回顧によると、イスラエルのヤド・ヴァシェムとユダヤ史研究所のどちらが先に「ホロコースト」という用語を使ったかについて神経戦を繰り広げたことがあるという。どちらにしろ1950年代末までホロコーストは西欧でも聞きなれない用語だった。東アジアの翻訳語ではあるものの、永井は1945年に既に「ホロコースト（燔祭）」を使ったわけである。

（32）ルネ・ジラール『暴力と聖なるもの』キム・ジンシク、パク・ムホ訳、ミヌム社、1997年、8~10、14頁（韓国語）。

（33）ジョン・ダワー『敗北を抱きしめて』チェ・ウンソク訳、ミンウム社、1997年、9~10、14頁（韓国語）。

（34）John W. Dower, "The Bombed: Hiroshimas and Nagasakis in Japanese Memory," *Diplomatic History*, vol.19 no.2, 1995, pp.290-291.

（35）クォン・ヒョクテ「『長崎の鐘』はどのように鳴ったのか?」『ハンギョレ21』2014年12月18日：チョン・ウンオク「『原爆は天罰』…それは本当に『神の意思』だったのか」『オー・マイ・ニュース』2013年4月23日（共に韓国語）。しかし、彼らより早く初めて批判したのは永井の弟子である秋月辰一郎博士だった。Susan Southard, *Nagasaki: Life After Nuclear War*. pp.172-176.

（36）永井隆「原子野の声（如己堂随筆）」『永井隆全集（第二巻）』サンパウロ、2003年、119頁。永井が晩年を過ごした居所を「如己堂」と名付けた心理的背景にも『聖書』の教えを超えた、こうした罪の意識があったのではなかろうか。

（37）プリーモ・レーヴィ『溺れるものと救われるもの』イ・ソヨン訳、トルベゲ、2014年、91頁（韓国語）。

（38）永井隆「原子野の声（如己堂随筆）」『永井隆全集（第二巻）』、153頁。

（39）小崎登明『長崎のコルベ神父』聖母の騎士社、2010年、363~364頁。

（40）小崎は2021年4月15日に膵臓癌で死去した。『長崎新聞』はこの時、小崎が被爆時に負傷者の救出や親戚の遺体処理などに当たったと書いている。本人の回顧との違いについては今後、検討する必要がある。「小崎登明さん死去　被爆修道士　コルベ神父語り部」『長崎新聞』2021年4月16日。この記事は、武蔵大の渡辺直紀教授が送ってきてくれた。

（41）遠藤周作『女の一生：二部・サチ子の場合』新潮文庫、1986年、569頁。

（42）遠藤周作『女の一生：一部・キクの場合』新潮文庫、1986年、563~564頁。

（43）遠藤周作『女の一生：二部・サチ子の場合』、27~28頁。

（44）遠藤周作『心の夜想曲』文春文庫、1989年、72~73

頁。

(45) 金承哲「遠藤周作の『イエスの生涯』について　神学と文学の間で」『キリスト教文藝』28号、2012年、108〜128頁。

(46) 小崎登明『長崎のコルベ神父』、351頁。

(47) 東アジアにおけるひげの政治性については次を参照。ユン・サンイン「近代文明と身体政治」『冠廷日本レビュー』26号、2021年、1〜4頁（韓国語）。

(48) 小崎登明『長崎のコルベ神父』、268〜270頁：永井隆「亡びぬものを」『永井隆全集（第三巻）』、488頁。

(49) 金承哲「遠藤周作の『イエスの生涯』について　神学と文学の間で」、125〜126頁。

(50) 遠藤周作『女の一生：一部・キクの場合』、302〜304頁。

(51) ポーランドをはじめとする「東欧」のアジア性については次を参照。Larry Wolff, *Inventing Eastern Europe*, Stanford: Stanford University Press, 1994; Kristin Kopp, *Germany's Wild East: Constructing Poland as Colonial Space*, Ann Arbor: The University of Michigan Press, 2012; Jan Kieniewicz, "The Eastern Frontiers and the Civilisational Dimension of Europe," *Acta Poloniae Historica*, no.107, 2013, pp.165-175. 日露戦争時の日本帝国とポーランド民族運動勢力の友好関係については次を参照。阪東宏『ポーランド人と日露戦争』青木書店、1995年、215〜256頁。

(52) 小崎登明『長崎のコルベ神父』、169〜170、208頁。

(53) 前掲書、239〜240頁。

(54) 遠藤周作『女の一生：二部・サチ子の場合』、6〜13頁。

(55) 小崎登明『長崎のコルベ神父』、182頁。

(56) Timothy Snyder, *Bloodlands: Europe between Hitler and Stalin*, p.37.

(57) 曽野綾子『奇蹟』毎日新聞社、1973年、112〜115頁。

(58) 前掲書、72、77頁。

(59) 阪東宏『ポーランド人と日露戦争』、123、129〜137頁：W. Jędrzejewicz, "Sprawa 'Wieczuru' Józef Piłsudski a wojna japońsko-rosyjska, 1904~1905," *Zeszyty Historyczne*, no.27, 1974, pp.60-65.

(60) 曽野はコルベ一族の民族主義に触れながら、意図的に「愛国主義」という言葉を使う。これは「悪い民族主義」と「よい愛国主義」というポーランド式の二分法の影響ではないかと考えられる。

(61) 曽野綾子『奇蹟』、122〜127頁。

(62) 遠藤周作「コルベ神父」『新編 国語総合（改訂版）』大修館書店、2017年、186〜187頁。このエッセーはもともと、『朝日新聞』１９９２年４月５日付の「万華鏡」欄に掲載された。

（63）国民急進陣営は、ポーランド独立１００周年となる２０１８年11月11日にワルシャワなどポーランドの大都市で、欧州の極右派と連帯して大規模な反移民・反イスラムの人種主義的デモを組織した。戦間期の反ユダヤ主義との歴史的な連続性を見せつけるものだった。２０２１年２月に国民記憶院ヴロツワフ事務所の所長に任命されて騒ぎとなったグレニウフもまた、この陣営の指導部で長く活動していた。第６章「過剰歴史化」参照。

（64）Jan Józef Lipski, "Ojciec Kolbe i ,Mały Dziennik'," *Tygodnik Powszechny*, nr.38（1182）, 1971.11.19.

（65）*Tygodnik Powszechny*, nr.38（1182）, 1971.11.19.

（66）Kardynał Karol Wojtyła, "Znak Naszej Epoki," *Tygodnik Powszechny*, nr.42（1186）, 1971.10.17. ヴォイティワは、後の教皇ヨハネ・パウロ２世。彼は、コルベの列聖式を主管し、長崎にあるコルベの遺跡を訪問するなど、コルベの熱烈なファンだった。コルベの反ユダヤ主義に対する批判が、教皇となった彼と教会全体に対する非難だと受け取られるのもそのためだ。Stanisław Karjski, "Przedmowa," *Św. Maksymilian Maria Kolbe o masonerii i Żydach: pisma wybrane*, Krzeszowice: Dom Wydawniczy Ostoja, 2010, p.3.

（67）曽野綾子『奇蹟』、72〜74頁。

（68）コルベは、フリー・メーソンがカトリック教会にとって最大最強の敵だと考えた。Karjski, *Św. Maksymilian Maria Kolbe o masonerii i Żydach*, p.7.

（69）Ibid., p.42.

（70）"Japan PM ex-adviser praises apartheid in embarrassment for Abe," *Reuters*, 2015.02.13.; "Japanese Prime Minister urged to embrace apartheid for foreign workers," *Independent*, 2015.02.13.;「安倍首相の盟友・曽野綾子も野田聖子議員に障がい者ヘイト！『子どもの治療に税金を使っているのを申し訳なく思え』」Litera、２０１６年８月１日（電子版）。

（71）曽野綾子『ある神話の背景：沖縄・渡嘉敷島の集団自決』文藝春秋、１９７３年、１６７、２５９頁：大江健三郎『定義集』朝日文庫、２０１６年、88〜91頁。

（72）日本の市民宗教としての民族主義については、第２章「昇華」を参照。

（73）"Sainthood," *The Washington Post*, 1928.12.14.; "The Saint of Auschwitz is Canonized by Pope," *The New York Times*, 1982.10.11.; "Kolbe & Anti-Semitism," *The New York Review of Books*, 1983.04.14.

（74）"Franciszek Gajowniczek Dead; Priest Died for Him at Auschwitz," *The New York Times*, 1995.03.15.

（75） “Life Savig,” *The New York Review of Books*, 1983.02.17.; “Kolbe & Anti-Semitism,” *The New York Review of Books*, 1983.04.14.

（76） ewtn.com/library/answers/kolanti.htm（２０２１年７月現在、サイト消滅）

（77） Ronald Modras, “John Paul, St. Maximilian and anti-Semitism,” *Martyrs of Charity*, part 2, Washington D.C.: St. Maximilian Kolbe Foundation, 1989, p, 373.

（78） John T. Pawlikowski, “Polish Catholics and the Jews during the Holocaust,” p.114.

（79） 遠藤周作『人生の踏絵』新潮社、２０１７年。遠藤とファノンの知的連携については次を参照。Christopher Hill, “Crossed Geographies: Endō and Fanon in Lyon,” *Representations*, vol.128 no.1, 2014, pp.96-105.

（80） “Homily of His Holiness John Paul II,” *vatican.va*, 1979.06.07.

（81） Zusanna Bogumił and Małgorzata Głowacka-Grajper, *Milieux de mémoire in Late Modernity*, Frankfurt am Main: Peter Lang, 2019, pp.53-55, 72-73.

（82） “Poles Vow to Continue Slain Priest's Masses,” *The New York Times*, 1984.11.26.

（83） ポピェウシュコは教会内部では殉教者と認められており、２０１０年６月６日に福者の列に加えられ、現在、列聖のための手続きが踏まれている。

（84） 感想を残した訪問客を国籍別に分類すると、日本人が最も多く、それに劣らず韓国人が多い。ポーランド人も増えてきている。彼らが残した文章を見ると、日本人は多様だが、韓国人とポーランド人の大部分はカトリックの巡礼者だ。

（85） これは、博物館を訪れた記憶の消費者たちによる時間の再構成（Re-timing）言説戦略と似ているのではないか。これについては次を参照。Chaim Noy, “Memory, Media, and Museum Audience's Discourse of Remembering,” *Critical Discourse Studies*, vol.15 no.1, 2018, pp.31-32.

（86） 「広島を訪問した教皇、在日韓国人被爆者の朴南珠氏と会う」『聯合ニュース』２０１９年11月25日（電子版、韓国語）。

（87） スラヴォイ・ジジェク『時差的観点』キム・ソヨン訳、マティ、２００９年、１７５〜１７７頁（韓国語）。

第8章　否　定

（１） George Michael, “Mahmoud Ahmadinejad's Sponsorship of Holocaust Denial,” *Totalitarian Movements and Political Religions*, vol.8 no.3-4, 2007, pp.667-668.

（２） Ibid., p.669.

（３） William F. S. Miles, “Indigenization of the Holocaust

and the Tehran Holocaust Conference: Iranian Aberration or Third World Trend?," *Human Rights Review*, vol.10, no.4, 2009, pp.506-507.

（4） 否定論に対する体系的な類型化については次を参照。Israel W. Charny, "A classification of denials of the Holocaust and other genocides," *Journal of Genocide Research*, vol.5 no.1, 2003, pp.11-34.

（5） Israel W. Charny and Daphna Fromer, "Denying the Armenian genocide: Patterns of thinking as defence-mechanisms," *Patterns of Prejudice*, vol.32 no.1, 1998, p.48.

（6） ジョルジュ・ディディ・ユベルマン『すべてに膝打つイメージたち：アウシュヴィッツから来た4枚の写真』オ・ユンソン訳、レベッカ、2017年、36頁（韓国語）。

（7） Lucy Dawidowicz, *The War Against Jews*, London: Penguin Books, 1975, pp.191-192.

（8） Pierre Vidal-Naquet, *Assassins of Memory: Essays on the Denial of the Holocaust*, trans. and with a forward by Jeffrey Mehlman, New York: Columbia University Press, 1992. pp.1-211; Berel Lang, "Six Questions On (Or About) Holocaust Denial," *History and Theory*, vol.49 no.2, 2010, pp.157-168; James Najarian, "Gnawing at History: The Rhetoric of Holocaust Denial," *The Midwest Quarterly*, vol.39 no.1, 1997, pp.74-78; Daqing Yang, "The Challenges of the Nanjing Massacre: Reflections on Historical Inquiry," *The Nanjing Massacre in History and Historiography*, Joshua Fogel ed., Berkeley: University of California Press, 2000, pp.146-147; Robert Manne, "In Denial: The stolen generations and the Right," *The Australian Quarterly Essay*, 1, 2001.04.; Bain Attwood, "The Stolen Generations and Genocide: Robert Manne's 'In Denial: The Stolen Generations and the Right'," *Aboriginal History*, vol.25, 2001, pp.163-172.

（9） Paul Behrens, "Introduction," *Holocaust and Genocide Denial: A Contextual Perspective*, Paul Behrens, Nicholas Terry and Olaf Jensen eds., New York: Routledge, 2017, p.2.

（10） Michael Salter, "Countering Holocaust denial in relation to the Nuremberg trials," *Holocaust and Genocide Denial*, Beherens et al. eds., p.21.

（11） 第6章「過剰歴史化」参照。

（12） Hein and Selden, "The Lessons of War, Global Power, and Social Change," p.29.

（13） イ・ソヨン「歴史否定規制を巡る記憶の政治：5・18歪曲処罰法案に関する論議を中心に」『法と社会』61号、2019年、176〜179頁（韓国語）。

（14） Chris Janiewicz, Stefan Komar, Janusz Paciorek らの読

者レビューがこうした主張を展開している。“*Neighbors: The Destruction of the Jewish Community in Jedwabne, Poland* Customer reviews,” amazon.com.

(15) Carla Tonini, “The Jews in Poland after the Second World War. Most Recent Contributions of Polish Historiography,” *Quest. Issues in Contemporary Jewish History. Journal of Fondazione CDEC*, no.1, 2010, pp.61-62.

(16) pareto, Karasek, Forhasta, Jan Włochowskiらの書評を参照。彼らの一部は『隣人たち』に対する読者レビューでも似たような論理を展開しており、ほぼ職業的な論客のように見える。“*Fear: Anti-Semitism in Poland After Auschwitz* Customer reviews,” amazon.com.

(17) Łukasz Kamiński and Jan Żaryn eds., *Wokł pogromu kieleckiego*, Warszawa: IPN, 2006.

(18) 「５・18団体の強力な対応…池万元が『グヮンス・シリーズ』を削除」『ハンギョレ新聞』２０２０年５月６日付（電子版、韓国語）。

(19) 「池万元が北朝鮮軍だと言っていた『キム君』…直接探してみると」『ＭＢＣニュースデスク』２０１９年５月13日（電子版、韓国語）。

(20) 「５・18は北朝鮮の仕業？　37年ぶりに公開された機務司令部の写真…明らかになる、あの日の真実」『ＳＢＳニュース』、YouTubeチャンネル「ザ・ジャーナリスト」、２０１８年１月11日（韓国語）。

(21) 全斗煥『全斗煥回顧録第１巻：混沌の時代』、チャジャンナムスプ、２０１７年、５３４～５３５頁（韓国語）。

(22) 「５・18団体の強力な対応…池万元が『グヮンス・シリーズ』を削除」『ハンギョレ新聞』（電子版、韓国語）。

(23) イ・クヮンス『ＶＡＮＫ　本当の歴史３：ヨーコ物語の真実を探れ！』キネマイン、２００９年、１２４～１３２頁（韓国語）。

(24) D. D. Guttenplan, *The Holocaust on Trial: History, Justice and the David Irving Libel Case*, London: Granta Books, 2002, p.46.

(25) アーヴィングの裁判では、彼が人種主義者なのかを巡る攻防も興味深い。アーヴィングは自宅で働いていた有色人の写真を法廷に提出し、これこそ自分が人種主義者ではないことを示す明確な証拠だと主張した。すると被告側専門家証人だったリチャード・エバンスは「あなたが人種主義者ではないと立証する直接的な文書の証拠があるのか」と反論し、アーヴィングを黙らせた。文書ではなく、状況証拠だけではホロコーストを証明できないというアーヴィングの論理で、アーヴィングの主張に反論したのだ。Guttenplan, *The Holocaust on Trial*, pp.211, 221.

(26) 「全斗煥の発砲命令なかった？…検証してみると」『ＪＴＢＣニュース』２０１７年４月３日（電子版、韓国語）。

（27）「【教科書が歪めた歴史】（1）『従軍慰安婦』虚偽の記述が独り歩き」『産経新聞』１９９６年9月27日付：「中学教科書の『従軍慰安婦』記述　東大で討論会」『産経新聞』１９９６年11月27日付。

（28）Daqing Yang, "The Challenges of the Nanjing Massacre: Reflections on Historical Inquiry," *The Nanjing Massacre in History and Historiography*, pp.145-146; Takashi Yoshida, "A Battle over History: the Nanjing massacre in Japan," *The Nanjing Massacre in History and Historiography*, Fogel ed., pp.107-108.

（29）Yoshida, "A Battle over History," p.104.

（30）Carol Gluck, "What the World Owes the Comfort Women," *Mnemonic Solidarity: Global Interventions*, Jie-Hyun Lim and Eve Rosenhaft eds., London: Palgrave Macmillan, 2021, p.80; 坪川宏子・大森典子『司法が認定した日本軍「慰安婦」：被害・加害事実は消せない！』かもがわ出版、２０１１年、2、4～5、12、63～64頁。

（31）ポストモダンな歴史解釈が否定論を生んだというアーヴィング訴訟でのエバンスの指摘はこの点で妥当だが、一般論として読まれると危うい。Guttenplan, *The Holocaust on Trial*, pp.229-230.

（32）牟田和恵『「慰安婦」問題は #MeToo だ！』（韓国語）。

（33）Omer Bartov, "The Wehrmacht Exhibition controversy: Politics of Evidence," *Crimes of War: Guilt and Denial in the Twentieth Century*, Omer Bartov, Atina Grossmann and Mary Nolan eds., New York: The New Press, 2002, pp.41-42, 51-52.

（34）Bogdan Musiał, "Historiografia mityczna," *Rzeczpospolita*, 2001.02.24.; Piotr Forecki, *Od Shoah do Strachu: spory o polsko-żydowską przeszłość i pamięć w debatach publicznych*, Poznań: wydawnictwo poznańskie, 2010, pp.306-309.

（35）Irene and Carl Horowitz, *Of Human Agony*, New York: Shengold Publisher, 1992, p.82, quoted in Bartov, "The Wehrmacht Exhibition controversy," p.52.

（36）彼はその後、著書『スターリンの略奪列車』を上梓する。そこではポーランドと東ドイツなどから略奪した生産財や産業インフラが、戦後ソ連を強国に押し上げることに寄与したとまで主張している。Bogdan Musiał, *Stalins Beutezug: die Plüdering Deutschlands und der Aufstieg der Sowjetunion zur Wehrmacht*, Berlin: List, 2011.

（37）朴裕河『帝国的慰安婦：殖民統治與記憶政治』劉夏如訳、台北：玉山社、２０１７年（中国語）。

（38）テッサ・モーリス・スズキ『私たちの中の過去』キム・ギョンウォン訳、ヒューマニスト、２００６年、１２７～１３３頁（韓国語）。

(39) 前掲書、131～132頁。

(40) DVD *Das Dritte Reich privat: Leben und Überleben*, Polar Film, 2004.

(41) Matt Jönsson, "Innocence by Association? Everyday Nazism on DVD," *Imagining Mass Dictatorships: The Individual and the Masses in Literature and Cinema*, Karin Sarsenov and Michael Schoenhals eds., Basingstoke: Palgrave macmillan, 2013, pp.162-182.

(42) DVD *Das Dritte Reich privat: Leben und Überleben*.

(43) Jan Tomasz Gross w rozmowie z Aleksandrą Pawlicką, … *bardzo dawno temu, mniej więcej w zeszły piątek* …, Warszawa: Wydawnictwo W.A.B, 2018, pp.137-138.

(44) Ibid., pp.140-141.

(45) Ibid., p.143.

(46) Raul Hilberg, "I was not there," *Writing and the Holocaust*, Berel Lang ed., New York: Holmes & Meier, 1988, pp.17, 20, 25.（訳注：アドルノの言葉の日本語訳は、テオドール・W・アドルノ「文化批判と社会」『プリズメン』渡辺祐邦・三原弟平訳、ちくま学芸文庫、1996年、36頁から引用した）

(47) 博士論文を書いていた若き日のヒルバーグは、証言への共感より事実と真実への確信に重きを置いた歴史学徒だった。指導教授だったフランツ・ノイマンが、ユダヤ評議会の対ナチ協力に関するヒルバーグの批判的評価を博士論文から抜くようアドバイスしたというエピソードはよく知られている。Götz Aly, "Geschichte reicht in die Gegenwart: Ein Gespräch mit dem Historiker Raul Hilberg," *Neue Zürcher Zeitung*, 2002.12.10.

(48) Jan Gross, "Poduszka pani Marx," *Tygodnik Powszechny*, 2001.03.04.

(49) Hannah Arendt, *Eichmann in Jerusalem*, pp.251-252.

(50) Annette Wieviorka, *The Era of the Witness*, pp.67-72.

(51) Ibid., p.72.

(52) Ibid., p.24.

(53) これは後日、歴史研究に「感情の転化（emotional turn）」というパラダイム・シフトをもたらす契機となった。

(54) だが、記憶研究が「感情」を導入したのは歴史研究より遅かった。感情史のスタートは1980年代半ばのピーター・スターンズの研究だとよく言われるが、記憶研究で感情の重要性が力説されたのは2011年だった。Peter N. Stearns and Carol Z. Stearns, "Emotionology: Clarifying the History of Emotions and Emotional Standards," *American Historical Review*, vol.90 no.4, 1985, pp.813-836; Aleida Assmann, "Impact and Resonance: Towards a Theory of Emotions in Cultural Memory," *Söndertörn Lectures*, no.6, 2011.

(55) Guttenplan, *The Holocaust on Trial*, p.306.
(56) ベイラクが関与したスロバキアの「バルデオフ・ユダヤ保存委員会」のスローガンは、「皆が自分の名前を持っている」だった。名前を取り戻すという意味が大きい。
(57) Wieviorka, *The Era of the Witness*, pp.141-143.
(58) Goldberg, "Forum: On Saul Friedlaender's *The Years of Extermination 2*. The Victim's Voice and Melodramatic Aesthetics in History," p.222.
(59) スヴェトラーナ・アレクシエーヴィチ『戦争は女の顔をしていない』パク・ウンジョン訳、文学ドンネ、２０１５年；林志弦「本当に重要な話は沈黙として記録される：スヴェトラーナ・アレクシエーヴィチ招請講演会」『文学と社会』１１９号、２０１７年８月（共に韓国語）。
(60) Dori Laub, "Bearing Witness, or the Vicissitudes of Listening," *Testimony: Crises of Witnessing in Literature, Psychoanalysis, and History*, Shoshana Felman and Dori Laub eds., New York: Routledge, 1992, pp.59-60.
(61) Ibid., p.60.
(62) Charlotte Delbo, *Days and Memory*, Rosette Lamont trans., Marlboro, VT: The Marlboro Press, 1990; Charlotte Delbo, *Auschwitz and After*, Rosette Lamont trans., New Haven, CT: Yale University Press. 1995, quoted in Marianne Hirsch and Leo Spitzer, "The witness in the archive: Holocaust Studies/Memory Studies," p.156.
(63) Hirsch and Spitzer, "The witness in the archive," pp.161-162.
(64) Goldberg, "Forum: On Saul Friedlaender's *The Years of Extermination 2*. The Victim's Voice and Melodramatic Aesthetics in History," pp.220-222.
(65) Ibid., pp.233-234.
(66) 「『慰安婦』被害者、李容洙さん記者会見［原本］」『ＴＶ朝鮮』２０２０年5月20日（電子版、韓国語）。
(67) 林志弦「本当に重要な話は沈黙で記録される：スヴェトラーナ・アレクシエーヴィチ招請講演会」（韓国語）。
(68) 幽霊を召還し、記憶を再現する事例については次を参照。クォン・ホンイク『ベトナム戦争の幽霊たち』パク・チュンファン、イ・チャンホ、ホン・ソクチュン訳、サンジニ、２０１６年（韓国語）；Seong-nae Kim, "The Work of Memory: Ritual Laments of the Dead and Korea's Cheju Massacre," *A Companion to the Anthropology of Religion*, Janice Boddy and Michael Lambeck eds., Oxford: Wiley Blackwell, 2013, pp.223-238; Monica Black, "Ghosts of War," *The Cambridge History of Second World War*, vol. III, Michael Geyer and Adam Tooze eds., pp.654-674.
(69) Dorothee Brantz, "Landscapes of destruction: Capturing images and creating memory through

photography," *The Cambridge History of the Second World War*, vol.III, pp.737-740.

(70) キム・ハンサン「発見された映像の中の朴永心は何を語るのか（あるいは語らないのか）？：写真の中の生存者の映画的現前とポスト／植民地アーカイブの冷戦知識体系」『文学と映像』第21巻第3号、２０２０年、６８３頁（韓国語）。

(71) 前掲書、６８８〜６８９頁。

(72) Christoph Classen, "Balanced Truth: Steven Spielberg's *Schindler's List* among History, Memory, and Popular Culture," *History and Theory*, vol.48 no.2, 2009, pp.88-89.

(73) Hayden White, *Figural Realism: Studies in the Mimesis Effect*, Baltimore: JH, 1999, pp.28-38.

第9章　赦し

(1) Abraham Joshua Heschel, "Symposium," *The Sunflower: On the Possibilities and Limits of Forgiveness*, Simon Wiesenthal, New York: Schocken Books, 1997, pp.170-171.

(2) ウィーゼンタールは、ホロコーストによって90人余りにのぼる一族を失った。だが本人は奇跡的に生き残り、余生をナチ戦犯の追跡に捧げた立志伝中の人物だ。彼の業績をたたえて１９７７年にロサンゼルスに設立されたサイモン・ウィーゼンタール・センターは、ホロコーストの記憶を保存するだけでなく、各地に支部を置いて全世界における大小のジェノサイドを監視・告発する作業をする代表的な民間団体となっている。

(3) Simon Wiesenthal, "The Sunflower," *The Sunflower*, pp.3-96.

(4) Primo Levi, "Symposium," *The Sunflower*, pp.191-192.

(5) Piotr H. Kosicki, "Caritas across the Iron Curtain? Polish-German Reconciliation and the Bishops' Letter of 1965," *East European Politics and Societies*, vol.23 no.2, 2009, pp.218-219.

(6) Urszula Pękala, "The Abuse of Forgiveness in Dealing with Legacies of Violence," *Forgiveness: Philosophy, Psychology and the Arts*, Tim McKenry and Charlotte Bruun Thingholm eds., Oxfordshire: Inter-Disciplinary Press, 2013, p.78.

(7) Józef Tischner, *Pomoc w rachunka sumienia*, Kraków: Znak, 2002, p.23, quoted in Karolina Wigura, "Alternative Historical Narrative: 'Polish Bishops' Appeal to Their German Colleagues' of 18 November 1965," *East European Politics and Societies and Cultures*, vol.27 no.3, 2013, p.404.

(8) Pękala, "The Abuse of Forgiveness in Dealing with Legacies of Violence," pp.79-80.

（9） Adam Sacks, "The Coercive Christian Takeover of the Holocaust," *Haaretz*, 2020.04.20（電子版）.

（10） ポーランド司教団の書簡には「ドイツ司教団」と書かれたが、実際には「西ドイツ」司教団を意味した。西ドイツのカトリック教会と関連して本書で使う「ドイツ」という表現は、「西ドイツ」を意味する時が多い。文献のもともとの表現を尊重するという意味で「ドイツ」という用語をそのまま使ったが、文脈によっては「西ドイツ」という表現も使うことがある。本書で参照したポーランド司教団の書簡およびドイツ司教団の返書のドイツ語原文と、アトランティック・フォーラムから刊行された英語版は次の通り（ポーランド情報機関が急きょ翻訳したポーランド語版は自国民だけに公開）。"Hirtenbrief der polnischen Bischöfe an ihre deutschen Amtsbrüder vom 18. November 1965 und die Antwort der deutschen Bischöfe vom 5. Dezember 1965," cdim.pl/1965-11-18-botschaft-der-polnischen-an-die-deutschen-bisch-fe,2942（２０２０年３月31日アクセス）：*German Polish Dialogue: Letters of the Polish and German Bishops and International Statements*, Bonn-Brussel-New York: Edition Atlantic Forum, 1966.

（11） Wigura, "Alternative Historical Narrative," pp.402-404.

（12） Wojciech Kucharski. "Prawdziwa bomba. Jak powstawało Orędzie biskupów polskich do biskupów niemieckich," *Więź*, no.615, 2010, p.123.

（13） Ewa K. Czaczkowska, "Rola Kardynała Stefana Wyszyńskiego W Powstaniu Orędzia Biskupów Polskich Do Niemieckich Nieznane Dokumenty W Archiwum Prymasa Polski," *Przegląd Zachodni*, nr 3, 2016, p.199.

（14） Andrzej Grajewski, "Over the wall. The letter of the Polish bishops in the context of the Eastern policy of Vatican," pp.9-10.

（15） 第２次大戦当時の被害に対するポーランド社会の集合的記憶については次を参照。林志弦「歴史のタブーと記憶の真正性：21世紀ポーランドの歴史学と〝犠牲者意識〟」『西洋史論』１１１号、２０１１年12月、１４７～１７４頁（韓国語）：Karolina Wigura, *Wina Narodów: Przebaczenie jako strategia prowadzenia polityki*, Gdańsk/Warszawa: Scholar, 2011; Joanna Wawrzyniak, *Veterans, Vicitims and Memory*, Frankfurt am Main: Peter Lang, 2015; Małgorzata Pakier and Joanna Wawrzyniak eds., *Memory and Change in Europe: Eastern Perspectives*, New York/Oxford: Berghahn, 2016, part IV; Janine Holc, *The Politics of Trauma and Memory Activism: Polish-Jewish Relations Today*, London: Palgrave Macmillan, 2018; Zusanna Bogumił and Małgorzata Głowacka-Grajper, *Milieux de mémoire in Late Modernity*, Frankfurt am Main: Peter Lang, 2019.

(16) Jeffrey Herf, *Divided Memory: The Nazi Past in the Two Germanys*, Cambridge, Mass.: Harvard University Press, 1997, pp.35-37 and passim.

(17) ポーランドに対するドイツの歴史認識については次を参照。Jan M. Piskorski ed., *Historiographical Approaches to Medieval Colonization of East Central Europe*.

(18) Piotr H. Kosicki, "Caritas across the Iron Curtain? Polish-German Reconciliation and the Bishops' Letter of 1965," p.225.

(19) Piotr Madajczyk, "S. Gawlitta, 'Aus dem Geist des Konzils! Aus der Sorge der Nachbarn!' Der Briefwachsel der polnischen and deutschen Bischöfe von 1965 und seine Kontexte," *Kwartalnik Historyczny*, vol.125 no.2, 2018, p.187.

(20) Wigura, "Alternative Historical Narrative: "Polish Bishops' Appeal to Their German Colleagues" of 18 November 1965," pp.402-408; Robert Żurek, "Avantgarde der Versöhnung: Über den Briefwechsel der Bischöfe und die Ostdenkschrift des EKD von 1965," dialogmagazin.eu/leseprobe-ausgabe-72-73-briefwechsel-bischoefe.html（２０２０年３月31日アクセス）

(21) "We Have to Rise Above the Legacy of History, Forgive One Another," *Zenit*, 2005.08.29（電子版）.

(22) ヴォルィーニの虐殺に関する比較的バランスの取れたポーランド側の近年の研究としては次を参照。Grzegorz Motyka, *Wołyń '43; Ludobójcza czystka - fakty, analogie, polityka historyczna*, Kraków: wydawnictwo literackie, 2016.

(23) "Polish and Ukrainian bishops sign reconciliation: Polish and Ukrainian church leaders signed an appeal for reconciliation in Warsaw on Friday, marking the 70th anniversary of WWII massacres," *Radio Poland*, 2013.06.28（電子版）.

(24) Kosicki, "Caritas across the Iron Curtain? Polish-German Reconciliation and the Bishops' Letter of 1965," p.222; Czaczkowska, "Rola Kardynała Stefana Wyszyńskiego W Powstaniu Orędzia Biskupów Polskich Do Niemieckich Nieznane Dokumenty W Archiwum Prymasa Polski.," pp.194-195.

(25) Basil Kerski, Thomas Kycia and Robert Zurek, "Einleitung," *Wir Vergeben und Bitten Um Vergebung*, pp.17-22.

(26) Rainer Clos, "Ein Tabubruch: Die Ostdenkschrift der EKD von 1965," *evangelisch.de*, 2015.09.17.

(27) Kosicki, "Caritas across the Iron Curtain? Polish-German Reconciliation and the Bishops' Letter of 1965," pp.229-230.

(28) "5 listopada 1965, szyfrogram szefa Polskiej Misji Wojskowej w Berlinie Zachodnim o konferencji prasowej w sprawie Memorandum Wschodniego," *gov.pl*.

(29) "12 listopada 1965, szyfrogram szefa Przedstawicielstwa Handlowego w Kolonii w sprawie Memorandum Wschodniego," *gov.pl*.

(30) "16 listopada 1965, szyfrogram szefa Przedstawicielstwa Handlowego w Kolonii o sytuacji po ogłoszeniu Memorandum Wschodniego," *gov.pl*. 公電に出てくるゲルステンマイアーは、当時の西ドイツ国会議長だったオイゲン・ゲルステンマイアー（ＣＤＵ所属）だと思われる。

(31) Gerhard Besier (Dresden) und Katarzyna Stokłosa (Sønderborg), "Kirchliches Versöhnungshandeln im Interesse des deutsch-polnischen Verhältnisses (1962~1990)," *KZG/CCH*, 24, 2011, p.303.

(32) "Gespräch mit Mieczsław Rakowski," pp.143, 145.

(33) Besier und Stokłosa, "Kirchliches Versöhnungshandeln im Interesse des deutsch-polnischen Verhältnisses (1962~1990)," p.297.

(34) "Hirtenbrief der polnischen Bischöfe an ihre deutschen Amtsbrüder vom 18. November 1965"; *German Polish Dialogue: Letters of the Polish and German Bishops and International Statements*, pp.15-16.

(35) Ibid., pp.7, 9, 10-11.

(36) Wigura, "Alternative Historical Narrative," p.407.

(37) 中東欧の民族史的な叙述とその代案については次を参照。Jan M. Piskorski ed., *Historiographical Approaches to Medieval Colonization of East Central Europe*; Frank Hadler and Mathias Mesenhoeller eds., *Vergangene Grösse und Ohnmacht in Ostmitteleuropa: Repräsentationen imperialer Erfahrung in der Historiographie seit 1918*, Leipzig: Akademische Verlagsanstalt, 2007.

(38) Klaus Ziemer, "Introduction," *Memory and Politics of Cultural Heritage in Poland and Germany*, Klaus Ziemer ed., Warsaw: Cardinal Stefan Wyszyński University in Warsaw, 2015, p.8.

(39) チュートン騎士団は、ポーランド語では「十字架騎士団」、ドイツ語では「ドイツ騎士団」と呼ばれる。本書では、ラテン語略称の「チュートン騎士団」を使う。

(40) "Hirtenbrief der polnischen Bischöfe an ihre deutschen Amtsbrüder vom 18. November 1965"; *German Polish Dialogue: Letters of the Polish and German Bishops and*

International Statements, pp.13-14.

(41) Ibid., pp.14-15.

(42) これについては次を参照。林志弦『君たちの自由、私たちの自由：ポーランド民族解放運動史』アカネット、２０００年（韓国語）。

(43) 前掲書、16頁。

(44) 前掲書、18頁。

(45) Grajewski, "Over the wall. The letter of the Polish bishops in the context of the Eastern policy of Vatican," p.10.（訳注：ホラティウスの言葉の日本語訳は『アリストテレース詩学・ホラーティウス詩論』松本仁助・岡道男訳、岩波文庫、１９９７年から引用し、一部を漢字に改めた）

(46) "Die polnische Gesellschaft war auf einen sholche Schritt nicht vorarbeitet: Gespräch mit Tadeusz Mazowiecki," *Wir Vergeben und Bitten Um Vergebung*, p.101.

(47) ドイツの「被追放者連盟」は50年以上経った現在でも、「絶滅収容所」「強制労働」「死体焼却場」のようなホロコーストに関する言葉を借用して自らの痛みの歴史を再現している。Stefan Berger, "On Taboos, Traumas and Other Myths: Why the Debate about German Victims of the Second World War is not a Historians' Controversy," *Germans as Victims*, Niven ed., pp.214, 220.

(48) Basil Kerski and Robert Zurek, "Der Briefwechsel zwischen den polnischen und deutschen Bischöfen von 1965: Enstehungsgeschichte, historischer Kontext und unmittelbare Wirkung," *Wir Vergeben und Bitten um Ergebung: Der Briefwechsel der polnischen und deutschen Bischöfe von 1965 und seine Wirkung*, Basil Kerski, Thomas Kycia, Robert Zurek eds., Osnabruck: fibre, 2006, pp.26, 37.

(49) Michael Rothberg, *Multidirectional Memory: Remembering the Holocaust in the Age of Decolonization*, Stanford: Stanford University Press, 2009, pp.3, 9, 11 and passim.

(50) キム・ウンス「宣教課題としての和解と癒やし」『宣教神学』21集、２００９年、１～29頁；アン・スンオ「エキュメニカルな和解概念の理解」『神学と牧会』45集、２０１６年、１５１～１７２頁（共に韓国語）。

(51) パク・ボギョン「ローザンヌ運動に表れる和解としての宣教」『宣教神学』38集、２０１５年、１４１～１７０頁（韓国語）。（訳注：日本語訳は、運動の日本語版サイトを参考にした。https://lausanne.org/ja/content-library-jp/cape-town-commitment-jp/ ケープタウン決意表明、２０２２年３月26日アクセス）

(52) Kosicki, "Caritas across the Iron Curtain? Polish-

German Reconciliation and the Bishops' Letter of 1965," p.219; Wigura, "Alternative Historical Narrative," p.404.

(53) Pękala, "The Abuse of Forgiveness in Dealing with Legacies of Violence," p.78.

(54) Urszula Pękała, "Asymetrie pojednania. Pojednanie niemiecko-polskie i niemiecko-francuskie po II wojnie światowej," *Perspektywy dialogu: Studia na temat niemiecko-polskich procesów transferowych w przestrzeni religijnej*, Aleksandra Chylewska-Tölle ed., Słubice: Collegium Polonicum, 2016, pp.98-100.

(55) Grajewski, "Over the wall. The letter of the Polish bishops in the context of the Eastern policy of Vatican," p.11.

(56) "Die Antwort der deutschen Bischöfe an die polnischen Bischöfe vom 5. Dezember 1965"; *German Polish Dialogue: Letters of the Polish and German Bishops and International Statements*, pp.22-24.

(57) Kosicki, "Caritas across the Iron Curtain? Polish-German Reconciliation and the Bishops' Letter of 1965," p.223; Wigura, "Alternative Historical Narrative," p.406.

(58) Basil Kerski, Thomas Kycia and Robert Zurek, "Einleitung," *Wir Vergeben und Bitten Um Vergebung*, pp.34-41.

(59) 神学の若い教授だったヨゼフ・ラティンガーら１６０人のカトリック知識人が署名した『ベンスベルガー白書』は、ニュルンベルクでの社民党大会で新東方政策が議論された、まさにその年に発表された。白書が、社民党の新東方政策と同じ流れにあることは明らかだが、両者の関係はさらに具体的な検討が必要である。

(60) "The Polish Bishops," *Die Welt*, 1965. 12. 04.; "The Answer," *Hessische Allgemeine*, 1965. 12. 07., *German Polish Dialogue: Letters of the Polish and German Bishops and International Statements*, pp.118, 121.

(61) "In Regard To The Message Of The Bishops," *Trybuna Ludu*, 1965. 12. 12., *German Polish Dialogue: Letters of the Polish and German Bishops and International Statements*, pp.47-48.

(62) "Declaration of the PAX Federation," *Słowo Powszechna*, 1965. 12. 29.; "Letter From the President of the Council of Ministers of the People's Republic of Poland to the Bishops of the Roman Catholic Church," 1966. 03. 05, *German Polish Dialogue: Letters of the Polish and German Bishops and International Statements*, pp.55, 71, 73.

(63) Czaczkowska, "Rola Kardynała Stefana Wyszyńskiego W Powstaniu Orędzia Biskupów Polskich Do Niemieckich

Nieznane Dokumenty W Archiwun Prymasa Polski," pp.198-199.

(64) "Questions of the Authors of the 'Message'," *Zycie Warszawy*, 1966. 01. 14.; "Letter From the President of the Council of Ministers of the People's Republic of Poland to the Bishops of the Roman Catholic Church," pp.61-62, 72-73.

(65) Pękala, "The Abuse of Forgiveness in Dealing with Legacies of Violence," p.80.

(66) 日本カトリック司教団「平和への決意　戦後五十年にあたって」cbcj.catholic.jp、１９９５年２月25日。

(67) 日本カトリック正義と平和協議会「日韓政府関係の和解に向けての会長談話」cbcj.catholic.jp、２０１９年８月15日。

(68) 「司教会議正義平和委員長、裵基賢司教『韓日関係の新しい秩序を探ろう』」『カトリックニュース』２０１９年８月19日（電子版、韓国語）。

(69) 韓国カトリック司教会議『３・１運動１００周年記念談話』cbck.or.kr、２０１９年２月20日（韓国語）。

(70) 日本カトリック正義と平和協議会会長談話「３・１独立運動１００周年を迎えて」cbcj.catholic.jp、２０１９年３月５日。

(71) ヤン・グォンソク「記憶の癒やし：話と実践の新たな道を探って」『東アジア記憶の連帯と平和：韓日カトリック教会の役割』学術大会総合討論基調発表文、２０１９年10月31日（韓国語）。

(72) Aleida Assmann, "On the (In)Compatability and Suffering in German Memory," *German Life and Letters*, vol.59 no.2, 2006, p.194.

終章　記憶の連帯へ向けて

(1) 李採柱「日本右傾化の季節――安保意識変化と太平洋戦争の再評価」『東亜日報』１９７８年８月28日付（韓国語）。

(2) 「日曜鼎談」『朝鮮日報』１９７１年２月28日付（韓国語）。（訳注：池明観は元東京女子大教授。１９７０～80年代に月刊誌『世界』に「Ｔ・Ｋ生」というペンネームで連載した「韓国からの通信」で軍事政権の民主化運動弾圧を告発したことで知られる）

(3) 「日本大使が対韓経済支援必要」『東亜日報』１９７８年８月28日（韓国語）。

(4) 「日本の『韓国文化協』会長の小見山さん、韓日『精神的和解』に努力」『東亜日報』１９７７年11月10日付（韓国語）。この記事では「小見山」とだけ紹介されているが、前後の文脈を見ると歌人の小見山輝ではないかと思われる。

(5) 同様の文脈で、韓国人被爆者に対する特別な救済の必要性を力説した人々が、大東亜共栄圏の論理を固守した日本の右派だという点を想起する必要がある。彼らにとって朝鮮人戦死者は、被爆者と同じように西洋帝国主義に対抗して共に戦った帝国の臣民だった。

（6）「日本首相の神社参拝、15日に断行する模様」『東亜日報』1985年8月10日付：「中曽根首相の1000日」『東亜日報』1985年8月21日付：「国旗掲揚・国歌斉唱を義務化　日本　文部省小中高行事に指示」『東亜日報』1985年9月6日付（すべて韓国語）。（訳注：1982年の教科書問題は、検定の過程で中国への「侵略」が「進出」に書き換えられたなどと報じられたことを契機に起きた。だが、中国戦線の記述が書き換えられたのは1950〜60年代のことで、この時の検定ではなかった。ただ東南アジアについてはこの時の検定で「侵略」から「進出」への書き換えがあり、植民地朝鮮での3・1独立運動は「暴動」に改められていた。多くの教科書が南京虐殺や朝鮮人強制連行を取り上げるようになり、自民党が教科書批判キャンペーンを展開していた時期だったことが、中国戦線に関する誤報が「真実」と受け止められた背景にあると指摘される。福間良明『「戦争体験」の戦後史』中公新書、2009年、231〜232頁）

（7）「日本の文相、韓日合邦は侵略でなかった」『朝鮮日報』1986年9月7日付、「『外交上のヤマ』乗り越えても皇国史観が問題」『東亜日報』1986年9月6日付：「日本史の歪曲技術」『東亜日報』1986年6月7日付：「教科書、神社参拝　干渉するな」『朝鮮日報』1986年10月29日付（全て韓国語）。（訳注：藤尾は月刊『文藝春秋』1986年10月号のインタビューで韓国併合について「韓国側にもやはり幾らかの責任なり、考えるべき点はある」と発言し、南京虐殺についても「広島、長崎の原爆と、一体どっちが規模が大きくて、どっちが意図的で、かつより確かな事実としてあるのか」と主張した。藤尾はこの問題で罷免された）

（8）Yoshiko Nozaki, *War Memory, Nationalism and Education in Postwar Japan, 1945-2007: The Japanese history textbook controversy and Ienaga Saburo's court challenge*, London: Routledge, 2008, pp.20-25.

（9）「侵略の歴史歪曲に底意あり：日本の教科書捏造の背後」『京郷新聞』1982年7月26日付：「日本の歴史教科書歪曲部分の史実はこうだ」『東亜日報』1982年7月29日付など多数（全て韓国語）。

（10）アジア諸国の国際的圧力に勝てなかった日本政府は1982年、近隣国との近現代の歴史的事象について国際理解と国際協調の見地を求める「近隣諸国条項」を教科書検定基準に追加した。1986年8月14日には後藤田正晴官房長官談話を通じて、首相が15日の靖国参拝を控えることを表明した。さらに1993年8月の河野洋平官房長官談話を通じて、慰安所の設置や運営への軍の関与や本人の意思に反した徴集があったことを認めた。同月の政権交代で首相となった細川護熙は記者会見で「先の大戦を（中略）侵略戦争だったと認識している」と発言した。こうした前向きな動きは、植民地支配と侵略の歴史に対する反省とおわびを表明した1995年8月15日の村山富市首相談話につながった。吉田裕「せめぎあう歴史認識」成田龍一・吉田裕編『記憶と認識の中のアジア・太平洋戦争：岩波講座アジア・太平洋戦争 戦後篇』岩波書店、2015年、56～57頁。

（11） アジア平和と歴史教育連帯『扶桑社の日本中学校歴史教科書：2005年検定合格本・検討用』2005年、189～207頁（韓国語）。扶桑社版の『新しい歴史教科書』が、地球規模の記憶構成体の圧力に反応するもう一つの興味深い例は「ユダヤ人を救った日本人」樋口季一郎と杉原千畝に対する「人物コラム」だ。この教科書は、彼らの博愛的行為が満州国の「五族共和」の理念と人種差別に反対してきた日本政府の基本方針に基づくものだと記述する。地球規模の記憶構成体において日本の歴史的正義を浮き上がらせようという意図を示すものだ。前掲書、203頁。

（12） Heiko Maas und Andreas Wirsching, "75 Jahre Kriegsende: Keine Politik ohne Geschichte," *Spiegel*, Politik, 2020.05.07（電子版）.

（13） Jan Grabowski, "Germany Is Fueling a False History of the Holocaust Across Europe," *Haaretz*, June 22.2020（電子版）. ポーランドの共犯に関する彼の研究は次を参照。Jan Grabowski, *Hunt for the Jews: Betrayal and Murder in German-Occupied Poland*, Bloomington: Indiana University Press, 2013.

（14） 2021年6月7日にグロボフスキに送った電子メールの返信。

（15） Michael Rothberg, "On the Mbembe Affair: The Specters of Comparison," *Goethe Institut Latitude: Rethinking Power Relations-for a decolonised and non-racial world*; Jie-Hyun Lim, " Die causa Mbembe im mnemonischen Zusammenhang globaler Regionen des Ostens," in *Erinnerung, Politik, Solidarität: Internationale Debatten und Perspektiven*, Matthias Böckmann, Matthias Gockel, Reinhart Kößler, Henning Melber eds., Berlin: Metropol Verlag, 2022.

（16） René Aguigah, "The conviction and conscience of Achille Mbembe: Interview with Achille Mbembe," *New Frame*, 2021.04.23.

（17） Natan Sznaider, "The Summer of Discontent: Achille Mbembe in Germany," *Journal of Genocide Research*, 2020.12.04.

（18） Bascha Mika, "Interview with Micha Brumlik: Israel-

Kritik: Wer bestimmt eigentlich, was antisemitisch ist?," *Frankfurter Rundschau*, 2020.08.03（電子版）.

（19） 民族的葛藤に立脚した敵対的記憶や画一化された連帯を生むコスモポリタン記憶とは違う形で、記憶の連帯の「第3の道」を模索する文章としては次を参照。Anna Cento Bull and Hans Lauge Hansen, "On agonistic memory," *Memory Studies*, vol.9 no.4, 2015, pp.390-404.

補　論　記憶の歴史

（1） Ulrich Beck,"The Cosmopolitan Perspective: Sociology of the Second Age of Modernity," *British Journal of Sociology*, vol.51 no.1, 2000, pp.79-105; Andreas Wimmer and Nina Glick Schiller, "Methodological Nationalism and Beyond: Nation-State Building, Migration and Sociology," *Global Networks*, vol.2 no.4, 2002, pp.301-334.

（2） 全ての歴史叙述は比較史を含むというマルク・ブロックの洞察も、これに該当する。民族主義のトランスナショナルな想像力に対する考えは、言説としての「日本」は「西洋」と並べて配置されることによって形成されるという酒井直樹の分析からヒントを得た。Naoki Sakai, *Translation and Subjectivity*, pp.40-71; Jie-Hyun Lim, "The Configuration of Orient and Occident in the Global Chain of National Histories: Writing National Histories in Northeast Asia," *Narrating the Nation: Representations in History, Media and the Arts*, pp.288-305.

（3） Timothy Mitchell, "The Stage of Modernity," *Questions of Modernity*, T. Mitchell ed., Minneapolis: University of Minnesota Press, 2000, p.4.

（4） Benedict Anderson, *Imagined Communities*（revised edition）, London: Verso, 1991, pp.47-65; C・L・R・ジェームズ『ブラック・ジャコバン：トゥサン・ルーヴェルチュールとハイチ革命』ウ・テジョン訳、ピルメク、2007年（韓国語）; スーザン・バック＝モース『ヘーゲルとハイチ、普遍史』キム・ソンホ訳、文化ドンネ、2012年（韓国語）; Eric J. Hobsbawm, *Nations and Nationalism since 1780*, Cambridge: Cambridge Universty Press, 1990, pp.46-79; Paul Gilroy, *Postcolonial Melancholia*, New York: Columbia University Press, 2005; Sakai Naoki, *The End of Pax Americana: The Loss of Empire and Hikikomori Nationalism*, Durham, NC: Duke University Press, forthcoming.

（5） Dan Diner, "Negative Symbiose. Deutsche und Juden nach Auschwitz," *Babylon*, 1, 1986, p.9; Sebastian Wogenstein, "Negative Symbiosis? Israel, Germany, and Austria in Contemporary Germanophone Literature," *Prooftexts: A Journal of Jewish Literary History*, vol.33, no.1, 2013, pp.106-110; Tom Segev, *The Seventh Million*, pp.15-20, 29-31.

(6) Dan Diner, “Cumulative Contingency: Historicizing Legitimacy in Israeli Discourse,” *History and Memory*, vol.7 no.1, Special Issue: Israel Historiography Revisited, 1995, pp.153-155, 160-163; Anita Shapira, “Politics and Collective Memory: The Debate over the ‘New Historians’ in Israel,” Ibid., pp.9-11; Ilan Pappe, “Critique and Agenda: The Post-Zionist Scholars in Israel,” Ibid., pp.69-73.

(7) アシシュ・ナンディ『親密な敵：植民地主義時代の自我の喪失と再発見』イ・オクスン訳、新旧文化社、１９９３年（韓国語）。

(8) Larry Wolff, *Inventing Eastern Europe: The Map of Civilization on the Mind of the Enlightenment*, Stanford: Stanford University Press, 1994; Jan Kieniewicz, “The Eastern Frontiers and the Civilisational Dimension of Europe,” *Acta Poloniae Historica*, no.107, 2013; Jerzy Jedlicki, *A Suburb of Europe: Nineteenth-Century Polish Approaches to Western Civilization*, Budapest: Central European University Press. 1999; Lucy Mayblin, Aneta Piekut and Gill Valentine, “‘Other’ Posts in ‘Other’ Places: Poland through a Postcolonial Lens?,” *Sociology*, vol.50 no.1, 2016, pp.60-76; Jie-Hyun Lim, “A Postcolonial Reading of the *Sonderweg*: Marxist Historicism Revisited,” pp.280-294.

(9) 林志弦、李成市編『国史の神話を超えて』ヒューマニスト、２００４年（韓国語）; Jie-Hyun Lim, “The Configuration of Orient and Occident in the Global Chain of National Histories: Writing National Histories in Northeast Asia,” *Narrating the Nation*, Berger, Eriksonas and Mycock eds., pp.288-305.

(10) Martin Krygier, “Letter from Australia: Neighbors: Poles, Jews and the Aboriginal Question,” *East Central Europe*, vol.29 no.1-2, 2002, pp.297-309; Dan Stone,“The Historiography of Genocide: Beyond ‘uniqueness’ and ethnic competition,” *Rethinking History*, vol.8 no.1, 2004, pp.127-138; Carol Gluck, “Operations of Memory: ‘Comfort Women’ and the World,” *Ruptured Histories: War, Memory and the Post-Cold War in Asia*, Shelia Miyoshi Jager and Rana Mitter eds., Cambridge, Mass: Harvard University Press, 2007; Michael Rothberg and Yasemin Yildiz, “Memory Citizenship: Migrant Archives of Holocaust Remembrance in Contemporary Germany,” *Parallax*, vol.17 no.4, 2011, pp.32-48; Shirli Gilbert, “Anne Frank in South Africa: Remembering the Holocaust During and After Apartheid,” *Holocaust and Genocide*

Studies*, vol.26, no.3, 2012, pp.366-393; A. Dirk Moses,"The Holocaust and World History," *The Holocaust and Historical Methodology*, Dan Stone ed., New York: Berghahn Books, 2012; Roberta Pergher, Mark Roseman, Jrgen Zimmerer, Shelley Baranowski, Doris L. Bergen and Zygmunt Bauman, "Scholarly Forum on the Holocaust and Genocide," *Dapim: Studies on the Holocaust*, vol.27, no.1, 2013, pp.40-73.

（11） 19世紀以来の近代歴史学を支配してきた「国史」パラダイムの対案として、「トランスナショナル・ヒストリー」「世界史」「グローバル・ヒストリー」などという用語が厳密に区分されないまま混用されているのが現実だ。厳密な概念的違いよりはニュアンスの違いに終わる時が多い。それでも、本書で「トランスナショナル・ヒストリー」ではなく「グローバル・ヒストリー」を優先するのは、犠牲者意識ナショナリズムが加害者民族対犠牲者民族という二国間関係を超え、大陸と大洋を行き来する地球規模の分析を要求すると考えるからだ。これらの用語が使われてきた歴史については以下を参照。Sven Beckert and Dominic Sachsenmaier eds., *Global History, Globally*, London: Bloomsbury, 2018; Douglas Northrop ed., *A Companion to World History*, Chicester: Wiley-Blackwell, 2012.

（12） Aleida Assmann and Sebastian Conrad, "Introduction," *Memory in a Global Age*, Assmann and Conrad eds., p.1.

（13） 「絡み合う記憶」についての考えは、ヴェルネールとツィンメルマンの「絡み合う歴史（histoire croisée）」からヒントを得た。Michael Werner and Bénédicte Zimmermann, "Beyond Comparison: Histoire Croisée and the Challenge of Reflexivity," *History and Theory*, vol.45 no.1, 2006, pp.30-50. 絡み合う記憶については次を参照。Jie-Hyun Lim, "Second World War in Global Memory Space," *Cambridge History of Second World War*, vol.III, Michael Geyer and Adam Tooze eds., Cambridge: Cambridge University Press, 2015, p.699; Marius Henderson and Julia Lange, "Introduction," *Entangled Memories: Remebering the Holocaust in a Global Age*, Marius Henderson and Julia Lange eds., Heidelberg: Universitätsverlag, Winter 2017, pp.3-16.

（14） 私は当初、「トランスナショナル記憶構成体」という用語を使ったが、犠牲者意識ナショナリズムのグローバル・ヒストリーに重点を置くこともあり、本書では「地球規模の記憶構成体」という用語を使う。Jie-Hyun Lim, "Transnational Memory Formation: Memory-History-Culture," *The Routledge Companion to World Literature and World History*, May Hawas ed., London: Routledge, 2018, pp.266-276.

(15) 記憶研究と感情の歴史が結びつく可能性を指摘する研究は多くない。文化的記憶から感情の問題を提起したアスマンの先駆的研究の他には方法論的に目を引くものはない。実証研究としては、東欧の事例を通じて両者の結びつく様相と可能性を明らかにした研究が目につく。Aleida Assmann, "Impact and Resonance: Towards a Theory of Emotions in Cultural Memory," *Söndertörn Lectures*, no.6, 2011; Tea Sindbæk and Barbara Törnquist-Plewa eds., *Disputed Memory: Emotions and Memory Politics in Central, Eastern and South-Eastern Europe*, Berlin: Walter de Gruyter, 2016.

(16) Paul Ricoeur, *Memory, History*, Forgetting, Kathleen Blamey and David Pellauer trans., Chicago: University of Chicago Press, 2004, pp.1-2.

(17) Chiara De Cesari and Ann Rigney, "Introduction," *Transnational Memory: Circulation, Articulation, Scales*, Chiara De Cesari and Ann Rigney eds., Berlin: Walter de Gruyter, 2014, p.3.

(18) Jie-Hyun Lim, "Second World War in the Global Memory Space," *Cambridge History of Second World War*, vol.III, Geyer and Tooze eds., pp.698-724.

(19) ホロコーストの歴史的教訓は、どうすれば私たちが再びあんなおぞましい悲劇の犠牲者にならないようにするかではなく、私たちも加害者になりうるという気付きだというバウマンの警告と、ナチのホロコースト加害者に平凡なドイツ人ではなく、平凡な人間、すなわち私たちの自画像を見たブラウニングの慧眼は、地球規模の記憶構成体の道徳性問題を考える時に今も多くの警告を与えてくれる。Zygmunt Bauman, *Modernity and the Holocaust* (with a new afterward), Ithaca: Cornell University Press, 2000, p.152; Christopher R. Browning, *Ordinary Men: Reserve Police Battalion 101 and the Final Solution in Poland* (with a new afterward), New York: Harper Perennial, 1993, pp.189, 222-223; Michael Mann, *The Dark Side of Democracy: Explaining Ethnic Cleansing*, Cambridge: Cambridge University Press, 2005, p.9.

(20) Jean-Marc Dreyfus and Marcel Stoetzler, "Holocaust memory in the twenty-first century: between national reshaping and globalisation," *European Review of History*, vol.18 no.1, 2011, p.75.

(21) Marianne Hirsch and Leo Spitzer, "The witness in the archive: Holocaust studies/Memory studies," *Memory Studies*, vol.2 no.2, 2009, pp.156, 159, 161.

(22) 国家の「公式記憶」と、市民社会の「民間記憶」、体験に基づく「個人記憶」、公の論争を通じて知ることになる「メタ・メモリー」で構成される記憶の領域と、多様な記憶の相互作用については次を参照。Carol Gluck, "Operations of Memory: 'Comfort Women' and the World," *Ruptured Histories*, Miyoshi Jager and Mitter eds., pp.52-58.

(23) 民族の団結のためには、喜びより苦痛が、勝利より哀悼の記憶がよりよいというルナンの主張は、犠牲者意識ナショナリズムが持つ「情動を揺さぶる記憶」の性格を予言したもののように見える。エルネスト・ルナン『民族とは何か』シン・ヘンソン訳、チェクセサン、２００２年、81頁（韓国語）。方法論的に「情動的記憶」は、記憶研究と「感情の歴史」が出会う地点でもある。

(24) ロナルド・スメルサー、エドワード・J・デービス二世『第二次世界大戦の神話と真実』リュ・ハンス訳、サンチョロム、２０２０年、88、92、94、１０８頁（韓国語）。

(25) 旧共産主義陣営の記憶政治とホロコーストに対する最近の研究としては次を参照。Kata Bohus, Peter Hallama and Stephan Stach eds., *Growing in the Shadow of Antifascism: Remembering the Holocaust in Communist Eastern Europe*, Budapest: Central European University Press, 2021.

(26) ホロコーストと奴隷制、植民地主義ジェノサイドなどがグローバルな記憶として絡み合う様相については次を参照。Daniel Levy and Natan Sznaider, *The Holocaust and Memory in the Global Age*, Philadelphia: Temple University Press, 2006; Michael Rothberg, *Multidirectional Memory*; Aleida Assmann and Sebastian Conrad eds., *Memory in a Global Age: Discourses, Practices and Trajectories*, Palgrave Macmillan, 2010; Amos Goldberg and Haim Hazan eds., *Marking Evil: Holocaust Memory in the Global Age*, New York: Berghahn Books, 2015; Jie-Hyun Lim, "Triple Victimhood: On the Mnemonic Confluence of the Holocaust, Stalinist Crime, and Colonial Genocide," *Journal of Genocide Research*, 2020.04; A. Dirk Moses, "Conceptual Blockages and Definitional Dilemmas in the 'Racial Century': Genocides of Indigenous Peoples and the Holocaust," *Patterns of Prejudice*, vol.36, no.4, 2020, pp.7-36; Jie-Hyun Lim and Eve Rosenhaft eds., *Mnemonic Solidarity: Global Interventions*, London: Palgrave Macmillan, 2021.

(27) 「米政府の第1号慰安婦記念碑、ニュージャージーで開幕式」『朝鮮日報』２０１３年3月9日（電子版、韓国語）。（訳注：ニュージャージー州バーゲン郡と市民団体が建立者として刻まれている。州や連邦政府は関係していない）。

(28) ホロコーストの普遍化を通じた記憶のコスモポリタニズムと「内面的グローバル化」に関する論議は次を参照。Daniel Levy and Natan Sznaider, "Memory Unbound: The Holocaust and the Formation of Cosmopolitan

Memory," *European Journal of Social Theory*, vol.5 no.1, 2002, p.87. 本書では、必ずしもホロコーストの普遍化に焦点を当てる必要はないという前提の下で「内面的グローバル化」というレヴィとシュナイダーの表現を借用する。

(29) Antony Polonsky and Joanna Michlic, "Introduction," *The Neighbors Responded: The controversy over the Jedwabne Massacre in Poland*, Antony Polonsky and Joanna Michlic eds., Princeton: Princeton University Press, 2004, p.9.

(30) Levy and Sznaider, *The Holocaust and Memory in the Global Age*; Rotheberg, *Multidirectional Memory*; Jie-Hyun Lim, "Second World War in the Global Memory Space".

(31) 最近公開されたイスラエル外務省の機密文書は、同国政府が１９８２年に同国で開かれるホロコーストとアルメニア・ジェノサイドの比較に関する学術大会をつぶすか、その意味を縮小させるために各国の大使館と領事館を通じてどのように工作したのかを見せてくれる。その結果、ヤド・ヴァシェムやテルアビブ大学などが大会への支援を撤回し、議長に予定されていたエリ・ヴィーゼルがイスラエル総領事に会ってから参加を取りやめるなどした。大会は結局、不十分な催しへと転落した。イスラエル外務省は、シリアとイランからトルコ経由でイスラエルに移住するユダヤ人に対するトルコ政府の潜在的脅威を理由としたが、大会議長を務めたアルメニア・ジェノサイドの専門家であるチャーニーは根拠のないでっち上げだと主張している。Ofer Aderet, "How Israel Quashed Efforts to Recognize the Armenian Genocide–to Please Turkey," *Haaretz*, 2021.05.02（電子版）.

(32) リン・ハント『人権の発明』チョン・ジンソン訳、トルベゲ、２００９年（韓国語）。

(33) Lea David, "Moral Remembrance and New Inequalities," *Global Perspectives*, vol.1 no.1, 2020.

(34) United Nations, "Report of the Special Rapporteur in the field of cultural rights, Farida Shaheed: memorialization processes," 2014, pp.5-6, digitallibrary.un.org/record/766862

(35) Lea David, "Human rights, micro-solidarity and moral action: Face-to-face encounters in the Israeli/Palestinian context," *Thesis Eleven*, vol.154 no.1, 2019, pp.66-79.

(36) Samuel Moyn, *The Last Utopia: Human Rights in History*, Cambridge, MA: Harvard University Press, 2010; Samuel Moyn, *Christian Human Rights*, Philadephia: University of Pennsylvania Press, 2015; Lea David, "Human Rights as an Ideology? Obstacles and Benefits," *Critical Sociology*, vol.46 no.1, 2020, p.37.

(37) 「内在的接近」という論理で北朝鮮の人権問題に蓋をしてしまう韓国の左派民族主義者の沈黙や、南京虐殺と慰安婦のような蛮行を働いた日本政府には新疆のウイグル人を巡る人権問題を語る資格がないという中国政府の反論などが卑近な例だ。次を参照。「国連北朝鮮人権事務所設置の問題点」『自主新報』２０１５年８月15日付 ;「対北ビラ禁止法を巡って内政干渉する米国を糾弾」『自主新報』２０２０年12月23日付 ;「南京虐殺をした日本、新疆の人権を語る資格あるのか」『ＹＴＮ』２０２１年３月26日（全て韓国語)。

(38) Kay Schaffer and Sidonie Smith, "Venues of Storytelling: the circulation of testimony in human rights-campaigns," *Life Writing*, vol.1 no.2, 2004, p.3.

(39) Lewis A. Coser ed., *Maurice Halwachs on Collective Memory*, Chicago: University of Chicago Press, 1992; Jan Assmann and John Czaplicka, "Collective Memory and Cultural Identity," *New German Critique*, no.65, 1995, pp.125-133.

(40) Assmann and Czaplicka, "Collective Memory and Cultural Identity," pp.128-129.

(41) Gluck, "Operations of Memory: 'Comfort Women' and the World," pp.52-58.

(42) Nathan Wachtel, "Introduction," *Between Memory and History*, Marie-Noëlle Bourguet, Mucette Valensi and Nathan Wachtel eds., London: Harwood Academic Publishers, 1990, pp.4-5. パリの「現在の歴史研究所」の産婆役となったアンリ・ルソーは、「現在の歴史」というのは現代史という意味ではなく、いま作られている記憶の歴史を念頭に置いたものだったと明かしたことがある（２０１１年５月９日にルソーと個人的に交わした対話)。

(43) 記憶政治とそれを構造化するヘゲモニーとしての記憶文化の区分については次を参照。Berthold Molden, "Resistant pasts versus mnemonic hegemony: On the power relations of collective memory," *Memory Studies*, vol.9 no.2, 2016, pp.125-142. 本書では、アスマンの「文化的記憶」とモルデンの「記憶文化」を同意で使うが、細かい文脈の違いによっては使い分けることとする。

(44) Jie-Hyun Lim and Eve Rosenhaft eds., *Mnemonic Solidarity: Global Interventions*, London: Palgrave Macmillan, 2021; Jie-Hyun Lim, "Triple Victimhood: On the Mnemonic Confluence of the Holocaust, Stalinist Crime, and Colonial Genocide," *Journal of Genocide Research*, 2020.04.; 林志弦「全地球的記憶空間と犠牲者意識：ホロコースト、植民地主義ジェノサイド、スターリン主義のテロの記憶はどのように出会うのか?」『大丘史学』１２５集、２０１６年、１１０〜１３４頁（韓国語); 林志

弦「グローバルな記憶空間と犠牲者意識」『思想』２０１７年４月号、55～73頁。

(45) Amos Goldberg, "Forum: On Saul Friedlaender's *The Years of Extermination 2*. The Victim's Voice and Melodramatic Aesthetics in History," *History and Theory*, 48, 2009, p.234.

(46) David Blackburn and Geoff Eley, *The Peculiarities of German History*, Oxford: Oxford University Press, 1984, pp.7, 164 and passim.; Juergen Kocka, "Asymmetrical Historical Comparison: the Case of the German *Sonderweg*," *History and Theory*, vol.38, no.1, 1999, p.41; Jie-Hyun Lim, "A Postcolonial Reading of the *Sonderweg*: Marxist Historicism Revisited," pp.280-294.

(47) Zygmunt Bauman, *Modernity and the Holocaust*, Ithaca: Cornell University Press, 1989; Enzo Traverso, *The Origins of Nazi Violence*, New York: The New Press, 2003; Jürgen Zimmerer, "Die Geburt des 'Ostlandes' aus dem Geiste des Kolonialismus: Die nationalsozialistische Eroberungs-und Beherrschungspolitik in (post-) kolonialer Perspektive," *Sozial Geschichte*, vol.19 no.1, 2004, pp.10-43; Benjamin Madley, "From Africa to Auschwitz: How German South West Africa Incubated Ideas and Methods Adopted and Developed by the Nazis in Eastern Europe?," *European History Quarterly*, vol.35 no.3, 2005, pp.429-464; Robert Gerwarth and Stephan Malinowski, "Der Holocaust als kolonialer Genozid? Europaeische Kolonialgewalt und nationalsozialistischer Vernichtungskrieg," *Geschichte und Gesellschaft*, 33, 2007; A. Dirk Moses, "Empire, Colony, Genocide: Keywords and the Philosophy," *Empire, Colony, Genocide: Conquest, Occupation, and Subaltern Resistance in World History*, A. Dirk Moses ed., New York and Oxford: Berghahn Books, 2008.

(48) Lucy Mably et al., "'Other' Posts in "Other" Places:, p.66; Larry Wolff, *Inventing Eastern Europe*, p.9; Jerzy Jedlicki, *A Suburb of Europe*, p.xiii; David Furber, "Near as Far in the Colonies: The Nazi Occupation of Poland," *The International History Review*, vol.26 no.3, 2004, p.559; Kristin Kopp, *Germany's Wild East*.

謝辞

犠牲者意識ナショナリズムは犠牲の上に成り立っている。本書もそうだ。「犠牲者意識ナショナリズム」という概念と格闘して14年になるが、その歳月と同じくらい大きな「犠牲」があった。多くの先覚や同僚研究者たちの教えと友情、そして国内外の機関の支援がなかったら、この本は未完の課題として残っただろう。

車河淳、潘星完、Alf Lüdtke、Zygmunt Bauman、Feliks Tych、Jan Kancewicz、Carol Gluck、西川長夫、酒井直樹、Harry Hartoonian、Georg Iggers、Michael Geyer、Konrad Jarausch、Jürgen Kocka、Paul Corner、Michał Śliwa、Marek Waldenberg、Marcin Kula、Patrick Manning、Zeev Sternhell、Susannah Heschel、Takashi Fujitani、Carter Eckert、Eve Rosenhaft、Ien Ang、Rada Ivekovic、Marie-Clare Lavabre らにまず感謝する。中には既に世を去られた方もいるが、彼らの話し方や表情の一つひとつが昨日のことのように思い出される。

国境を超える歴史研究における長年のパートナーである Stefan Berger、Matthias Middell、Frank

Hadler、Sebastian Conrad、Dominic Sachsenmaier、グローバル記憶研究のAleida Assmann、Reinhart Kössler、Ann Rigney、Dirk Moses、Michael Rothberg、Robert Traba、Joanna Wawrzyniak、Jenny Wüstenberg、Zuzanna Bogumił、東アジア歴史フォーラムの岩崎稔、成田龍一、李成市、渡辺直紀、板垣竜太、朴煥斌、尹海東、都冕會、小山哲、韓国の学界の李勳相、尹相仁、金素榮、金成禮、金容右、申聖坤、皇甫永祚、全鎭晟、李根寛、金湘顯、全在昊、李昭永、西江大トランスナショナル人文学研究所（CGSI）「グローバルな記憶の連帯と疎通」プロジェクトチームの鄭勉教授と研究員たち、「新村トライアングル」の柳錫津、禹燦濟、金恩實、李喆雨、李奭具らも、大きな力になった。

ベルリン高等学術院、ビーレフェルト大学、国際日本文化研究センター、フランス高等社会科学院、パリ第2大学と第10大学、一橋大学、ワルシャワ大学、クラクフ師範大学、台湾交通大学、ライプチヒ東欧人文学センター、コロンビア大学はそれぞれ、1カ月間から1年間にわたっての滞在研究と集中講義を支援してくれた。この本の骨格の大部分はそうした時期に形作られた。エアフルト大学、コーネル大学、ハーバード大学、デューク大学、中山大学、オーフス大学、東京大学、名古屋大学、フィンランド科学アカデミー、タンペレ大学、ベルリン自由大学、ルール大学ボーフム、ブレーメン・ヤーコプ大学、テュービンゲン大学、ライプチヒ大学、シュチェチン大学、西シドニー大学、ニューヨーク市立大学、ピッツバーグ大学、ボアジチ大学、スロベニア科学アカデミー、早稲田大学、ハワイ州立大学、ケンタッキー大学、大阪大学、アムステルダムの戦争・ホロコースト・ジェノサイド研究所、ナチス強制労働資料センター、キーウ国立大学、東京インターナショナルハウス（国際文化会館）、トロント大学、ヴロツワフの「記憶と未来」フォーラム、慶北大学、延世大学、成均館大学、東亜大学、全南大学での講演と討論は考えを整理するのに大きな助けとなった。「二次会」もいつも生産的だった。新型コロナウイルスのために足止めされるようになって、彼らの歓待と講演旅行はさらに懐かしく、楽しい記憶となった。短くない講義の空白を寛大に認めてくれた漢陽大学と西江大学、5年にわたって「優秀学者」研究基金を提供してくれた韓国研究財団にも深く感謝する。

今回もヒューマニスト社からの刊行となったことは大きな幸運だった。本の最終段階では、Ewa Motylińska と文鎭榮がソーシャルメディアを確認し、キム・テインが索引と参考文献を整理した。学部と大学院の私の学生たちの才気にあふれ、生き生きとした姿は、常に私を驚かせた。この世代が犠牲者意識ナショナリズムを犠牲にする記憶文化の主役になるのなら、それ以上に望むものはない。

訳者あとがき

「ナチス・ドイツがユダヤ人にしたことに匹敵するようなことは、この世界には何もない」

２０１３年６月７日。慰安婦問題での日本批判で有名だった米国の下院議員マイク・ホンダは、「慰安婦はホロコーストと同じようなものだという在米韓国人の主張をどう思うか」という私の質問に、ゆっくりと慎重な口ぶりで答えた。米東部ニュージャージー州バーゲン郡のパリセイズパーク市図書館の敷地に建てられた全米初の慰安婦記念碑を訪ねた後、図書館内で開いた記者会見でのことだ。

毎日新聞のソウル特派員だった私がその場に居合わせたのは、慰安婦問題を巡る在米韓国人のロビー活動を取材しようと米東部に足を延ばしていたからだ。本書でも触れられているが、在米韓国人の団体はこの頃、慰安婦とホロコーストを同列に並べる運動を展開し始めた。そのことに私は違和感を覚えていた。慰安婦制度を擁護するつもりなど毛頭ないが、それでも「ホロコーストと同じだ」という主張は乱暴すぎるように思えたからだ。不思議なことを見つけたら、自分で現場に行きたくなる。ソウルを拠点にする記者が取材すべきだと本社に提案したら、なぜだか認められた。そして出張した時に、たまたまホンダの訪問があったというわけだ。

記念碑が建てられたのは2010年である。当初は全く注目されない存在だったが、2年後に自民党議員4人が抗議のため訪れたことで局面が変わった。議員来訪を前に日本のニューヨーク総領事が撤去を働きかけたことに市が強く反発し、米メディアが大きく取り上げた。記念碑を建てた韓国系団体のリーダー、金東錫《キムドンソク》は私の取材に「(それまで無関心だった)保守派のフォックスニュースですら、女性記者が涙を流しながら現地リポートをした。人権問題へと完全に扱いが変わった」と話した。

この騒動は、金東錫たちにさらなる追い風となった。かつて断られた郡裁判所前の庭園への記念碑建立が一転して認められたのだ。彼らはもともと裁判所前への設置を望んだのだが、管理する郡当局から「日本と韓国の問題を持ち込まないでくれ」と拒絶されていた。韓国系が人口の半分を占めるパリセイズパークの図書館は、その代替地だった。

彼らがこだわった裁判所前にあるのは、本書の補論で言及される「記憶の島」である。地元紙の報道によると、1980年代まではホロコーストの記念碑しかなかったが、冷戦終結直後にアルメニア系住民が「自分たちも建てたい」と言い出して1990年にアルメニア・ジェノサイドの記念碑が建った。そしてアイルランド系が1995年に英支配下でのアイルランド大飢饉の記念碑を建て、2009年には黒人奴隷の記念碑が設置された。そこに慰安婦が加わったということになる。

本書をすでに読んだ読者であれば、簡単に理解できるはずだ。ここで起きたことはまさに、21世紀における犠牲者意識ナショナリズムの振る舞いの典型である。ホロコーストと慰安婦、アルメニア・ジェノサイドなどは互いに全く関係なく起きたことなのに、米国へ移民してきた人びとが持ち込んだ民族の記憶が出会い、絡み合ったのだ。それでもイデオロギーの縛りがきつかった冷戦中には大きな動きとならなかったが、冷戦終結によって世界は大きく変わり、各地でナショナリズムが噴出した。そして本国より移民のほうが激しい民族感情を抱きがちだという「遠距離ナショナリズム」が米国という多文化空間で相互作用を起こした。

慰安婦の記憶はさらに、カリフォルニア州グレンデール市でアルメニア・ジェノサイドの記憶と出会った。日本の反発を軽くはねのけて全米初の少女像設置を認めた背景にあったのは、世界最大とも言われる在外アルメニア系コミュニティが人口の3割を占めるというグレンデール市の人口構成だ。本書では、グレンデールで絡み合う記憶の様相も丁寧に分析されている。なお、冒頭で紹介したホンダの言葉は、ホロコーストは他の悲劇と比べ物にならないし、比べること自体を許しがたいと考えるユダヤ系の犠牲者意識ナショナリズムを強く意識したものでもあろう。

著者は21世紀を「記憶のグローバル化」の時代だと定義する。そして、地球規模のものとなった記憶空間においては従来のような「民族の英雄」よりも「犠牲者」の記憶のほうが強いのだと説く。英雄とはえてして他民族を殺し、略奪した人物である一方、人権意識の高まりもあって犠牲者には多大な同情が寄せられるからだ。

変化の契機になったのは冷戦の終結であり、ソ連・東欧社会主義圏の崩壊だった。東欧ではこの時、スターリン主義による暴力の記憶が解き放たれた。バルト3国やポーランドなど各国で噴出したソ連による抑圧への怒りは、それまでホロコーストを唯一絶対の悪としてきた西欧の価値観をも揺るがし、ホロコーストとスターリン主義の暴力を同列の悪とみなすように欧州の記憶を変化させた。陸続きの国々がさまざまな関係を結んできた大陸欧州において、各国・各民族の記憶は複雑に絡み合い、衝突した。それは、ロシアによるウクライナ侵攻にも大きな影を落としている。

植民地主義ジェノサイドの記憶も同時に解き放たれたことで、植民地帝国だった国々はこれからさらに困難な局面にぶつかるのかもしれない。欧州で「記憶の戦争」と呼ばれるようになった近年の歴史認識紛争を見ると、犠牲者意識ナショナリズムを振りかざす中韓両国との関係に苦労する日本との共通点に驚かされるのだ。ドイツは２０２１年、第１次大戦前に植民地支配した南西アフリカ（現ナミビア）での先住民ジェノサイドを公式に謝罪し、ナミビアへの11億ユーロの支払いで合意した。ただし「法的な賠償」であることは否定し、道義的な責任に基づく支援金だとされた。この合意に至る20年ほどの過程はまるで日韓関係を見るようであり、しかもナミビア側の当事者であるヘレロとナマという二つの民族には依然として強い不満が残っている。「これで終わったと考えているのはドイツとナミビアの政府だけではないか」という専門家もいるのである。

日本の置かれた状況を考える際には、こうした世界の動きへの目配りが欠かせない。そして国際社会の大きな流れをきちんと認識することは、自分たちについて考える際に冷静さを取り戻す助けとなる。冷戦終結後の世界を揺るがす「記憶」の力に着目する本書は、そのための良い羅針盤となってくれるはずだ。

ここで著者の林志《イムジ》弦《ヒョン》教授についてご紹介したい。朴正熙政権下の１９７７年にカトリック系の名門である西江大学（ソウル）の史学科に入った。大学が民主化闘争の拠点だった時代だ。軍事政権に抵抗する学生たちが、冷戦という時代背景の中で禁書になっていたマルクスの著作を隠れてむさぼり読んだ時代でもあった。著者もマルクスに惹かれた一人であり、民主化直後の１９８９年に博士号を取った論文は「マルクス・エンゲルスと民族主義」だった。だが、ドイツで活動したポーランド出身のユダヤ人革命家、ローザ・ルクセンブルクを研究テーマとし、社会主義政権が崩壊した激動期のポーランドを間近で見たことが転機になった。「資本主義から社会主義への移行を夢見た70年代、80年代の韓国と、社会主義から資本主義に移行した90年代のポーランドを体験した」ことが、本書のテーマである「犠牲者意識ナショナリズム」という新しい概念を生み出すことにつながった。

韓国では、本書でも簡単に触れられる「大衆独裁」理論の提唱者としても知られる。朴正熙やヒトラーらの独裁は一般国民の支持があったからこそ絶対的な力を振るえたのだという著者の主張は、国民を弾圧する軍部独裁を打ち倒したという民主化の物語《ナラティブ》が絶対視される韓国社会で大きな波紋を引き起こした。社会的タブーを気にしない姿勢は本書にも通じる。自らの加害性を棚上げにして「唯一の戦争被爆国」を強調する日本を厳しく批判するかと思えば、日本に全ての責任を押し付けることで自らの正当性を強弁する韓国の反日ナショナリズムの欺瞞をも追及する。厳しい視線は、ポーランドやドイツ、イスラエルの犠牲者意識ナショナリズムにも向けられる。誰にもこびず、全ての当事者を厳しく検証する姿勢は望ましいものではあるが、ここまで徹底するには相当の勇気を要するはずだ。その勇気に敬意を表したい。

本書の翻訳に当たっては、ポーランド語の固有名詞の表記法について京都大学教授の小山哲さんら、ヘブライ語は帝京科学大学講師の櫻井丈さん、ドイツ語は毎日新聞外信部の五十嵐朋子さんに助けていただいた。ご支援、ご協力いただいた多くの方に心から感謝申し上げたい。

2022年7月

澤田克己

日本語版の翻訳時に日本語訳を引用した文献

アンネ・フランク『アンネの日記（増補新訂版）』深町眞理子訳、文藝春秋、2003年。

関口時正・沼野充義編『チェスワフ・ミウォシュ詩集』成文社、2011年。

VAWW-NET Japan『女性国際戦犯法廷の全記録Ⅱ：日本軍性奴隷制を裁く：2000年女性国際戦犯法廷の記録第6巻』緑風出版、2002年。

『アリストテレース詩学・ホラーティウス詩論』松本仁助・岡道男訳、岩波文庫、1997年。

テオドール・W. アドルノ『プリズメン：文化批判と社会』渡辺祐邦・三原弟平訳、ちくま学芸文庫、1996年。

トム・セゲフ『七番目の百万人：イスラエル人とホロコースト』脇浜義明訳、ミネルヴァ書房、2013年。

「日本ローザンヌ委員会公式サイト」lausanne-japan.org

polonia-brzezinka.html
"Auschwitz-Birkenau: Auschwitz Convent." *Jewish Virtual Library.*
"BENJAMIN (BEN) MEED DESCRIBES THE BURNING OF THE WARSAW GHETTO DURING THE 1943 GHETTO UPRISING," UNITED STATES HOLOCAUST MEMORIAL MUSEUM, encyclopedia.ushmm.org
"Compilation of news articles on Comfort Women Survivors and Holocaust Survivors' Meetings," kace.org, 2011.12.21.
"Denkmal für die Verfolgten der NS-Militärjustiz in Wien," deserteursdenkmal.at
"Fear: Anti-Semitism in Poland After Auschwitz Customer reviews," amazon.com
"Hirtenbrief der polnischen Bischöfe an ihre deutschen Amtsbrüder vom 18. November 1965 und die Antwort der deutschen Bischöfe vom 5. Dezember 1965," cdim.pl/1965-11-18-botschaft-derpolnischen-an-diedeutschen-bisch-fe,2942
"Neighbors: The Destruction of the Jewish Community in Jedwabne, Poland Customer reviews," amazon.com
"Odezwa „Protest!" konspiracyjnego Frontu Odrodzenia Polski pióra Zofii Kossak- Szczuckiej, sierpień 1942 r." zydziwpolsce.edu.pl/biblioteka/zrodla/r3_5d.html
"Petition to Remove Monument and Not Support Any International Harassment Related Issue against People Japan." The White House, petitions.whitehouse.gov/petition/remove-monument-and-not-support-any-international-harassment-related-issue-against-people-japan/FPfs7p0Q
" Prisoners of War of the Japanese 1939-1945," forces-war-records.co.uk
"The Book of Harlan," goodreads.com

映像資料

"히로시마 원폭피해자들에게 돌직구 날리는 원폭 개발자," 생생일본뉴스, 2020.08.06, https://youtu.be/ufZym-LkkBw
DVD 〈Das Dritte Reich privat: Leben und Überleben〉, Polar Film, 2004.

m.blog.naver.com/sbbamtol/220064081996, 2014.07.18.
joungul.co.kr/after/after1/ 독후감 _52984.asp, 2006.10.28.
음악정보사이트, 「제헌절 노래」「현충일 노래」, 건시스템 커뮤니케이션즈, 2013.06.06.
"추도순례," 일제강제동원피해자지원재단, fomo.or.kr/kor
『竹林はるか遠く』 amazon.co.jp
広島平和記念資料館, hpmmuseum.jp/
ホロコースト記念館, www.hecjpn.org/
Ebert, Roger, "Shoah," 1985.11.24, rogerebert.com/reviews/shoah-1985
Glendale Government Library, Art & Culture Department ReflectSpace, "ReflectSpace/City of Glandale," glendaleca.gov
Materski, Wojciech and Tomasz Szarota eds., *Polska 1939–1945. Straty osobowe i ofiary represji pod dwiema okupacjami*, Institute of National Remembrance (IPN), Warszawa, 2009, web.archive.org/web/20120323161233/http://niniwa2.cba.pl/polska_1939_1945.htm
MQI Vietnam, "Winds of Peace," mqivietnam.org/archives
Natalia Aleksiun, "Adolf Berman. W głównym nurcie historii. Żydowski Instytut Historyczny im. Emanuela Ringelbluma," *Żydowski Instytut Historyczny*, 2013.10.17, web.archive.org/web/20161005115834/http://www.jhi.pl/blog/2013-10-17-adolf-berman-w-glownym-nurcie-historii
Northwestern California Genocide Project, nwgenocide.omeka.net
Thucydides, "History of the Peloponnesian War" 2.42, Perseus Digital Library.
Yad Vashem, "I Am My Brother's Keeper: A Tribute to the Righteous Among the Nations. Paying the Ultimate Price. Jozef and Wiktoria Ulma." yadvashem.org
Żurek, Robert, "Avantgarde der Versöhnung: Über den Briefwechsel der Bischöfe und die Ostdenkschrift des EKD von 1965," dialogmagazin.eu/leseprobe-ausgabe-72-73-briefwechsel-bischoefe.html
"About NCRR," *Nikkei for Civil Rights and Redress*.
"Apostolic Pilgrimage to Poland. Holy Mass at the Concentration Camp. Homily of His Holiness John Paul Ⅱ." *Libreria Editrice Vaticana*. w2.vatican.va/content/john-paul-ii/en/homilies/1979/documents/hf_jp-ii_hom_19790607_

the field of cultural rights, Farida Shaheed: Memorialization Processes," digitallibrary.un.org/record/766862
"5 listopada 1965, szyfrogram szefa Polskiej Misji Wojskowej w Berlinie Zachodnim o konferencji prasowej w sprawie Memorandum Wschodniego," gov.pl
"12 listopada 1965, szyfrogram szefa Przedstawicielstwa Handlowego w Kolonii w sprawie Memorandum Wschodniego," gov.pl
"16 listopada 1965, szyfrogram szefa Przedstawicielstwa Handlowego w Kolonii o sytuacji po ogłoszeniu Memorandum Wschodniego," gov.pl
"Call to replace Felix Klein as the Federal government Commissioner for the Fight against Antisemitism," www.scribd.com/document/459345514/Call-on-German-Minister-Seehofer, 2020. 04.30.
"Declaration of Establishment of State of Israel," mfa.gov.il, 1948.05.14.
"Declaration of the Stockholm International Forum on the Holocaust," holocaustremembrance.com
"Declarations of the Task Force For International Cooperation on Holocaust Education, Remembrance, and Research," 1998.12.03.
"Dziennik Ustaw Rzeczypospolitej Polskiej," Warszawa, dnia 14 lutego 2018 r. Poz. 369, dziennikustaw.gov.pl/D2018000036901.pdf
"Louis Harap's Letter to W.E.B. Dubois. Feb.13, 1952." W. E. B. Du Bois Papers (MS 312) Special Collections and University Archives, University of Massachusetts Amherst Libraries.
"Marsz Pokoju Hiroszima-Oświęcim, 1963" nr. ilustracji: 8611, 8612, 7631, 4994. Archiwum Eustachego Kossakowskiego, Museum of Contemporary Art in Warsaw.
"USTAWA z dnia 6 marca 2018 r. o ustanowieniu Narodowego Dnia Pamięci Polaków ratujących Żydów pod okupacją niemiecką." *Sejm Rzeczypospolitej Polskiej*, orka.sejm.gov.pl/opinie8.nsf/nazwa/1947_u/$file/1947_u.pdf

ウェブサイト

『안네의 일기』 독후감，ネット書店「Yes24」関連ページ.
bookbugs.tistory.com/entry/안네의-일기-안네-프랑크-저, 2013. 06. 08.

Forward, Fox News, Frankfurter Rundschau, Haaretz, Hessische Allgemeine, Independent, Korea Herald, Neue Zürcher Zeitung, New Frame, Onet, Radio Poland, Reuters, Rzeczpospolita, Słowo Powszechna, Stern, The First News, The Japan Times, The Jewish Chronicle, The New York Review of Books, The New York Times, The Olympians, The Rafu Shimpo, The Times of Israel, The Washington Post, TOK FM, Trybuna Ludu, Tygodnik Powszechny, Zenit, Zycie Warszawy

公文書・談話等

조건 (조사1과) 책임조사 작성, 〈조선인 BC급 전범에 대한 진상조사: 포로감시원 동원과 전범 처벌 실태를 중심으로〉,《대일항쟁기강제동원피해조사 및국외강제동원희생자등지원위원회 보고서》, 2011. 발간등록번호11-1655026 -000007-01.

한국 천주교 주교회의, 〈3・1 운동 100 주년 기념 담화〉, cbck.or.kr, 2019.02.20.

「國際聯盟總會に於ける松岡代表の演説」、データベース『世界と日本』政策研究大学院大学・東京大学東洋文化研究所、worldjpn.grips.ac.jp

日本カトリック司教団「平和への決意 戦後五十年にあたって」、cbcj.catholic.jp、1995年2月25日。

日本カトリック正義と平和協議会会長談話「3・1独立運動100周年を迎えて」、cbcj.catholic.jp、2019年3月5日。

日本カトリック正義と平和協議会「日韓政府関係の和解に向けての会長談話」、cbcj.catholic.jp、2019年8月15日。

Ignatiew, Radoław J., "on final findings of investigation S 1/00/Zn into the killing of Polish citizens of Jewish origin in the town of Jedwabne, on 10 July 1941, i.e. Pursuant to Article 1 Point 1 of the Decree of 31 August 1944," ipn.gov.pl/eng_konf_jedwabne_press.html

Judges of the Women's International War Crimes Tribunal on Japan's Military Sexual Slavery, "Transcript of Oral Judgment," *Women's Caucus for Gender Justice*, 2001.12.04.

United Nations Economic and Social Council, 2nd Year,4th Session, *Report of the Working Group for Asia and the Far East*, Supplement no.10, 1947.

United Nations Human Rights Council, "Report of the Special Rapporteur in

Historical Inquiry," *The Nanjing Massacre in History and Historiography*, Joshua Fogel ed., Berkeley: University of California Press, 2000.
———, "The Malleable and the Contested: the Nanjing Massacre in Postwar China and Japan," *Perilous Memories: The Asia-Pacific War(s)*, Takeshi Fujitani, Geoffrey M. White and Lisa Yoneyama eds., Durham: Duke University Press, 2001.
Yoshida, Takashi, "A Battle over History: the Nanjing Massacre in Japan," *The Nanjing Massacre in History and Historiography*, Joshua Fogel ed., Berkeley: University of California Press, 2000.
Young, Lung-Chang, "Altruistic Suicide: A Subjective Approach," *Sociological Bulletin*, vol.21 no.2, 1972, pp.103-121.
Zerubavel, Yael, "The Death of Memory and the Memory of Death: Masada and the Holocaust as Historical Metaphors," *Representations*, no.45, 1994, pp.72-100.
Zimmerer, Jürgen, "Die Geburt des Ostlandes aus dem Geiste des Kolonialismus: Die nationalsozialistische Eroberungs- und Beherrschungspolitik in (post-)kolonialer Perspektive," *Sozial Geschichte*, vol.19 no.1, 2004, pp.10-43.
Ziółkowski, Marek, "Memory and Forgetting after Communism," *Polish Sociological Review*, vol.137 no.1, 2002, pp.7-24.
Zwigenberg, Ran, "Never Again: Hiroshima, Auschwitz and the Politics of Commemoration," *The Asia-Pacific Journal*, vol.13 no.3, 2015, pp.1-14.
Żarnowski, Janusz, "Wege und Erfolge der polnischen Historiographie 1945-1975," *Zeitschrift für Geschichtswissenschaft*, Jg.25, H.8, 1977, p.633.

メディア

경향신문, 동광, 동아일보, 매일경제신문, 매일신보, 머니투데이, 문화일보, 연합뉴스, 오마이뉴스, 자주시보, 조선일보, 통일뉴스, 한겨레, 한겨레21, 가톨릭뉴스, JTBC, KBS, MBC, SBS, TV 조선, YTN, 朝日新聞, 産経新聞, 中国新聞（英語、電子版), 長崎新聞, 毎日新聞, 共同通信, 文藝春秋, 新刊 JP, *Litera, AP, BBC, Bloomberg, Daily Telegraph, Der Spiegel, Der Standard, Deutsche Welle, Die Welt, Dziennik Łódzki, Dziennik Polski, evangelisch.de,*

von Ankum, Katharina, "Victims, Memory, History: Antifascism, and the Question of National Identity in East German Narratives after 1990," *History and Memory: Studies in Representation of the Past*, vol.7 no.2, 1995, pp.41-69.
Welch, Steven R., "Commemorating 'Heroes of a Special Kind': Deserter Monuments in Germany," *Journal of Contemporary History*, vol.47 no.2, 2012, pp.370-401.
Werner, Michael and Bénédicte Zimmermann, "Beyond Comparison: Histoire Croisée and the Challenge of Reflexivity," *History and Theory*, vol.45 no.1, 2006, pp.30-50.
Wierling, Dorothee, "Krieg im Nachkrieg: Zur fentlichen und privaten Präsenz des Krieges in der SBZ und frühen DDR," *Der Zweite Weltkrieg in Europa. Erfahrung und Erinnerung*, Jörg Echternkamp and Stefan Martens eds., Paderborn: Schöningh, 2007.
Wiesel, Elie, "Freedom of Conscience: A Jewish Commentary," *Journal of Ecumenical Studies*, vol.14 no.4, 1977, pp.638-649.
Wigura, Karolina, "Alternative Historical Narrative: "Polish Bishops' Appeal to Their German Colleagues" of 18 November 1965," *East European Politics and Societies and Cultures*, vol.27 no.3, 2013, pp.400-412.
Wimmer, Andreas and Nina Glick Schiller, "Methodological Nationalism and Beyond: Nation-State Building, Migration and Sociology," *Global Networks*, vol.2 no.4, 2002, pp.301-334.
Wogenstein, Sebastian, "Negative Symbiosis?: Israel, Germany, and Austria in Contemporary Germanophone Literature," *Prooftexts: A Journal of Jewish Literary History*, vol.33 no.1, 2013, pp.105-132.
Wojtyła, Kardynał Karol, "Znak Naszej Epoki," *Tygodnik Powszechny*, nr.42 (1186), 1971.
Wolf, Joan B, "Anne Frank is Dead, Long Live Anne Frank": The Six-Day War and the Holocaust in French Public Discourse," *History & Memory: Studies in Representation of the Past*, vol.11 no.1, 1999, pp.104-140.
Wolpe, Rebecca, "From Slavery to Freedom: Abolitionist Expressions in Maskilic Sea Adventures," *AJS Review*, vol.36 no.1, 2012, pp.43-70.
Yang, Daqing, "The Challenges of the Nanjing Massacre: Reflections on

Moisel Eckel ed. Beiträge zur Geschichte des Nationalsozialismus, vol.xxiv, Göttingen: Wallstein, 2008.

Szaynok, Bozena, "The Impact of the Holocaust on Jewish Attitudes in Postwar Poland," *Contested Memories: Poles and Jews during the Holocaust and its Aftermath*, Joshua D. Zimmerman ed., New Jersey: Rutgers University Press, 2003.

———, "The Jewish Pogrom in Kielce, July 1946: New Evidence," *Intermarium*, vol.1 no.3, 2016.

Sznaider, Natan, "The Summer of Discontent: Achille Mbembe in Germany," *Journal of Genocide Research*, 2020.12.04.

Takahashi, Tetsuya, "The Emperor Shōwa standing at ground zero: on the (re-)configuration of a national memory of the Japanese people," *Japan Forum*, vol.15 no.1, 2003, pp.3-14.

Takenaka, Akiko, "Mobilizing Death: Bodies and Spirits of the Modern Japanese Military Dead," *The Palgrave Handbook of Mass Dictatorship*, Paul Corner and Jie-Hyun Lim eds., London: Palgrave Macmillan, 2016.

Todorov, Tzvetan, "Totalitarianism: Between Religion and Science," *Totalitarian Movements and Political Religions*, vol.2 no.1, 2001, pp.28-42.

Tonini, Carla, "The Jews in Poland after the Second World War. Most Recent Contributions of Polish Historiography," *Quest-Issues in Contemporary Jewish History. Journal of Fondazione CDEC*, no.1, 2010, pp.61-62.

Turowicz, Jerzy, "Polish reasons and Jewish reasons," *My Brother's Keeper? Recent Polish Debates on the Holocaust*, Antony Polonsky ed., London: Routledge, 1990.

Ulbricht, Walte, "Warum Nationale Front des demokratischen Deutschlands?," *Zur Geschichte des Deutschen Arbeiterbewegung: Aus Reden und Aufsätzen*, vol.3, Berlin: Dietz Verlag, 1954.

Valkenier, Elizabeth Kridl, "The Rise and Decline of Official Marxist Historiography in Poland, 1945-1983," *Slavic Review*, vol.44 no.4, 1985, pp.663-680.

Velmet, Aro, "Occupied Identities: National Narratives in Baltic Museums of Occupations," *Journal of Baltic Studies*, vol.42 no.2, 2011, pp.189-211.

Schaffer, Kay and Sidonie Smith, "Venues of Storytelling: the circulation of testimony in human rights-campaigns," *Life Writing*, vol.1 no.2, 2004, pp.3-26.

Siła-Nowicki, Władysław, "A Reply to Jan Błoński," *My Brother's Keeper? Recent Polish Debates on the Holocaust*, Antony Polonsky ed. London: Routledge, 1990.

Sivakumaran, Sandesh, "Sexual Violence against Men in Armed Conflict." *European Journal of International Law*, vol.18 no.2, 2007, pp.253-276.

———, "Lost in Translation: UN Responses to Sexual Violence against Men and Boys in Situations of Armed Conflict." *International Review of the Red Cross*, vol.92, no.877, 2010, pp.259-277.

Stack, Steven, "Émile Durkheim and Altruistic Suicide," *Archives of Suicide Research*, vol.8 no.1, 2004, pp.9-22.

Stearns, Peter N. and Carol Z Stearns, "Emotionology: Clarifying the History of Emotions and Emotional Standards," *American Historical Review*, vol.90 no.4, 1985, pp.813-836.

Steinlauf, Michael C., "Teaching about the Holocaust in Poland," *Contested Memories: Poles and Jews during the Holocaust and its Aftermath*, Joshua D. Zimmerman ed., New Brunswick, NJ: Rutgers University Press, 2003.

Stola, Dariusz, "Fighting against the Shadows: The "Anti-Zionist" Campaign of 1968," *Anti-Semitism and its Opponents in Modern Poland*, Robert Blobaum ed., Ithaca, New York: Cornell University Press, 2005.

Sturken, Marita, "Absent Images of Memory: Remembering and Reenacting the Japanese Internment," *Perilous Memories: The Asia-Pacific War(s)*, Takeshi Fujitani, Geoffrey M. White and Lisa Yoneyama eds., Durham: Duke University Press, 2001.

Sunseri, Thaddeus, "Exploiting the *Urwald*: German Post-Colonial Forestry in Poland and Central Africa, 1900–1960," *Past & Present*, vol.214 no.1, 2012, pp.305-342.

Surmann, Jan, "Zwischen Restitution und Erinnerung. Die US-Restitutionspolitik am Ende des 20. Jahrhunderts und die Auflosung der Tripartite Gold Commission," *Universalisierung des Holocaust? Erinnerungskultur und Geschichtspolitik in internationaler Perspektive*,

Roeger, Maren, "News Media and Historical Remembrance: Reporting on the Expulsion of Germans in Polish and German Magazines," *Mediation, Remediation, and the Dynamics of Cultural Memory*, Astrid Erll and Ann Rigney eds., Berlin: Walter de Gruyter, 2009.

Rosenfeld, Alvin H., "Popularization and Memory: The Case of Anne Frank," *Lessons and Legacies: The Meaning of the Holocaust in a Changing World*, Peter Hayes ed. Evanston: Northwestern University Press, 1991.

Rossoliński-Liebe, Grzegorz, "Debating, obfuscating and disciplining the Holocaust: post-Soviet historical discourses on the OUN–UPA and other nationalist movements," *East European Jewish Affairs*, vol.42 no.3, 2012, pp.199-241.

Rothberg, Michael, "Between Auschwitz and Algeria: Multidirectional Memory and the Counterpublic Witness," *Critical Inquiry*, vol.33 no.1, 2006, pp.158-184.

———, "From Gaza to Warsaw: Mapping Multidirectional Memory," *Criticism*, vol.53 no.4, 2011, pp.523-548.

———, "On the Mbembe Affair: The Specters of Comparison," Goethe Institut, 2020

Rothberg, Michael and Yasemin Yildiz, "Memory Citizenship: Migrant Archives of Holocaust Remembrance in Contemporary Germany," *Parallax*, vol.17 no.4, 2011, pp.32-48.

Sakamoto, Rumi, "The Women's International War Crimes Tribunal on Japan's Military Sexual Slavery: A Legal and Feminist Approach to the 'Comfort Women' Issue," *New Zealand Journal of Asian Studies*, vol.3 no.1, 2001, pp.49-58.

Salmonowicz, Stanisław, "The Deep Roots and Long Life of Stereotypes," *My Brother's Keeper? Recent Polish Debates on the Holocaust*, Antony Polonsky ed., London: Routledge, 1990.

Salter, Michael, "Countering Holocaust Denial in Relation to the Nuremberg Trials," *Holocaust and Genocide Denial: A Contextual Perspective*, Paul Behrens, Nicholas Terry and Olaf Jensen eds., New York: Routledge, 2017.

Sand, Jordan, "Subaltern Imperialists: The New Historiography of the Japanese Empire," *Past and Present*, vol.225 no.1, 2014, pp.273-288.

Przeciw",” *Kwartalnik Historyczny*, vol.126 no.4, 2019, pp.721-763.
Pappe, Ilan, “Critique and Agenda: the Post-Zionist Scholars in Israel,” *History and Memory: Studies in Representation of the Past*, vol.7 no.1, 1995, pp.66-90.
Pedahzur, Ami, Arie Perliger and Leonard Weinberg, “Altruism and Fatalism: The Characteristics of Palestinian Suicide Terrorists,” *Deviant Behavior*, vol.24 no.4, 2003, pp.405-423.
Peukert, Detlev, “Youth in the Third Reich,” *Life in the Third Reich*, Richard Bessel ed., Oxford: Oxford University Press, 1987.
Pergher, Roberta, Mark Roseman, Jrgen Zimmerer, Shelley Baranowski, Doris L. Bergen and Zygmunt Bauman, “Scholarly Forum on the Holocaust and Genocide,” *Dapim: Studies on the Holocaust*, vol.27 no.1, 2013, pp.40-73.
Pękala, Urszula, “The Abuse of Forgiveness in Dealing with Legacies of Violence,” *Forgiveness: Philosophy, Psychology and the Arts*, Tim McKenry and Charlotte Bruun Thingholm eds., Oxfordshire: Inter-Disciplinary Press, 2013.
———, “Asymetrie pojednania. Pojednanie niemiecko-polskie i niemiecko-francuskie po II wojnie światowej,” *Perspektywy dialogu: Studia na temat niemiecko-polskich procesów transferowych w przestrzeni religijnej*, Aleksandra Chylewska-Tölle ed., Słubice: Collegium Polonicum, 2016.
Pötzl, Norbert F., “Versöhnen oder Verhöhnen: Dauerstreit um die Stiftung ‘Flucht, Vertreibung, Versöhnung’,” *Die Deutschen im Osten Europas: Eroberer, Siedler, Vertriebene*, Annette Großbongardt, Uwe Klußmann and Norbert F. Pötz eds., München: Deutsche Verlags-Anstalt, 2011.
Prekerowa, Teresa, “The Just and the Passive,” *My Brother's Keeper? Recent Polish Debates on the Holocaust*, Antony Polonsky ed., London: Routledge, 1990.
Ram, Uri, “Zionist Historiography and the Invention of Modern Jewish Nationhood: The Case of Ben Zion Dinur,” *History and Memory: Studies in Representation of the Past*, vol.7 no.1, 1995, pp.91-124.
Risch, William Jay, “What the Far Right Does not Tell Us about the Maidan,” *Kritika: Explorations in Russian and Eurasian History*, vol.16 no.1, 2015, pp.137-144.

Modras, Ronald, "John Paul, St. Maximilian and Anti-Semitism," *Martyrs of Charity*, part2. Washington D.C.: St. Maximilian Kolbe Foundation, 1989.
Moeller, Robert G., "War Stories: The Search for a Usable Past in the Federal Republic of Germany," *The American Historical Review*, vol.101 no.4, 1996, pp.1008-1048.
———, "Responses to Alon Confino," *Cultural Analysis*, 4, 2005, pp.66-72.
Molden, Berthold, "Vietnam, the New Left and the Holocaust: How the Cold War Changed Discourse on Genocide," *Memory in a Global Age: Discourses, Practices and Trajectories*, Aleida Assmann and Sebastian Conrad eds., Basingstoke: Palgrave Macmillan, 2010.
———, "Resistant pasts versus mnemonic hegemony: On the power relations of collective memory," *Memory Studies*, vol.9 no.2, 2016, pp.125-142.
Moses, A. Dirk, "Genocide and the Terror of History," *Parallax*, vol.17 no.4, 2011, pp.90-108.
———, "The Holocaust and World History," *The Holocaust and Historical Methodology*, Dan Stone ed., New York: Berghahn Books, 2012.
———, "Conceptual Blockages and Definitional Dilemmas in the 'Racial Century': Genocides of Indigenous Peoples and the Holocaust," *Patterns of Prejudice*, vol.36 no.4, 2020, pp.7-36.
Najarian, James, "Gnawing at History: The Rhetoric of Holocaust Denial," *The Midwest Quarterly*, vol.39 no.1, 1997, pp.74-89.
Noy, Chaim, "Memory, Media, and Museum Audience's Discourse of Remembering," *Critical Discourse Studies*, vol.15 no.1, 2018, pp.19-38.
O'Brien, Melanie, "'Don't kill them, Let's choose them as wives': The development of the crimes of forced marriage, sexual slavery and enforced prostitution in international criminal law," *The International Journal of Human Rights*, vol.20 no.3, 2016, pp.386-406.
Onishi, Yuichiro, "The New Negro of the Pacific: How African Americans Forged Cross-Racial Solidarity with Japan, 1917-1922," *The Journal of African American History*, vol.92 no.2, 2007, pp.191-213.
Orzełek, Ariel, "U genezy Chrześcijańskiego Stowarzyszenia Społecznego. Powstanie i rozpad pierwszego zespołu redakcyjnego tygodnika „Za i

Australian Quarterly Essay, 1, 2001.
Markiewicz, Tadek and Keren Sharvit, "When Victimhood Goes to War? Israel and Victim Claims," *Political Psychology*, vol.42 no.1, 2021, pp.111-126.
Matyjaszek, Konrad and Antony Polonsky, "'You need to speak Polish': Antony Polonsky interviewed by Konrad Matyjaszek," *Studia Litteraria et Historica*, 6, 2017, pp.1-35.
Mayblin, Lucy, Aneta Piekut and Gill Valentine, "'Other' Posts in 'Other' Places: Poland through a Postcolonial Lens?," *Sociology*, vol.50 no.1, 2016, pp.60-76.
Mazower, Mark, "The Cold War and the Appropriation of Memory: Greece after Liberation," *The Politics of Retribution in Europe: World War II and Its Aftermath*, István Deák, Jan T. Gross and Tony Judt eds., Princeton: Princeton University Press, 2000.
Mälksoo, Maria, "'Memory must be defended': Beyond the politics of mnemonical security," *Security Dialogue*, vol.46 no.3, 2015.
Merari, Ariel, Jonathan Fighel, Boaz Ganor, Ephraim Lavie, Yohanan Tzoreff and Arie Livne, "Making Palestinian "Martyrdom Operations"/"Suicide Attacks": Interview with Would-Be Perpetrators and Organizers," *Terrorism and Political Violence*, vol.22 no.1, 2009, pp.102-119.
Michael, George, "Mahmoud Ahmadinejad's Sponsorship of Holocaust Denial," *Totalitarian Movements and Political Religions*, vol.8 no.3-4, 2007, pp.667-671.
Michlik, Joanna Beata, "'At the Crossroads': Jedwabne and Polish Historiography of the Holocaust," *Dapim: Studies on the Holocaust*, vol.31 no.3, 2017, pp.296-306.
Michnik, Adam, "Nationalism," *Social Research*, vol.58 no.4, 1991, pp.757-763.
———, "Poles and Jews: How Deep the Guilt?," *The Neighbors Responded: The Controversy over the Jedwabne Massacre in Poland*, Antony Polonsky and Joanna Michlic eds., Princeton: Princeton University Press, 2004.
Miles, William F. S., "Third World Views of the Holocaust," *Journal of Genocide Research*, vol.6 no.3, 2004, pp.371-393.
———, "Indigenization of the Holocaust and the Tehran Holocaust Conference: Iranian Aberration or Third World Trend?," *Human Rights Review*, vol.10 no.4, 2009, pp.505-519.

Stalinist Crime, and Colonial Genocide," *Journal of Genocide Research*, 2020.
———, "Transnational Memory Activism and the Performative Nationalism," *Handbook of Memory Activism*, Yifat Gutman and Jenny Wüstenberg eds., Oxford: Oxford University Press, 2021.
———"Die causa Mbembe im mnemonischen Zusammenhang globaler Regionen des Ostens," *Erinnerung, Politik, Solidarität: Internationale Debatten und Perspektiven*, Matthias Böckmann, Matthias Gockel, Reinhart Kößler, Henning Melber eds., Berlin: Metropol Verlag, 2022.
Lipski, Jan Józef, "Ojciec Kolbe i ‚Mały Dziennik'," *Tygodnik Powszechny*, nr.38 (1182), 1971.
Loeffler, James, "Becoming Cleopatra: The forgotten Zionism of Raphael Lemkin," *Journal of Genocide Research*, vol.19 no.3, 2017, pp.340-360.
Loewen, James W., "The Vietnam War in High School American History," *Censoring History: Citizenship and Memory in Japan, Germany and the United States*, Laura Hein and Mark Selden eds., Armonk, New York: M. E. Sharpe, 2000.
Machcewicz, Pawel, "In the Shadow of Jedwabne," *Thou Shalt Not Kill: Poles on Jedwabne*, Jacek Borkowicz and Israel Gutman. Warszawa: Więź, 2001.
Maclelland, Gwyn, "Guilt, Persecution, and Resurrection in Nagasaki: Atomic Memories and the Urakami Catholic Community," *Social Science Japan Journal*, vol.18 no.2, 2015, pp.233-240.
Madajczyk, Piotr, "S. Gawlitta, 'Aus dem Geist des Konzils! Aus der Sorge der Nachbarn!'. Der Briefwechsel der polnischen und deutschen Bischöfe von 1965 und seine Kontexte," *Kwartalnik Historyczny*, vol.125 no.2, 2018, pp.184-189.
Madley, Benjamin, "From Africa to Auschwitz: How German South West Africa Incubated Ideas and Methods Adopted and Developed by the Nazis in Eastern Europe?," *European History Quarterly*, vol.35 no.3, 2005, pp.429-464.
Mallet, Robert, "Forward," *Totalitarian Movements and Political Religions*, vol.1 no.1, 2000, p.ix.
Manne, Robert. "In Denial: The Stolen Generations and the Right," *The*

———, "The Configuration of Orient and Occident in the Global Chain of National Histories: Writing National Histories in Northeast Asia," *Narrating the Nation: Representations in History, Media and the Arts*, Stefan Berger, Linas Eriksonas and Andrew Mycock eds., New York: Berghahn Books, 2008.
———, "Displacing East and West: Towards a postcolonial reading of 'Ostforschung' and 'Myśl Zachodnia'," *Transeuropeennes: Revue internationale de pensée critique*, 2010.
———, "Narody-ofiary i ich megalomania," *Więź*, no.616-617, Marek Darewski trans., 2010, pp.22-34.
———, "Victimhood Nationalism and History Reconciliation in East Asia," *History Compass*, vol.8 no.1, 2010, pp.1-10.
———, "Victimhood Nationalism in Contested Memories-National Mourning and Global Accountability," *Memory in a Global Age: Discourses, Practices and Trajectories*, Aleida Assmann and Sebastian Conrad eds., Basingstoke: Palgrave Macmillan, 2010.
———, "Nationalism, Neo-Nationalism," *Encyclopedia of Global Studies*, vol.3, Helmut K. Anheier and Mark Juergensmeyer eds., LA & London: SAGE Publications, 2012.
———, "A Postcolonial Reading of the *Sonderweg*: Marxist Historicism Revisited," *Journal of Modern European History*, vol.12 no.2, 2014, pp.280-294.
———, "Nationalism and History," *The Wiley-Blackwell Encyclopedia of Race, Ethnicity and Nationalism*, John Stone and Anthony D. Smith et al. eds., Chicester: Wiley Blackwell, 2015.
———, "Second World War in Global Memory Space," *The Cambridge History of Second World War*, vol.Ⅲ Michael Geyer and Adam Tooze eds., Cambridge: Cambridge University Press, 2015.
———, "Transnational Memory Formation: Memory-History-Culture," *The Routledge Companion to World Literature and World History*, May Hawas ed., New York: Routledge, 2018.
———, "Mnemonic Solidarity in the Global Memory Space," *Global-e*, vol.12 no.4, 2019.
———, "Triple Victimhood: On the Mnemonic Confluence of the Holocaust,

denial in Japan, 1989-1999," *Journal of Genocide Research*, vol.3 no.2, 2001, pp.257-272.

Krygier, Martin, "Letter from Australia: Neighbors: Poles, Jews and the Aboriginal Question," *East Central Europe*, vol.29 no.1-2, 2002, pp.297-309.

Krzemiński, Ireneusz, "Polish-Jewish Relations, Anti-Semitism and National Identity," *Polish Sociological Review*, vol.137 no.1, 2002, pp.25-51.

Kucharski, Wojciech, "Prawdziwa bomba. Jak powstawało Orędzie biskupów polskich do biskupów niemieckich," *Więź*, no.615, 2010, pp.123-132.

Kurczewska, Joanna, "From the Editor," *Polish Sociological Review*, vol.137 no.1, 2002, p.4.

Kurihara, Sadako, "The Literature of Auschwitz and Hiroshima: Thoughts on Reading Lawrence Langer's *The Holocaust and the Literary Imagination*," *Holocaust and Genocide Studies*, vol.7 no.1, 1993, pp.77-106.

Lagrou, Pieter, "Victims of Genocide and National Memory: Belgium, France and the Netherlands 1945-1965," *Past & Present*, 154, 1997, pp.181-222.

Lang, Berel, "Six Questions on (or about) Holocaust Denial," *History and Theory*, vol.49 no.2, 2010, pp.157-168.

Laub, Dori, "Bearing Witness, or the Vicissitudes of Listening," *Testimony: Crises of Witnessing in Literature, Psychoanalysis, and History*, Shoshana Felman and Dori Laub eds., New York: Routledge, 1992.

Levy, Daniel and Natan Sznaider, "Memory Unbound: The Holocaust and the Formation of Cosmopolitan Memory," *European Journal of Social Theory*, vol.5 no.1, 2002, pp.87-106.

Lewis, Dustin, "Unrecognized Victims: Sexual Violence against Men in Conflict Settings under International Law," *Wisconsin International Law Journal*, vol.27 no.1, 2009, pp.1–49.

Lim, Jie-Hyun, "'The Good Old Cause' in the New Polish Left Historiography," *Science & Society*, vol.61 no.4, 1997/1998, pp.541-549.

———, "The Nationalist Message in Socialist Code: On Court Historiography in People's Poland and North Korea," *Making Sense of Global History: The 19th International Congress of Historical Sciences* (Commemorative Volume), Solvi Sogner ed., Oslo: Universitetsforlaget, 2001.

Jeffery, Laura and Matei Candea, "Introduction: The Politics of Victimhood," *History and Anthropology*, vol.17 no.4, 2006, pp.287-296.

Jędrzejewicz, Wacław, "Sprawa 'Wieczoru': Józef Piłsudski a wojna japońsko-rosyjska 1904-1905," *Zeszyty Historyczne*, no.27, 1974, pp.3-103.

Jönsson, Matt, "Innocence by Association? Everyday Nazism on DVD," *Imagining Mass Dictatorships: The Individual and the Masses in Literature and Cinema*, Karin Sarsenov and Michael Schoenhals eds., Basingstoke: Palgrave Macmillan, 2013.

Jin-A Kang, "The Enforcement of Immigration Control in Colonial Korea and the Rise of Nationalism in the Chinese Media," *Translocal Chinese: East Asian Perspectives*, vol.9 no.1, 2015, pp.142-169.

Kantorowicz, Ernst H., "*Pro Patria Mori* in Medieval Political Thought," *The American Historical Review*, vol.56 no.3, 1951, pp.472-492.

Kattago, Siobahn, "Agreeing to Disagree on the Legacies of Recent History Memory, Pluralism and Europe after 1989," *European Journal of Social Theory*, vol.12 no.3, 2009, pp.375-395.

Kieniewicz, Jan, "The Eastern Frontiers and the Civilisational Dimension of Europe," *Acta Poloniae Historica*, no.107, 2013, pp.165-175.

Kim, Seong-nae, "The Work of Memory: Ritual Laments of the Dead and Korea's Cheju Massacre," *A Companion to the Anthropology of Religion*, Janice Boddy and Michael Lambeck eds., Oxford: Wiley Blackwell, 2013.

Kocka, Juergen, "Asymmetrical Historical Comparison: the Case of the German Sonderweg," *History and Theory*, vol.38 no.1, 1999, pp.40-50.

Konishi, Tetsuro, "The Original Manuscript of Takashi Nagai's Funeral Address at a Mass for the Victims of the Nagasaki Atomic Bomb," *The Journal of Nagasaki University of Foreign Studies*, no.18, 2014, pp.55-68.

Kołakowski, Leszek, "Amidst Moving Ruins," Daedalus, vol.121 no.2, 1992, pp.43-56.

Kosicki, Piotr H., "Caritas across the Iron Curtain? Polish-German Reconciliation and the Bishops' Letter of 1965," *East European Politics and Societies*, vol.23 no.2, 2009, pp.213-243.

Kowner, Rotem, "Tokyo Recognizes Auschwitz: The rise and fall of Holocaust

Hackmann, Jörg, "Defending the 'Good Name' of the Polish Nation: Politics of History as a Battlefield in Poland, 2015–18," *Journal of Genocide Research*, vol.20 no.4, 2018, pp.587-606.

Han, Suk-Jung, "The Suppression and Recall of Colonial Memory: Manchukuo and the Cold War in the Two Koreas," *Mass Dictatorship and Memory as Ever Present Past*, Jie-Hyun Lim et al. eds., Basingstoke: Palgrave Macmillan, 2014.

Hilberg, Raul, "I was not there," *Writing and the Holocaust*, Berel Lang ed., New York: Holmes & Meier, 1988.

Hill, Christopher, "Crossed Geographies: Endō and Fanon in Lyon," *Representations*, vol.128 no.1, 2014, pp.93-123.

Hirsch, Marianne and Leo Spitzer, "The witness in the archive: Holocaust Studies/Memory Studies," *Memory Studies*, vol.2 no.2, 2009, pp.151-170.

Holc, Janine P., "The Remembered One: Memory Activism and the Construction of Edith Stein's Jewishness in Post-Communist Wrocław," *Shofar: An Interdisciplinary Journal of Jewish Studies*, vol.29 no.4, 2011, pp.67-97.

Huebner, Chris K., "Between Victory and Victimhood: Reflections on Culture and Martyrdom," *Direction: A Mennonite Brethren Forum*, vol.34 no.2, 2005, pp.228-240.

Hunt, David, "War Crimes and the Vietnamese People: American Representations and Silences," *Bulletin of Concerned Asian Scholars*, vol.30 no.2, 1998, pp.72-82.

Irwin-Zarecka, Iwona, "Poland after the Holocaust," *Remembering for the Future: Working Papers and Addenda*, Yehuda Bauer, Franklin H. Littell and Alice L. Eckardt eds., New York: Pergamon Press, 1989.

Jastrzębowski, Jerzy, "Differing Ethical Standpoints," *My Brother's Keeper? Recent Polish Debates on the Holocaust*, Antony Polonsky ed., London: Routledge, 1990.

Jeans, Roger B., "Victims or Victimizers? Museums, Textbooks, and the War Debate in Contemporary Japan," *The Journal of Military History*, vol.69 no.1, 2005, pp.149-195.

Totalitarianism," *Totalitarian Movements and Political Religions*, vol.1 no.1, 2000, pp.18-55.

Gerwarth, Robert and Stephan Malinowski, "Der Holocaust als kolonialer Genozid? Europaeische Kolonialgewalt und nationalsozialistischer Vernichtungskrieg," *Geschichte und Gesellschaft*, 33, 2007, pp.439-466.

Geyer, Michael, "There is a Land Where Everything is Pure: Its name is Land of Death," *Sacrifice and National Belonging in Twentieth Century Germany*, Greg Eghigian and Matthew P. Berg eds., Arlington: Texas A&M University Press, 2002.

Gilbert, Shirli, "Anne Frank in South Africa: Remembering the Holocaust During and After Apartheid," *Holocaust and Genocide Studies*, vol.26 no.3, 2012, pp.366-393.

Gluck, Carol, "Operations of Memory: 'Comfort Women' and the World," *Ruptured Histories: War, Memory and the Post-Cold War in Asia*, Shelia Miyoshi Jager and Rana Mitter eds., Cambridge, MA: Harvard University Press, 2007.

———, "What the World Owes the Comfort Women," *Mnemonic Solidarity: Global Interventions*, Jie-Hyun Lim and Eve Rosenhaft eds., London: Palgrave Macmillan, 2021.

Gniazdowski, Mateusz, "Losses Inflicted on Poland by Germany during World War Ⅱ. Assessments and Estimates - an Outline," *The Polish Quarterly of International Affairs*, vol.16 no.1, 2007, pp.94-126.

Golczewski, Frank, "Die Ansiedlung von Juden in den ehemaligen deutschen Ostgebieten Polens 1945-1951," *Umdeuten, verschweigen, erinnern: die spaete Aufarbeitung des Holocaust in Osteuropa*, Michal Brumlik and Karol Sauerland eds., Frankfurt am Main: Campus Verlag, 2010.

Goldberg, Amos, "Forum: On Saul Friedlaender's *The Years of Extermination 2*. The Victim's Voice and Melodramatic Aesthetics in History," *History and Theory*, 48, 2009, pp.220-237.

Grajewski, Andrzej, "Over the Wall. The Letter of the Polish Bishops in the Context of the Eastern Policy of Vatican," *Confrontation and Cooperation: 1000 Years of Polish-German-Russian Relations*, vol.2 no.1, 2015, pp.4-15.

American History, vol.82 no.3, 1995, pp.1124-1135.
———, "'An Aptitude for Being Unloved': War and Memory in Japan," *Crimes of War: Guilt and Denial in the Twentieth Century*, Omer Bartov, Atina Grossmann and Mary Nolan eds., New York: The New Press, 2002.
Dreyfus, Jean-Marc and Marcel Stoetzler, "Holocaust Memory in the Twenty-first Century: between national reshaping and globalisation," *European Review of History*, vol.18 no.1, 2011, pp.69-78.
Dubois, W. E. B., "The Negro and the Warsaw Ghetto," *The Oxford W. E. B. Dubois Reader*, Eric. J. Sundquist ed., Oxford: Oxford University Press, 1996.
Eley, Geoff, "Nazism, Politics and the Image of the Past: Thoughts on the West German Historikerstreit 1986-1987," *Past & Present*, no.121, 1988, pp.171-208.
Espiritu, Yến Lê and Diane Wolf, "The Appropriation of American War Memories: A Critical juxtaposition of the Holocaust and the Vietnam War," *Social Identities: Journal for the Study of Race, Nation and Culture*, vol.19 no.2, 2013, pp.188-203.
Evans, Martin, "Memories, Monuments, Histories: The Re-thinking of the Second World War since 1989," *National Identities*, vol.8 no.4, 2006, pp.317-348.
Farmer, Sarah, "Symbols That Face Two Ways: Commemorating the Victims of Nazism and Stalinism at Buchenwald and Sachsenhausen," *Representations*, no.49, 1995, pp.97-119.
Field, Norma, "War and Apology: Japan, Asia, the Fiftieth, and After," *Positions*, vol.5 no.1, 1997, pp.1-51.
Friedman, Susan Stanford, "Planetarity: Musing Modernist Studies," *Modernism/modernity*, vol.17 no.3, 2010, pp.471-499.
Fujimoto, Hiroshi, "Towards Reconciliation, Harmonious Coexistence and Peace: The Madison Quakers, Inc. Projects and the Hibakusha's Visit to My Lai in March 2008," *Nanzan Review of American Studies*, vol.37, 2015, pp.3-23.
Furber, David, "Near as Far in the Colonies: The Nazi Occupation of Poland," *The International History Review*, vol.26 no.3, 2004, pp.541-579.
Gentile, Emilio and Robert Mallett, "The Sacralization of Politics: Definitions, Interpretations and Reflections on the Question of Secular Religion and

Berghahn Books, 2015.
Curthoys, Ann and John Docker, "Defining Genocide," *The Historiography of Genocide*, Dan Stone ed., Basingstoke: Palgrave Macmillan, 2010.
Czaczkowska, Ewa K., "Rola kardynała Stefana Wyszyńskiego w powstaniu Orędzia biskupów polskich do niemieckich. Nieznane dokumenty w archiwum prymasa Polski," *Przegląd Zachodni*, nr.3, 2016, pp.193-203.
David, Lea, "Holocaust Discourse as a Screen Memory: the Serbian Case," *History and Politics in the Western Balkans: Changes at the Turn of the Millennium*, Srdan M. Jovanović and Veran Stancetic eds., Belgrade: The Center for Good Governance Studies, 2013.
———, "Human Rights, Micro-solidarity and Moral Action: Face-to-face Encounters in the Israeli/Palestinian Context," *Thesis Eleven*, vol.154 no.1, 2019, pp.66-79.
———, "Human Rights as an Ideology? Obstacles and Benefits," *Critical Sociology*, vol.46 no.1, 2020, pp.37-50.
———, "Moral Remembrance and New Inequalities," *Global Perspectives*, vol.1 no.1, 2020.
Diner, Dan, "Negative Symbiose. Deutsche und Juden nach Auschwitz," *Babylon*, 1, 1986, p.9.
———, "Cumulative Contingency: Historicizing Legitimacy in Israeli Discourse," *History and Memory: Studies in Representation of the Past*, vol.7 no.1, 1995, pp.147-170.
———, "Memory and Restitution: World War Ⅱ as a Foundational Event in a Uniting Europe," *Restitution and Memory: Material Restitution in Europe*, Dan Diner and Gotthart Wunberg eds., New York/Oxford: Berghahn Books, 2007.
Dondi, Mirco, "The Fascist Mentality after Fascism," *Italian Fascism: History, Memory and Representation*, Richard J. B. Bosworth and Patrizia Dogliani eds., New York: St. Martin's Press, 1999.
Dower, John W., "The Bombed: Hiroshimas and Nagasakis in Japanese Memory," *Diplomatic History*, vol.19 no.2, 1995, pp.275-295.
———, "Triumphal and Tragic Narratives of the War in Asia," *The Journal of

University Press, 2015.

Bull, Anna Cento and Hans Lauge Hansen, "On agonistic memory," *Memory Studies*, vol.9 no.4, 2015, pp.390-404.

Bunzl, Matti, "On the Politics and Semantics of Austrian Memory: Vienna's Monument against War and Fascism," *History and Memory: Studies in Representation of the Past*, vol.7 no.2, 1995, pp.7-40.

Burleigh, Michael, "National Socialism as a Political Religion," *Totalitarian Movements and Political Religions*, vol.1 no.2, 2000, pp.1-26.

———, "The Cardinal Basil Hume Memorial Lectures: Political Religion and Social Evil," *Totalitarian Movements and Political Religions*, vol.3 no.2, 2002, pp.1-60.

Carpenter, R. Charli, "Surfacing Children: Limitations of Genocidal Rape Discourse," *Human Rights Quarterly*, 22, 2000, pp.428–477.

Challand, Benoît, "1989, Contested Memories and the Shifting Cognitive Maps of Europe," *European Journal of Social Theory*, vol.12 no.3, 2009, pp.397-408.

Charny, Israel W., "A Classification of Denials of the Holocaust and Other Genocides," *Journal of Genocide Research*, vol.5 no.1, 2003, pp.11-34.

Charny, Israel W. and Daphna Fromer, "Denying the Armenian genocide: Patterns of thinking as defence-mechanisms," *Patterns of Prejudice*, vol.32 no.1, 1998, pp.39-49.

Chow, Rey, "Sacrifice, Mimesis, and the Theorizing of Victimhood," *Representations*, vol.94 no.1, 2006, pp.131-149.

Churchill, Ward, "An American Holocaust? The Structure of Denial," *Socialism and Democracy*, vol.17 no.1, 2003, pp.25-75.

Cichopek, Anna, "The Cracow Pogrom of August 1945," *Contested Memories: Poles and Jews during the Holocaust and its Aftermath*, Joshua D. Zimmerman ed., New Jersey: Rutgers University Press, 2003.

Classen, Christoph, "Balanced Truth: Steven Spielberg's *Schindler's List* among History, Memory, and Popular Culture," *History and Theory*, vol.48 no.2, 2009, pp.77-102.

Confino, Alon, "The Holocaust as a Symbolic Manual," *Marking Evil: Holocaust Memory in the Global Age*, Amos Goldberg and Haim Hazan eds., New York:

New German Critique, no.65, 1995, pp.125-133.
Baron, Lawrence, "Kino w krzyżowym ogniu polemiki żydowsko-polskiej," *Polacy i Żydzi: kwestia otwarta*, Robert Chery, and Annamaria Orla-Bukowska eds., Warszawa: Więź, 2008.
Bartov, Omer, "The Wehrmacht Exhibition Controversy: Politics of Evidence," *Crimes of War: Guilt and Denial in the Twentieth Century*, Omer Bartov, Atina Grossmann and Mary Nolan eds., New York: The New Press, 2002.
Bauman, Zygmunt, "On Immoral Reason and Illogical Morality," *Polin: A Journal of Polish-Jewish Studies*, vol.3, 1988, pp.294-330.
Beck, Ulrich, "The Cosmopolitan Perspective: Sociology of the Second Age of Modernity," *British Journal of Sociology*, vol.51 no.1, 2000, pp.79-105.
Ben-Ghiat, Ruth, "Liberation: Italian Cinema and the Fascist Past, 1945-50," *Italian Fascism: History, Memory and Representation*, Richard J. B. Bosworth and Patrizia Dogliani eds., New York: Saint Martin's Press, 1999.
Berberyusz, Ewa, "Guilt by Neglect," *My Brother's Keeper? Recent Polish Debates on the Holocaust*, Antony Polonsky ed., London: Routledge, 1990.
Berger, Stefan, "On Taboos, Traumas and Other Myths: Why the Debate about German Victims of the Second World War is not a Historians' Controversy," Bill Niven ed., *Germans as Victims*, Basingstoke: Palgrave Macmillan, 2006.
Besier, Gerhard and Katarzyna Stoklosa, "Einleitung: Kirchliches Versöhnungshandeln im Interesse des deutsch-polnischen Verhältnisses (1962-1990)," *Kirchliche Zeitgeschichte*, vol.24 no.2, 2011, pp.295-306.
Biess, Frank, "Between Amnesty and Anti-communism: The West German Kameradenschinder Trials, 1948-1960," *Crimes of War: Guilt and Denial in the Twentieth Century*, Omer Bartov, Atina Grossmann and Mary Nolan eds., New York: The New Press, 2002.
Black, Monica, "Ghosts of War," *The Cambridge History of the Second World War*, vol.Ⅲ, Michael Geyer and Adam Tooze eds., Cambridge: Cambridge University Press, 2015.
Brantz, Dorothee, "Landscapes of destruction: Capturing images and creating memory through photography," *The Cambridge History of the Second World War*, vol.Ⅲ, Michael Geyer and Adam Tooze eds., Cambridge: Cambridge

Emergence of Israel, Berkeley: University of California Press, 1998.
———, *Israel's Holocaust and the Politics of Nationhood*, Chaya Galai trans., Cambridge: Cambridge University Press, 2005.
Ziemer, Klaus ed., *Memory and Politics of Cultural Heritage in Poland and Germany*, Warsaw: Cardinal Stefan Wyszyński University in Warsaw, 2015.
Zimmerman, Joshua D. ed., *Contested Memories: Poles and Jews during the Holocaust and Its Aftermath*, New Brunswick: Rutgers University Press, 2003.
Zubrzycki, Geneviève, *The Crosses of Auschwitz: Nationalism and Religion in Post-Communist Poland*, Chicago: University of Chicago Press, 2006.
Zwigenberg, Ran, *Hiroshima: The Origins of Global Memory Culture*, Cambridge: Cambridge University Press, 2014.（邦訳：ラン・ツヴァイゲンバーグ『ヒロシマ：グローバルな記憶文化の形成』若尾祐司・西井麻里奈・髙橋優子・竹本真希子訳、名古屋大学出版会、2020年）
朴裕河『帝國的慰安婦：殖民統治與記憶政治』劉夏如訳、台北：玉山社、2017年。（邦訳：朴裕河『帝国の慰安婦：植民地支配と記憶の闘い』朝日新聞出版、2014年）

（2）論　文

Allen, Lori, "There Are Many Reasons Why: Suicide Bombers and Martyrs in Palestine," *Middle East Report*, no.223, 2002, pp.34-37.
Allwork, Larissa, "Holocaust Remembrance as 'Civil Religion': The Case of the Stockholm Declaration" (2000), *Revisiting Holocaust Representation in the Post-Witness Era*, Diana I. Popescu and Tanja Schult eds., Basingstoke: Palgrave Macmillan, 2015.
Arendt, Hannah, "The Aftermath of Nazi Rule: Report from Germany," *Commentary*, 1950.10, p.342.
Assmann, Aleida, "Impact and Resonance: Towards a Theory of Emotions in Cultural Memory," *Söndertörn Lectures*, no.6, 2011, pp.41-70.
———, "On the (In)Compatibility of Guilt and Suffering in German Memory," *German Life and Letters*, vol.59 no.2, 2006, pp.187-200.
Assmann, Jan and John Czaplicka, "Collective Memory and Cultural Identity,"

Wawrzyniak, Joanna, *Veterans. Victims, and Memory: The Politics of the Second World War in Communist Poland*, Simon Lewis trans., Frankfurt am Main: Peter Lang, 2015.

Weinbaum, Lawrence, *The Struggle for Memory in Poland: Auschwitz, Jedwabne and Beyond*, Jerusalem: Institute of the World Jewish Congress, 2011.

Weinberg, Werner, *Self-Portrait of a Holocaust Survivor*, Jefferson, NC: Mcfarland, 1985.

White, Hayden, *Figural Realism: Studies in the Mimesis Effect*, Baltimore: JH, 1999.

Wiesenthal, Simon, *The Sunflower: On the Possibilities and Limits of Forgiveness*, New York: Schocken Books, 1997.

Wieviorka, Annette, *The Era of the Witness*, Jared Stark trans., Ithaca, New York: Cornell University Press, 2006.

Wigura, Karolina, *Wina Narodów: Przebaczenie jako strategia prowadzenia polityki*, Gdańsk/Warszawa: Scholar, 2011.

Winstone, Martin, *The Dark Heart of Hitler's Europe: Nazi Rule in Poland under the General Government*, London: I. B. Tauris, 2015.

Winter, Jay, *Sites of Memory, Sites of Mourning: the Greatest War in European Cultural History* (Canto Edition), Cambridge: Cambridge University Press, 1998.

Wolff, Larry, *Inventing Eastern Europe: The Map of Civilization on the Mind of the Enlightenment*, Stanford: Stanford University Press, 1994.

Wóycicki, Kazimierz ed., *Ofiary czy Współwinni: nazizm i sowietyzm w świadomości historycznej*, Warszawa: Volumen, 1997.

Wüllner, Fritz, *Die NS-Militarjustiz und das Elend der Geschichtsschreibung: ein grundlegender Forschungsbericht* (2nd ed.), Baden-Baden: Nomos, 1997.

Yoneyama, Lisa, *Hiroshima Traces: Time, Space, and the Dialectics of Memory*, Berkeley: University of California Press, 1999.

Zehfuss, Maja, *Wounds of Memory: The Politics of War in Germany*, Cambridge: Cambridge University Press, 2007.

Zertal, Idith, *From Catastrophe to Power: Holocaust Survivors and the*

From Cultural Rebellion to Political Revolution, David Maisel trans., Princeton: Princeton University Press, 1994.

Stola, Dariusz, *Kampania antysyjonistyczna w Polsce 1967-1968*, Warsaw: ISP PAN, 2000.

Stone, Dan. ed., *The Historiography of Genocide*, Basingstoke: Palgrave Macmillan, 2010.

———, *The Holocaust and Historical Methodology*, New York: Berghahn Books, 2012.

Subotić, Jelena, *Yellow Star, Red Star: Holocaust Remembrance after Communism*, Ithaca, New York: Cornell University Press, 2019.

Takenaka, Akiko, *Yasukuni Shrine: History, Memory, and Japan's Unending Postwar*, Honolulu: University of Hawai'i Press, 2015.

Tanaka, Stefan, *Japan's Orient: Rendering Pasts into History*, Berkeley: University of California Press, 1993.

Taylor, Telford, *Nuremburg and Vietnam: An American Tragedy*, Chicago: Quadrangle Books, Inc., 1970.

Tischner, Józef, *Pomoc w rachunka sumienia*, Kraków: Znak, 2002.

Todorov, Tzvetan, *Facing the Extreme: Moral Life in the Concentration Camps*, Arthur Denner and Abigail Pollak trans., London: Weidenfeld & Nicolson, 1999.

Traverso, Enzo, *The Origins of Nazi Violence*, New York: The New Press, 2003.

Vidal-Naquet, Pierre, *Assassins of Memory: Essays on the Denial of the Holocaust*, trans. and with a forward by Jeffrey Mehlman, New York: Columbia University Press, 1992.

von Benda-Beckmann, Bas, *A German Catastrophe?: German Historians and the Allied Bombings, 1945-2010*, Amsterdam: Amsterdam University Press, 2010.

Walicki, Andrzej, *Trzy patriotyzmy*, Warszawa: Res Publica, 1991.

Warschawski, Michel, *On the Border*, Levi Laub trans., Cambridge: South End Press, 2005.

Watt, Lori, *When Empire Comes Home: Repatriation and Reintegration in Postwar Japan*, Cambridge, MA: Harvard University Press, 2009.

Nationalism, Durham, NC: Duke University Press, forthcoming.
Schischkoff, Georgi, *Die gesteuerte Vermassung*, Meisenheim am Glan: Anton Hain, 1964.
Seaton, Philip A, *Japan's Contested War Memories: The Memory rifts in historical consciousness of World War II*, London: Routledge, 2007.
Segev, Tom, *The Seventh Million: The Israelis and the Holocaust*, Haim Watzman trans., New York: An Owl Book, 2000.（トム・セゲフ『七番目の百万人』脇浜義明訳、ミネルヴァ書房、2013年）
Sereny, Gitta, *The German Trauma: Experiences and Reflections, 1938-2001*, London: Penguin Books, 2001.
Seydewitz, Max, *Die unbesiegbare Stadt. Zerstung und Wiederaufbau von Dresden*, Berlin: Kongress Verlag, 1956.
Simon, Joshua, *The Ideology of Creole Revolution: Imperialism and Independence in American and Latin American Political Thought*, Cambridge: Cambridge University Press, 2019.
Sindbæk, Tea and Barbara Törnquist-Plewa eds., *Disputed Memory: Emotions and Memory Politics in Central, Eastern and South-Eastern Europe*, Berlin: Walter de Gruyter, 2016.
Smith, Anthony D. ed., *Nationalist Movements*, London: Palgrave Macmillan, 1976.
Snyder, Timothy, *Bloodlands: Europe between Hitler and Stalin*, New York: Basic Books, 2010.
Soh, C. Sarah, *The Comfort Women: Sexual Violence and Postcolonial Memory in Korea and Japan*, Chicago: University of Chicago Press, 2008.
Southhard, Susan, *Nagasaki: Life After Nuclear War*, New York: Penguin Books, 2016.
Steinlauf, Michael C, *Bondage to the Dead: Poland and the Memory of the Holocaust*, Syracuse: Syracuse University Press, 1997.
Sternhell, Zeev, *The Founding Myths of Israel: Nationalism, Socialism, and the Making of the Jewish State*, David Maisel trans., Princeton: Princeton University Press, 2009.
Sternhell, Zeev, Mario Sznajder and Maia Asheri, *The Birth of Fascist Ideology:*

1945-2007: The Japanese History Textbook Controversy and Ienaga Saburo's Court Challenges, London: Routledge, 2008.

Ohnuki-Tierney, Emiko, *Kamikaze. Cherry Blossoms, and Nationalisms: The Militarization of Aesthetics in Japanese History*, Chicago: the University of Chicago Press, 2002.

Olejnek, Tadeusz, *Wieluń. Polska Guernika*, Wieluń: BWTN, 2004.

Oron, Yahir, *Jewish-Israeli Identity*, Tel Aviv: Sifriat Poalim Publishing House, 1992.

Orr, James J, *The Victim as Hero: Ideologies of Peace and National Identity in Postwar Japan*, Honolulu: University of Hawaii Press, 2001.

Pakier, Małgorzata and Joanna Wawrzyniak eds., *Memory and Change in Europe: Eastern Perspectives*, New York/Oxford: Berghahn Books, 2016.

Paul, Christa, *Zwangsprostitution. Staatlich errichtete Bordelle im Nationalsozialismus*, Berlin: Edition Hentrich, 1994.

Piskorski, Jan M. ed., *Historiographical Approaches to Medieval Colonization of East Central Europe*, Boulder & New York: Columbia University Press, 2002.

Polonsky, Antony and Joanna Michlic eds., *The Neighbors Responded: The Controversy over the Jedwabne Massacre in Poland*, Princeton: Princeton University Press, 2004.

Polonsky, Antony ed., *My Brother's Keeper? Recent Polish Debates on the Holocaust*, London: Routledge, 1990.

Popescu, Diana I. and Tanja Schult eds., *Revisiting Holocaust Representation in the Post-Witness Era*, Basingstoke: Palgrave Macmillan, 2015.

Ricoeur, Paul, *Memory, History, Forgetting*, Kathleen Blamey and David Pellauer trans., Chicago: University of Chicago Press, 2004.（邦訳：ポール・リクール『記憶・歴史・忘却』久米博訳、新曜社、（上）2004年、（下）2005年）

Rothberg, Michael, *Multidirectional Memory: Remembering the Holocaust in the Age of Decolonization*, Stanford: Stanford University Press, 2009.

Sakai, Naoki, *Translation and Subjectivity: On 'Japan' and Cultural Nationalism*, Minneapolis: University of Minnesota Press, 1997.

———, *The End of Pax Americana: The Loss of Empire and Hikikomori*

Minnesota Press, 2000.
Moeller, Robert G., *War Stories: The Search for a Usable Past in the Federal Republic of Germany*, Berkeley: University of California Press, 2001.
Moses, A. Dirk ed., *Empire, Colony, Genocide: Conquest, Occupation, and Subaltern Resistance in World History*, New York and Oxford: Berghahn Books, 2008.
Mosse, George L., *The Nationalization of the Masses: Political Symbolism and Mass Movements in Germany from the Napoleonic Wars through the Third Reich*, New York: Howard Fertig, 1975.（邦訳：ジョージ・L・モッセ『大衆の国民化：ナチズムに至る政治シンボルと大衆文化』佐藤卓己・佐藤八寿子訳、ちくま学芸文庫、2021年）
———, *Fallen Soldiers: Reshaping the Memory of the World Wars*, Oxford: Oxford University Press, 1990.（邦訳：ジョージ・L・モッセ『英霊：世界大戦の記憶の再構築』宮武実知子訳、ちくま学芸文庫、2022年）
———, *The Fascist Revolution: Toward a General Theory of Fascism*, New York: Howard Fertig, 1999.
Motyka, Grzegorz, *Wołyń '43; Ludobójcza czystka – fakty, analogie, polityka historyczna*, Kraków: Wydawnictwo Literackie, 2016.
Moyn, Samuel, *The Last Utopia: Human Rights in History*, Cambridge, MA: Harvard University Press, 2010.
———, *Christian Human Rights*, Philadelphia: University of Pennsylvania Press, 2015.
Musiał, Bogdan, *Stalins Beutezug: die Plüdering Deutschlands und der Aufstieg der Sowjetunion zur Wehrmacht*, Berlin: List, 2011.
Niven, Bill ed., *Germans as Victims*, Basingstoke: Palgrave Macmillan, 2006.
Northrop, Douglas ed., *A Companion to World History*, Chicester: Wiley-Blackwell, 2012.
Novick, Peter, *The Holocaust and Collective Memory*, London: Bloomsbury, 2001.
Nowak, Jerzy Robert, *Myśli o Polsce i Polakach*, Warszawa: Wydawnictwo Unia, 1993.
Nozaki, Yoshiko, *War Memory, Nationalism and Education in Postwar Japan*,

and My Lai, Berkeley: University of California Press, 2006.
Levine, Hillel, *In Search of Sugihara*, New York: The Free Press, 1996.（邦訳：ヒレル・レビン『千畝：一万人の命を救った外交官 杉原千畝の謎（新装版）』諏訪澄・篠輝久監修・訳、清水書院、2015年）
Levy, Daniel and Natan Sznaider, *The Holocaust and Memory in the Global Age*, Philadelphia: Temple University Press, 2006.
Lim, Jie-Hyun, Barbara Walker and Peter Lambert eds., *Mass Dictatorship and Memory as Ever Present Past*, Basingstoke: Palgrave Macmillan, 2014.
Lim, Jie-Hyun and Eve Rosenhaft eds., *Mnemonic Solidarity-Global Interventions*, London: Palgrave Macmillan, 2021.
Lim, Jie-Hyun and Karen Petrone eds., *Gender Politics and Mass Dictatorship: Global Perspectives*, New York: Palgrave Macmillan, 2011.
Lu, David John and Howard John Waitzkin, *Agony of Choice: Matsuoka Yōsuke and the Rise and Fall of the Japanese Empire, 1880-1946*, Lanham: Lexington Books, 2002.
Łuczewski, Michał, *Kapitał moralny. Polityki historyczne w późnej nowoczesności*, Kraków: Ośrodek Myśli Politycznej, 2017.
Machcewicz, Pawel, *The War that Never Ends: The Museum of the Second World War in Gdańsk*, Berlin: De Gruyter, 2019.
Machcewicz, Paweł and Krzysztof Persak eds., *Wokół Jedwabnego: Studia*, vol.1, Warszawa: Instytut Pamięci Narodowej, 2002.
MacMillan, Margaret, *Dangerous Games: The Uses and Abuses of History*, New York: The Modern Library, 2008.
Maier, Charles, *The Unmasterable Past: History, Holocaust and German National Identity* (second edition with a new preface), Cambridge, MA: Harvard University Press, 1997.
Mann, Michael, *The Dark Side of Democracy: Explaining Ethnic Cleaning*, Cambridge: Cambridge University Press, 2005.
Mazower, Mark. *Dark Continent: Europe's Twentieth Century*, London: Allen Lane, 1998.
McFadden, Bernice L., *The Book of Harlan*, New York: Akashic Books, 2016.
Mitchell, Timothy ed., *Questions of Modernity*, Minneapolis: University of

Jarausch, Konrad H. and Michael Geyer, *Shattered Past: Reconstructing German Histories*, Princeton: Princeton University Press, 2003.

Jedlicki, Jerzy, *A Suburb of Europe: Nineteenth-Century Polish Approaches to Western Civilization*, Budapest: Central European University Press, 1999.

Jovanovic, Srdan M. and Veran Stancetic eds., *History and Politics in the Western Balkans: Changes at the Turn of the Millennium*, Belgrade: The Center for Good Governance Studies, 2013.

Judt, Tony, *Postwar: A History of Europe Since 1945*, New York: The Penguin Press, 2005.

Kamiński, Łukasz and Jan Żaryn eds., *Wokł pogromu kieleckiego*, Warszawa: Instytut Pamięci Narodowej, 2006.

Karjski, Stanisław, *Św. Maksymilian Maria Kolbe o masonerii i Żydach: pisma wybrane*, Krzeszowice: Dom Wydawniczy Ostoja, 2010.

Kattago, Siobahn, *Ambiguous Memory: The Nazi Past and German National Identity*, Westport: Praeger, 2001.

Kemp-Welch, Anthony, *Poland Under Communism: A Cold War History*, Cambridge: Cambridge University Press, 2008.

Kerski, Basil, Thomas Kycia and Robert Zurek ed., *Wir Vergeben und Bitten um Vergebung: Der Briefwechsel der polnischen und deutschen Bischöfe von 1965 und seine Wirkung*, Osnabruck: Fibre, 2006.

Kierkegaard, Søren, *The Journals of Kierkegaard*, Alexander Dru trans., New York: Harper Torchbooks, 1959.

Kimura, Maki, *Unfolding the "Comfort Women" Debates: Modernity, Violence, Women's Voices*, Basingstoke: Palgrave Macmillan, 2016.

Kopp, Kristin, *Germany's Wild East: Constructing Poland as Colonial Space*, Ann Arbor: The University of Michigan Press, 2012.

Kössler, Reinhart, *Namibia and Germany: Negotiating the Past*, Windhoek: University of Namibia Press, 2015.

Kunicki, Mikołaj Stanisław, *Between the Brown and the Red: Nationalism, Catholicism, and Communism in 20th Century Poland-The Politics of Bolesław Piasecki*, Athens: Ohio University Press, 2012.

Kwon, Heonik, *After the Massacre: Commemoration and Consolation in Ha My*

University Press, 2000.（邦訳：アントニオ・ネグリ、マイケル・ハート『帝国：グローバル化の世界秩序とマルチチュードの可能性』水嶋一憲・酒井隆史・浜邦彦・吉田俊実訳、以文社、2003年）

Hartoonian, Harry, *The Unspoken as Heritage: The Armenian Genocide and Its Unaccounted Lives*, Durham: Duke University Press, 2019.

Hausner, Gideon, *Justice in Jerusalem*, New York: Holocaust Library, 1977.

Hayes, Peter ed., *Lessons and Legacies. The Meaning of the Holocaust in a Changing World*, Evanston: Northwestern University Press, 1991.

Hein, Laura E. and Mark Selden ed., *Censoring History: Citizenship and Memory in Japan, Germany and the United States*, Armonk, New York: ME Sharpe, 2000.

Henderson, Marius and Julia Lange eds., *Entangled Memories: Remembering the Holocaust in a Global Age*, Heidelberg: Universitätsverlag WINTER, 2017.

Herf, Jeffrey, *Divided Memory: The Nazi Past in the Two Germanys*, Cambridge, MA: Harvard University Press, 1997.

Hirsch, Marianne, *The Generation of Postmemory: Writing and Visual Culture After the Holocaust*, New York: Columbia University Press, 2012.

Hobsbawm, Eric J, *Nations and Nationalism since 1780*, Cambridge: Cambridge University Press, 1990.

Holc, Janine P, *The Politics of Trauma and Memory Activism: Polish-Jewish Relations Today*, London: Palgrave Macmillan, 2018.

Honda, Katsuichi, *The Nanjing Massacre: A Japanese Journalist Confronts Japan's National Shame*, Karen Sandness trans., London: Routledge, 1998.

Horowitz, Irene and Carl Horowitz, *Of Human Agony*, New York: Shengold Publishers, 1992.

Jager, Sheila Miyoshi and Rana Mitter eds., *Ruptured Histories: War, Memory and the Post-Cold War in Asia*, Cambridge, MA: Harvard University Press, 2007.

Jansen, Michael and Günter Saathoff, *A Mutual Responsibility and a Moral Obligation: the Final Report on Germany's Compensation Programs for Forced Labor and other Personal Injuries*, Basingstoke: Palgrave Macmillan, 2009.

Friedrich, Jörg, *The Fire: The Bombing of Germany, 1940-1945*, New York: Columbia University Press, 2008.
Fujitani, Takashi, Geoffrey M. White and Lisa Yoneyama eds., *Perilous Memories: The Asia-Pacific War (s)*, Durham: Duke University Press, 2001.
Gentile, Emilio, *The Sacralization of Politics in Fascist Italy*, Keith Botsford trans., Cambridge, MA: Harvard University Press, 1996.
German Polish Dialogue: Letters of the Polish and German Bishops and International Statements, Bonn-Brussel-New York: Edition Atlantic Forum, 1966.
Geyer, Michael and Adam Tooze eds., *The Cambridge History of the Second World War*, vol.Ⅲ, Cambridge: Cambridge University Press, 2015.
Gilroy, Paul, *The Black Atlantic: Modernity and Double Consciousness*, London: Verso, 1993.
———, *Postcolonial Melancholia*, New York: Columbia University Press, 2005.
Goldberg, Amos and Haim Hazan eds., *Marking Evil: Holocaust Memory in the Global Age*, New York: Berghahn Books, 2015.
Grabowski, Jan, *Hunt for the Jews: Betrayal and Murder in German-Occupied Poland*, Bloomington: Indiana University Press, 2013.
Gross, Jan T., *Sąsiedzi: Historia zagłady żydowskiego miasteczka*, Sejny: Pogranicze, 2000.
———, *Neighbors: The Destruction of the Jewish Community in Jedwabne*, Princeton: Princeton University Press, 2001.
———, *Fear: Anti-Semitism in Poland After Auschwitz*, New York: Random House, 2006.
Gross, Jan Tomasz and Aleksandrą Pawlicką, *…bardzo dawno temu, mniej więcej w zeszły piątek…*, Warszawa: Wydawnictwo W.A.B, 2018.
Guttenplan, D. D., *The Holocaust on Trial: History, Justice and the David Irving Libel Case*, London: Granta Books, 2002.
Hadler, Frank and Mathias Mesenhoeller eds., *Vergangene Grösse und Ohnmacht in Ostmitteleuropa: Repräsentationen imperialer Erfahrung in der Historiographie seit 1918*, Leipzig: Akademische Verlagsanstalt, 2007.
Hardt, Michael and Antonio Negri, *Empire*, Cambridge, MA: Harvard

Corner, Paul ed., *Popular Opinion in Totalitarian Regimes: Fascism, Nazism, Communism*, Oxford: Oxford University Press, 2009.

Corner, Paul and Jie-Hyun Lim eds., *The Palgrave Handbook of Mass Dictatorship*, London: Palgrave Macmillan, 2016.

Coser, Lewis A. ed., *Maurice Halwachs on Collective Memory*, Chicago: University of Chicago Press, 1992.

David, Lea, *The Past Can't Heal Us: The Dangers of Mandating Memory in the Name of Human Rights*, Cambridge: Cambridge University Press, 2020.

Dawidowicz, Lucy, *The War Against Jews*, London: Penguin Books, 1975.

De Cesari, Chiara and Ann Rigney eds. *Transnational Memory: Circulation, Articulation, Scales*, Berlin: Walter de Gruyter, 2014.

Delbo, Charlotte, *Days and Memory*, Rosette Lamont trans., Marlboro, VT: The Marlboro Press, 1990.

———, *Auschwitz and After*, Rosette Lamont trans., New Haven, CT: Yale University Press, 1995.

Desforges, Alison, *Leave None to Tell the Story: Genocide in Rwanda*, New York: Human Rights Watch, 1999.

Douglas, Lawrence, *The Right Wrong Man: John Demjanjuk and the Last Great Nazi War Crimes Trial*, Princeton: Princeton University Press, 2016.

Dower, John W., *War Without Mercy: Race and Power in the Pacific War* (7th edition), New York: Pantheon Books, 1993.（邦訳：ジョン・W・ダワー『容赦なき戦争』猿谷要監修、斎藤元一訳、平凡社、2001年）

Duden, Alexis, *Troubled Apologies: Among Japan, Korea, and the United States*, New York: Columbia University Press, 2008.

Eizenstat, Stuart, *Imperfect Justice: Looted Assets, Slave Labor and the Unfinished Business of World War II*, New York: Public Affairs, 2003.

Engelking, Barbara, *Holocaust and Memory*, London: Leicester University Press, 2001.

Felman, Shoshana and Dori Laub eds., *Testimony: Crises of Witnessing in Literature, Psychoanalysis, and History*, New York: Routledge, 1992.

Forecki, Piotr, *Od Shoah do Strachu: spory o polsko-żydowską przeszłość i pamięć w debatach publicznych*, Poznań: wydawnictwo poznańskie, 2010.

Bourguet, Marie-Noëlle, Mucette Valensi and Nathan Wachtel eds., *Between Memory and History*, London: Harwood Academic Publishers, 1990.

Browning, Christopher R., *Ordinary Men: Reserve Police Battalion 101 and the Final Solution in Poland* (with a new afterward), New York: Harper Perennial, 1993.（邦訳：クリストファー・R・ブラウニング『増補 普通の人びと：ホロコーストと第101警察予備大隊』ちくま学芸文庫、2019年）

Brumlik, Micha and Karol Sauerland eds., *Umdeuten, verschweigen, erinnern: die spaete Aufarbeitung des Holocaust in Osteuropa*, Frankfurt am Main: Campus Verlag, 2010.

Bukey, Evan Burr, *Hitler's Austria: Popular Sentiments in the Nazi Era 1938-1945*, Chapel Hill: University of North Carolina Press, 2000.

Burleigh, Michael, *The Third Reich: A New History*, New York: Hill and Wang, 2001.

Buruma, Ian, *The Wages of Guilt: Memories of War in Germany and Japan*, New York: New York Review of Books, 1994.（邦訳：イアン・ブルマ『戦争の記憶：日本人とドイツ人』石井信平訳、ちくま学芸文庫、2003年）

———, *Year Zero: A History of 1945*, New York: The Penguin Press, 2013.（邦訳：イアン・ブルマ『廃墟の零年1945』三浦元博・軍司泰史訳、白水社、2015年）

Chang, Iris, *The Rape of Nanking: The Forgotten Holocaust of World War II*, New York: Basic Books, 1997.（邦訳：アイリス・チャン『ザ・レイプ・オブ・南京：第二次世界大戦の忘れられたホロコースト』巫召鴻訳、同時代社、2007年）

Chodakiewicz, Marek Jan, *The Massacre in Jedwabne July 10, 1941: Before, During, and After*, Boulder: East European Monographs, 2005.

———, *Po Zagładzie. Stosunki polsko-żydowskie 1944-1947*, Warsaw: Instytut Pamięci Narodowej, 2008.

Confino, Alon, *Foundational Past: The Holocaust as Historical Understanding*, Cambridge: Cambridge University Press, 2012.

Conrad, Sebastian, *The Quest for the Lost Nation: Writing History in Germany and Japan in the American Century*, Berkeley: University of California Press, 2010.

Denial in the Twentieth Century, The New York: New Press, 2002.
Bauman, Zygmunt, *Modernity and the Holocaust*, Ithaca, New York: Cornell University Press, 2000.（邦訳：ジグムント・バウマン『近代とホロコースト（完全版）』森田典正訳、ちくま学芸文庫、2021年）
Beckert, Sven and Dominic Sachsenmaier eds., *Global History, Globally*, London: Bloomsbury, 2018.
Beevor, Anthony, *The Second World War*, New York: Little, Brown and Company, 2012.
Behrens, Paul, Nicholas Terry and Olaf Jensen eds., *Holocaust and Genocide Denial: A Contextual Perspective*, New York: Routledge, 2017.
Bender, Ryszard ed., *Słownik biograficzny katolicyzmu społecznego w Polsce: A-J*, Lublin: Towarzystwo Naukowe Katolickiego Uniwersytetu Lubelskiego, 1994.
Bessel, Richard ed., *Life in the Third Reich*, Oxford: Oxford University Press, 1987.
Biess, Frank, *Homecomings: Returning POWs and the Legacies of Defeat in Postwar Germany*, Princeton: Princeton Universtiy Press, 2006.
Bikont, Anna, *The Crime and the Silence: Confronting the Massacre of Jews in Wartime Jedwabne*, Alissa Valles trans., New York: Farrar, Strauss and Giroux, 2015.
Blackburn, David and Geoff Eley, *The Peculiarities of German History*, Oxford: Oxford University Press, 1984.
Blobaum, Robert ed., *Anti-Semitism and its Opponents in Modern Poland*, Ithaca, New York: Cornell University Press, 2005.
Błoński, Jan, *Biedni Polacy patrzą na getto*, Kraków: Wydawnictwo Literackie, 1996.
Bogumił, Zusanna and Małgorzata Głowacka-Grajper, *Milieux de Mémoire in Late Modernity: Local Communities, Religion and Historical Politics*, Frankfurt am Main: Peter Lang, 2019.
Bohus, Kata, Peter Hallama and Stephan Stach eds., *Growing in the Shadow of Antifascism: Remembering the Holocaust in Communist Eastern Europe*, Budapest: Central European University Press, 2021.

バル化時代の植民地主義とナショナリズム)」『立命館言語文化研究』20巻3号、2009年、pp.57-62。

――――「グローバルな記憶空間と犠牲者意識」『思想』no.1116、2017年、pp.55-73。

――――「東アジア歴史フォーラム:先史時代から歴史時代への移行」河かおる訳、宮嶋博史・李成市・尹海東・林志弦編『植民地近代の視座』岩波書店、2004年。

遠藤周作「コルベ神父」『新編国語総合』大修館書店、2017年。

金承哲「遠藤周作の『イエスの生涯』について:神学と文学の間で」『キリスト教文芸』28号、2012年、pp.128-148。

洪郁如・田原開起「朝鮮引揚者のライフ・ヒストリー:成原明の植民地・引揚げ・戦後」『人文・自然研究』10号、2016年、pp.160-175。

永井隆「微笑の秘訣」『聖母の騎士』1980年5月号、p.15。

針生一郎「日本の68年:「全共闘」・「美共闘」の可能性と問題点」『環:歴史・環境・文明』vol.33、2008年、pp.178-195。

李成市「植民地文化政策の評価を通してみた歴史認識」三谷博・金泰昌編『東アジア歴史対話:国境と世代を越えて』東京大学出版会、2007年、pp.187-206。

その他の外国語

(1)書　籍

Anderson, Benedict, *Imagined Communities: Reflections on the Origin and Spread of Nationalism* (revised edition), London: Verso, 1991.(邦訳:ベネディクト・アンダーソン『定本 想像の共同体:ナショナリズムの起源と流行』白石隆・白石さや訳、書籍工房早山、2007年)
Arendt, Hannah, *Eichmann in Jerusalem: A Report on the Banality of Evil* (revised and enlarged edition), New York: Penguin Books, 1994.(邦訳:ハンナ・アーレント『エルサレムのアイヒマン:悪の陳腐さについての報告(新版)』大久保和郎訳、みすず書房、2017年)
Assmann, Aleida and Sebastian Conrad eds., *Memory in a Global Age: Discourses, Practices and Trajectories*, Basingstoke: Palgrave Macmillan, 2010.
Bartov, Omer, Atina Grossmann and Mary Nolan, *Crimes of War: Guilt and*

俵義文『戦後教科書運動史』平凡社新書、2020年。

坪川宏子・大森典子『司法が認定した日本軍「慰安婦」：被害・加害事実は消せない！』かもがわ出版、2011年。

永井隆『永井隆全集（第二巻）』サンパウロ、2003年。

――――『永井隆全集（第三巻）』サンパウロ、2003年。

中野敏男『大塚久雄と丸山眞男：動員、主体、戦争責任』青土社、2001年。

成田龍一・吉田裕編『記憶と認識の中のアジア・太平洋戦争：岩波講座アジア・太平洋戦争 戦後篇』岩波書店、2015年。

林房雄『大東亜戦争肯定論』中公文庫、2014年。

阪東宏『ポーランド人と日露戦争（明治大学人文科学研究所叢書）』青木書店、1995年。

藤原帰一『戦争を記憶する：広島・ホロコーストと現在』講談社現代新書、2001年。

山田陽子『図説 満洲：日本人の足跡をたどる』梅田出版、2011年。

山室信一『キメラ―満洲国の肖像』中公新書、2004年。

ヨーコ・カワシマ・ワトキンズ『竹林はるか遠く：日本人少女ヨーコの戦争体験記』都竹恵子訳、ハート出版、2013年。

吉田敏浩『反空爆の思想』日本放送出版協会、2006年。

吉田裕『日本軍兵士―アジア・太平洋戦争の現実』中公新書、2017年。

米原万里『魔女の１ダース：正義と常識に冷や水を浴びせる13章』新潮文庫、2000年。

――――『打ちのめされるようなすごい本』文藝春秋、2006年。

若槻泰雄『戦後引揚げの記録』時事通信社、1991年。

Immaculate Conception Province Conventual Franciscans of Japan『聖コルベ来日75周年記念誌』聖母の騎士社、2005年。
V. E. フランクル『夜と霧―ドイツ強制収容所の体験記録』霜山徳爾訳、みすず書房、1956年。

（2）論文等

林志弦「“世襲的犠牲者”意識と脱植民地主義の歴史学」三谷博・金泰昌編『東アジア歴史対話：国境と世代を越えて』東京大学出版会、2007年。

――――「（問題提起）犠牲者意識の民族主義（特集 国際シンポジウム グロー

西村明, 〈위령과 폭력: 전쟁사망자에 대한 태도 이해를 위해〉, 이세영 옮김, 《종교문화비평》 2호, 2002, pp.251-253.
牟田和恵, 〈《'위안부' 문제는 '#MeToo다'!》 영상에 대한 공격을 통해 본 일본〉, 《전쟁, 여성, 폭력: 일본군 '위안부'를 트랜스내셔널하게 기억하기》 〈e-pub〉, 허윤・牟田和恵・冨山一郎・권김현영 지음, 서강대학교 트랜스내셔널 인문학연구소, 2019.
Armstrong, Charles K., 〈가족주의, 사회주의, 북한의 정치종교〉, 《대중독재 II - 정치종교과 헤게모니》, 임지현・김용우 엮음, 책세상, 2005.
Rosenhaft, Eve, 〈히틀러의 흑인 희생자를 상상하기 - 다방향기억과 최근의 홀로코스트 소설〉 문수현 옮김, 《독일연구》 42호, 2019, pp.107-140.
Tych, Feliks, 〈민족문제와 폴란드 공산주의 체제의 전술 - 유대인 정책〉, 《대중독재 II : 정치종교과 헤게모니》, 임지현・김용우 엮음, 책세상, 2005.

日本語

（1）書　籍

内海愛子『朝鮮人ＢＣ級戦犯の記録』岩波現代文庫、2015年。

内海愛子・村井吉敬『赤道下の朝鮮人叛乱』勁草書房、1980年。

遠藤周作『女の一生：一部・キクの場合』新潮文庫、1986年。

――――『女の一生：二部・サチ子の場合』新潮文庫、1986年。

――――『心の夜想曲』文春文庫、1989年。

――――『人生の踏絵』新潮社、2017年。

大江健三郎『定義集』朝日新聞出版、2016年。

小熊英二『民主と愛国：戦後日本のナショナリズムと公共性』新曜社、2002年。

小崎登明『長崎のコルベ神父』聖母の騎士社、2010年。

厚生省援護局『引揚げと援護三十年の歩み』ぎょうせい、1978年。

厚生省社会・援護局援護50年史編集委員会『援護50年史』ぎょうせい、1997年。

坂井久能『名誉の戦死：陸軍上等兵黒川梅吉の戦死資料』岩田書院、2006年。

逆井聡人『〈焼跡〉の戦後空間論』青弓社、2018年。

曾野綾子『ある神話の背景：沖縄・渡嘉敷島の集団自決』文藝春秋、1973年。

――――『奇蹟』毎日新聞社、1973年。

高橋哲哉『国家と犠牲』日本放送出版協会、2005年。

――――『靖国問題』ちくま新書、2005年。

윤상원, 〈한국 역사학계의 만보산사건 연구동향과 과제〉, 《한국역사연구》 51집, 2016, pp.7-38.
윤상인, 〈근대문명과 신체정치〉, 《관정일본리뷰》 26호, 2021, pp.1-4.
윤해동, 〈만보산 사건과 동아시아 기억의 터 - 한국인들의 기억을 중심으로〉, 《사이間 SAI》 14호, 2013, pp.479-514.
이소영, 〈역사부정 규제를 둘러싼 기억의 정치 - 5·18 왜곡처벌법안 관련 논의를 중심으로〉, 《법과 사회》 61호, 2019, pp.157-184.
이욱, 〈조선 전기 유교국가의 성립과 국가제사의 변화〉, 《한국사연구》 118호, 2002, pp.161-193.
임지현, 〈지그문트 바우만 인터뷰 - 악의 평범성에서 악의 합리성으로〉, 《당대비평》 21 호, 2003, pp.12-32.
———, 〈희생자의식 민족주의〉, 《批評》 15호, 2007.
———, 〈역사의 금기와 기억의 진정성: 21 세기 폴란드 역사학과 '희생자의식'〉, 《서양사론》 111호, 2011, pp.147-174.
———, 〈독재는 민주주의의 반의어인가? 대중독재의 모순어법과 민주주의의 민주화〉, 《서양사론》 116호, 2013, pp.39-63.
———, 〈전지구적 기억공간과 희생자의식 - 홀로코스트, 식민주의 제노사이드, 스탈린주의 테러의 기억 은 어떻게 만나는가?〉. 《대구사학》 125집, 2016, pp.110-134.
———, 〈정말 중요한 이야기는 침묵으로 기록된다: 스베틀라나 알렉시예비치 초청 강연회〉, 《문학과 사회》 119호, 2017, pp.338-348.
임지현・Michał Śliwa, 〈폴란드 사회주의 운동사 연구의 반성과 전망〉, 《역사비평》 32집, 1996, pp.230-251.
정용숙, 〈나치 국가의 매춘소와 강제성매매: 그 실제와 전후 시대의 기억〉, 《여성과 역사》 29, 2018, pp.375-420.
정현백・송충기, 〈통일 독일의 과거 청산 - 강제징용된 외국인 노동자에 대한 배상〉, *FES-Information-Series*, FES Korean Cooperation Office, 2000, pp.1-12.
하영준 (ハ・ヨンジュン) 〈일본제국과 범아프리카주의의 '트랜스-퍼시픽 커넥션' - W. E. B. 듀보이스와 C. L. R. 제임스의 동아시아 담론을 중심으로〉, *Homo Migrans,* vol.18, 2018, pp.159-203.
板垣竜太 〈동아시아 기억의 장소로서 力道山〉, 《역사비평》 95호, 2011, pp.127-160.

진실》, 류한수 옮김 , 산처럼 , 2020.
Zizek, Slavoj,《시차적 관점》, 김서영 옮김 , 마티 , 2009.（邦訳：スラヴォイ・ジジェク『パララックス・ヴュー』山本耕一訳、作品社、2010年）

（2）論 文

강진아 ,〈만주사변 전후 재한화교 문제의 양상 : 朝鮮總督府外事課 와 在韓中國領事館 간 왕복문서를 중심으로〉,《동양사학연구》120호 , 2012, pp.262-305.
김용우 ,〈비평논문 : 식민의 기억 , 점령의 기억 : 1961년 10월 사건과 모리스 파퐁（Maurice Papon）재판〉,《서양사론》108호 , 2011, pp.187-211.
김은수 ,〈선교과제로서의 화해와 치유 : 2005 아테네 CWME 를 중심으로〉,《선교신학》21집 , 2009, pp.1-29.
김철 ,〈몰락하는 신생 : '만주' 의 꿈과『농군』의 오독〉,《상허학보》9집 , 2002, pp.123-159.
김한상 ,〈발견된 푸티지 속의 박영심은 무엇을 말하는가 (혹은 말하지 못하는가)? - 사진적 생존자의 영화적 현전과 포스트 / 식민 아카이브의 냉전 지식체제〉,《문학과영상》제21권제3호 , 2020, pp.679-709.
박보경 ,〈로잔운동에 나타나는 화해로서의 선교 - 2004 년 파타야 포럼과 케이프타운 서약문을 중심으로〉,《선교신학》38집 , 2015, pp.141-170.
배묘정 ,〈노래 부르기의 정치학 -〈임을 위한 행진곡〉의 제창 · 합창 논란에 대한 수행적 관점의 분석〉,《서강인문논집》제59집 , 2020, pp.205-242.
손승회 ,〈1931 년 植民地朝鮮의 排華暴動과 華僑〉,《중국근현대사연구》제41집 , 2009, pp.141-165.
———,〈근대 한중관계사의 새로운 시각 모색 : 萬寶山事件 연구에 대한 적용가능성을 중심으로〉,《역사학보》제202집 , 2009, pp.381-408.
신기영 ,〈일본군 위안부 문제 : 보수의 결집과 탈냉전 세계정치의 사이에서〉,《탈전후 일본 의 사상과 감성》, 조관자 엮음 , 박문사 , 2017.
심정명 ,〈3·11 과 전후의 끝 : 무의미한 죽음과 애도의 문제〉,《탈 전후 일본의 사상과 감성》, 조관자 엮음 , 박문사 , 2017.
안승오 ,〈에큐메니칼 화해 개념 이해〉,《신학과 목회》45집 , 2016, pp.151-172.
양권석 ,〈기억의 치유 : 이야기와 실천의 새로운 길을 찾아서〉, " 동아시아 기억의 연대와 평화 : 한일 가톨릭 교회의 역할 ", 학술대회 종합토론 기조 발제문 , 2019.10.31.

Grass, Guenter,《게걸음으로》, 장희창 옮김 , 민음사 , 2015.（邦訳：ギュンター・グラス『蟹の横歩き：ヴィルヘルム・グストロフ号事件』池内紀訳、集英社、2003年）
Haley, Alex,《말콤 엑스》, 박종규 옮김 , 기원전 , 1993.
Hunt, Lynn A.,《인권의 발명》, 전진성 옮김 , 돌배게 , 2009.（邦訳：リン・ハント『人権を創造する』松浦義弘訳、岩波書店、2011年）
James, C. L. R.,《블랙자코뱅 : 투생 루베르튀르와 아이티 혁명》, 우태정 옮김 , 필맥 , 2007.（邦訳：C・L・R・ジェームズ『ブラック・ジャコバン：トゥサン＝ルヴェルチュールとハイチ革命』青木芳夫監訳、大村書店、1991年）
Levi, Primo,《가라앉은 자와 구조된 자》, 이소영 옮김 , 돌배게 , 2014.（邦訳：プリーモ・レーヴィ『溺れるものと救われるもの』竹山博英訳、朝日文庫、2019年）
Lytton Commission,《리턴보고서》, 박영석 옮김 , 탐구당 , 1986.
Mishra, Pankaj,《제국의 폐허에서 : 저항과 재건의 아시아 근대사》, 이재만 옮김 , 책과함께 , 2013.
Morris-Suzuki, Tessa,《일본의 아이덴티티를 묻는다》, 박광현 옮김 , 산처럼 , 2005.（原著：テッサ・モーリス＝スズキ『批判的想像力のために：グローバル化時代の日本』平凡社、2013年）
———,《우리 안의 과거》, 김경원 옮김 , 휴머니스트 , 2006.（邦訳：テッサ・モーリス＝スズキ『過去は死なない：メディア・記憶・歴史』田代泰子訳、岩波現代文庫、2014年）
Morrison, Toni,《보이지 않는 잉크》, 이다희 옮김 , 바다출판사 , 2021.
Nandy, Ashis,《친밀한 적 : 식민주의 시대의 자아의 상실과 재발견》, 이옥순 옮김 , 신구문화사 , 1993.
Paxton, Robert O.,《파시즘 : 열정과 광기의 정치 혁명》, 손명희・최희영 옮김 , 교양인 , 2005.（邦訳：ロバート・パクストン『ファシズムの解剖学』瀬戸岡紘訳、桜井書店、2009年）
Renan, Ernest,《민족이란 무엇인가 ?》, 신행선 옮김 , 책세상 , 2002.（邦訳：エルネスト・ルナン『国民とは何か』長谷川一年訳、講談社学術文庫、2022年）
Sebald, W. G.,《공중전과 문학》, 이경진 옮김 , 문학동네 , 2013.（邦訳：W・G・ゼーバルト『空襲と文学（新装版）』鈴木仁子訳、白水社、2021年）
Smelser, Ronald M. and Edward J. Davies Ⅱ,《제 2 차 세계대전의 신화와

2012年）
Alexievich, Svetlana,《전 쟁 은 여 자 의 얼 굴 을 하 지 않 았 다》, 박 은 정 옮 김 , 문학동네 , 2015.（邦訳：スヴェトラーナ・アレクシエーヴィチ『戦争は女の顔をしていない』三浦みどり訳、岩波現代文庫、2016年）
Bernal, Martin,《블랙 아테나: 서양 고전 문명의 아프리카·아시아적 뿌리》, 오홍식 옮김 , 소나무 , 2006.（邦訳：マーティン・バナール『黒いアテナ：古典文明のアフロ・アジア的ルーツ』金井和子訳、藤原書店、2004年）
Browning, Christopher R.,《아주 평범한 사람들 - 101 예비경찰대대와 유대인 학살》, 이진모 옮김 , 책과함께 , 2010年 .（邦訳：クリストファー・R・ブラウニング『増補 普通の人びと：ホロコーストと第101警察予備大隊』ちくま学芸文庫、2019年）
Buck-Morss, Susan,《헤겔 , 아이티 , 보편사》, 김성호 옮김 , 문학동네 , 2012.（邦訳：スーザン・バック＝モース『ヘーゲルとハイチ：普遍史の可能性にむけて』岩崎稔・高橋明史訳、法政大学出版局、2017年）
Buruma, Ian,《아우슈비츠와 히로시마》, 정용환 옮김 , 한겨레신문사 , 2002.（邦訳：イアン・ブルマ『戦争の記憶：日本人とドイツ人』石井信平訳、ちくま学芸文庫、2003年）
———,《근대 일본》, 최은봉 옮김 , 을유문화사 , 2004.（邦訳：イアン・ブルマ『近代日本の誕生（クロノス選書）』小林朋則訳、ランダムハウス講談社、2006年）
Canetti, Elias,《군중과 권력》, 강두식·박병덕 옮김 , 바다출판사 , 2002.（邦訳：エリアス・カネッティ『群衆と権力（新装版）（上・下）』岩田行一訳、法政大学出版局、2010年）
Didi-Huberman, Georges,《모든 것을 무릅쓴 이미지들 - 아우슈비츠에서 온 네 장의 사진》, 오윤성 옮김 , 레베카 , 2017.（邦訳：ジョルジュ・ディディ＝ユベルマン『イメージ、それでもなお：アウシュヴィッツからもぎ取られた四枚の写真』橋本一径訳、平凡社、2006年）
Dower, John W.,《패배를 껴안고》, 최은석 옮김 , 민음사 , 2009.（邦訳：ジョン・ダワー『敗北を抱きしめて（増補版）（上・下）』三浦陽一・高杉忠明・田代泰子訳、岩波書店、2004年）
Girard, René,《폭력과 성스러움》, 김진식·박무호 옮김 , 민음사 , 1997.（邦訳：ルネ・ジラール『暴力と聖なるもの』古田幸男訳、法政大学出版局、1982年）

参考文献

韓国語

（1）書　籍

강인철 ,《전쟁과 희생 : 한국의 전사자 숭배》, 역사비평사 , 2019.
고황경 ,《인도기행》, 을유문화사 , 1949.
권헌익 ,《베트남전쟁의 유령들》, 박충환·이창호·홍석준 옮김 , 산지니 , 2016.
아시아평화와역사교육연대 ,《후소샤 일본 중학교 역사교과서 – 2005년 검정합격본・검토용》, 2005.
안동원 ,《세계일주기》, 태극서관 , 1949.
이광수 ,《반크 역사바로찾기3: 요코 이야기의 진실을 찾아라 !》, 키네마인 , 2009.
———,《일본 역사왜곡 1편 : 요코 이야기의 진실을 찾아라》（개정판）, 키네마인 , 2010.
이영진 ,《죽음과 내셔널리즘 - 전후 일본의 특공위령과 애도의 정치학》, 서울대학교출판문화원 , 2018.
익명의 여인 ,《베를린의 한 여인》, 염정용 옮김 , 해토 , 2004.（邦訳：『ベルリン終戦日記：ある女性の記録』山本浩司訳、白水社、2017年）
임지현 ,《그대들의 자유 , 우리들의 자유 : 폴란드 민족해방운동사》, 아카넷 , 2000.
임지현·김용우 엮음 ,《대중독재 I : 강제와 동의의 사이에서》, 책세상 , 2004.
———,《대중독재 II : 정치종교과 헤게모니》, 책세상 , 2005.
———,《대중독재 III : 일상의 욕망과 미망》, 책세상 , 2007.
임지현·이성시 엮음 ,《국사의 신화를 넘어서》, 휴머니스트 , 2004.
장세진 ,《슬픈아시아 : 한국지식인들의 아시아 기행（1945-1966）》, 푸른역사 , 2012.
전광용 ,《꺼삐딴 리 : 전광용단편선》, 문학과지성사 , 2009.（邦訳：全光鏞「カピタン李」朴暻恩・真野保久編訳『王陵と駐屯軍：朝鮮戦争と韓国の戦後派文学』凱風社、2014年）
전두환 ,《전두환 회고록》, 자작나무숲 , 2017.
정찬 ,《슬픔의 노래》, 조선일보사 , 1995.
西川長夫 ,《국민이라는 괴물》, 윤대석 옮김 , 소명출판 , 2002.（原著：西川長夫『（増補版）国民国家論の射程：あるいは“国民”という怪物について』柏書房、

【ま行】

【や行】

【ら行・わ行】

【な行】

【は行】

【た行】

【さ行】

【か行】

【民族主義・ナショナリズム】

【英数字】

【あ行】

【否定論】

【ホロコースト・ジェノサイド】

索　引

【著者紹介】
林　志弦（イム・ジヒョン）
韓国・西江大学教授、同大学トランスナショナル人文学研究所長。1959年ソウル生まれ。1989年西江大学博士（西洋史学）。韓国・漢陽大学教授、同大学比較歴史文化研究所長などを経て2015年から現職。専門は、ポーランド近現代史、トランスナショナル・ヒストリー。ワルシャワ大学、ハーバード燕京研究所、国際日本文化研究センター、一橋大学、ベルリン高等学術研究所、パリ第2大学、コロンビア大学などで在外研究と講義を重ね、各国の研究者と共にグローバル・ヒストリーという観点から自国中心の歴史を批判してきた。現在は、記憶の研究に重点を移し、東アジアの歴史和解を模索している。著書に*Global Easts: Remembering, Imagining, Mobilizing*（Columbia University Press）など。

【訳者紹介】
澤田克己（さわだ・かつみ）
毎日新聞論説委員。1967年埼玉県生まれ。慶應義塾大学法学部卒業。在学中、韓国・延世大学で韓国語を学ぶ。1991年毎日新聞社入社。ソウル特派員、ジュネーブ特派員、外信部長などを経て2020年から現職。著書に『「脱日」する韓国』（ユビキタ・スタジオ）、『韓国「反日」の真相』（文春新書、アジア・太平洋賞特別賞）、『反日韓国という幻想』（毎日新聞出版）、『新版 北朝鮮入門』（共著、東洋経済新報社）など、訳書に『天国の国境を越える』（東洋経済新報社）。

犠牲者意識ナショナリズム
国境を超える「記憶」の戦争

2022年7月31日　第1刷発行
2023年9月25日　第4刷発行

著　者——林　志弦
訳　者——澤田克己
発行者——田北浩章
発行所——東洋経済新報社
〒103-8345　東京都中央区日本橋本石町 1-2-1
電話＝東洋経済コールセンター　03(6386)1040
https://toyokeizai.net/

装　丁…………石間　淳
ＤＴＰ…………キャップス
印　刷…………港北メディアサービス
製　本…………大観社
編集担当………水野一誠
Printed in Japan　　ISBN 978-4-492-21252-3